新 视 界

始于未知　去往浩瀚

张之洞的

乱世突围

张华侨 著

上海远东出版社

图书在版编目(CIP)数据

张之洞的乱世突围/张华侨著. —上海：上海远东出版社，2023
ISBN 978-7-5476-1929-2

Ⅰ.①张…　Ⅱ.①张…　Ⅲ.①张之洞(1837-1909)—传记
Ⅳ.①K827=52

中国国家版本馆 CIP 数据核字(2023)第 102788 号

责任编辑　季苏云
封面设计　徐羽心

张之洞的乱世突围

张华侨　著

出　　版	上海远东出版社	
	（201101　上海市闵行区号景路 159 弄 C 座）	
发　　行	上海人民出版社发行中心	
印　　刷	上海锦佳印刷有限公司	
开　　本	710×1000　1/16	
印　　张	29	
插　　页	1	
字　　数	444,000	
版　　次	2023 年 11 月第 1 版	
印　　次	2024 年 8 月第 3 次印刷	
	ISBN 978-7-5476-1929-2/K·198	
定　　价	98.00 元	

关于电文、地名的说明

　　本书在叙述中引用了大量的电文,电文为晚清时期的"文言文"或简语短句。为方便读者阅读,本书均将这类电文直接译成白话文。相关原电文可根据注释查找相关的文献资料。

　　对于书中叙及的地名,为方便读者阅读和直观理解,本书也采用了现在的地名。

前　言

　　许多人会发出疑问：张之洞毕生效忠大清王朝，并投身一场千年未有的制度变革，企图挽救大清王朝。他倡导的变革为什么背离了初衷，意外地为终结外壳如核桃坚硬的王权创造了有利条件？

　　回答这个追问了百余年的疑问，必须从张之洞为什么要投身制度变革，变革又如何意外地为王权解体提供了条件来分析。历史进程的确充满了众多的不确定性。中法战争时，张之洞以为清军只是缺乏枪炮、军舰，不能挡住坚船利炮的法军，所以竭力建议花钱购买大炮、战舰，办海陆学堂。

　　到中日甲午战争时，张之洞发现：日本吸收西方军制，练成由中央政府调动的常备军，调派具有杰出军事才能的将领，制定有效的攻取策略，统一指挥勇敢善战的陆军、海军，打败了军纪涣散、贪污腐化的清军，让腐朽没落的清王朝割地又赔款。

　　对比之下，不难发现：清朝既无久经训练的常备军，又缺乏忠勇奋发、善于带兵的将官，临时仓促招募的士兵更不知开枪射击，以致军心不齐，战斗力低下，一触即溃。

　　蕞尔小国日本打败清朝后，张之洞受到从未有过的震动，品尝到奇耻大辱。令他寝食难安的是：倘若太后、皇上、总理衙门，以为对日本割地赔款会万事大吉，继续昏睡，这不仅不能消除国家贫弱的病根，而且俄、德等国会效仿日本瓜分中国，中国将面临亡国灭种的危险。

　　感受切肤之痛的张之洞，思想上发生了一个重大的转变：中日军队不是将士与枪炮数量的差距，而是军事制度优劣造成的差异。必须以战无不胜的军队作为强国后盾，倘若不清除兵营顽固不化的旧习、不扫除积存多年的腐化堕落，买来再多的大炮战舰，军队也不可能有起色，强国也是空话。

深刻反思后,张之洞以战略家的胆识、卓然不凡的政治智慧、果敢坚定的行动,成功取得慈禧的支持,开启了从引进军械到跳跃式的军事变革的征程:改变依附将领带有私人色彩的兵营,用征兵制建立效忠国家、具有文化素养、能适应现代战争并由朝廷调动的常备军,实现军队早期现代化。

军事制度变革不可能孤立完成,要培养适应枪炮战争的将官,建立完善的军工生产体系,涉及修筑工事、布设电线、安埋地雷、运用军械等,需要多兵种配合,专业知识超出了靠力气拉弓射箭、挥舞大刀被录取的武官,引发了对各类人才的需求。

为此,张之洞以军事变革为契机,推进相关的教育变革:奏请太后、皇上准许,选派留学生、大办新式学堂,废弃已固化的"代圣贤立言"的八股文,引入与强国富民相关的科目,摒弃空疏、浮华无用的文风。

到维新变法时,以张之洞、陈宝箴等为代表的稳健派,深知不可能在一夜之间,更换滋生了几千年的王权专政。他们先以实业救国为导向,循序渐进争取太后、皇上、总理衙门(1901 年 9 月,改为外务部)大臣,支持练兵、办学堂、造铁路等,以挽救风雨飘摇中的大清帝国。

与此同时,张之洞借《劝学篇》提出"中学为体,西学为用"的观点,以行动与理论为变法指明方向,迎合慈禧等权贵派,既保王权,又吸收西方实用技术强国的需求,有限度地带动清王朝进行制度变革。

更大的变革动力来自义和团事件引发的八国联军攻占北京。慈禧像一个沉睡在摇篮里的婴儿被惊醒,认识到要切实整顿政务,革除以谋私误国、以言而无信危害人民的固守老祖宗的旧制。因而,她授权张之洞,起草推动新政的纲领。

对张之洞来说,只抄袭西方一点皮毛,是无实质的变法,终究不能改变中国的贫弱局面。他参考西方的经验,在变法奏折中向慈禧等提出,应变革现行的政治、司法、工商、学校、军制、财政等制度体系,才能由农耕立国转向工业立国。

慈禧不忘受到八国联军攻进北京,不得不流亡的耻辱,不再以涂脂抹粉自我欺骗,高度肯定张之洞等以三个变法奏折设计的新政导向,吸收英、美等国有益的制度,打破自以为是、盲目排外的固化思维。

由此,张之洞、袁世凯等联名奏请得到慈禧批准后,自光绪三十二年
(1906)开始,终结自唐朝以来,私塾先生教导学生读经史、写诗文、练习书法
等,经不同层级的考试获取官位的科举之路,开启以小学至大学造就人才的
时代。

与废除科举对应的是,张之洞深知大清帝国办铁路、矿产、商务、外交
等,会有更多对外交涉,需要吸收西方先进的司法理念,将其移植到有深厚
专政土壤的中国,修改或废除沿用几千年损害民众权益的酷刑,制定刑法、
民事、工商等法律,既约束中国人和洋人,又维护国家主权。

废除野蛮的酷刑、制定维护民众权益的法律,实现近代中国法政制度转
型,需要出台宪法规范国家与各级政府运行,重新设置各级政府的权力、推
选国家最高领导人等。

然而,张之洞以实业救国,推动军事、教育、财政、司法、工商、外交、交通
等变革,只是试图挽救岌岌可危的大清帝国,他内心还是坚持维护已在中国
持续2000多年的王权。

但上述一系列的改革也发生了意想不到的作用。这体现在,张之洞不
惜重金派遣留学生,寄托他们吸收西方技术后转为强国的能量。但学生脱
离清朝统治的封闭环境,到日本、欧美后,如同一只只飞出笼子的鸟任意展
翅高飞。

他们在西方呼吸到充满民主气息的空气,接受了宣扬个性解放、自由平
等的思想,很快置换了由四书五经塑造的君臣、父子等级观念,成为具有多
元价值观,倾向以选举取代世袭王权,构建民主国家的精英群体。

张之洞以"中学为体,西学为用"应对,向他们灌输忠君为本,力求利用
他们的才能,局部更换大清帝国僵化的零件,实现强国的目标,这必然与留
学生受到的取代王权、主张人权的观念发生冲突。

继续为王权解体创造条件的是,张之洞于1903年主持制定各学堂章
程,到废除科举、接管学部,带动各省巡抚、知府、知县转变过去看守衙门、管
治老百姓、征收钱粮、重农轻商的思维,以政府投入与各方筹资结合,掀起了
中国第一次创办小学至高等学校的浪潮。

得益于有效的制度激励,新式学堂才能遍地开花。据统计,光绪三十四

年(1908),全年各省学堂47995所,共有学生1300739人。

教育引发的连带效应是,大量理工科毕业生,为商人、资本家创办企业提供了最宝贵的人力资源,催生了机械、铁路、造船、采矿、纺织、陶瓷、食品、丝绸等产业,这又从另一层面以工业文明加速了大清帝国衰亡的步伐。

张之洞为终结王权创造了又一个条件:他花费高昂代价聘请德国、日本等教官,培养将官、训练湖北新军,出其不意地造就了一个反抗专政的新式军人群体。他们吸纳各学堂的学生,再输送到各军营,成为向往民主的青年军官,形成连续性、稳定性、再接再厉的团队,直至打响武昌起义第一枪。

除了张之洞为终结王权提供了"温床"以外,从体制运行看清朝衰亡的原因是,慈禧没有构建一个紧密团结、高效运行的中央政府。军机处(1911年5月,责任内阁成立后被撤销)代表中央行使权力,但他们知识陈旧,创新精神、政治素养低下,成为传达慈禧及皇帝旨意的秘书处,没有随着国内外各种挑战及时更换职能。

火上浇油的是军机大臣互相拆台、争权夺利,无法独立决策并有效执行。闹得不可开交时,只能请示慈禧裁决。慈禧利用他们对自己的依赖,从有利于维护王权出发,不受制约、不顾后果,在中法战争、中日甲午战争、维新变法、义和团事件、八国联军攻进北京、立宪法等关系国家兴亡及民众命运的大事上,一次又一次地作出错误的决定。

每当发生重大事件时,慈禧只是更换军机处成员,挑选自己喜欢、服从自己命令的人任军机大臣,更造成执掌中枢权力的人平庸无能、品质低劣、保守排外。这导致军机大臣不能有效实施张之洞提出的练新军、办学堂、修改法律、开议会、出台宪法等,制定一个增强国力、提高人民生活水平的决策,直至各种危机接连爆发。

危机唤起新军、学生群体的救国意识,对清朝没有归属感、认同感,不可能与腐朽落后的专制制度和平共处,不允许以慈禧为首的权贵集团,将国家当作自己的私有财产垄断,或以割让领土保王权。他们认识到:必须用武力终结清王朝!

由此可见,历史发生了与张之洞预期截然相反的变化:他受强烈的亡国危机感驱动,发起具有里程碑意义的军事、教育、司法等变革,但同时,又如同在专制的母胎植入了民主的种子，一旦这个婴儿降生长大，反过来自然成为推翻清王朝的力量。

　　清末乱世，百弊丛生。然而，张之洞不同于秦朝的商鞅、汉朝的张良、三国辅助刘备的诸葛亮、唐朝的魏徵、宋朝的王安石、明朝的张居正等，他想凭借政治智慧帮助帝王稳固江山，突围而出，却一直不能带动国家发生根本性的制度变革。

　　笔者阅读千万字的史料，以真实性、故事性、连贯性的叙述，呈现张之洞在清末艰难推动改革的历程，揭示了历史演变的一个规律：改革必须是系统的、全面的，在某一领域动手术，只是修修补补，无法挽救已病入膏肓的政权。

张华侨

2023 年 4 月 6 日深夜，写于湖州市南街潮音桥

2023 年 4 月 8 日，修改于黄山市黄山区甘棠镇

目　录

第一章
危亡引发军事变革

应对日本打败清朝引发的赔款割地等危机,张之洞开启了艰难的军事变革,他要建立忠于朝廷、适应现代战争的军队。不料,他花费高昂代价训练的湖北新军,后来率先打响了推翻清朝的枪声。

高价训练自强军

站在刘公岛上,北洋水师提督丁汝昌极目远望,只见日军以多艘兵舰并用威海岸上的炮台连续轰击孤岛,发出震耳欲聋的轰隆声,而自己丧失挽回局面的雄心壮志,无力指挥残余的军舰冒险冲出敌军包围,只好坐等援兵,以致延误时机,通信中断,粮食、炮弹即将用尽。

此时,丁汝昌被一种悲壮与绝望的气氛笼罩,心理防线顿时崩溃,觉得辜负了皇上赋予的重任,对不起李鸿章一再大力提携,无颜见江东父老乡亲,只能保全名节,以身殉国。他于光绪二十一年(1895)正月十八日服毒自尽。

这意味着,自日军陆海夹击不到一个月,耗费国家财政千万两银子,供养了10年的北洋舰队全军覆没。

听到这个消息,张之洞如五雷轰顶,感到头晕目眩。过了一会儿,他头脑清醒,意识到日本军舰将会控制黄海、东海,毫无顾忌地横行南北。沿海八省虽有兵力,但皆非精兵,更无利炮,南北转运物资也会遇阻。即使能遏制敌军深入内地,也无法扭转大局。除迅速购战船以外,再无良策。

"江苏现有4艘木质外壳兵舰,行驶迟缓,上面未配置新式大炮,难找适应海战的将官,不能发挥出海击敌的作用。我恳请朝廷迅速决断,不惜花费巨款,速从国外订购大型军舰5至6艘,大鱼雷炮船10多艘,雇用外国军官、士兵来华,选中国强将协助组建东海舰队。"同年正月十七日,张之洞致电总理衙门。

他计算重建海军各项费用,大约要费银2 000万两,看起来支出高昂,但日军攻入国境,定猖獗无比,决不会轻易撤兵。若敌军攻入内地,更会使国土沦陷、百姓涂炭,即使他们撤军,索取赔款也不止千万两。所以要不惜重金购军舰,比耗资供养数百营不能制敌的陆军划算。

"购军舰必须先筹款,请你立即与上海等地外国商行议定借款,电告户部、总理衙门奏请皇上批准办理。"正月十九日,总理衙门奉旨回复张之洞,同意他重建海军抗日①。

由谁来指挥水师?张之洞想起英国海军将官琅威理,曾在北洋海军当教官,严肃认真指导将士勤奋操练,各轮船员操作技术大有长进,因受到各轮船多名福建将领的排挤,愤然辞差回国。

现在急练海军御日,张之洞要高薪聘请琅威理等得力的人士担任教官,想请总理衙门命令税务司赫德速致电,邀请他回中国,委任东海舰队提督。

"琅威理向来在海军任职,特别得力,前次经总理衙门令赫德函商他来华管带海军。据他回复说,在英已授实职,不能前来。因而不必再议这件事。"正月二十三日,总理衙门回电张之洞②。

慈禧发现张之洞主动调兵筹饷、购运军械,增援前方部队御日,故仍要他整顿军务。正月二十七日,总理衙门奉慈禧的命令致电张之洞:"太后称赞你向来办事实心实意,近来浏览你历次发来的奏折、电文,采纳了你提出

① 以上参见苑书义等编:《张之洞全集》第3册,河北人民出版社1998年版,第2030—2032页。
② 同上,第2033页。

的应敌、强军等建议。现在急需振兴军备,你务必不分地域统筹大局,办妥筹款、购军械、选将官、练兵等事,便于战守自如,不负朝廷对你的重用。"①

然而,受日本不签约则继续出兵进攻,有可能攻进北京的威胁,慈禧、光绪帝及总理衙门感到惶恐不安,只能以割让大片领土保王权的妥协退让,授权李鸿章于光绪二十一年(1895)三月二十三日,在春帆楼与日本首相伊藤博文、外务大臣陆奥宗光,签订了丧权辱国的中日《马关条约》。

《马关条约》让张之洞尝到从未有过的奇耻大辱:日本索赔占地,比英、法等国还要心狠手辣,犹如一只站在家门前凶恶无比的老虎,随时张开血盆大口咬人,防不胜防。

倘若皇上、慈禧、总理衙门,以为对日本赔款割地会万事大吉,继续昏睡,那无疑是饮鸩止渴。不仅不能消除大清帝国积弱的病根,还会引来俄、德等国效仿日本瓜分中国,中国亡国更迫在眉睫。

感受到切肤之痛的张之洞寝食难安,想起中法战争时,以为只是因缺乏枪炮、军舰而不能挡住敌人,便花钱购买大炮、战舰并办海陆学堂。

到中日甲午战争后,他发现日本学习西方军制,练成由朝廷调动的常备军,拥有充足的军饷、粮食、军械,配有行军地图和登山涉水的工具,制定了有效的攻取策略。

但清朝无久经训练的常备军,各军忠义奋发、善于带兵打仗的将官不多,大多数暮气沉沉,临时仓促招募的士兵不知开枪射击,导致军心不齐、素养低下,如何抵挡虎狼般的强敌?

代理两江总督时,张之洞巡视江阴、镇江、南通、宝山等地炮台,发现无专门的炮手固守,发炮的速度与射程落后。如何应对海上来的敌军,没有一个将领能答上来,每年花费几十万两银子供养,却形同乌合之众。

各军营操练时不过是喊几句"立正、向前"的口号,战场布兵、应敌攻击、行军测绘、装备供给等没有任何实质性提高。而现代军事涉及修筑工事、布设电线、安埋地雷、运用军械等,需要多兵种配合,专业知识超出了靠力气拉弓箭、挥舞大刀被录取的武官。所以,张之洞感到悲哀的是,不只是大清帝

---

① 苑书义等编:《张之洞全集》第 3 册,河北人民出版社 1998 年版,第 2036 页。

国的军械不如敌国,更是老弱涣散的将士不能适应现代战争。

找到这个关键点,张之洞自动更新思维:由单纯配备新式军械转向变革军事制度。解散自扑灭太平军以来,各将领自行招兵、具有私人依附性质的兵营,要建成一支忠于朝廷、具有文化素养、多兵种组成、能应对现代战争的军队。

比较各国将士素质及军事装备,张之洞最仰慕德国。中法战争时,他从德国采购军火并招聘军官,对方不以中法宣战等借口回避,按合约将订购的枪支、大炮等武器运到广东。

张之洞得知盛宣怀应李鸿章指示,托驻德公使许景澄找克虏伯厂聘请将官后,光绪二十一年(1895)正月初六致电盛宣怀询问:"你挑选何将任用?汉纳根现在情况如何? 如不用能否调他来江苏? 你是否托许景澄招外国军官? 或受李鸿章托? 望明示。"

"我托许景澄招德国军官,得到李鸿章的允许。汉纳根为人有些骄横,有将官胜过华人,要调用他们必须先约束,你不否决用? 请速示。"正月初八,盛宣怀回电①。

听到这个确切消息,同年二月初七,张之洞致电许景澄:"盛宣怀对我说,去年曾托你代招10多名外国将官,正月有望起程来华,确否? 盛宣怀不带兵,如何能用外官? 李鸿章现已交卸直隶总督,请你与这些将官约定来江苏,由我聘用。"

"我代李鸿章挑选8名德国退役军官,到天津练兵,已经有4人出发。如果你需要,可与直隶总督王文韶商量改派,或请克虏伯公司推荐人选。"二月初七,许景澄回电②。

"我想用外国将官练1万陆军、10多艘兵轮的海军,请你托克虏伯公司或其他厂推荐海陆将官20多人到南京。才学高的人当教官,才能低的人任一般教员,不知每月给多少工资。"二月十一日,张之洞致电许景澄。

同一天,张之洞致电直隶总督王文韶:"许景澄在德代天津聘请8名将

① 以上参见苑书义等编:《张之洞全集》第8册,河北人民出版社1998年版,第6057—6058页。
② 同上,第6126—6127页。

官,现在天津是否停止练兵? 如你不需这些外官,请调他们到南京,我聘用他们练1万陆军。"①

王文韶看到中日议和结束战争,不需要再花钱雇用外国军官练兵,愿意将这8名军官转给张之洞用。

得到王文韶允许,二月十四日,张之洞致电许景澄:"除到天津的8名军官归江苏留用以外,我要练1万兵,需要1名统领、20名营官、100名哨官,全部用外国将官,以华官协助。请你聘请1名能真正统带1万人的高级将领,可由他自行招下级将官带来华。"②

"我先招聘5名陆军将官,1人为统领,2人任千总,另2人为低级军官,按北洋每月工资共5 000马克,先给安家路费25 000马克。克虏伯公司愿意推荐,你汇款到后可订合约。"二月十四日,许景澄回电。

只靠这几个人不够,五月十四日,张之洞电告许景澄:"江苏将依照德国军营,练步、炮、工兵大约万人,需要聘请德国教官40多人,一般将官100多人,请你迅速代我洽谈,务必以步、骑、炮、工程各兵种配备。你现在已经选定几人? 必须精选曾经有战斗经验的军官,克虏伯已经推选几人? 前期需要多少钱? 请你迅速回电。"③

如此大量聘用外国教官,在于张之洞将江苏当作长江门户与税收来源的重要地区,一省安危关系东南大局,必须江海兼防、战守兼备。去年中日战争,仓促招募了一批无知识、无纪律、无忠诚,只为谋生的散漫士兵共100营防守,以后再发生战争怎能应对? 必须裁减老弱无战斗力的将士节省军费。

为此,张之洞起草了一份长达9 000多字的奏折,将练军、派遣留学生、造铁路、设枪炮厂、开学堂、办商务局等,当作保国安民的对策。

破除军营旧习,张之洞在奏折中请光绪帝批准:无论文武官员、职务高低,选派100多名精力充沛、敏捷有志的人,到外国军校、军营、炮台等学习,比在国内学堂能得到更有益的体会。学成回来后,按能力高低,分别派到各

---

① 以上参见苑书义等编:《张之洞全集》第8册,河北人民出版社1998年版,第6135—6136页。
② 同上,第6147页。
③ 同上,第6136、6430页。

营任不同级别的军官。

速练海军，中日海战，日军以时速快的多战舰发射快炮，北洋舰队的舰长素质及舰艇功率不及敌军，发射炮弹不能击中。因而无论如何艰难，要筹资从英、德购军舰。

写完后，光绪二十一年(1895)闰五月二十七日，张之洞向皇上呈上奏折："惟愿皇上心存坚强不屈、卧薪尝胆的意志，博采救国对策，广求忠直之言，戒除向来因循荒废政务、图利营私、漠视国家利益的恶习，激励天下的人才奋发有为，消除顾虑，务必实心奉办！"①

张之洞吸收西方军队的操练模式，请德国军官从江苏现有各营挑选身体强壮、朴实勇敢的士兵另组军营，上半年练近 5 000 人，下半年增到 1 万人，训练他们适应不同地形作战。

张之洞计算请教官的路费、安家费要数万两，每月工资要 1 万多两，练兵口粮每月 7 万多两，其余营房、军装、马匹、器具等要 10 多万两，每年支出 100 多万两银子。

张之洞认为，江苏只有 4 艘木壳兵舰，行动迟缓、装置陈旧，不能抵御大敌入侵，必须另购大型军舰、鱼雷艇，组成独立的东海舰队。这需要皇上批准，请户部筹资速办。

闰五月二十七日，张之洞上奏练兵保国的意义："我若不据实说明急练精兵才能制御强敌，何以上对君王，下对军民。我深知当今筹款如此艰苦，必须节俭筹办，断不敢稍有浪费。"②

光绪帝从未出国考察西方各国军队编制及配备何种武器，只好让户部讨论仿西方练兵需要多少经费。

由于一时难以筹集百万两练兵费，张之洞要求减少聘用将官数量，七月十四日，致电许景澄："你现在雇用了多少德国军官？还要增加多少人？请详细告诉我，务必请一名总兵副将。前次因中日战争，请克虏伯公司代为挑选，现战争已经结束，以德国政府保举，不必再麻烦克虏伯公司，但愿这些人

---

① 以上参见苑书义等编：《张之洞全集》第 2 册，河北人民出版社 1998 年版，第 1001 页。
② 以上均同上，第 1004—1009 页。

可靠。已来的将官定工资太高,不能多聘用,也难以久留,以后你务必大为核减。"①

接受张之洞的聘请,同年十月德国炮兵少校来春石泰等一行人,从上海坐船到南京,任江南自强军教官。十月十二日,他们经天津武备学堂任教的姚锡光陪同,一起乘坐"江清"号轮船,查看吴淞、江阴至镇江炮台。

"我于 1895 年 11 月到达南京后,去拜见张之洞总督。他委派我们去巡视从南京到上海入海口的军事要塞,然后提出一份不偏不倚的评估报告,以及新建要塞工程的改进建议。"同行的德国军官骆博凯回忆说。

驻守江苏至上海沿江的清朝军官,接连不断列队放礼炮,以最隆重的磕头仪式迎接来春石泰等。场面装点得五彩缤纷,显得异常壮观,让来自德国的军官们感到很不自然。

虽然陪同他们参加宴席的清朝高级军官和随从身穿丝绸官袍,辫子整齐光滑,脑袋的前部刮得又光又亮,给人以良好而整洁的印象,但骆博凯发现,屋内的环境脏乱:裂开的墙壁有许多污渍,椅子已修理过好多次,四周的墙壁挂着各种各样的衣服,墙角处都是蜘蛛网,旁边的桌子上放着一盏煤油灯,围着成群的飞蛾,室内弥漫着难闻的刺鼻气味②。

享受着可口的饭菜,骆博凯等人以为自己变成了受众人仰慕的王侯,但当他们乘坐张之洞派的"江清"号轮船,在南京至上海吴淞口观看防守工事、炮台等返回城区时,平时受到官府欺诈、无处申诉的农民受到挑拨,向他们投石子,并用竹竿追打,发出"打死洋鬼子""打死这个外国佬"的叫声,以发泄积压在心中的怒火。

陪同勘查的姚锡光觉得来春石泰等军官以包揽炮台、代购枪炮等谋利。而张之洞雇用德国教官 30 多人,工资最高的来春石泰每月 700 两,最少的人每月 100 两,每月共要付 14 000 多两。以 3 年为期,要给 50 多万两银子,只教导士兵学习德国军操。如请中国人充当这个教官,每月只需给 20 多两银

---

① 以上参见苑书义等编:《张之洞全集》第 8 册,河北人民出版社 1998 年版,第 6599 页。
② 以上参见[德]骆博凯:《十九世纪末南京风情录:一个德国人在南京的亲身经历》,郑寿康译,南京出版社 2008 年版,第 3 页。

子,可取得相同的成效①。

完成考察后,来春石泰等人写了一份沿江防备设施报告,提出要保中国内地安全,应在上海吴淞长江口多设炮台。若能保住吴淞,敌人虽强,断无能力进入内地,则可防守南京保长江中下游的安全。

张之洞看了幕僚翻译的报告,认同防江苏以保长江中游其他省的观点,而主要防守地段江阴炮台闲置,将士竟然没有实际操练过如何防备敌军。

35 名德国军官陆续到达南京后,张之洞要看各位是否有真本领,命令他们带领卫队、护军营的士兵操练。几个月后,张之洞发现效果显著。将士们熟悉攻守,能使用快枪,会装配弹药等,此时张之洞下定决心改用德国军操,彻底清除清军兵营散漫无功、安置闲人、不会用快炮、士兵当杂差、统领克扣军饷、谋私等恶习。

因为各军营懒散畏缩、贪污受贿等弊端病入膏肓,若不抛弃旧的练兵办法,虽每天严厉训斥,但如同耳边风不起什么作用。事后还会反弹,更难补救。

按张之洞的设想,任命来春石泰为统领,会同一起来的中尉、士官依照德国军制,先操练 2 000 多人,形成步、骑、炮兵为一体的自强军。等成军半年以后,练兵已有相当规模,立即将练兵扩充到 1 万人。

至于士兵来源,张之洞严守关口:挑选当地年龄在 16 岁至 20 岁、身体强壮、品行端正的青年入伍,由宗族担保他在军营效力 10 年,油腔滑调的人一概不招。

为证明不搞有名无实,同年十一月十二日,张之洞向皇上呈上招募新军编练奏折:"我请德国军官教导士兵应战、攻守、测量,不准空喊口号、只涉及一点皮毛,重蹈旧军营的陋习。我将督促中外教官认真训练,随时亲自检阅,期望练成精锐部队,不负皇上振武自强的用意!"②

"依照你的奏请编练新军,责成德国教官操练,并在南京、上海兴办铁路。只是这些外国将官是否为上等将才,以及工资标准要斟酌。"十二月初

---

① 姚锡光:《姚锡光江鄂日记》,中华书局 2010 年版,第 12、37 页。
② 苑书义等编:《张之洞全集》第 2 册,河北人民出版社 1998 年版,第 1055 页。

三,总理衙门奉旨回电张之洞①。

　　与来春石泰等将官交谈,张之洞得知德国陆军的素质,之所以超过其他国家,除了挑选合格的士兵以外,在于各级军官受过完整的军事教育,造就了一支能指挥部队打硬仗的将帅。

　　这触动他作出一个决定:在南京空旷清静、远离闹市的仪凤门创建陆军学堂,招13岁以上20岁以下、聪颖明理的青年150名,攻读兵法、行阵、地理、测量、绘图、算术、营垒等课程,委托许景澄在德国请5名精通军事的教师。

　　若要办成这个学堂,张之洞预算房屋、器具、发工资等,需要花费4万多两银子,先动用筹防局闲置的资金,于十二月十九日,给光绪帝呈上奏折汇报建这所学堂的原因②。

　　这点经费只能应一时之急,张之洞看到一组触目惊心的数据:江苏68营,现有常备兵25 070名,加上其他兵等,每年需饷银448 300多两,米折银112 800多两。安徽10 242名加其他兵,每年需饷银158 100多两,米折银28 100多两。江西11 984名及其他兵,每年需饷银17万多两,米43 142万石③。

　　每年耗费巨资养兵,却不能平定内乱、抵御外敌,平时操练只走过场,遇到打仗另索取费用。张之洞觉得这三省兵并非无忠勇的将领、敢于战斗的士兵,只是混合于老弱疲军之中,虽有奇才不能被发现和提拔。

　　在力图自强之际,张之洞以减兵节饷练新军,于十二月二十六日,向皇上呈上裁兵奏折:"我计算减少不必要的士兵后,江苏、安徽、江西每年分别可节省10万两、3万两、6万多两,三省合计可省银20万两,不致发生纷扰,而简易可行。"④

　　张之洞用节省的20万两冲抵自强军费用缺口,光绪二十二年(1896)正月初二,他向光绪帝呈上奏折:"我恳请皇上开天恩,体念按德国军营练新军

---

① 苑书义等编:《张之洞全集》第2册,河北人民出版社1998年版,第1129页。

② 同上,第1089—1090页。

③ 同上,第1109—1110页。

④ 同上,第1111—1112页。

关系重要,准许将江苏、安徽、江西三省裁兵节省的 20 万两拨给新军,有益于振兴江南军备。"①

代理两江总督时,黎元洪南下投奔张之洞。黎元洪拜见他时,介绍自己毕业于北洋海军学堂,在海军服役了 5 年,曾参加中日战争。

张之洞觉得黎元洪积累了丰富的海战经验,比一般将士沉稳刚强、坚忍不拔,有开阔的视野,并征询他对建筑炮台、练兵、购军舰、组建海军的意见。

"我有好久没有见到像黎先生这样老实而又能干的人。"张之洞听了黎元洪提出的海防计划,对在场的同僚说。

张之洞委派黎元洪,为自强军招募、训练、沿江设置炮台等提供一揽子规划,便向清朝推荐:"黎元洪不仅忠实可靠,还是一个能处理重大事务的人。"②

除了重用武官黎元洪,张之洞需要精通外交、国际法的人才,应对交涉事务,向跟随薛福成出使英国,后由许景澄、龚照瑗调驻俄、德、法等国的钱恂发出邀请。

"江苏需要一批善于办理工商、经济的人才,想调你手下的参赞钱恂,请你通知他迅速回国,感谢你大力支持。"光绪二十一年(1895)二月二十六日,张之洞致电驻英公使龚照瑗③。

经龚照瑗同意后,钱恂乘轮船回国,先协助张之洞处理商贸、购买武器、筹款、教学等公务。后跟随张之洞回武昌,先后任自强学堂、武备学堂提调等职。

同年十二月二十九日,张之洞上奏保举人才时称赞钱恂:"他平日讲求商务,有深刻的研究,两次经出使大臣许景澄、龚照瑗选调,到俄、法、德、英等国担任外交官,对外国行政、教育、工商等能考察要领、探寻源流。我见过熟知外国状况的人,还没有人超过他。我委托他的事情,必能细想、审时度

---

① 苑书义等编:《张之洞全集》第 2 册,河北人民出版社 1998 年版,第 1129—1130 页。
② 以上参见黎绍基:《黎元洪的一生》,载鲁永成主编:《民国大总统黎元洪》,中国文史出版社 1991 年版,第 12 页。
③ 虞和平主编:《近代史所藏清代名人稿本抄本(第二辑):张之洞档》(以下简称《张之洞档》),大象出版社 2014 年版,第 369 页。

势、敏捷决断,做到言行一致,是一个大有作为的人才。"①

练自强军不到半年,光绪二十一年(1895)十一月十八日,总理衙门奉旨宣布:刘坤一回任两江总督,张之洞仍任湖广总督。

同年十二月十八日,军机处奉旨电告刘坤一:"皇上命令你回任两江总督。张之洞刚办理铁路、整顿商务、简练陆军,尚未就绪。你回任后,务必振作精神,实力筹办,争取有起色,不负朝廷委任。"②

刘坤一口头遵命,光绪二十二年(1896)正月十七日回任两江总督后,不深刻反思日军击败清军的原因及带来的严重危机,仍想无事一身轻拿朝廷发的高俸禄,觉得张之洞请德国教官训练自强军,每月付工资9000两,一年需银10万多两,相当于1500名士兵一年的军饷,给江苏带来了沉重的经济包袱。

固守排外思维,刘坤一觉得自强军驻扎南京操练,还有30多名外国教官,与当地居民杂居不便,与分管财政、司法等官员商酌后,并经总理衙门同意,委派候补道员沈敦和,督促全军移驻上海吴淞。

由于安于现状,刘坤一背离张之洞扩大练自强军的宗旨,以为练兵有成效,士兵能用枪炮、进退有方,无须再花钱续聘。光绪二十四年(1898)三月,以来春石泰等骄横强悍、遇事要挟、难以相处,而且聘用期先后届满为由,发路费打发他们回国,又为心理安慰,于三月十三日奏请皇上授予他们不同级别的政治荣誉③。

高薪聘请德国军官

办完移交手续,光绪二十二年正月二十日,张之洞动身返回武昌,回任湖广总督。

回来后,他为练兵强军办了两件大事:开办湖北武备学堂与编练湖北新

---

① 苑书义等编:《张之洞全集》第2册,河北人民出版社1998年版,第1119—1120页。
② 刘坤一著,陈代湘点校:《刘坤一集》第2册,岳麓书社2018年版,第419页。
③ 同上,第537页。

军,聘请有实战经验与理论水平的德国军官任教官,培养有真知灼见、适应火炮战争时代的将官,一举淘汰目不识丁、品质低劣的武官。

张之洞与湖北巡抚谭继洵商议:从江南自强军调 500 名士兵为精干,再招募人员组成湖北护军两营,调补都司张彪充当前营管带官,四川补用参将岳嗣仪充后营管带官,督率他们操练,并由德国驻京公使推荐的德国军官贝伦司多尔夫充当两营总教官,挑选天津、广东武备学堂毕业的学生当教师,专教西方骑、步、炮各兵阵式技艺等。

他统计两营包括步兵、骑兵、炮兵、工程兵各项费用,每月共支银 6 000 多两,与巡抚、各军营长官查核,裁减不必要的 1 000 多名士兵,用节省的经费抵练兵开支。

"因改练外国军操,朝夕操练,不论寒暑,比寻常防营最费力,而将官督率教练及工匠修理枪炮,不得不酌量增加人数。士兵操练跋涉的衣裤、靴子等,均须分季节由官方供给,只有另加工资,才能鼓励他们用心训练。"光绪二十二年(1896)五月十六日,张之洞上奏设立护军营、工程兵①。

同年五月二十六日,张之洞致户部、兵部列出湖北前后两营并工程兵、一哨营军饷清单:护军前营一名管带官,每月要付工资 50 两,办公费 150 两,还要给副官、医官、炮兵哨官等不同等级的工资,拉炮车的马夫最低每月要付 3 两。

也就是说,张之洞仿德国军制改练新式军操,建成融合步兵、骑兵、炮兵、工程兵的现代军队,适应不同地理环境修路、架电线、测绘,以及购炮弹、军服、马车,发工资等,比冷兵器时期要花费更多资金。

如此高投入,包含张之洞急需编练新军,造就一批器识宏伟、才识卓越的将士,尤其要有为人刚正、不染恶习、足以挽回不良风气的新式军官带兵,取代不识字的将官。

"现在统计各省兵营,尚有 80 多万人,每年耗费饷银共 3 000 多万两。而军营将士懒惰,形同虚设,在对日赔款期限紧迫时,各大臣应当合力通筹,裁减多余的兵。"光绪二十三年(1897)三月初四,军机大臣奉旨通告各

---

① 苑书义等编:《张之洞全集》第 2 册,河北人民出版社 1998 年版,第 1176 页。

督抚①。

对皇上裁兵的旨意,张之洞能够领会:只有年少气锐、行动灵活、思维敏捷、好胜求进的人,才能适应高强度的练兵,并会使用快枪快炮,多为国家效力一些时日。那些在军营年久的老弱士兵,沾染恶习已深,性情疲滑,很难指望他们奋发向上。

为使兵员年轻化,同年七月二十四日,张之洞给军营发出指示:40 岁以上的老兵,行动笨拙,难以运用军械、建造行军工程等,何能效命冲锋。若留用会浪费军饷、徒劳操练,将来仍不能发挥作用,并非长远之策。应通令各营将官按名册确查,除历练较深 30 岁以上的兵尚暂留以外,其余 30 岁以上裁减,另挑选身体强壮、20 岁以下的人补充②。

此次淘汰后,张之洞要求练兵的各营,不得再用油滑耍奸的人充数,并将花名册呈报听候委员查验,如发现有一名不实,对营官分别记过惩罚。由各营在公费项下,给被分流的士兵发两个月军饷,以示体恤。

裁减以后,张之洞招收身强力壮、志气坚定、吃苦耐劳、20 岁以下识字的人当兵,仿照德国战法操练。让他们熟悉炮械、工程、测算、绘图等,用有限的开支,取得最大的练兵效果。

张之洞计算,请德国军官年薪 4 000 英镑,随带两名副官每年各 2 000 英镑,要给住房、路费,而湖北财力不及富裕的江苏,应减少人员节省开支,辞退不必要的教官。

向来办事严谨的德国人,不满张之洞一晃脑袋就减人。光绪二十二年(1896)三月初一,驻德公使许景澄致电张之洞:"总理衙门来电说,德驻京公使接到外交部公文:张之洞刚聘请的教官,要立即辞退,实为轻率不尊重。总理衙门听了很骇诧,将告知张总督妥商结束这件事,勿连累邦交。德外交部要你信守承诺,想请一名军官到武昌,每月工资等候你核示。"

"我返回湖北后,聘用德军官练兵发生变化,去年腊月我致电你,湖北财政收入状况不及江苏,难以全部聘用,只想留两名教官,望你婉达德兵部道

---

① 苑书义等编:《张之洞全集》第 5 册,河北人民出版社 1998 年版,第 3515 页。
② 同上,第 3498 页。

歉。事在商办，并非先承诺后辞退，无所谓对德国轻慢。湖北税收短缺、兵员少，请以你的提议或专请一名将官，或聘级别低的数名军官，充当武备学堂教师。但教官不享有带兵的权力，此事必须向他们说明。以前聘请他们的工资、待遇高，请你这次酌情降低，以一至二年为限，期满另议。"同一天，张之洞回电许景澄①。

经许景澄照会德国外交部，消除了对方为辞退军官引起的误会。德国政府放弃原来派出一名高级军官试图干预清朝军事决策的想法，同意张之洞只聘请两名军官，到湖北武备学堂当教师。

得到张之洞批示后，光绪二十二年（1896）五月初九，许景澄代表湖北武备学堂，与德国副将利伯特推荐的步兵上尉法勒根汉、少尉根次签订聘用两年合同。第一款规定："由张之洞聘用法勒根汉、根次为武备学堂教官，并归总办约束，主要讲授骑兵、步兵、炮兵、军械、交战之法以及炮台、营垒工程测量、绘图、地理等。"

第八款规定："法勒根汉每月工资1 700马克、根次每月1 250马克，每月初一发给，并配备与他们身份相当的住房、家具。"②

签订合同后，同年五月二十一日，法勒根汉等人从德国坐船到中国，大约七月到达。来武昌第三天，张之洞在总督府接见法勒根汉，询问其对培育将官的看法，一番交谈后，觉得他学识俱优，深为佩服。

"上午我到总督府，看到武备学堂雇用的法勒根汉等两名德国教官，听说很难与他们沟通。张总督命蔡锡勇安排他们在铁政局暂住。这二人以铁政局非洋房，不乐意居，发出责备。照此，可知他们不能受约束。"同年七月初四，姚锡光在日记中写道③。

为迁就德国教官，蔡锡勇带这二人到织布局看一栋洋楼。二人看后带着轻蔑的口气说："这种房子只能给工匠住，岂能让我们居住？"

法勒根汉等坚持不从汉口渡江移住织布局的洋楼，仍住汉口公寓，等蔡锡勇新造一栋洋楼后，才肯过来入住。蔡锡勇只得再次让步，请他们过江后

---

① 以上参见苑书义等编：《张之洞全集》第9册，河北人民出版社1998年版，第6944、6943页。
② 以上参见苑书义等编：《张之洞全集》第5册，河北人民出版社1998年版，第3297—3300页。
③ 姚锡光：《姚锡光江鄂日记》，中华书局2010年版，第143页。

先到武昌自强学堂暂备的两间房休息，再找合适的房子。

"刚受雇来华的两名德国教官，如此骄横狂傲，以后武备学堂开办，必不能受制约、用心上课，而且必多生事端，必然难以应对这两位骄傲的军官。我不知张总督何以应付，令人叹息不已！"七月十三日，姚锡光在日记对法勒根汉等人表达不满①。

武备学堂开学后，八月十八日，姚锡光到学堂听法勒根汉、根次说："我们每天从汉口坐船过江到武昌，上午10时来学堂，还要在此学中文，托钱恂请一名先生教导。"

当天姚锡光在日记中说："他们住汉口，每日渡江来武昌。张总督允许雇一艘小轮船，专为他们每天来回摆渡，小轮船雇价每月9 000元。外国人欺侮中国，而张之洞竟不能驾驭雇来的德国教官，让人悲叹！"②

为造就一支现代军队，张之洞只好答应法勒根汉和根次的要求。而武备学堂不分地域招生，吸引各地学生踊跃报考，大大超出原来预定的人数，引发了对教师的需求。

"湖北创办武备学堂，前次聘请两位德国教官不够用，必须增加1名，级别比法勒根汉低，月薪与根次相同，请托德国陆军部增聘1人。"十月初四，张之洞致电许景澄。

"德陆军部的想法是，应让教官享有带部队的权力，而你不允许，因而他们拖延增聘教官，难以继续接受委托。我建议你找法勒根汉商议，请他举荐更可靠。"十月初十，许景澄回电③。

张之洞不找身价高、要优越待遇的法勒根汉介绍教员，要冷落他一段时间，消除他的傲气，聘用原来自强军教官斯戎老中尉、赛德尔中士来护军营任教，比较各自的能力。

自视甚高的法勒根汉，认为自己受德国政府选派，到湖北武备学堂任总教官，有权分管各教师上课。而张之洞不与自己商议，自行聘请人员，损害了自己在学校的权威，与中方人员发生了冲突。

① 以上参见姚锡光：《姚锡光江鄂日记》，中华书局2010年版，第148页。
② 同上，第152页。
③ 以上参见苑书义等编：《张之洞全集》第9册，河北人民出版社1998年版，第7136—7137页。

张之洞派蔡锡勇等人与法勒根汉交心,缓和双方紧张关系,却未能调和。他以法勒根汉强势不容易妥协,达不到自己的意愿,失去耐心,萌发了找人替换的想法。

来华5个月的法勒根汉,觉得教学环境不如意,于同年十二月十六日,向张之洞呈递了辞职报告:"武备学堂存在缺乏场地、教材、供学生实习的军械,教师不合适等问题,让我不能按预期的设想完成教学,难以继续担任总教官。"

看了他指出的问题,张之洞招蔡锡勇到总督府说:"法勒根汉不熟悉中国的人情世故,对武备学堂的事感到不顺心,对我们容易产生误会。我给他回信恐怕说不清楚,请你去听取他的意见,给予安慰。"

听从张之洞的指示,光绪二十三年(1897)正月的一天,蔡锡勇与法勒根汉会面说:"你指出武备学堂存在各种不足,我们尽力解决,争取完善,让你满意。你不必多虑,将学堂当作自己的家安心讲课。"

随后,蔡锡勇向张之洞汇报:"我与法勒根汉坦诚交换了对教学等看法,将尽力帮他解决遇到的困难。他消除心中的顾虑感到愉快,答应照常回学堂上课。"①

德国驻京公使海靖知道后,同年正月二十九日,以命令的口气致电张之洞:"在武备学堂的德国两位教官,学识俱优、诚实可靠,我请你按照德国陆军待遇对待,不必让他们告退。这与你的名望有关,我深为期盼。"

看了海靖的来电,张之洞深感诧异:你怎么带着强迫的语气说话? 二月初九礼节性地回复:"我以法勒根汉等为德国人,给他们的待遇比我朝副将还要高,实在无可再加。我惟有以礼貌相待,不知德国陆军有何优待,现派他们到学堂当教官,依照合同办理。学堂章程与军营章程不同,请你电告这二人,恪守教师职分,按照合同听学堂总办调动,与我派的教务官平等。各办各事,不越权、不负我的厚望。"②

因武备学堂学生功课增加,只靠法勒根汉等教官,不能满足开设多兵种

---

① 以上参见苑书义等编:《张之洞全集》第5册,河北人民出版社1998年版,第3544—3545页。
② 以上参见苑书义等编:《张之洞全集》第9册,河北人民出版社1998年版,第7238—7239页。

课程及训练将士的需求。张之洞觉得必须增加两名德国教员,讲解测量、绘图、炮兵操练等。

"武备学堂请你委托克虏伯公司或友人推举精干的人,由你与他们订劳务合同,先垫付路费,请他们迅速到湖北,我电汇款,但不必再托德国陆军部选派教官。这缘于法勒根汉性情偏傲,不容易调驯,而学堂人多,法勒根汉多次请求添加教师,若不添人,他觉得劳动量过大。倘若再让他找人,更难驾驭。"七月初三,张之洞致电许景澄[1]。

"现聘请德国工程部队中尉福克斯、少尉威尔赤,每月工资各 1 000 马克,近日可与他们订立 3 年合同。"七月二十九日,许景澄回电。

为避免引起不必要的纠纷,同年八月初四,张之洞致电许景澄:"合同必须定明,两位德国教官要听从总办调度,并归总教官统管,以免日后引起争论。"

"合同已经标明,福克斯、威尔赤归总办调动,服从总教官命令,本月二十五日在上海等船启程。"八月十七日,许景澄回电[2]。

到了光绪二十三年(1897)下半年,法勒根汉又向张之洞禀报:武备学堂需要改进设施,增添教师、器材等。张之洞仍召蔡锡勇说:"法勒根汉未深知各事发生的原因,你与他会面后,逐条询问他的想法,代我妥善处置他要办的事,调停他与各教员的矛盾,极力劝慰他。"

"法勒根汉听了我的解释,欣然接受,无不同的意见。"蔡锡勇回复。

听了蔡锡勇的汇报,张之洞不对法勒根汉的报告作批示,以免带来辨析的麻烦。事后,他听说法勒根汉等勤督学生的功课,近来有起色,不胜欣悦。希望他安心将各学生培养成才,以振兴中国军备。

同年十一月二十八日,张之洞在京山县勘查堤防回武昌后,得知法勒根汉忽然停课,要辞职回国,感到特别惋惜,特地令江汉关道员、学堂总办瞿廷韶前去挽留:"你找法勒根汉,看他有什么要求,好言慰留。如他实有为难之处,你尽可与他商酌,必不让他立即辞去。"

[1] 苑书义等编:《张之洞全集》第 9 册,河北人民出版社 1998 年版,第 7365 页。
[2] 以上电文均同上,第 7383—7385 页。

十二月初六,张之洞给法勒根汉发去挽留的公文:"学堂监督、会同经办功课以外的人员,不是你的上司,你不必误会生疑。至于应需各款,你开一个单子交总办,我即时照发,凡可优待之处,我无不格外通融。我政务繁忙,未能时常与你相见,如你有必要会面,我近日亲自接见你。惟望你再深思,仍回学堂教学,有益于各学生,不负我的厚望。"①

对张之洞诚心诚意劝留,法勒根汉以德国人特有的刻板性格,丝毫不给情面,以原订合同两年期满请求回国。张之洞派瞿廷韶及学堂教务官婉转挽留,并令教官斯泰老、工程师锡乐巴再三劝留,仍没有让他回心转意。

事已至此,张之洞不再强留,光绪二十三年(1897)十二月十九日,指示瞿廷韶给他们发路费回国并照会德驻汉领事:"我亲自反复敦劝法勒根汉,仍留学堂办事,显得十分真诚。怎奈他坚决要离职,我感到十分惋惜,不得已准许他辞职,按合同给他与根次共发路费5 900马克、房租550两、家具631两等。"②

同年十二月二十一日,张之洞致电德国公使海靖:"我亲自与法勒根汉见面,尽力劝留,已经尽到了情谊,而他归国的意愿甚坚,不愿再留学堂,让我十分惋惜。现已给他们发回国路费,近几天将会启程。"③

未能留住法勒根汉,揭示了中德两国文化观点冲突。张之洞出于依赖德国教官给学生讲多兵种课程,开出高于中方教员几倍的工资,一名总教官一年工资过万两银子,但要听从总办的调动不能独自带兵。中方教员的工资与外教差距过大,心里极不平衡。

"我办武备学堂已有7个月,未得丝毫收益、未取一文钱。而外国人拿高薪,对学生傲慢,却不辞退他们,数千年的中国兵权会被外国人掌握,何其荒唐!"光绪二十三年春天,学堂教务长钱恂致信好友汪康年,表达内心的不满④。

除了收入差距引起的矛盾,还因钱恂不允许法勒根汉超越职权、独揽兵

① 苑书义等编:《张之洞全集》第5册,河北人民出版社1998年版,第3545页。

② 同上,第3548页。

③ 苑书义等编:《张之洞全集》第9册,河北人民出版社1998年版,第7456—7457页。

④ 上海图书馆编:《汪康年师友书札》第3册,上海古籍出版社1986年版,第2998—2999页。

权,遭到后者嫉恨,结下了难解的怨气。法勒根汉怂恿德国驻京公使海靖,
要张之洞解除钱恂在武备学堂的职务。

法勒根汉辞职后,张之洞请谁接替? 光绪二十二年(1896)四月,曾聘请
德国教官贝伦司多尔夫到护军营试用,试用三个月后每月给1000马克。

一年后,光绪二十三年(1897)三月,湖北护军营需要培训各兵种的将
官,人数急剧增加,每天排有课程,不可能靠贝伦司多尔夫一人完成分班教
学,急需添增外国教官。

"现邀请德国工程队少尉,曾担任江南自强军教官的何福满、赛德尔,急
速赶到武昌,充当护军前后两营及工程队的教师。必须尽心训练,务令将士
知晓各种战法,达到娴熟、精益求精,造就精干部队,不要负我的信任。"同年
三月初三,张之洞向他们发出调令①。

10多天后,三月十五日,张之洞与何福满、赛德尔分别签订聘用两年合
同,从光绪二十三年正月二十八日开始计算,二人每月工资分别为1000马
克、700马克,并报销路费、提供住房。

经过两年多的接触,张之洞认可何福满操练护军营取得的成效,光绪二
十五年(1899)正月二十三日,委派他兼任武备学堂教官,给学生讲工程、炮
兵等课,并与另外两名德国教官福克斯、威尔赤,和衷共济、专心上课。

当张之洞发现何福满不听学校领导调动时,绝不损坏规则,轻易让步。
同年正月二十八日,向他发出指示:"你应听候武备学堂总办节制,遇事随时
与原教务长和衷商办,并与其他两位德国教员商酌,勤恳完成各门功课。你
只专心负责学生的课程,学堂其他各项公事,仍由教务长及各委员分别办
理,这符合各负其责的规章。"②

曾在自强军带兵训练的来春石泰,看到合同期满即将解职,不愿立即回
国,还想多赚一笔钱回家养老,请上海署记名海关道沈敦和转告张之洞,想
到湖北武备学堂,奉献自己掌握的军事知识。

"来春石泰为你调派的人,相处日久,与华人情义甚重,尤其仰慕你。他

---

① 上海图书馆编:《汪康年师友书札》第5册,上海古籍出版社1986年版,第3374—3375页。
② 苑书义等编:《张之洞全集》第5册,河北人民出版社1998年版,第3770页。

对我说,如你留他供驱遣甘愿效力,既不争权位大小,也不计较工资厚薄。我听说后极为感动,特地向你转告,以表明他始终追随你的诚意。"光绪二十四年(1898)二月十五日,沈敦和致电张之洞。

"来春石泰多情可嘉,然湖北无财力,练兵不能再添外国将官,也无其他部门需添教官。请你转告多谢他的厚意。"二月十七日,张之洞回电声明不聘用来春石泰①。

创办武备学堂

伴随德国教官陆续到来及学堂扩大招生,张之洞加快了筹建湖北武备学堂的速度,从银元局的盈利中拨款,派人在武昌东门外选址购地。

光绪二十二年(1896)七月初五,张之洞在总督府给广东候补道员王秉恩等人发出筹办武备学堂的指示:"无论何省的文武秀才、文武候补官,以及官绅世家子弟均可招收。只是必须文理明通、身体强壮的才能报名,听候挑选入学。"②

他委派王秉恩经办的理由是:此人有学识端雅、志向坚定、赅综精实的特长。在广东办善后事确有成效,每年增巨款,却不谋取私利,不同流合污,卓然自立值得信赖,能担任武备学堂总办。再派候补知府钱恂任教务长,候选知县姚锡光当总稽查。

同年九月初四,张之洞发布招考武备学生简章:先招 120 名,省内外的文武秀才、举人、官绅世家子弟可报名参加考试。只是姓名、籍贯、功名必须确实,若隐冒捏报,虽已收录,一经查出立即斥退③。

出乎张之洞意料之外,发布招考公告后,也许是武备学堂每月给学生补贴 4 两银子、食宿免费,吸引 4 000 多人报名。足见有许多青年人渴望接受教育,获得施展才能的舞台,但不排除一部分人滥竽充数图谋奖金。

他将品德、文化水平与身体素质作为录取的三项指标:通过科举考试取

---

① 苑书义等编:《张之洞全集》第 9 册,河北人民出版社 1998 年版,第 7522 页。
② 苑书义等编:《张之洞全集》第 5 册,河北人民出版社 1998 年版,第 3292—3293 页。
③ 苑书义等编:《张之洞全集》第 6 册,河北人民出版社 1998 年版,第 4892 页。

得秀才、举人等功名的人或世家子弟,具有博闻多识的优势,入学后,可读完每门课程并按时毕业。

"若考生未取得功名,又非祖、父、伯叔、胞兄确获得官职的人,不能给卷子考试。年龄在40岁以上的人,断然不能承受军操的劳苦,也无须给卷考试。"同年十月十一日,张之洞发出告示提醒考生①。

经王秉恩等筹备、招生、筹资等,光绪二十三年(1897)正月二十八日,张之洞给皇上呈递《设立武备学堂奏折》:"我认为自强的策略,在于培养一批为国效力的人士。而武备学堂开设步、炮、工程兵等课程,训练一批适应不同地域,指挥士兵作战的将领。

"学堂除请德国法勒根汉、根次等教官以外,还聘请从天津、广州军校毕业的12名学生任各科教师,将德国教材翻译成中文并向学生讲解。前期招收120人,给伙食、衣服及每人每月补贴4两银子。

"创办武备学堂耗资高昂,湖北财力一直短缺,本来难以承办,但此时国事艰巨,没有多余的时间等待,人才不容易成长。倘若再因循守旧,会为时已晚,我反复思考,不能不勉力动工修建。现暂时从盐务杂款及银元局的盈利中抽取一部分资金维持学堂运转,将来要有常规的预算。"②

张之洞要学生理解花费高昂代价请德国教官的良苦用意:你们要遵守纪律,珍惜来之不易的时机,刻苦攻读,争取成为智勇兼备、对国家有用的将才。若逞强斗狠、行凶闹事、违法乱纪必开除,并追缴领取的补贴及已用的伙食费。

有些学生视他的教导为儿戏。光绪二十四年(1898)二月二十五日,武备学堂的学生孟平、张锡勋等中午放学时,被不愿上学的学生张英等行凶殴踢,导致张锡勋肋下受伤,孟平也受轻伤。

接到禀报的当天,张之洞命令学堂发出告示:"张英纠众逞凶,目无法纪,特别令人痛恨,应立即将他交给江夏县看管,待张锡勋、孟平伤愈再核办。对随同行凶滋事的蒋福田、李忠兴、吕联瑾、孙本厚、张典谟5人,追缴

---

① 苑书义等编:《张之洞全集》第6册,河北人民出版社1998年版,第4894页。
② 以上奏折参见苑书义等编:《张之洞全集》第2册,河北人民出版社1998年版,第1226—1228页。

领取的生活补贴，一起驱逐出堂。"

同一天下午，拥有候选州判官职身份的学生高鼎，倚仗自己的政治地位，与陈云岫、杨开甲等，强行纠集多名同学，到总督府要求见张之洞，却不肯报姓名，不知有何用意。

"昨日，我们看见学堂发出批示，汉川学生周珍等人递交了入学堂的申请，与书院就学的规定大不相同。听说正在议论要停止给学生发补助，我们感到事情紧急，特来向张总督请示，是否会停发。"高鼎说。

听了他的诉求，张之洞很恼火："你们来武备学堂读书，只为谋求生活补贴，却不认真学习，经常带头起哄闹事。我必须预先声明，要杜绝轻学重利的私心，即使将来停止发补贴，各学生应遵守纪律静候通知。而你们竟敢纠众滋闹，只为4两补助，居心卑劣，不足以成才！"

张之洞训斥狡诈的高鼎后，再看陈云岫平日习惯逞凶，此次听从他人煽动结帮闹事；杨开甲平时比较本分，为何跟随高鼎、陈云岫无故触犯校规？糊涂至极。

为此，二月二十五日，张之洞命令武备学堂负责人，追缴高鼎、陈云岫领取的补贴，并将他们驱逐出堂；杨开甲因功课尚好，留学堂以观后效。

同一天下午，张之洞得知李英菻、汪桂芳吆喝司员不准上餐厅，给学校造成不良影响，下令将他们斥逐出学堂。

张之洞用毫不含糊的惩处向学生们发出警告："学堂的规矩必须日益严密完善，如果放纵学生任意妄为，以后会有更多人借口滋事。学堂总办等要认真考察约束，并责成领班学生弹压开导。如发现稍有不安分的学生，立即禀请斥逐，不得稍有宽纵，以严肃堂规而警示。"①

张之洞对学堂保持始终如一的监督。光绪二十六年（1900）四月二十六日，张之洞发出告示："武备学堂学生方宾观、沈翔云、朱建时、黄显荣、黄瑞兰等，与学校的委员滋闹，操演时自行嬉戏，不遵守纪律，将他们开除出堂，并将朱建时等3名学生注为劣等生。"②

---

① 以上参见苑书义等编：《张之洞全集》第5册，河北人民出版社1998年版，第3570—3571页。
② 同上，第4015页。

　　同年九月三十日,张之洞指示武备学堂徐家干:"学生汪庆庸捏造事实,向德国领事投信诬告,情节严重,将他列入劣等生,如以后他不遵守学校规定,再编造谎言,决不宽恕必开除。江人庆、刘靖、彭祖光等4名学生,不安分守己,一起开除,并收回军装,再通告全校学生,必须严于律己、知礼守法、求学又自爱。"①

　　日俄战争期间,张之洞对日本迎战俄国保持高度关注。光绪三十年(1904)四月二十九日,张之洞致电日驻上海领事小田切万寿之助:"我得知日本海军连日战胜俄军,而东海平安无事深为惊喜,并祝贺你们取得令人惊叹的胜利!"②

　　震惊之后,张之洞深思:日本与军力强大的俄国作战取得了优势,得益于具有卓越军事才能的将领指挥,还有什么理由不相信他们军备的优越性?因而聘请日本参谋部铸方德藏等军官为军事顾问,负责教学、练兵等。

　　"我托你选聘军事顾问及为湖北将官学堂聘请炮兵、骑兵两位教师,没有得到你及时回复,我极其盼望。前次你保举炮兵大佐栗山胜三、本庄道三,如具有担当参谋的学识,请通知他们立即来湖北任职。你一直关注湖北新军进展,两年以来,我们的交情日益深厚。我多次电告你,托你在日本代我选有综合素养的参谋、精于军火的人才,以便早日订立聘用合同。"同年五月十二日,张之洞致电铸方德藏③。

　　"来电收到,你委托我请栗山胜三等人来湖北的事,他们现不在东京,我前次找人询问,尚未接到答复,请暂缓几天。一旦商妥,我立即转告你。"五月十三日,铸方德藏回电④。

　　接他来电,五月十四日张之洞回复:"承蒙你推荐栗山、本庄两位将官,我深信他们的学问、阅历,若归湖北聘用,能让他们在多个岗位发挥作用,作为我的幕僚对待,不限于军事顾问。"⑤

---

① 以上参见苑书义等编:《张之洞全集》第6册,河北人民出版社1998年版,第4798页。
② 虞和平主编:《张之洞档》第51册,大象出版社2014年版,第584页。
③ 苑书义等编:《张之洞全集》第11册,河北人民出版社1998年版,第9164—9165页。
④ 虞和平主编:《张之洞档》第98册,大象出版社2014年版,第315页。
⑤ 苑书义等编:《张之洞全集》第11册,河北人民出版社1998年版,第9165页。

受日本陆军不断击退俄军获胜的影响,张之洞仿照日本士官学校,将武备学堂改为武高等学堂,要聘用4名日本教员、2名德国教员,分别给学生上不同的军事课。

"请你们务必迅速代武高等学堂请两名教员。大致德国教员分别讲测绘、工程、营垒、炮兵等,其余的课由日本教员讲解。此时日本对俄用兵,高级教官或许难请,请先派稍微低级的军官,等将来再更换。中国急需培养将官,你们必能体会我的苦心,妥为物色。"同年五月十七日,张之洞致电东京参谋部福岛少将、铸方德藏中佐①。

"你托我为湖北军校选聘教师,本来不是一件很难的事,但正值日本与俄国交战,各军官愿意奔赴前线抗敌,不想到武昌应聘,我不好勉强。等战局大致确定后,我再找他们商议。"五月十九日铸方德藏回电②。

小田切为满足张之洞的需求,七月二十日来电:"日本外务省对我说,陆军炮兵大佐栗山胜三掌握造炮工艺、本庄道三造枪技术精湛,享有盛誉,为振兴军备的必要人才。我们顾及中日关系,特意选派这两人到武昌,到达后请你派人妥善安顿,每月工资700两,并将聘用合同寄给你。"③

改高等学堂后,张之洞不愿用心高气傲的德国教官,主要聘用容易协调、头脑灵活、服从调动的日本军官,要辞退何福满等3名到期的德国教官,引起德驻京领事不满,向清政府外务部提出抗议。

此前,张之洞一再延长何福满、泰伯、福克斯的聘用期限,3名德国教官已留湖北近8年之久。现武备学堂改为武高等学堂,何福满已完成教学任务,而且合同到期,提前6个月告知他辞退,德驻京领事有什么理由干涉?

"湖北聘用很多外国教员,或辞或留无关交涉,我们拥有自主权,德领事为何过问?况且去、今两年,我们又添聘两名德国教师,有添聘也有辞退,德政府何致发怒?请你们代我向德国公使说明原由。"光绪三十年(1904)十月十三日,张之洞致电外务部④。

---

① 苑书义等编:《张之洞全集》第11册,河北人民出版社1998年版,第9166—9167页。
② 虞和平主编:《张之洞档》第98册,大象出版社2014年版,第403—404页。
③ 虞和平主编:《张之洞档》第99册,大象出版社2014年版,第506—507页。
④ 苑书义等编:《张之洞全集》第11册,河北人民出版社1998年版,第9228—9229页。

湖北武备学堂开办10年之际,张之洞奉光绪帝调遣前往北京任军机大臣。为表明办学培养了一批将官,光绪三十三年(1907)八月初二,张之洞呈上《为湖北武备学堂出力择优保奖奏折》:"自光绪二十三年湖北武备学堂开办以来,先后有153人毕业;将官学堂自光绪二十五年开办,先后有1000多人毕业。武备学堂开办最早,请德国军官教学,全校毕业生最多,现在分布各省充当武官、教师,大半来自这所学堂。"①

劝说皇上结盟日本

正如张之洞料想,日本在享受打败清朝占地、索赔的果实时,也意识到俄国租借旅顺、大连,修中东铁路,向中国东北及太平洋扩张;加上德国强租青岛,这些都成为自己的竞争对手,应以自身的工商、军事、教育等优势,拉动中国,如派遣军官为大清王朝训练军队,还有出售军火、吸引学生到日本留学,实现在华扩大商业利益。

怀着这种战略设想,光绪二十三年(1897)十月,日本派参谋大佐神尾光臣访问湖北。张之洞不知日本派军方代表访问有什么企图,起先保持防备心理,派时任分省补用知府钱恂及江汉关道员等接待。

到湖北后,神尾一行除与官方代表会谈外,还会见了日后为推翻清朝出大力的唐才常等知识精英,极力宣扬化解中日战争引发的仇恨,结成亲密的同盟,共同对付其他强国。

不太凑巧的是,神尾于同年十一月二十一日到达湖北,但张之洞此时已离开武昌坐船经汉江到京山唐心口敦促修堤防,到二十八日晚返回。他听钱恂汇报:神尾光臣请湖北派军官到日本参观军事训练、学生到军校学习等,张之洞兴奋不已,觉得中日联合有利于抵抗俄、德等。

十二月初四,张之洞致电上海道员蔡钧翻译他给神尾光臣的电文后,再转苏州、杭州、宁波的官员,设法转交神尾光臣:"你惠临湖北时,我先奏请出武昌到京山县勘堤防,仅派江汉关道员及知府钱恂接待,深感惆怅。回来后

---

① 虞和平主编:《张之洞档》第172册,大象出版社2014版,第714—715页。

他们向我禀告阁下来意,我听了极为欣悦。中日同种、同教、同文、同处亚洲,友谊胜过其他国才能联为一体。现在我极愿与你面商一切合作办法。但中国制度规定,总督不能出管辖的省,而此等事非面谈不可,能否请你再来武昌,共商关系东方的大事,我不胜期盼之至!"

同时,他以急于见到神尾光臣的心情单独致电蔡钧:"神尾光臣等人由南京、苏州、杭州去宁波到上海,我另有电报请转发,你若见他,请代我劝他再来,并说我不能远离湖北的原因。"

只过了一天,他再次致电蔡钧:"我心急,听说神尾光臣因病在上海,未归国,我前次发电想你已代达。他愿再来湖北吗? 请速询问他回复。"

"神尾光臣已回国,下个月仍会来上海。昨天日领事又赴苏州说,等神尾光臣回来,将你的电报转给他。"十二月初六蔡钧回电①。

电报没有转到,张之洞有些失望。同年十二月初九,致电在上海督办铁路、了解日本工商业的郑孝胥:"有重大事情要与你协商,请速来武昌。"

郑孝胥不知张总督找自己有什么急事,急忙从上海坐船赶到武昌。十二月十六日上午,他走进总督府刚坐下就听张之洞说:"日本派人来劝我联英拒德,我想派你与日本人川上操六等赴日一行。我电奏后尚未接到皇上的旨意。"

"日本人既有此意,为何不告诉总理衙门? 为何要与你商谈?"郑孝胥发出疑问。

"此事应再协商。日本小松亲王派遣人,于明年正月初六到,你明天再来商谈。"张之洞说②。

以渴望与日本合作的热诚,十二月初十,张之洞在一天之内连续三次致电总理衙门,反复论述联日、英抗衡俄、德入侵,保大清王朝的重要意义。

"英国为保在华的商业利益,要防俄、德占地扩张。俄既不阻止德占胶州,又不劝解决教案,我们要允以何种利益,劝俄千万不要占旅顺。日本要防俄、德危及自己在华地位,对我必无奢望,与日形成联盟后,俄、德会稍有

① 以上参见苑书义等编:《张之洞全集》第 9 册,河北人民出版社 1998 年版,第 7446—7449 页。
② 以上参见劳祖德整理:《郑孝胥日记》第 2 册,中华书局 1993 年版,第 635—636 页。

顾忌。"十二月初十上午约 9 时,张之洞给总理衙门发出第一封电报。

日本参谋部宇都宫太郎,奉陆军二等提督川上操六的命令,到武昌拜访张之洞,送上日本地图及政治书各一部,并以极殷勤的语气说:"今日军备最重要,你们要派人到日本军校等学堂学习,旅途比较近,可节省费用,我国必给予优待!"

"我请你致电神尾光臣,叫他速来武昌与我面谈。动身时,询问川上操六及管陆军的小松亲王有何意见。"张之洞觉得宇都宫太郎级别太低,要找职位更高的官员会谈合作。

十二月初十上午约 11 时,张之洞给总理衙门发来第二封电报:"大概日本看见俄国日益强大,德特别专横,法将接踵而至,英也会效仿,占尽我沿海口岸,中国固然有危难,但日四面受强敌逼迫,感到危机来临,急想联合英、中,对抗俄、德图自保。既然日本愿意帮助我国,应该利用他们的力量。"

当天晚上,宇都宫太郎拜见张之洞,以神秘的口气说:"我奉日本参谋部的密令,与你密商中日合作。中、日、英联合可拒俄、德,否则,会有不可测的危害。"

同日晚上约 10 时,张之洞给总理衙门发来第三封电报,汇报与宇都宫太郎交谈的内容,并请转告皇上。

"已阅读你三次来电,中日修好以后,不存在关系不融洽,倘若公开宣布联合日本,恐怕俄会加速侵占东北,带来新的灾祸。对日本请求联合,断然不要轻易答应,至为重要。"十二月十二日,总理衙门奉旨回电张之洞,表明不急于联日抗俄[①]。

本着制衡俄、德的实用外交路线,张之洞决意将合作对象转向日本:近 30 年以来,日本吸收西方教育模式消化变通,设立各类学校,并全心全意举办,规制周详。尤其是军校,为各军营输送了一大批有素养的将官。

与中国同文、同种、同俗的日本,已经取得了变法强国的成效,而中国在鸦片战争以后,办枪炮、轮船、电报等实业,开始了自强救国的追赶,却没有取得任何明显的成就,这与缺乏有效的制度保障有关。

---

① 以上参见苑书义等编:《张之洞全集》第 3 册,河北人民出版社 1998 年版,第 2111—2113 页。

张之洞看到中国像一个智商低下、体力虚弱的选手，被对手远远抛在后面，深刻反思日本在现代化道路上赛跑超过中国的原因，认为必须率先清除因对日战败带来的心理障碍，开启与日本一系列合作。

光绪二十四年（1898）正月十三日，神尾光臣应张之洞邀请来到武昌。在总督府与张之洞会面时说："中国必须练兵，日本有军校毕业并有实战经验的将官，可帮助你们训练装备齐全的部队。盛宣怀曾约我回上海起草练兵章程，我想今天晚上出发。"

"我知道练兵极为重要，但我们要互相商议，拟订可行的方案，才能迅速办成，请你多住几天。"张之洞对他说。

当天下午，张之洞致电陈宝箴："我听了神尾光臣介绍日本练兵的成就，觉得可采用他们的办法。我提议两湖合力聘请日本教官，各省先练一军，每省练近5 000人，各自筹军饷。前次你儿子陈三立与我谈起你有练兵的想法，请你速派一名知晓军事又能理解你用意的官员，来武昌与神尾光臣商谈。日本陆军采用德、法两国军制，又吸取其他国的经验，与我国距离近、工资低、同种、同文，而且语言、风俗又相近，对我练兵必有大益。"

同日，他再次致电陈宝箴："日本人提议我们选派学生留学，听说湖南有这个意愿，你先派一人跟随宇都宫太郎到日本考察。本月十七日宇都宫太郎由湖北启程回国，我担心湖南派人来不及，请他再住3至5天，他表示同意。望你速派人来武昌，与我派的人一同前往。"

"我遵从你的提议，选派学生到日本留学。你提出湖北与湖南，共请日本教官，分别各练一军，筹划比较完善。将来统一军制、练法、军械推向其他省，有望与其他国并驱争先，令人无比钦佩。只是湖南筹款倍感艰难，依赖你奏请皇上支持。此次，我想派湖南湘乡人、江南机器制造总局会办蒋德钧去日本，向刘坤一请假1个月，如不行另派他人同往。"正月十四日陈宝箴回电①。

与神尾光臣会谈只过了4天，张之洞作出一个决定：选派直隶州知州、在武备学堂任职的姚锡光，以及武官张彪、吴殿英、黎元洪，日文翻译生瞿世

① 以上参见苑书义等编：《张之洞全集》第9册，河北人民出版社1998年版，第7486—7488页。

瑛,一同前往日本,考察政治、法律、军事、航海、农务、工商、山林、医学、矿业、机电等学校。随时写笔记,务必详细勿简略,便于参考。

"你们要深刻领会我将培养人才自强的根本,勿负委任,不虚远行。这次前往日本游历,合计往来以 3 个月为限。由善后局先给你们发 2 200 两路费。"光绪二十四年(1898)正月十八日,张之洞指示姚锡光等前往日本考察各学校①。

到日本后,二月十七日,姚锡光与张彪致电张之洞:"我们到东京后,得到日本军官热情周到的接待,引导我们参观了三所军校,发现章程、课程、书籍等比较周全。"

三月初一,姚锡光再致电张之洞:"关于送湖北武备学堂学生到日本留学,我与中将川上、大佐福岛商谈,先派 100 人,分两次送,安排较为容易。他们专设一个讲堂,希望以速成教学,让学生学成毕业。只是学生要在学堂附近另租房子住,并要派人照料,每人每年大约要 400 元,委员费除外,请速电示,便于定议。"②

为推进变法,光绪帝发出旨意调张之洞来北京。他接到调令后,要姚锡光回来介绍日本成为强国的经验,便于回答皇上如何推动经济、军事、教育、工商等变革的疑问。

"我奉旨到北京拜见皇上,你们迅速大略看一下日本士、农、工、商各学校办学特色,写成书面报告,并立即回国。"同年闰三月初四,张之洞致电姚锡光等③。

考察 2 个月,姚锡光在东京各学校、军队、议院、银行、工厂等,与各方人士座谈,得出的感受是:日本自明治维新以来,对外开放向欧洲学习,天皇、首相、官员与民众上下合力追赶。

日本凭借国家、省市、私人出资办各类学校,形成文、法、理、工、农、医六科大学,国家对经费不足的公立、私立学校给予补贴,由教育部核定招生、教材、课程等。

----

① 苑书义等编:《张之洞全集》第 5 册,河北人民出版社 1998 年版,第 3559 页。
② 苑书义等编:《张之洞全集》第 9 册,河北人民出版社 1998 年版,第 7523—7524 页。
③ 同上,第 7560 页。

姚锡光觉得，如中国能够以日本为榜样，输送有效制度，激发各级政府办小学、中学、大学到军校，培养各类专业人才，不到 10 年必能取得焕然一新的成就。

陈宝箴办学堂、练兵、开矿等急需专业人才，得知姚锡光回来后，四月二十日致电张之洞："湖南准备发布招考公告，选派学生到日本留学，此事托姚锡光兼办，听说他已经回武昌，请他来长沙，我向他咨询有关留学的条件并议定规则，请你帮我转告他。"①

派遣学生赴日留学

百闻不如一见，张之洞在《劝学篇》中对留学的意义作了形象的比喻："小国日本，为何突然发迹？20 年以前，伊藤、山县、榎本、陆奥等人，痛感日本受西方国家威胁，带领 100 多人到德、法、英，分别学政治、工商、军事等。学成而归，有些人成为国家或部门领导人，带动本国发生由弱到强的转变，进而雄视东方。"

既然日本留学生能引领国家富强，为何中国不能？张之洞发出疑问后，认为学西欧不如学日本："中日距离近，可节省学费，多派遣学生，往返方便，容易考察；日文与中文相似，容易通晓；西方各书内容深奥，初学的人不容易掌握，日本人翻译西书已删改再用；中日风俗相近，容易模仿，能取得事半功倍的效果。"②

光绪帝阅读了张之洞写的《劝学篇》，采纳他选派学生到日本留学的建议。光绪二十四年（1898）四月二十四日，总理衙门电告张之洞与两广总督谭钟麟："前日本驻华公使矢野文雄发来公文说，接日本政府电，为加深与中国友谊，请中国选派学生前往学习，代支经费。可轮流陆续派往，大约以 200 人为限。湖北自强学堂、广东同文馆，能选送多少通日文、聪颖的少年到日本留学？请查明。"

---

① 虞和平主编：《张之洞档》第 77 册，大象出版社 2014 年版，第 178 页。
② 以上参见苑书义等编：《张之洞全集》第 12 册，河北人民出版社 1998 年版，第 9737—9738 页。

"学生赴日本学习,所谓'代支'经费是否'代出'？望你们咨询来电明示。观察日本对华友谊是否真切,才能酌定留学办法。"四月二十六日,张之洞回电。

"对派学生赴日就学,日本只允代支经费,来电未说代垫。"四月二十九日总理衙门回电①。

经光绪帝同意,七月初二,总理衙门奉旨电告直隶、两江、湖广、两广、闽浙各督抚,准备派遣学生赴日留学,并单独致电张之洞:"我们与日本驻京公使商议留学规定,并经日外务省来电核明,学生自备衣食、笔墨等费,每年每人约需300元,日本政府无不极力承担派定教师、督课的职责。所派学生必须年少聪颖、有志向上,通日文或英文,才有利于完成学业。"②

张之洞突出军事优先,选派110名学生留学,其中50人到日本军校,以培养高级将官;另50人入教导团学习,成为排长级别的军官;剩下10人分别进入农务、商务、工艺学堂学技术。

确定人员后,张之洞计算每年约向日本学堂缴33 000元,约合银26 000两,加上派员监督学生的费用,常年支出合计需3万多两。八月十一日,他给分管盐业、粮食、厘金局的长官发出指示,从办公费等挤出3万两作留学费③。

作为加强中日合作的攻关,日本原首相伊藤博文访问北京后,深知湖广总督张之洞对清政府各项决策起着不可替代的影响,决定到湖北拜会他,争取他支持向日本敞开大门。

光绪二十四年(1898)八月二十九日,张之洞对伊藤博文来访,给予隆重的礼遇:派武备学堂教务长姚锡光去上海负责接待,自强学堂总办张斯栒(一作枸)到九江迎接。

十月十四日早晨,伊藤博文乘坐招商局轮船到汉口,晚上入住熙泰昌宾馆。第二天,张之洞派"楚材"号轮船接他过江,入住武昌纺纱局招待所,并放炮19响,以示对贵宾的敬意。

---

① 以上参见苑书义等编:《张之洞全集》第9册,河北人民出版社1998年版,第7599—7600页。
② 同上,第7646页。
③ 苑书义等编:《张之洞全集》第5册,河北人民出版社1998年版,第3662—3663页。

张之洞别出心裁,十月十六日下午,在能遥望滚滚长江奔流的黄鹤楼,摆下丰盛的宴席,招待伊藤博文,并邀请驻汉口的英、法、德、美等领事参加,营造一种与各国和睦相处的气氛。

十七日下午,伊藤博文赴总督府拜会张之洞,畅谈中日应破除成见,在工商、军事、教育等领域展开广泛深入的合作,有利于两国共同繁荣昌盛。

"前次小田切领事来湖北,商谈各项合作,他回京后以书面作各种解释。我与他商议到付之实施,不能不乞求皇帝批准。我作为湖广总督的权限,非常有限,无论做何种事必须得到皇上许可。特别近年来为国家支出的费用繁多,一些微小的事须受户部管束,感到很遗憾,有说不出的苦衷,请你们谅察。"张之洞以叹息的神色对伊藤博文说。

返回日本前,十一月初四,伊藤博文出于礼节致电张之洞:"我这次游历湖北,承蒙你热情款待,难以表态我内心的感激。我已诵读你赠送的《劝学篇》,受益匪浅!"①

受日本主动邀请,同年七月二十八日,总理衙门致电张之洞:"日本驻华林公使发来公文说:日本山城摄津举行陆军演习,想请中国酌派 15 名武官观阅。约八月十五日出发,九月初六前抵达东京。"

张之洞不放过观察日本军队操练的机会,派候补道员张斯枸、前广东南韶连总兵方友升,以及武官穆齐贤、王得胜、补用知县清瑞、方悦鲁、姚广顺等人,悉心阅看日本步、骑、炮兵演练。

"你们阅操后,到日本各军营、军事学堂、制造枪炮厂、各处紧要炮台详加游览,对战式、功课、章程作笔记,回武昌后向我详细禀报,勿得粗心泛览,虚此一行。预算每人约需银 300 两,共需银 4 500 两,由湖北善后局照数发给。"光绪二十四年(1898)九月十四日,张之洞给张斯枸等人发出前往日本阅操的指示②。

经日本驻上海总领事小田切协调,同年九月二十九日,张斯枸、方友升、王得胜等人在上海搭乘开往日本的轮船。到日本后,他们得到军方热情接

---

① 以上参见武汉大学经济学系编:《旧中国汉冶萍公司与日本关系史料选辑》,上海人民出版社 1985 年版,第 2—3 页。

② 苑书义等编:《张之洞全集》第 5 册,河北人民出版社 1998 年版,第 3692—3693 页。

待,去大阪参观日本陆军防守、炮击、调兵等对抗演习,惊叹将士受过严格的训练,军纪严明、反应迅速、判断准确。

得知日军演习体现出超强的战斗力,张之洞十分钦佩,决定选派学生到日本留学增至 200 人。其中 100 人要进入军校攻读,掌握日本多兵种作战及军械运用。

湖北选派的学生能否安全顺利到达日本是张之洞最牵挂的。经他特地致电邀请,九月十三日晚,小田切从上海乘坐"瑞和"号轮船去武昌,与他交换了对留学、费用、教学等看法。

"前不久,我去湖广总督府拜见你,得到你周到的款待,感激不尽。我接到日本外务省来电,要我等湖北留学生到上海后,派翻译官随同乘船护送到日本,并妥善照顾。我请你将学生离开武昌的确切日期电告我,以便准备接待。"十一月十三日,小田切回上海后,致电张之洞①。

十月二十五日,得知日本已经为中国读军事的留学生安排了军校,总理衙门致电张之洞等:"日本公使矢野来电说,接到本国来电,已将军校布置妥当,请直隶、两江、两湖总督派学生前往日本。"

按来电要求,张之洞从湖北武备学堂、两湖书院挑选 20 名学生,到日本陆军士官学校。每年约缴日本学堂 6 000 银元,合银 4 000 多两。派员监督每月各项支出需银 1 000 多两,由湖北善后局支付。

"现派候选副知县邝国华带学生去东京,交给在日本阅操的候补道员张斯枸,暂时照料约束,务令各学生在军校专心学习、恪守礼法、力图进取,勿得出外闲游、滋扰闹事,否则会开除,切记!"同年十一月十四日,张之洞给善后局等发出指示②。

张斯枸等人参观日本各学校、枪炮厂等,十一月初五致电张之洞,准备于十二日从神户乘船回国。十一月初十,张之洞电告他们:"现派湖北学生到东京留学,过几天要动身,你在长崎等候学生到来,并将他们带到东京妥善安顿后再回国。"③

---

① 虞和平主编:《张之洞档》第 78 册,大象出版社 2014 年版,第 539 页。
② 以上参见苑书义等编:《张之洞全集》第 5 册,河北人民出版社 1998 年版,第 3724 页。
③ 苑书义等编:《张之洞全集》第 9 册,河北人民出版社 1998 年版,第 7689 页。

十一月二十三日，留学生即将动身时，张之洞致电小田切："湖北派往日本学习军事的20名学生及一名照料委员邝国华，于本月二十六日从汉口坐船出发，已经命令张斯栒在日本长崎等待，我已将名单寄给你，感谢你大力支持！"①

十一月二十六日，带着对20名学生的满腔寄托，张之洞欢送他们离开武昌坐船去上海。十二月初三，他们在上海与江苏等地学生会合后，一起冒着刺骨的北风乘船赴日本，初七抵达神户，初九到达东京后，致电张之洞禀报学生平安入学堂。

"得知你们安全抵达东京，我感到很快慰。张厚琨何日入学堂？如买物办事需用银钱时，请你代付，由湖北汇还，万不必给现钱，切要。"十二月初十，张之洞致电张斯栒、邝国华。

"与东亚同文馆会长近卫协商后，将你孙子张厚琨安排到贵族大学堂，住教师家，近日可入学。"十二月十一日，张斯栒和邝国华回电②。

剩下19名学生先进入日本成城学校，该校相当于一所中学，先接受日语、历史、地理、化学、物理等教育。学完18个月后，到陆军士官学校，由教师分别给他们上军事课。

只靠湖北等省派有限的学生到日本军校学习，不足以满足各省军营对将官的需求，张之洞要带动其他省督抚解放思想，兴办学校、练兵、办厂，才能推动国家尽早富强。

"你劝说闽浙总督许应骙认识变法强国的作用，不知他是否肯畅所欲言。"九月二十六日，张之洞密电在上海的梁鼎芬③。

对许应骙如何派学生去日本留学，光绪二十五年（1899）八月十一日，张之洞电告他："去年日本举行军操，湖北派11人前往参观，江苏、直隶也派多人，后来又派20多人到日本学习军事，每人大约花费300元。日本军校师资雄厚，多派人收效甚大，你应该派20多人去日本留学，可多得人才，将来备

---

① 虞和平主编：《张之洞档》第33册，大象出版社2014年版，第180页。

② 以上参见苑书义等编：《张之洞全集》第9册，河北人民出版社1998年版，第7700—7702页。

③ 虞和平主编：《张之洞档》第14册，大象出版社2014年版，第696页。

挑选,应从福州、漳州、泉州选派人员,会取得很大成效。"①

听从张之洞的劝告,许应骙选派崔祥奎等 7 人,到日本参观陆军演习及军校等。

留学生到日本后,一些疑问回响在张之洞的脑海中:学生是按时上课或是懒惰? 志趣谁高谁低下? 行为是否端正? 身体及心理是否健康? 必须派专员随时监督,禀报考核。

"现派候补知府钱恂去日本监督学生,遇事与日本各学校校长等妥商,随时劝勉约束各学生,专心学习、力图上进、恪守礼法,一切言行要格外谨慎,勿任闲游旷课,以劝戒与保护兼施,便于培养对国家有用的人才,不负我的期望。由善后局每月给你发酬金 200 两。"同年二月十一日,张之洞给钱恂发去指示②。

冲破阻力派出第一批留学生后,张之洞展开丰富的想象力,要派更多学生到日本军校,学习各兵种作战及枪炮等制造本领,一年半学成后,可回湖北应急。

他认为湖北枪炮局制造新式枪炮,工艺极为精微,若工匠等技能浅薄,产品不可能达到精密。因而令自强学堂选派通日文的学生 5 人、枪炮厂选派工匠 9 人、护军工程营选派识字的排长级别 6 人,年龄 25 岁以内,赴日本炮兵工科学校悉心学习。

"他们所有学费、路费、服装等,从枪炮局经费项下开支,将来学成回国后,由枪炮局量才优先录用。"同年五月十六日,张之洞给枪炮局等发出指示③。

同年六月二十六日,张之洞致电在东京的钱恂:"多派学生学军事,必然要增加学费,这不是一件很为难的事,只要日本愿意接收,我不计多少学费,均听日本酌收。我托金陵枪炮局唐坤朋,护送学生到东京学习枪炮制造。"④

为此,九月初七,张之洞批示:从各营选派将官 30 名,前往日本阅操学

---

① 苑书义等编:《张之洞全集》第 10 册,河北人民出版社 1998 年版,第 7835 页。

② 苑书义等编:《张之洞全集》第 5 册,河北人民出版社 1998 年版,第 3776—3777 页。

③ 同上,第 3829 页。

④ 虞和平主编:《张之洞档》第 33 册,大象出版社 2014 年版,第 362—363 页。

习部队战法；从护军营选派工兵、枪炮厂技工共 20 名，赴日本炮兵工厂学习制造枪炮；从工艺局选学生 10 名，学习制造枪炮厂所需皮带、皮盒各件之法；从两湖、经心等书院选 20 名学生，学习农工商、陆军测量，共计 80 人。

到光绪二十六年（1900）六月，在日本成城学校的第一期中国留学生毕业，进入各部队实习两个月。张之洞觉得他们仍一知半解，不能过早回国，应孜孜不倦掌握日本军队战法。

"虽然在日本成城学校的湖北学生要毕业，但他们没有深入钻研各门功课，应继续留学半年，到日本炮兵工厂详细研究几何、物理、绘图等，将来回国后有利于利用掌握的知识制造机器。请你命令他们照办，并与成城学校的校长婉转商量，制定课程。"同年九月初七，张之洞致电钱恂①。

这源于张之洞认识到，军事涉及多个学科，学生在课堂听教官讲操练、兵器、射击、工程等课，只有感性认知，要将书本知识转为实践经验，必须到日本各部队，体验各兵种作战的特点。

"湖北在日本陆军士官学校毕业的第二期炮兵科应龙翔等 14 名学生，想命令他们再留学一年，以增长他们的见识，或分别进入专门军校，或仍留部队实习。请你与日本参谋部商量酌定，转告学生遵照执行。"光绪二十九年（1903）正月初六，张之洞致电在日本监管留学生的汪监督②。

为了适应中国大量派遣学生读军事的需求，同年七月二十九日，东京振武学校开学，取代成城学校专门为中国留学生承担陆军预科教学，年限为一年三个月，期满考试合格进入日本陆军士官学校。

这时，日本为保持对朝鲜的控制权及阻止俄扩大侵占东北，危及自身利益，在谈判破裂后，于光绪三十年（1904）十二月二十三日，以突袭打响了日俄战争，并抽调一批军官及部队到前线增援，不能给中国留学生提供更多到部队实习的机会。

"驻日杨枢公使接到日本参谋部公文说，现在日本与俄国交战，军务紧急，中国在振武学校毕业的学生，难以到日本部队实习，应命令他们先回国，

① 虞和平主编：《张之洞档》第 50 册，大象出版社 2014 年版，第 130 页。
② 虞和平主编：《张之洞档》第 36 册，大象出版社 2014 年版，第 302 页。

等战争结束后再补送。我核实湖北陈锦章等 7 名学生,于二月一日毕业;吴元钧等 5 名学生,于五月二十日毕业,是否给这 12 人发路费暂时回国? 对有些愿意继续留学的学生,是否批准?"光绪三十年(1904)五月二十二日,在东京监督湖北留学生的李宝巽致电张之洞①。

"振武学校毕业的 12 名学生,虽无部队可实习,应令他们留东京,加习普通学科及日文、英文,将来受益较多。振武学校教普通课程,只求速成并不完备,要趁闲暇时补习加深,最为有益,千万不可立即回国,徒劳跋涉,枉费路费。能否在振武留学,你与杨枢请日本参谋部妥酌办理,议妥后速电复。"五月二十五日,张之洞回电②。

"振武学校的毕业生,经杨枢公使与日本参谋部商谈,对方允许给学生讲高等军事功课,于昨天安排入学,杂费及本月学费共要 17 000 元,恳请你迅速派人汇款。"六月初三,李宝巽致电张之洞③。

12 天后,六月十五日,张之洞将此款电汇给他们。十二月二十九日,李宝巽代表湖北在日本 410 名留学生,致电张之洞欢庆春节、迎接新年,并感谢他汇来学费④。

斥巨资向日本订购军舰

为了实现富国强兵,张之洞要装备一支能保卫国家安全的海军,与日本全方位开展军事合作。

中日停战后,光绪二十一年(1895)八月七日,两江总督刘坤一以从缓恢复海军上奏:"既然丁汝昌错失良机,失守威海,我海军与日军交战覆没,一时难筹巨款,尤其难找合适的将才。现无人能指挥南、北洋海军,即使借款购军舰,只会帮助敌军。我以为目前不必迅速恢复海军、不必立即购买舰艇,暂时修复沿海损坏的炮台,制造木壳兵舰,或购买快艇、鱼雷艇防守。等

---

① 虞和平主编:《张之洞档》第 98 册,大象出版社 2014 年版,第 428—429 页。

② 苑书义等编:《张之洞全集》第 11 册,河北人民出版社 1998 年版,第 9168 页。

③ 虞和平主编:《张之洞档》第 98 册,大象出版社 2014 年版,第 579 页。

④ 虞和平主编:《张之洞档》第 101 册,大象出版社 2014 年版,第 451 页。

以后有受过培训的将领、资金充足,再从容筹建海军。"①

光绪二十一年(1895)七月初九,直隶总督王文韶奉命到旅顺、大连等查看炮台、仓库、工厂,发现有些炮台被日军完全毁损,生产弹药的机器被炸毁或搬走,船厂的房屋倒塌,只存有少量机械。

"要恢复到北洋海军以前的规模,一艘军舰需要 200 多万元,一艘快艇要 100 多万元,加上各种配置,没有近 3 000 万元不可能完成。但目前国库空虚、财力短缺,向外国银行借款,会背负沉重的债务包袱。只能以现有的军械练兵,不可能立即取得进展。惟有整顿各军事学堂,选择教官训练以储备将才,严令各军认真操练、巡查,等财力稍微充裕,再渐渐扩充。"光绪二十二年(1896)正月十九日,王文韶向光绪帝呈上不能立即重建海军的奏折②。

与他们充满悲观、不愿立即振兴海军相比,张之洞在中法战争后,一直渴望中国拥有可与西方强国抗衡的海军。他期盼了十年,未曾想到,日军击毁了寄托中国自强愿望的北洋海军,因而更加意识到海军关系国家安危:日、俄、英、德军舰多次穿行大连、天津、上海到长江沿岸,而清朝无海军可拦截敌舰捍卫海权,必须购军舰重振海军。

"应迅速借款购军舰、练海军,中国无海军不能立国、无海军等于丧失海权。英兵艇屯驻南京、镇江,令人悲哀的是,中国却无海军阻止!"光绪二十三年(1897)十二月二十四日,张之洞致电总理衙门③。

尽管张之洞看到英国海军称雄世界、有工厂能制造质量优良的舰艇,但为防止他们以借款购军舰操纵关税、杂费等,转而将订购战舰的目光转向距离更相近的日本,他想起在武昌相识的神户川崎造船厂松方幸次郎。

"伊藤博文访问湖北时,随带日本前首相松方之子、川崎船厂的董事来见。近来,这家工厂在比利时引进炼焦炭技术,特来与我面商,想专运焦炭来湖北,回船代销湖北铁矿。我嘱咐他路过上海,与你详商一切,到时请你

---

① 张侠等编:《清末海军史料》,海洋出版社 1982 年版,第 86—87 页。
② 同上,第 88—89 页。
③ 苑书义等编:《张之洞全集》第 3 册,河北人民出版社 1998 年版,第 2115 页。

接见。"光绪二十四年(1898)九月初九,张之洞致电盛宣怀①。

这次,张之洞在武昌会见川崎造船所社长松方幸次郎。日本社长劝说张总督订购本厂生产的军舰,幻想以扩大对华销售、不断改进技术,实现从几十吨、百吨位向千吨位飞跃,与英、德等军舰竞争,占领广阔的中国市场。

九月初八,日驻上海总领事小田切致电张之洞,准备马上赶到武昌,与他会商造船、军事、留学等合作。

"前次,我与来湖北访问的日本人会面,他们多次劝我,防长江应多造小轮船,上面配有大炮,日本有船厂能代我造,每艘近30万两,仿佛是神尾光臣及松方所说。究竟此船长多少尺、配有几尊炮、炮有多大、有多少鱼雷、时速几海里、是否为鱼雷炮船,如定造20艘约几个月可交货? 每艘连炮雷需银多少? 为何厂所造? 请询详回复。"光绪二十五年(1899)十一月十九日,张之洞致电钱恂②。

为了日本的利益,小田切要说服张之洞下订单购日本舰。光绪二十八年(1902)九月初八致电张之洞:"我欣悉你调任两江总督,何时启程,请电告我,便于前往迎接。"③

到南京后,小田切拜访张之洞,商谈购买军舰防卫长江各省,向他介绍川崎造船厂舰艇的功能、费用和支付方式。

为了创造友好的合作气氛,同年十月二十二日,小田切致电张之洞:"我接到日本外务省的电令,明天撤走在上海的日军,而且英、法、德三国政府要求从速撤兵,我将这个消息转告你。"④

同年十一月十一日,张之洞致电小田切:"江苏想向日本船厂定造4艘浅水小快轮,分期付款,请川崎船厂总办松方幸次郎立即来南京面商合同,并请携带最新的快船图样数种供参考,必须迅速定,不宜迟缓。"⑤

"收到你来电,我已经电告日本外务省,请他们转告松方迅速动身,到南

---

① 虞和平主编:《张之洞档》第48册,大象出版社2014年版,第496页。
② 虞和平主编:《张之洞档》第33册,大象出版社2014年版,第394—395页。
③ 虞和平主编:《张之洞档》第92册,大象出版社2014年版,第571页。
④ 虞和平主编:《张之洞档》第93册,大象出版社2014年版,第119页。
⑤ 苑书义等编:《张之洞全集》第11册,河北人民出版社1998年版,第8961页。

京与你会谈。"十一月十二日,小田切回电①。

"我接到日本外务省回电说,松方为船厂督办,正在欧美各国考察。川崎芳太郎副督办将遵照你的命令赶到南京,与你商议一切。我询问他何时到上海后,再回复你。"十一月十七日,小田切致电张之洞②。

"你定制的浅水军舰,是否要派往汉口、沙市长江中上游,或者只是在下游专用?请迅速电告,便于按吨位设计图纸,大约十天后可将图纸送到。川崎大约半个月后来南京与你会面。"十一月二十日,小田切致电张之洞③。

"请你转告川崎先生,当面商谈,至于定制的浅水军舰,必须能航行武汉、宜昌、沙市等地,请他从速携带图纸到南京,事不宜迟。"十一月二十三日,张之洞回电④。

"川崎与两名工程师,今晚乘坐轮船去南京,专程拜访你,请你先安排时间接见,并命令相关部门的职员商谈合约。因他们不会说中文,我叫天野恭太郎充当翻译,并负责协调。"十二月初九,小田切致电张之洞⑤。

光绪二十八年(1902)十二月十二日,川崎等人由上海总领事馆南京分馆主任天野恭太郎陪同,到南京两江总督府拜见张之洞。

听了他们介绍川崎船厂制造的军舰坚固耐用,张之洞再看江苏"镜清""南瑞"等 12 艘轮船,为多年以前建造,外壳薄且已老化,行驶迟缓,不足与敌军作战、防守长江。外国军舰路过长江时,舰长站在甲板上发出嘲笑。每年支付船员工资、煤油、修理费,耗费巨大。倘若不及早更换,以后永远不可能振兴海军。

"我与筹防局官员商议后,除保留'镜清'等 4 艘船以外,其余一律裁停,节省各项费用 20 万两,由筹防局专款储存,无论何事不能擅自动用,10 年可得 200 万两,向外国有名的船厂定制军舰。"十二月十三日,张之洞向光绪帝

---

① 虞和平主编:《张之洞档》第 93 册,大象出版社 2014 年版,第 299 页。

② 同上,第 384 页。

③ 同上,第 403 页。

④ 苑书义等编:《张之洞全集》第 11 册,河北人民出版社 1998 年版,第 8964 页。

⑤ 虞和平主编:《张之洞档》第 93 册,大象出版社 2014 年版,第 618 页。

呈递裁停旧式兵船节饷另造快船奏折①。

为对比各自报价，十二月二十一日，张之洞致驻英公使张德彝、德国公使荫昌："现定造长江所用新式浅水快兵船，每船定价多少？如造 4 艘，能减多少？必须两年半造成交付，分 10 年付清款，利息多少？请速询问有关船厂核估确切。"②

同一天，他将相同的内容致电福州船政会办沈翊清：如福建船厂造价极低廉，想托工厂造数只船。

"来电收到，我命令外国监理迅速评估造价，按你提出的浅水快兵船造型，需银 5 万两，每艘以 2.5 万两递减，预计 3 年造成，还款期 10 年，船厂每月给工人发工资要 2 万两，缺乏资金周转。你如要定制，最好请上海的银行给予贷款，先给船厂付材料钱，以免停工等款。我的意见是，倘若你难以筹齐购 4 艘军舰的货款，不妨先造 1 艘，如适合江苏海防，再继续订购。"十二月二十八日，沈翊清回电③。

接到他的催促，张之洞不好立即答复，要等张德彝、荫昌来电，汇报英、德军舰的功能、造价、交货，比较各自的优劣才能向最优的船厂订购。

为江阴举行兵舰演习，光绪二十九年（1903）正月初九，张之洞致电小田切："我于本月十四至十五日，在江阴炮台检阅海、陆军操练，想请日本在上海的 1 名舰艇军官，到江阴代任裁判，我已电告在武昌充当军事顾问的铸方德藏等来江阴指正。"④

"造船事虽为商务，但关系中日邦交，我国政府及船厂盼望达成合约，请你命令相关部门的官员办妥，我不胜感激！"同一天，小田切回电时催他购日本舰⑤。

小田切知道张之洞要对比各船的差异，必须加紧行动，正月十二日来电："川崎认为，投入很大人力、物力，只造 1 艘军舰，觉得可惜。恳请你能否

---

① 苑书义等编：《张之洞全集》第 3 册，河北人民出版社 1998 年版，第 1517 页。

② 苑书义等编：《张之洞全集》第 11 册，河北人民出版社 1998 年版，第 8990 页。

③ 虞和平主编：《张之洞档》第 94 册，大象出版社 2014 年版，第 74—75 页。

④ 虞和平主编：《张之洞档》第 36 册，大象出版社 2014 年版，第 312 页。

⑤ 虞和平主编：《张之洞档》第 94 册，大象出版社 2014 年版，第 197 页。

与其他官员商量，先造2艘，以不负我国官商的厚望。"①

张德彝询问伦敦有关船厂报价后，正月十三日回电张之洞："我与阿墨士船厂商谈，船内除装日用货物以外，锅炉、汽轮机用最新的样式，船后面配双暗轮，售价5.2万英镑，自订造日起，一年内可造成。如要增加发射炮位，外加1135英镑。如船身外面箍以木板，再包扎铜板，可避免被水侵蚀腐烂，能免除修理费用，大约要加7000英镑。船厂负责人说，货款只能分3年付清，已经格外优待。我按你来电以中国银两核定造价，与船厂再三协商，对方万难以降价。"

同日，荫昌从柏林回电："我已经分头找几家德国船厂询问，等有确切的消息我再告诉你。"②

正月十四日，张之洞回电荫昌："我前次托你咨询造长江浅水军舰价，请照外国最新样式、最完备的图样，核估价格，务必在5日内来电答复。我没有时间久等，要与其他船厂订货，你先将每艘船实价电告我。"③

对张之洞购船，江宁布政使李有棻、江南盐巡道员徐树钧等人觉得日本造价昂贵，建议他向报价较低的福州船政局订购。张之洞要争取这两位官员给予经费，作为折中，请川崎与福州各造1舰，比较各自的质量后，再决定哪家造另外3艘。

正月十五日，张之洞派人与川崎草签造船合同，要求先造1艘525吨级浅水炮舰，成为有史以来，中国第一次向日本船厂订购军舰。

刚签订这个协议，正月十六日，张德彝致电张之洞："英国造军舰每艘运回国内，要付保险费11500英镑。"

正月十八日，荫昌致电张之洞："据德国伏耳铿船厂核算，用最新的样式及优质材料，制造设施齐备的长江浅水军舰，每艘需要84万马克，定制4艘306万马克，其他事另行商议，我特此转告你。"④

"每艘军舰从德国运到上海保险费要多少钱？请迅速询问，便于我核对

---

① 虞和平主编：《张之洞档》第94册，大象出版社2014年版，第228页。
② 以上均同上，第243—244、248页。
③ 苑书义等编：《张之洞全集》第11册，河北人民出版社1998年版，第9007页。
④ 以上参见虞和平主编：《张之洞档》第94册，大象出版社2014年版，第293、306页。

报价,最好当天回复。"正月二十一日,张之洞回电荫昌①。

二月初五,荫昌回电:"郝瓦得船厂告诉我,建造 4 艘新式浅水快速军舰,除炮位外其他设施齐备,运到上海交货,要 108 400 英镑,合同签订后先付三分之一,余下的款分 3 年付清,利息 6 厘。锡号船厂造 4 艘新式炮船,时速 13 海里,除炮位外其他齐全,要 296 万马克,运费另外议定。"②

与他们商谈购船时,张之洞认识到军舰涉及指挥、驾驶、炮手、检修等,要选派年轻有为、志向远大、忠诚报国的学生到英、德相关军校,培养指挥联合舰队作战的海军将领。

经张德彝、荫昌来电介绍入读英、德军校的条件、费用后,二月十三日,张之洞向皇上呈上选派江苏海军学堂学生到国外深造的请示:"当今中国最缺乏杰出的海军与陆军指挥官,而英国造就了最优秀的海军,德国拥有勇敢善战的陆军,将学生送到这些国家吸收军事知识,不仅路途遥远,而且存在语言障碍。我在江苏海军学堂选取 8 名读英文的毕业生,派 4 人到英国海军学校,专读轮船航行、维护、管理科,另外 4 人学习军舰驾驶,每年各项费用大约 2 万两,以官方投入南通纺织厂的股本生息支付。"③

前期争取张之洞批准订购第 1 艘军舰后,小田切要得到更多订单,听说张之洞受慈禧调动去北京参与制定各学校规章,于光绪二十九年(1903)二月十六日致电他:"我于今天晚上搭乘'鄱阳'号轮船去南京,参加恭送你高升的仪式。"④

同年三月,魏光焘接任两江总督,以张之洞原来购舰的批复,利用节余的资金,奏请皇上批准,七月与川崎船厂派来的人签订购"江元"号军舰合同,并派饶怀文、萨君谦到日本监督。

"张总督你好,承蒙你大力支持,川崎船厂得以为江南定造军舰,我感谢不尽!"五月十七日,川崎造船厂松方幸次郎致电张之洞⑤。

<hr />

① 苑书义等编:《张之洞全集》第 11 册,河北人民出版社 1998 年版,第 9009 页。
② 虞和平主编:《张之洞档》第 94 册,大象出版社 2014 年版,第 560 页。
③ 苑书义等编:《张之洞全集》第 3 册,河北人民出版社 1998 年版,第 1556—1557 页。
④ 虞和平主编:《张之洞档》第 94 册,大象出版社 2014 年版,第 626 页。
⑤ 虞和平主编:《张之洞档》第 95 册,大象出版社 2014 年版,第 408 页。

密切关注张之洞行踪的小田切,得知他离开北京返回武昌回任湖广总督时,于光绪三十年(1904)二月二十八日来电:"与你久别后,渴望再相会。你何时来南京,请先电告我,以便拜见你。"①

回到武昌的张之洞,请日本军官训练湖北新军时,要为湖北购军舰巡防长江。川崎造船厂立即送上图纸、照片等,劝说他向日本订购,并保证质量,遵守合约交货。

张之洞看到川崎制造的军舰,综合功能超过福建船政,应以质量第一取舍,而且以湖北财政收入、商人捐款、盐税等经费自主购舰,不怕因不购国产货而遭到福州船政局及其他官员反对。

经张之洞批准,同年九月二十五日,湖北善后局、布政司等官员,会同日驻汉口领事永泷久吉与川崎订立合同,订购6艘740吨级浅水炮舰"楚泰、楚同、楚豫、楚有、楚观、楚谦",及4艘96吨级鱼雷艇,委派饶怀文负责监制。

到光绪三十一年(1905)六月,川崎船厂按图纸设计的标准,为江苏完成"江元"号军舰。两江总督派人验收达到了质量要求,按张之洞过去的承诺,与对方签订再造"江亨""江利""江贞"3艘浅水军舰的合同。

自光绪三十年(1904)起,张之洞染上口疮病,延续近一年,搞得他痛苦不堪。军机处知道后,光绪三十一年三月二十四日致电安慰他:"听说你患病,作为朝廷可依托的大臣,应该妥善调养,将病情如实电奏。"

"我患口疮,将近一年,中医说,为心劳肝火,病源在内部;日本医生说,患热牙虫病,病根在外。我觉得他们的说法都有理,大约数日内公事顺畅、睡眠充足、合理休息,可减轻病痛。"三月二十五日张之洞回电②。

川崎船厂总办松方幸次郎得知日本驻汉口领事永泷久吉,请东京帝国大学外科教授近藤次繁来武昌给他医治后,于光绪三十一年三月初六,从神户致电在总督府任机要文员的汪凤瀛:"汪大人你好!我听说张之洞大帅请近藤医生到武昌为他治病,不胜惆怅,我若早知此事,将代他请医生并付药费,以解忧虑,如得到他允许,请你电告我。冒犯他的威严,恐惧之至,尚请

---

① 虞和平主编:《张之洞档》第97册,大象出版社2014年版,第317页。
② 以上参见苑书义等编:《张之洞全集》第3册,河北人民出版社1998年版,第2281—2282页。

他珍重！"①

"张总督对你的深情厚意，深表感谢，代请医生支付费用，万不敢当，当即辞谢。近藤来武昌只停留一个星期，倘若你们电告他多留数日，将非常感激他的盛情。"张之洞担心对外张扬造成不利影响，委托汪凤瀛，三月初七致电松方幸次郎，不搞特殊化②。

"汪大人你好！张之洞总督病情是否痊愈？身体恢复正常吗？近藤治疗有何效果？张总督感到满意吗？我非常挂念！"三月二十二日，松方幸次郎致电汪凤瀛。

同年四月初七，松方幸次郎致电张之洞："张总督，我昨天据近藤博士说，你身体恢复正常，值得欣喜祝贺。在你咽喉炎未全部消除时，请不要吸烟，并禁止喝酒，但可少饮，祝你安康福寿。近藤在武昌承蒙你嘉奖、照顾周到，我在此感谢！"③

"松方总办，承蒙你多次关心，厚意殷勤，我不胜感谢。近藤博士诊断我的病情后，对症开出药方，并忠告我注意饮食起居等，我自当照办。"四月初九，张之洞回电松方，感谢他发来跨过太平洋的问候④。

一年以后，日本驻汉口领事水野幸吉告诉张之洞："川崎船厂来电，湖北订购的3艘炮舰、2艘鱼雷艇已造好将下水试验，请派人到日本验收。"

接到消息，光绪三十二年（1906）十月二十三日，张之洞批示："现派湖北候补道员李孺前往验收，并派候选知府黄显章，游击李应时、守备何荣、许珊茂随同前往，并会同驻神户监造江南兵船的饶怀文，办理一切验收。应赴善后局查明原订合同及图样清单，悉心考察试验、据实禀报，酌量每艘炮舰、雷艇，要用日本多少兵驾送到上海，再抵达武昌才能接收。"⑤

接到张之洞的调令，李孺等人不敢拖延，立即收拾行李于十月三十日赶到上海，十一月初三乘开往日本的轮船。

① 虞和平主编：《张之洞档》第102册，大象出版社2014年版，第131页。
② 虞和平主编：《张之洞档》第51册，大象出版社2014年版，第503页。
③ 以上参见虞和平主编：《张之洞档》第102册，大象出版社2014年版，第248、330页。
④ 虞和平主编：《张之洞档》第51册，大象出版社2014年版，第559页。
⑤ 苑书义等编：《张之洞全集》第6册，河北人民出版社1998年版，第4385页。

"我们一行于十一月初八抵达日本神户,与川崎船厂负责人商议,过两天进行军舰下水试验。"十一月初九,李孺等人致电张之洞①。

"川崎船厂负责人对我们说,舰艇下水试验要持续一个月,才能检测质量是否可靠。因鱼雷艇体积小轻便,时值气温骤然下降,海面风大浪急,十分险恶,不能完全保障安全行驶到国内。我们等军舰试验后向你请示,延缓到明年春天驾驶鱼雷艇回国,以慎重起见避免发生风险,恭候你来电确定。"十一月二十七日,李孺等人致电张之洞。

同日,李孺还电告张之洞:"今天'楚泰'号军舰下水试验,时速达到14海里,而且运行灵巧、快捷。"②

"军舰下水灵敏,非常欣慰。鱼雷艇小而轻便,不宜冒险,顺延到明年春天,选择天气晴朗、海面无风浪,派人驾驶回国,请你转告川崎船厂遵照办理。"同年十二月初四,张之洞回电李孺③。

此后,李孺、松方幸次郎电告张之洞,在十二月初四"楚同"和初十"楚有"舰艇的试验中,船只时速达到14海里以上,行驶平衡,并转达船厂对准许鱼雷艇延期回国的感谢。

"我们与船厂、日本保险公司商议军舰运输保险费,并致电伦敦保险公司询问报价,对比后按每艘炮舰61.5万元、每艘鱼雷艇30万元,每千元缴5元保费计算,要付12 225元,加上神户致伦敦电报费485元,以上共计要给12 710元。可否依照这个保价议定,请你来电指示办理。另外,由于我们还要停留一段时间,原来携带的出差费不够用,能否恳请你酌量增补,等候你来电。"十二月十三日,李孺致电张之洞④。

"来电悉,军舰保险费,按来电数目议定共12 710元,已经命令湖北官钱局,如数交给正金银行电汇,请查收。你在日本住了很久,差旅费应当增加,你预计还要驻守多少天,需要加多少钱,迅速来电告知,由饶怀文酌情给予

① 虞和平主编:《张之洞档》第108册,大象出版社2014年版,第640页。
② 以上参见虞和平主编:《张之洞档》第109册,大象出版社2014年版,第223、226页。
③ 苑书义等编:《张之洞全集》第11册,河北人民出版社1998年版,第9566页。
④ 虞和平主编:《张之洞档》第109册,大象出版社2014年版,第372—375页。

津贴。"十二月十九日,张之洞回电[①]。

"我们收到了正金银行汇来的款,遵照你的命令与船厂签订保费协议。昨天'楚泰'炮舰在海边下水时,船身稳固没有摇晃,前后 4 尊炮放了 16 次,达到了设计的射程范围。承蒙你恩准给我们增加出差费,感激不尽。我们大约于明年正月初十,可以办完军舰验收,正月中旬到达上海,炮舰开到上海的日期稍有延迟,要等候几天。我恳请你给每人加 600 元出差费,饶怀文给 300 元补贴。鱼雷艇要到明年过太平洋开往武昌,是否派一名职员守候,请你来电指示。"同年十二月二十四日,李孺致电张之洞[②]。

"你与其他参与验收军舰的人员,每人增补差旅费 600 元,5 人共 3 000 元,而饶怀文给 300 元补助,全部由湖北官钱局付给正金银行,电汇给你们。明年春天,鱼雷艇越过东海到上海,要留一名人员守候。"同年十二月二十六日,张之洞回电[③]。

到了适合交货的季节,光绪三十三年(1907)四月二十五日,张之洞致电川崎船厂:"我得知两艘鱼雷艇从日本启航开往上海,感到特别欣喜。"[④]

到光绪三十四年(1908),张之洞向川崎造船厂订购的"楚泰"号等 6 艘军舰,全部到达武昌。

此时,在北京的张之洞以军机大臣身份,遥祝这些花费高价购买的军舰,能武装一支现代海军迎战敌军!

建立中央常备军

要让武备学堂以及编练的新军,成为选拔将官的摇篮,必须替换以科举录取却未受过军事教育的武将。

过去一些人参加武科考试,仅凭自己的体力拉开弓箭、挥舞棍棒就被录取为吃皇粮的武官。他们中十有八九之人不识字,既未掌握用枪炮的技术,

① 苑书义等编:《张之洞全集》第 11 册,河北人民出版社 1998 年版,第 9571—9572 页。
② 虞和平主编:《张之洞档》第 109 册,大象出版社 2014 年版,第 459—460 页。
③ 虞和平主编:《张之洞档》第 52 册,大象出版社 2014 年版,第 440 页。
④ 同上,第 648 页。

又不知制胜的韬略,即使安分守法,也不能成为有指挥才能的将领。

广西巡抚黄槐森曾上奏指出武科考试应增加使用枪支科目。兵部奏请光绪帝命令各省督抚对此事发表看法。光绪二十四年(1898)三月二十八日,光绪帝批示依照奏请通令各省提出意见。

张之洞发现当时西方将士作战以枪炮为主,英、法、德等招军校毕业生为将官。而国内各省会武艺的考生,到考场临时展示骑射、刀剑等动作,无论是否被录取,考试过后,这些技能与国家储备将官御敌毫不相干,甚至成为他们聚众横行、违法扰害的资本。

张之洞支持武科增加试枪炮的内容,但考虑到青年人购枪练习射击,参加武官考试,一旦发生意外,或与土匪等勾结横行,会引发难以防备的祸害。如让考生到武备学堂学习基本的军事知识,则有限的学堂不可能接纳众多人。

军营的将士受过训练,会使用枪支,比武秀才、武举人更有经验。因此,他想出一个招考武官的办法:将"军营、学堂、武科"合一,只准兵营的将士参加武科考试,录取后仍在军营服役。这样彻底淘汰文化水平低、老弱无力的将士,有利于为军队输送德才兼备的将官。

光绪二十四年五月十六日,张之洞上奏光绪帝,请求酌情变通选拔将官:"我效仿西方军校培养将官,招收 25 岁以下有知识的青年人考试,舍弃原来的骑马、弓箭、刀科,头场试枪炮兼演试装拆之法;二场试各体操及马上放枪、步下击刺技术;三场试测绘、工程、台垒、铁路、地雷、水雷、地理、战法等。三场合一达到智勇兼优,将来造就能胜任的将领。"①

光绪帝看了他的奏折批示:由兵部会同总理衙门,议奏张之洞所述做法是否可取。

与改武科相对应的是,张之洞想依照德国军制建立常备军,这在他的《劝学篇》中有所体现:"兵分为 3 种用途,应征入伍服役 3 年,为常备兵;3 年退伍返回家乡,成为预备兵不给军饷,每年调集操练一次,酌情给予奖赏;再过 3 年,成为后备兵。发生跨地区的大战争常备兵不足时,可征用预备兵

---

① 以上参见苑书义等编:《张之洞全集》第 2 册,河北人民出版社 1998 年版,第 1310—1316 页。

补充。"①

这包含他在军事领域的创新和变革:用征兵制建立效忠国家、熟悉军械的常备军,取代各军营自行招募谋生的人当兵,形成依附将领带有私人色彩的兵营的旧况,从而适应现代战争,实现军队国家化。

然而,只过两个多月,慈禧伸手压下如雷声轰鸣的变法,张之洞的创新举措并没有来得及实施。九月十八日,朝廷发布慈禧的命令:"仍依照过去的规定,所有参加武秀才、武举人考试的人,由主考官评判骑马、跑步、射箭、刀法等技能,决定是否录取为武官。"②

但八国联军用炮弹向慈禧等发出警告:落后就会挨打,若再不发奋图强,将会为你们敲响丧钟,送你们进坟墓。

受到惊吓的慈禧逃到西安后,有所醒悟,认识到各省兵营积弊甚深,要练有用的兵,必须变更军营体制,以军校培养将官,选拔有指挥才能的将领。光绪二十六年(1900)十二月初十,光绪帝发出变法旨意,要各总督、巡抚对学校、军政等提出建议。

张之洞向慈禧等重申传统冷兵器的劣势和传统武官选拔的危害。

光绪二十七年(1901)五月二十七日,张之洞给慈禧呈上变通用人才的奏折:"我们审视今日局势,考生凭借武艺被录取为武官,无益有损,请毅然决断,废除所有的武科考试,命令过去的武秀才、举人及进士一律学习枪炮等,按能力高低酌量补用,不必论资排辈。"③

听从张之洞的建议,七月十六日,光绪帝发出旨意:"武科来自明朝的旧制,沿袭很久,以展示骑马、射箭、刀法招考武官,不适应现代军事,没有任何作用。应当设法变通,力求实际,以后一律永远停止武科考试。"④

这意味着慈禧、总理衙门,改变原先对张之洞办武备学堂、效仿西方军

① 苑书义等编:《张之洞全集》第 12 册,河北人民出版社 1998 年版,第 9759 页。
② 中国第一历史档案馆编:《光绪宣统两朝上谕档》第 24 册,广西师范大学出版社 1996 年版,第 484 页。
③ 以上参见苑书义等编:《张之洞全集》第 2 册,河北人民出版社 1998 年版,第 1404—1405 页。
④ 中国第一历史档案馆编:《光绪宣统两朝上谕档》第 27 册,广西师范大学出版社 1996 年版,第 152 页。

制练兵强军的不冷不热态度,将他办武备学堂的经验,转为朝廷的决策推向全国,扫除自镇压太平军以来,各省自行招兵、各将官自主用兵、将士抽鸦片、侵吞军饷,如同一盘散沙的状况,以建立中央常备军强化领导军队的权力。

废除武科引发了一场军事变革:以军校培养将官带动军队、装备现代化。光绪二十八年(1902)三月初九,张之洞致电直隶总督袁世凯:"应确定如何选用留学生,常备军每兵应定多少军饷。必须全国统一兵制,才能有效运行。否则,各省因地制宜,数年以后,观察利弊长短,再求统一。"

"我们的兵制,要从全国统一入手。多数省可能办不到,会因地制宜对待。我们应率先照办,确定准则,等数年以后中央政府设军政部,再求统一。"四月初三,袁世凯回电①。

四月初四,袁世凯再次来电:"中国各省,千万不能自分本地与外来军,总以为用本地兵方便,却不考虑他们有可能发生叛乱。用兵全靠将官,制胜全凭枪炮。乱民无将无械,又如何对抗?纵有枪炮子弹不会用,势难持久。学堂毕业生及留学生,应分别名次,到部队给以实职,各省通用,不搞地域限制。"②

四月二十八日,张之洞以谦虚的口气致信袁世凯:"我一直读圣贤书,岂知军事?任总督十多年以来,迫于防海防江的职守,不得不向从军多年的老兵询访考求,如同前面有一个壁垒,苦于牵掣太多。原来地方兵营应裁尽,至于如何撤销原先临时招募的武装人员无良策。当今讲武学,应当推崇你。我多次接到你来电,受教良多。近日起草兵制章程后,定当先请你指正。"③

变更军制,必须找到导致军队虚弱的病根。张之洞发现地方军沿袭明朝的军制,500年以来征兵、兵器、供养等没有更新,大清帝国的躯体仿佛一个已患绝症的人无良药可救。无论原军营未练的兵,还是长久自谋生路的兵,皆穷苦虚弱、无可整顿,每年消耗军费却不能担当御敌的重任。

认识到旧军制下的兵如同朽木,张之洞先决心淘汰老弱无用的兵,光绪

① 以上参见虞和平主编:《张之洞档》第90册,大象出版社2014年版,第351页。
② 苑书义等编:《张之洞全集》第11册,河北人民出版社1998年版,第8769—8770页。
③ 苑书义等编:《张之洞全集》第12册,河北人民出版社1998年版,第10279页。

二十八年(1902)十月初一,给皇上呈上酌情裁兵的奏折:"湖南、湖北两省,想从光绪二十九年(1903)起每年裁一成,分 10 年裁尽。被裁的兵每名酌发一年军饷,不至于生活无着落、到处流浪,进而引发不稳定因素。

"同时,被裁的将官仍准给一年公费,便于有生活保障或赡养父母。都守以上、曾出征有战功 60 岁以上的军官,拟请优予升职,终身享有俸禄。被裁的无论大小武官,如身体健康、勤朴耐劳,留省城与候补文官一律委派差事等。"①

光绪帝看了张之洞的奏折,赞同他采取区别对待、富有人性化的裁兵改军制,这样不易引起被裁将士激烈反对,而其他省巡抚以空话搪塞,几乎无切实的练兵措施,应采纳他与袁世凯整顿军队、统一军制的建议。

"北洋、湖北训练新军,有一定的规模与成效,应逐渐推广。河南、山东、山西,要立即选派将官赴北洋学习操练;江苏、安徽、江西、湖南,选派将官到湖北学习操练。练成以后返回原省,带新兵认真训练。由袁世凯、张之洞妥订训练将官章程会奏,请皇上批准实施。"同年十一月十三日,军机处奉旨发布②。

接到旨意后,张之洞与袁世凯商议如何培训各省将官。光绪二十九年正月十五日,袁世凯回电:"按各省人口数量确定招收将官名额,到学堂按速成课读一年,期满后有人愿意继续学习,可延长一至二年,由省给他发工资,必须酌定数额。"③

过了 5 天,正月二十一日,袁世凯给他发来了训练各省将官的 13 条意见,涉及课程、选送名额、选择将官、入学时间、发放工资、衣物用品、军械配备、攻读期限等④。

张之洞看了他发来的 13 条办法,觉得规划周详,十分敬佩。但学堂师资、场地、经费等有限,不可能招许多人听课,应让达到体力、年龄、文化水平

① 以上奏折参见苑书义等编:《张之洞全集》第 2 册,河北人民出版社 1998 年版,第 1512—1513 页。
② 苑书义等编:《张之洞全集》第 3 册,河北人民出版社 1998 年版,第 1538—1539 页。
③ 骆宝善等编:《袁世凯全集》第 11 册,河南大学出版社 2013 年版,第 8 页。
④ 同上,第 28 页。

要求的将官入学。

　　"我认为应选择 30 岁以下,年轻志远、体格健壮、能识字的排长,到武备学堂深造。也可选接受一定私塾教育、身体素质好、表现出色的士兵到学堂学习。40 岁以上的军官,不适合到学堂住读。"同年正月二十七日,张之洞回电提出修改意见①。

　　袁世凯觉得张之洞筹划精密,深表佩服。同年二月初四再次致电:"与日本情况不同的是,各省现无将才可担任统领、营长,一经成营必须有人统率。而各省军营旧习非常深,仍用过去的老将,不肯全部辞退。如以旧将带经过学堂培训的将官,必不能和睦相处;如要求各省全用接受军事教育的将官,则会因他们缺乏带兵经验,不善于约束士兵,势必会遭到老将的排斥……我的想法是,先培训军营的旧将,命令他们到湖北、天津接受军训,转变他们心中固化的观念。如他们依然不改目无法纪的涣散恶习,随时革职查办,如此才有出众、不守旧的将官统率组建的新军……我办速成将官学堂,专招老将住学堂学习,限八个月毕业。他们虽不及青少年容易学,但多有可观的成效,认识到不同武器、不同兵种的作用。"②

　　袁世凯与张之洞在训练将官上找到共识,修改一些条文后,于二月初八联名给光绪帝呈递《训练各省将目简易章程奏折》,一针见血指出造成军队混乱的原因:"中国不是没有可用的兵,在于缺乏胆识超群的将才;并非无忠勇的将士,在于未受系统的军事训练。近年以来,皇上多次发出旨意要振兴军备,效果却不明显,与各省兵制不统一、军纪不严明、军饷及军械不同等有关。"

　　"各省兵营互不相通,不听调动,遇到敌人入侵不能互相援助。如此每年消耗巨额军饷,广招士兵,怎能发挥灭敌保国的作用?"

　　找到了症结,他们在奏折指出调将官受训的标准,"各省选送 25 至 50 岁、文理通顺、为人忠诚、身体健壮、无不良嗜好的军官,到北洋与湖北听候考核,合格的人入堂学习战法、击法、军制、军器、绘图等。"③

────────────

① 苑书义等编:《张之洞全集》第 11 册,河北人民出版社 1998 年版,第 9017 页。
② 以上电文参见骆宝善等编:《袁世凯全集》第 11 册,河南大学出版社 2013 年版,第 42 页。
③ 以上参见苑书义等编:《张之洞全集》第 3 册,河北人民出版社 1998 年版,第 1538—1540 页。

光绪帝急需张之洞与袁世凯发挥榜样作用，以学堂培养忠于国家的将士，建立一支受中央政府调动的常备军，看了他们的奏折后批示：依照你们的奏请办理，并已告知政务处、兵部。

通过光绪帝的批准后，张之洞要将统一军制推向各省。光绪二十九年（1903）三月二十一日，张之洞致电袁世凯："我与湖北巡抚会奏改本省军制折，指出以统筹全局，各省应统一贯通军制。我本想过天津时与你面商此事，倾听你的指教……想必你对统一军制早有谋划，请详示，以便来往筹商，我到京后与政务处商谈。"①

"北洋练兵章程参考各国军营拟订，前次嘱托徐世昌将草稿交给你指正，等你看后会奏，似无须由我另行起草。现在紧要的是如何操练军队，昨天我写成初稿，但思绪繁乱，仍要与你面谈。过几天，我派阮忠枢将我起草的有关军服样式、武官选拔和武备学堂学生任用的上奏稿呈递给你，请指出不足。"六月十六日，袁世凯回电②。

受袁世凯派遣，阮忠枢道员赶到北京与张之洞会面。张之洞看了阮忠枢拿来的稿子，觉得与自己的设想有差距，没有表示赞同。阮忠枢回天津向袁世凯汇报了会谈情景。

"阮忠枢回来向我讲述你对军营设置、将士待遇等看法。对于你精深详细的论述，我深感钦佩。但军营改制必须参照操练、作战方法制定，宜详加考核。近日以来人言庞杂，军人衣服改换，似仍以你的意见暂缓上奏。阮忠枢向来草拟公文，不熟悉兵营运行，难以全面向你转达我的意愿。等你到天津后，我再调集中外精通军备的人员，详细核议，呈请你教诲改正，并面陈大概。现在缺乏将才以及军饷，一时不可能迅速筹办，不妨从容讨论，找到最有利的方案。"九月初九，袁世凯致电张之洞③。

读了袁世凯来电，张之洞觉得改武官、定军服、奖武备学堂学生的三个奏稿，比较容易协商，最难的是统一军制、军饷，不能接受他代表北洋制定如军饷过高的标准。

---

① 苑书义等编：《张之洞全集》第 11 册，河北人民出版社 1998 年版，第 9041 页。
② 骆宝善等编：《袁世凯全集》第 11 册，河南大学出版社 2013 年版，第 301 页。
③ 同上，第 425 页。

"湖北军饷支出短缺,难以改变这个现状,而且官多兵少,短期不可能有许多受过军训的士官带兵。若以湖北现有的兵,仿北洋军制改编,会骤然增加巨饷,仍不能满足一镇兵的经费需求。"十一月十五日,张之洞致电袁世凯①。

袁世凯很清楚:若张之洞反对自己制定的军制,会影响到光绪帝和军机处,因而要引诱他与自己的步调一致。十一月十六日袁世凯回电张之洞:"应由练兵处经办军队各项规章统一,我们似无须再议论或上奏。对湖北缺饷难办的情况,你嘱咐徐世昌详细向庆王奕劻、侍郎铁良转告,争取议奏军制时,参考你的意见。"②

光绪帝和慈禧因北洋军担负了保卫北京的功能,给予其充足的军费保障。袁世凯利用这种特殊政治地位,给将士开出高于其他省的报酬组建服从他的将官队伍,并以统一军制的名义要求其他省遵循。

然而,位于内陆地区的湖北不比地理位置优越的直隶,后者工商业发达,是纳税大户,而前者仍实行单一的农耕制,众多农民以开垦种地为生。因此,身处财政来源渠道狭窄的湖北,张之洞无法投入更多军饷,像北洋军一样提高将士报酬。

反对摊派军费

光绪帝和慈禧等吸收张之洞和袁世凯的建议,打破地方各自为政、兵营杂乱无章的现状,设立练兵处统一军制、军饷、军械,便于中央政府按制度指挥军队。

经慈禧同意,光绪二十九年(1903)十月十六日,清政府发布设立练兵处的通告:"因各省军制、操法、饷械未能统一,皇上多次发出旨意,命令各督抚认真练兵,期望统一,但历时很久少有成效。必须在北京特设练兵处,随时考核督练,便于统一重振军队。派庆王奕劻总理练兵事务,袁世凯近在北

① 苑书义等编:《张之洞全集》第 11 册,河北人民出版社 1998 年版,第 9118 页。
② 骆宝善等编:《袁世凯全集》第 11 册,河南大学出版社 2013 年版,第 550 页。

洋,担任会办练兵大臣,并令铁良协同办理。"①

　　袁世凯将练兵处当作扩张权力的舞台,推荐跟随自己练兵的徐世昌任提调,刘永庆在军政司、段祺瑞在军令司、王士珍在军学司分别充当正使,安插冯国璋为军令司副使,于同年十一月十九日经朝廷宣布任命。

　　但慈禧、奕劻等在统筹全国练兵、统一军制时,仍有浓厚的小农经济意识,舍不得动用国库储存的资金,视国库为自己的私有财产,又以要偿还对日本、八国赔款为由,要地方分摊练兵费。

　　奕劻与直隶总督袁世凯秘密商议后,以无兵不能立国、练兵必先筹集军饷、防日本与俄国等威胁的名义,于十一月初六给光绪帝呈上筹饷奏折,想从地方房契与耕地税、各海关税、烟酒税、印花税、鸦片税的盈余,抽取约千万两充作练兵费②。

　　同日,光绪帝依照袁世凯奏请的筹饷办法发出旨意:"目前百废待兴,国库一空如洗,无米何能做饭,而州县多收烟酒、房产、田杂费,不能置国家危难不顾,各省要按比例分摊练兵费,从明年起每年上缴总计966万两。其中湖北每年缴50万两。"③

　　50万两?张之洞听到这个数额,马上涌起一种本能的抗拒:我在武昌办两湖书院、师范、农学堂、武备学堂以及兴修水利、救灾等,皇上没有令户部预算一分钱,完全靠我的统筹,向海关、盐务、善后、收费局等挪借节余的资金应付,时常有断炊的危险。若练兵处抽走这些银子,湖北各项公务支出靠什么维持?

　　因没有回武昌,张之洞不便于公开反对,同年十一月十八日,致电代理湖广总督端方,要暗中抵制:"练兵处给各省摊派饷款共966万两,骇人听闻,众人议论不同意。前天有两位谏言的官员不赞成,皇上批示说,户部知道。此事为奕劻、袁世凯两人专断。听说皇上已妥协,如各省不能筹措,尽

① 骆宝善等编:《袁世凯全集》第11册,河南大学出版社2013年版,第519页。
② 同上,第523—524页。
③ 中国第一历史档案馆编:《光绪宣统两朝上谕档》第29册,广西师范大学出版社1996年版,第336—338页。

可据实上奏。"①

两位谏言官为御史姚舒密、杜本崇，与给事中熙麟接连上奏，不赞同强行要各省筹款，几位大臣的上奏引起地方督抚不立即表态是否配合筹饷。十一月十九日，光绪帝只好改变强硬态度，以商量的口气发布旨意："现在时势积弱，非练兵不能强国，只是民众更加困苦，尤要培养元气，属于公家固有的税费，不能落入私人口袋，要除弊节流，期望筹饷而不扰累民众。责成户部悉心统筹，拟订具体方案再上奏。"②

十一月二十日，端方回电张之洞："接到你的密示，我也感到很惊骇。当今天下商人及平民生活困难，人心涣散，对外赔款万难长久支撑，岂能再以筹饷滋扰民众？皇上的旨意还未寄到湖北，等发来后婉言表述，以为民请命！"③

端方看到其他省答应缴练兵费，十二月初五以焦急的心情致电张之洞询问："河南已经应允缴40万两烟酒等费，不知其他省有什么办法。湖北如何应付，想必你已经默默运筹。皇上意图如何？望你先密示，急切待命。"④

"军机处大臣及各部官员，都痛恨袁世凯要各省筹饷，觉得是一个十分荒唐的举措，有5名谏言官以惊恐的语气力阻。皇上已知此事难办，不强求摊派966万两，听从各省能否交纳。你如实上奏说明湖北财力枯竭，不够分摊对八国赔款，无力向练兵处认缴练兵费，千万不要说请其他省改拨，只说湖北不能上缴，但不要说是我的建议，切记！"十二月初六，张之洞回电⑤。

张之洞知道袁世凯擅长蒙混欺诈：以俄国与日本的交战会波及辽宁、河北，危及北京的安全为借口，鼓动光绪帝要求户部命令各省缴纳练兵费，拨给他领导的北洋军扩充兵力、购买军火。

北京各大小官员对袁世凯向省摊派练兵费感到忧虑，期盼张之洞等有

① 苑书义等编：《张之洞全集》第11册，河北人民出版社1998年版，第9118—9119页。
② 中国第一历史档案馆编：《光绪宣统两朝上谕档》第29册，广西师范大学出版社1996年版，第349页。
③ 苑书义等编：《张之洞全集》第11册，河北人民出版社1998年版，第9121页。
④ 虞和平主编：《张之洞档》第97册，大象出版社2014年版，第133页。
⑤ 苑书义等编：《张之洞全集》第11册，河北人民出版社1998年版，第9121页。

威望的总督或巡抚指明救世的方向。张之洞向庆王奕劻几次陈述各省农民、商人等被赔款、税费压得喘不过气的情况,人心浮动,继续加压会引起暴动。

"我近日读汉朝末年董卓、东晋刘裕、唐朝末年朱温的传记,因他们趁君王昏庸时以武力夺取王权而感到无比悲愤、恐惧不安。而袁世凯筹饷练兵,一旦形成强大的势力,是否会重演相似的夺权篡位?"光绪二十九年(1903)十二月初九,武昌知府梁鼎芬致电张之洞,将袁世凯当作犯上作乱的董卓、朱温①。

有些省的巡抚致电军机处,表示难以筹集练兵处摊派的军饷,询问能否不缴。军机大臣为防止袁世凯练兵扩权,答复可以不缴,但要等一段时间才有确切的回复,并向皇上转告各省无力分摊的诉求。

光绪帝站在中立的角度,不能以筹饷加重老百姓的负担。十二月十日命令户部,只敦促各省上缴属于中央的税收,不能在正规税费以外向地方索取盈余。户部领会皇上的用意,顺势上奏表示量力征收税款,不强求各省必须缴清练兵费。

十二月十一日,看到皇上发出这个旨意,张之洞致电端方、梁鼎芬:"此次袁世凯借日俄战争练兵,借练兵独揽军权,我不便于直接说明这会引发不利结果。但负有监督职责的多位御史已直言上奏,阻止向各省摊派兵费。北京大小官员为此事忧虑,指望其他省发出反对声音。向来谨慎从事的王文韶,此次也力请庆亲王奕劻放弃。其他人心里明白,你们千万不要对外泄露。"②

"通过您传授办法,我知道如何应对摊派练兵费的事,等军机处及朝廷主要官员议论确切再说。既然这个事已经松动,应当等户部发文件后,我婉转回复。陕西巡抚来电说,已经将筹饷交困的情况上报军机处,恳请免除分摊。"十二月十二日,端方回电张之洞③。

过了4天,端方因收到户部来电催问,于十二月十六日致电张之洞:"我

---

① 虞和平主编:《张之洞档》第 97 册,大象出版社 2014 年版,第 149—150 页。
② 苑书义等编:《张之洞全集》第 11 册,河北人民出版社 1998 年版,第 9125—9126 页。
③ 虞和平主编:《张之洞档》第 97 册,大象出版社 2014 年版,第 156 页。

接到户部来电说,练兵处要提取州县财政盈余及烟酒加税,山西、河南、山东各省已筹办,我们无论如何先筹集一部分款缴练兵费。山西、河南、山东究竟如何筹办?练兵处从何得知?是否已经电奏?你听到消息请告诉我,一切与旨意符合。既然接到户部来电,不敢不回复。"①

除了不愿缴练兵费,张之洞为训练湖北新军,袁世凯为扩大北洋军,双方展开争夺将官战。光绪二十七年(1901)十月十一日,张之洞致电袁世凯:"天津选派的张鸿逵、蒋雁行、陆锦、李士锐,在东京陆军士官学校毕业,前次我得到这四名学生的同意,准备将他们调到湖北任用。听说你要将留学的北洋学生全部调回天津,而湖北各军营急需教官,你手下将才如林,应该不在乎这四人,请你允许他们调到湖北。湖北各军仿照西方培训新军,不同于其他地方军,你心怀大局,想必允许。"②

天性狡诈的袁世凯,于十月十二日以故作不知的口吻回复:"昨天我刚到济南,拜读了你来电。这四名学生现不在东京,等我查明后,立即令他们赴武昌听候你差遣。"

5个多月后,袁世凯并没遵守承诺,反要张之洞派人,光绪二十八年(1902)三月初五给张之洞去电:"我听说湖北武备毕业生比北洋多,而练兵较少。北洋只有8名毕业生,人员本来很少,若再调走一半,万不够用。务请你迅速令张鸿逵等仍回北洋,以应急需。倘若承蒙你关照,再派遣数名湖北毕业生同来,尤为感谢。你办事公正,维持大局,必可允许我的请求。"③

张之洞未料到袁世凯公然反悔,但不与他一般计较。等到统管全国新军的练兵处成立后,袁世凯以北洋军急需将官,反过来挖他的墙脚,要从湖北调毕业于日本陆军士官学校一期的吴祖荫、文华、吴禄贞和二期的舒清阿、龚光明、敖正邦、哈汉章、应龙翔、沈尚濂、蓝天蔚。

"练兵处来电,要将毕业于日本陆军学校的舒清阿、龚光明、敖正邦调到北京委用。昨天又来电,要将哈汉章、文华、应龙翔、沈尚濂、吴祖荫、吴禄贞调京,而且比较急切。我犹豫两天,不便于不应允,查各学堂、各军营人才,

① 虞和平主编:《张之洞档》第97册,大象出版社2014年版,第176—177页。
② 虞和平主编:《张之洞档》第51册,大象出版社2014年版,第174—175页。
③ 以上参见骆宝善等编:《袁世凯全集》第10册,河南大学出版社2013年版,第204页。

顿时觉得缺乏,回电声明不能继续调人。各学生为你一手造就,我怀着敬重告诉你,怎么应对。"光绪二十九年(1903)十二月初八,端方致电张之洞①。

张之洞感到惊讶:袁世凯以练兵处的名义,要将我花高价培养的留日军官全部据为己有,怎能答应?张之洞在北京参与修订学制时,多次接到慈禧的指示,回湖北要扩充练兵。他想回去后添派军校毕业生任军官,并招募数营练兵。如果将留日军官全部调往北京,湖北无将才哪能完成练兵大任?

"不知湖北除调哈汉章等6人以外,是否还有优秀的毕业生?我不久必乞求免职。湖北无兵,我为你担忧。总之,此举为袁世凯授意调将,遭到京城各官员痛恨。庆王奕劻也有所醒悟,军机大臣王文韶、瞿鸿禨、荣庆盼其他省巡抚挽救时局。"十二月初九张之洞回电端方,不允许从湖北调留日军官到练兵处。

过了2天,十二月十一日,张之洞致电端方、武昌知府梁鼎芬:"听说你们准备八营兵听从练兵处调动,不知何人统领?调兵到北京保卫安全,为正当理由,而目前没有战争,千万不能调走张彪。数日以来,慈禧太后多次召见我说,长江流域有很多土匪,必须派兵弹压,你回去后要扩军整顿。"

"太后还屡次指示军机处,长江防卫由我负责,倘若调走张彪,那湖北练兵无人负责,不可不忧虑。作为变通将最优秀的哈汉章留下,将功夫尚浅的万廷献调京。他们不会挑剔,如此两面兼顾。"

"练兵处并未告诉我们要调舒、龚、敖3人,并续调哈汉章等6人,我本不想全调,恐怕此时不应允,皇上发来旨意要调,我如何应付?哈汉章等6人与良弼互通消息,由良弼向练兵处介绍他们的特长。这6人听说调京后,欢声雷动,梁鼎芬等询问他们的去向时,都不愿意留湖北。照此情形,即使强留,恐怕未必甘愿为湖北所用,背后另有图谋。"十二月十二日下午约3时,端方回电②。

满族人良弼,光绪二十五年(1899)由湖北派往日本接受陆军训练,积累了带兵的经验。回国后,他拉拢在日本陆军士官学校毕业的湖北学生到北

① 虞和平主编:《张之洞档》第97册,大象出版社2014年版,第142—143页。
② 苑书义等编:《张之洞全集》第11册,河北人民出版社1998年版,第9122—9125页。

京,组成精锐力量对抗袁世凯,又制约张之洞等总督,得到了军机处的默认。而哈汉章等人因到练兵处任职待遇高、升迁快,不愿留湖北。

"我接到练兵处来电,与梁鼎芬等商议,知道哈汉章、沈尚濂等不愿留,要调到北京,连日以来与梁鼎芬致电劝阻,他们却不答应。原因是良弼奉调北京时,与在日本陆军士官学校相识的舒清阿、蓝天蔚、龚光明、敖正邦等秘密约定到北京。这次良弼到武昌后,又约见留学回来在陆军任职的将官。我当面告诉良弼,不要多调湖北学生到北京,他口气很狂妄,回答漠然无礼。"十二月二十日,端方致电张之洞,透露他们不留湖北的深层因素①。

同一天晚上,梁鼎芬致电张之洞:"我们多次劝说哈汉章等人留湖北,并将你的来电转告他们,对方仍不答应。他们还说,宁愿在北洋袁世凯的队伍跳火坑,也不愿在湖北当统领。强悍薄情如此,留下也无用。沈尚濂为人敦厚,多次与我交谈,感激我的教导,愿意每天指导我2个儿子读书2个小时,以尽此心。但他接到北京来电后欣然而去,而且哈汉章暗自拉他,未接到调动的学生也不安心。蓝天蔚给我来信说,准备调入北京,在日本陆军士官学校毕业的湖北学生,已经无一人愿留本省。"②

经良弼富有诱惑力的游说,湖北在日本陆军士官学校毕业的学生,不论是接到调动还是未调的学生,都想去北京享受高俸禄,成为梦想中的高官。张之洞哪能答应?他回武昌前,到天津观看袁世凯训练的北洋军,感到湖北只有拥有善战的将官才能与之竞争,要求袁世凯不能将湖北培养的将官全调北京。

袁世凯不能不顾全张之洞的尊严,十二月二十五日致电张之洞:"练兵处允许只从湖北调一半将官,只是有些学生在日本已经启程回国,等回来后再商量。"③

"袁世凯给我来电说,练兵处允许调湖北留日军官一半,在日本已经启程的人,等回来后再商量去留。"十二月二十七日,张之洞致电端方④。

① 虞和平主编:《张之洞档》,大象出版社2014年版,第179—180页。
② 同上,第181—182页。
③ 骆宝善等编:《袁世凯全集》第11册,河南大学出版社2013年版,第654页。
④ 苑书义等编:《张之洞全集》第11册,河北人民出版社1998年版,第9130页。

"我接到东京来电,4 名学生于本月回国,我电告他们先到武昌再北上,能否全部留下要考虑。练兵处未告知我们调这 4 人,与良弼背后操作有关,如这 4 人不全留,其他 6 名学生可留一半。我已告诉梁鼎芬挽留沈尚濂、文华、应龙翔,不知能否达到你的意愿。"十二月二十八日,端方回电[1]。

回任湖广总督后,张之洞为确认湖北留一半留日学生,于光绪三十年(1904)二月二十六日,致电练兵处和袁世凯:"我过天津时与袁世凯面商,湖北武备学堂及各营操练、带队需要将官,若将 10 人全部调走,必致湖北无人可用。历年湖北派学生赴日本学习,花费无数财力、无数心力,如不归湖北全用,未免有失公平。想送一半赴京,一半留湖北练兵,得到了袁世凯同意。"[2]他还在电文中向袁世凯表明不能将留日学生全调北京的理由:荆州将军奏明要增加常备军 2 000 名,将派舒清阿、文华到荆州带队训练;留蓝天蔚、龚光明、敖正邦在武昌带兵操练,其余 5 人派往北京,请给予支持。

"我已电告练兵处,赞成你调一半留日毕业生到北京。"二月二十七日,袁世凯回电,答应张之洞的要求[3]。

练成湖北新军

清朝统一军制时,需要各总督、巡抚筹款练兵,培养能应对不同环境作战的常备军。

光绪二十七年(1901)七月三十日,政务处通告各省:"学堂的成效不可能旦夕之间显现,各省武备学堂的毕业生,现不够调派到各地军营,应先选用朴实勤奋的将官练兵。各省将军、督抚要裁减无用的兵,精选若干营,分为常备、续备、巡警等军,一律操习新式枪炮,认真训练,以成精锐部队,仍随时严切考核。如再沾染积习,懒惰荒废,立即严参惩办。"[4]

对于朝廷发布练常备军的命令,张之洞有条件完成:他曾调 500 名江南

① 虞和平主编:《张之洞档》第 97 册,大象出版社 2014 年版,第 215—216 页。
② 苑书义等编:《张之洞全集》第 11 册,河北人民出版社 1998 年版,第 9132—9133 页。
③ 骆宝善等编:《袁世凯全集》第 12 册,河南大学出版社 2013 年版,第 81 页。
④ 苑书义等编:《张之洞全集》第 2 册,河北人民出版社 1998 年版,第 1502—1503 页。

自强军到湖北,再招募强壮的青年人取代旧营懒散的士兵,组建护军营每人每月发银4两2钱,请德、日教官参照西方最新军制分别训练,并创办武备学堂招收有一定文化水平的人,攻读不同兵种作战课程。

经过6年练兵,武昌有步兵20营,骑兵、炮兵及工程兵各一营,共有7060多人。张之洞想依照日本陆军师团的兵制,编成湖北常备军两翼,形成步、骑、炮、工程多兵种,共有7032名,每月需饷银30621两,已经走到其他省前列。

所以,张之洞深有体会:必须以战无不胜的兵力作为强国后盾,若不一洗兵营顽固不化的旧习、不扫除积存多年的腐化堕落,军备断然无起色,立国也万难。

他明确练常备军的导向:招收的兵必须一半以上能识字,排长以上的军官必须全部能认字;士兵要告别冷兵器,练习体操,会用枪炮,保持营房整洁;将官以礼待兵,不准随意打骂;各级军官不许穿长马褂,应穿统一的军服。

关于招兵,张之洞试行征兵制:无论王侯或平民子弟,从达到当兵年龄的青年中,招18至24岁、身体健壮、为人正直的人入伍,避免有人因家庭贫困或无业而从军糊口,用比较少的军饷练更多有用的兵。

当兵3年期满退伍时,由营务处会同统领考核,按他们的品行、能力,分一至三等分别给予凭证。对于头等兵,遇到排长等岗位空缺时可优先补用。二等兵,可调到各省教练兵。三等兵作为后备兵,不愿留用可自谋出路。凡退伍领有凭证的兵回乡后,免缴各种摊派杂费,让他们得到应有的尊重,激发爱国精神①。

根据自己的实践经验,光绪二十八年(1902)十月初一,张之洞给光绪帝呈递奏折,汇报练兵中采取的有效措施和练湖北常备军取得的成就,供朝廷及其他省参考。

光绪帝看后,命令政务处讨论,能否将他的练兵办法推向全国。

政务处仔细看了张之洞从募兵转向征兵、从文盲转向识字、从旧式军营转向仿照西方军制、从退伍安置到编练湖北常备军的经验总结,感到耳目一

---

① 苑书义等编:《张之洞全集》第2册,河北人民出版社1998年版,第1504、1509—1510页。

新,认为其方法具有根本性的军事变革意义,应该发挥其示范作用,敦促各总督、巡抚加大筹饷练常备军。

"现在时势维艰,各种矛盾日益突出,除大力筹款迅练强兵以外,实无救急之策。各省务必实心筹款,核实被挪用侵占的资金,从严剔除、裁汰多余的职员,清理陋规,力除浪费。每年可抽出多少款用于练兵,限一个月内上奏筹办情况。"光绪三十年(1904)五月二十八日,军机处奉慈禧的命令通告各省①。

接到慈禧的指示,张之洞扩大湖北常备军还有什么难度? 差距在于袁世凯借助朝廷拨款练北洋军,不用为缺饷失眠。而他要靠地方自筹,还要分摊练兵处下达的摊派等费,顿时感到军费如同高耗油的机器,将吞没当地有限的财政收入。

张之洞查询湖北税费来源后,起草奏折告诉慈禧及光绪帝:经整顿后,将烟、酒、糖 3 项奏准加抽税,每年大约可收银 20 多万两。因商人与平民避重就轻,私自向外商领单报运降低成本,以致税收日益减少,不得不多次下令减税,广招商人运销创税。

从各州县按人口摊派的公粮、铜钱折合银两的盈余中,剔除被占用的耕地与房产税契,酌量加征,张之洞将这些收益提取归公,一半分摊对八国的赔款,另一半抵补无着落的盐运收费。

税收有限时,张之洞在奏折中向慈禧呈现,湖北支出的口子越来越大:除缴北京、荆州旗人兵、甘肃军饷及对八国赔款以外,光绪三十年给广西拨军饷 8 万两、龙州边饷 13 万两、购云南铜本钱 20 万两、吴元恺一军各项开支一年约 30 万两、遵旨调湖北新军赴湖南与广西边境剿匪每年约 30 万两,以上各项费用超过 100 万两,比其他省的负担格外沉重②。

即使张之洞面临收支万分艰难、彷徨无策的困境,但他以对慈禧始终不变的忠诚,换来了掌握一方执政大权;以感恩图报的情怀,在筹饷练兵的紧要时刻,无论如何艰难,断不敢不顾国家。因而他承诺从铸造铜币盈利项中提银 50 万两,分年支付摊派的练兵饷。

---

① 苑书义等编:《张之洞全集》第 3 册,河北人民出版社 1998 年版,第 1613 页。
② 同上,第 1614 页。

　　分析以上税费构成和支出款项给练兵带来的各种困难，光绪三十年（1904）七月十六日，张之洞向光绪帝呈递筹款练兵的折奏："我以不妨碍民生、不阻碍施政，竭力筹饷练兵，并尽力节省开支，应北方防务之急，缓解太后的焦灼！"

　　在地方财力不充裕时，张之洞如何练湖北常备军？他认识到，位于长江中游的湖北，构成了襟控南北各省交通要道，伴随国内外商人兴办工商业，引来四面八方的人流，对外交涉事务急剧增多。应扩充湖北常备军3万至4万人，才能应对突发的公共事件。

　　但张之洞办各类学堂、实业要从湖北各部门挤用资金，难以筹到更多军饷，不可能像袁世凯一样凭借中央财政扶助，大把花钱扩大练兵规模。张之洞在练兵处未出台统一的军制章程时，以现有操练的兵营、财力供给，添加湖北常备军兵员后，由两翼定为两镇，每镇设一名统领，统辖步兵两协、炮兵三营、骑兵两营、工兵一营、辎重兵一营等①。

　　对兵员来源，他略仿日本征兵办法，先从湖北民风淳朴、百姓强健的县，选取出身于文人、农民、工匠、商人家庭安分守纪的子弟入伍。或素有恒产，或向来以手艺谋生，并非靠当兵过活；必须未犯罪，由绅士、宗族切实担保，地方官盖公章结保；年龄18至24岁以内，体质强壮、略无疾病、能识字写字、身材标准、视力正常的人才准许当兵。

　　入伍士兵服役3年可退伍，巡抚等官员到军营对退伍士兵给予精神鼓励，并为其身披大红花，击鼓欢送出营门。返回家乡时，乡绅将退伍士兵接到村子并放鞭炮。凡在部队得到立功或荣誉凭证的退伍兵，可免除杂费、劳役等负担。

　　至于士兵的待遇，张之洞每月给每人4两2钱，与袁世凯的北洋军相当，目的是以优给报酬、公费振奋将士精神。一改过去军营由统领向各营勒索统费、挑选兵丁当差的陋习。

　　现在张之洞创练湖北新军，不给将官任何特权徇私；每月发给优厚的工资，断然不准向各营勒索一文钱、挑用一名兵当差。若不除去存在很久的陋

---

① 苑书义等编：《张之洞全集》第3册，河北人民出版社1998年版，第1613—1617页。

习,练兵不会有起色。

作了筹划以后,同年七月十八日,张之洞给光绪帝呈上《拟编湖北常备军制折》:"我将北洋与湖北练兵人数、费用对比,湖北新军两镇 20 625 名,实有战兵 19 000 多名,每年正饷不过 1 554 338 两。北洋两镇共 27 120 名,战兵也只有 19 000 多名,每年正饷必需 1 997 652 两,比湖北多 443 313 两。"①

考虑到湖北军饷不充足,张之洞短期难以配齐两镇各种兵,不得不分别难易缓急,酌量区分多练与少练,先全额练足功效最大的炮兵、工程兵,减少步兵只练一协,两镇骑兵各练一营,整合后实有 12 959 人。

用对比显示的差距,张之洞让光绪帝明白一个道理:兵不在多而在于精,我本着投入最少的军费,减少中间层级、多设的职位,训练高素质的军队,而不是像袁世凯那样只顾增加兵员,大手大脚乱花国家财政资金。

光绪帝看了他练湖北常备军的举措,命令兵部讨论是否可取。

练兵处吸收张之洞与袁世凯各自练兵的优点后,会同兵部上奏拟订军制规章。光绪三十年(1904)八月初三,光绪帝批准依照他们的奏请,命令各省依次编练新军。

张之洞看了练兵处等拟订的规章,觉得内容精详周密、宏达贯通,兼采西方各国的长处,理应遵照执行,按原来奏请的设想集中财力,练足湖北两镇常备军。

但每年百万两以上的军饷开销,像一座大山挡在张之洞面前。如果按新规章区别对待:先练足第一镇,委派张彪为统制官,包含步、骑、炮兵共计官兵 12 071 名,配备大炮、骡马等,每月支付军饷 77 173 两,全年要付 926 077 两。第二镇相应减少,委任黎元洪为统制官,共计官兵 5 188 名,全年各项费用 388 674 两,两镇合计要支出 1 314 751 两。

要达到规章的要求,张之洞设法减少杂差、马夫、骡马、伙夫及其开支,为练足两镇兵提供资金。光绪三十一年(1905)十一月十一日,张之洞给皇上呈上遵照新章改编军营的奏折:"我采用的练兵办法,符合练兵处的规章,只是稍微节省饷银。等湖北财力充裕,将官够用,我必定扩张军备,练成精

---

① 苑书义等编:《张之洞全集》第 3 册,河北人民出版社 1998 年版,第 1623 页。

锐部队，不负皇上振军强国的用意！"①

光绪帝看了张之洞编练湖北两镇常备军的奏折，指示练兵处讨论有什么可取之处。练兵处对张之洞提出的财力不足，以后再扩充的办法表示认同。

"张之洞总督长久在地方执政，整治武备、理财、办学培养人才取得的成就，得到各巡抚、总督推崇，为首屈一指。他必能将已编练的兵变成能战的兵力，未编的兵将迅速恢复扩大，不负朝廷振兴军备的旨意。"光绪三十二年（1906）四月初六练兵处回复光绪帝②。

得到张之洞提携的黎元洪，怀着感恩的心情致电张之洞："您委派我当统制官，我有说不出的惶恐，虽出于您破格提拔施恩，但我自知碌碌无为，是一个庸才，何能胜任这个重任。惟有仰体时艰，殚精竭虑，实心实意，认真办事，激励各部下凭良知，实事求是，勤奋训练，不负您的知遇之恩！"③

耗费大量军饷的湖北新军与北洋军，能否经得起实战检验？光绪三十二年，受到张之洞以立法再造政府职能的推动，慈禧发出命令后，中央政府改官制，将兵部与练兵处合并为陆军部。

袁世凯为检测练兵以来，各军操练、攻守、运用武器等达到何种程度，于同年七月二十四日，与庆王奕劻给光绪帝呈上本年举行军演的奏折："当今振兴军备之时，尤其要将全国已经训练的新军勤加检阅，才能振军威而求进步。决定今年九月，在河南安阳举行北洋军与湖北新军演习。"④

同一天，光绪帝批示，委派袁世凯与铁良，认真检阅这场前所未有的对抗军事演习。

对于这次军演，张之洞极为重视，要展现湖北新军实力超过北洋军。同年三月二十八日，致电两江总督周馥："湖北前次电令驻日本东京委员购 12 尊炮，全套炮上零件、600 匹马、800 副鞍及电机、架桥材料各件，四月初一二到上海。这是练兵处调湖北新兵赴安阳演习急需待用的要件，请你速令江

① 苑书义等编：《张之洞全集》第 3 册，河北人民出版社 1998 年版，第 1680、1683 页。
② 骆宝善等编：《袁世凯全集》第 15 册，河南大学出版社 2013 年版，第 13 页。
③ 虞和平主编：《张之洞档》第 143 册，大象出版社 2014 年版，第 140—141 页。
④ 骆宝善等编：《袁世凯全集》第 15 册，河南大学出版社 2013 年版，第 300 页。

海关道员查验放行。"①

　　"张总督，来电收到。湖北购买的枪炮，我已经命令上海道台遵照放行。"三月二十九日，周馥回电②。

　　"本年军演，中外瞩目，内务外容，均应留意。命令参加演习的军官，严明纪律，认真约束。出操兵携带的枪炮应无弹药，无论大操、野操，均须详细检查，切勿误将有子弹，或砂石等装进，以防伤人。"八月十九日，练兵处致电张之洞③。

　　八月二十一日，担任阅兵大臣的袁世凯与铁良，上奏选派副都统王士珍任总参谋，分省补用道冯国璋为南军裁判长官。

　　袁世凯抽调驻天津、河北、山东的步、骑、炮兵，代表北洋军参演，派段祺瑞暂任总统官。以湖北、河南的军组成南方军参演，由张彪暂任总统官。两军共有33 900多名，于九月初三分布在安阳刘家辛庄、丰乐镇一带，形成南攻北击之势。

　　"我将您对演习的指示发给参加军演的将官，他们能够领会您的衷心教导，愈加谨慎、勤奋苦练。本月三十日，我们与河南军队会合，一起演练攻击、布阵，九月初二日将在淇县北部聚集。"八月三十日，张彪从河南卫辉致电张之洞④。

　　抵达现场后，九月初四，袁世凯在安阳接见观看演习的中外来宾487人。初五、初六以来，南北两军⑤骑兵，在汤阴县东南小滩、土得村演习冲锋战，在县城东北十里铺附近发起遭遇战。

　　九月初七，两军在安阳城东南马官屯一带演习攻守各法。北军先以地势防守，将少数步兵散布在二十里铺、小营耳、马家庄等，再将步、炮兵布置在新庄山以东预备侧击。另调一部分兵在王官屯等地，见机夹击。

① 苑书义等编:《张之洞全集》第11册，河北人民出版社1998年版，第9486页。
② 虞和平主编:《张之洞档》第106册，大象出版社2014年版，第59页。
③ 骆宝善等编:《袁世凯全集》第15册，河南大学出版社2013年版，第332页。
④ 虞和平主编:《张之洞档》第107册，大象出版社2014年版，第590页。
⑤ 湖北陆军以第二十一混成协为主力抽调第八镇部分官兵参加，编为混成第十一镇，命曰南军;另调驻扎西江各区之陆军，以第九镇各队为主力，将驻苏步队第四十五标，驻江北步队第二十五标一律并入，编为混成第九镇命曰北军。

南军以反攻北军阵地,陆续占领凉水井、郭村集等地,用大炮猛轰在新庄山的北军,掩护后面的步兵乘势袭击,攻占二十里铺、小营耳等,并在南马官屯、丁家坡西北一带围攻北军。

北军反守为攻,调炮兵在钟官屯发炮截击南军,后面的步兵冲向二十里铺,想牵制南军抄袭左翼。南军随即增兵向北马官屯攻击,两军为争夺阵地战到最激烈时,袁世凯下令停止对战。

按陆军演习规则,凡临操临战时,总统官发布命令,必须于5分钟以内写成。张彪只略识几个字,只能托参谋官暗自预拟一个稿子。而黎元洪接受过军事教育,无论平原峻岭,随时随地能于5分钟内发四五百字的命令,而且言简意赅,官兵均能明晓[1]。

观察3天南北军调兵,袁世凯发现南军骑兵间距很大,发起冲锋时随意容易散乱、疲惫,不免稍显得张皇;北军较为稳固,却过于被动,会延误战机。

演练结束,袁世凯以各将士长途跋涉参加演习,异常辛苦,要体现皇上的恩情为理由,给每镇兵发赏银5 000两、每协兵发2 000两,并令统领购买酒肉,犒劳将士。

九月初八,袁世凯发布命令,举行阅兵仪式,各将士手持枪支,雄赳赳、气昂昂穿过检阅台。仪式完后,他在安阳官府大摆宴席,招待南北两军将官及中外参观演练人员等,互相举杯庆贺圆满完成军演。

两军会操后,九月十五日,袁世凯、铁良向光绪帝呈上奏折,详细汇报演习情况并对两军作了评价:"湖北新军,经张之洞总督苦心孤诣,经营多年,军容强盛、士气健锐,步伐技艺均已熟练精娴,在东南各省,实堪首屈一指。"

"北军从去年操练的将士调一部分组成,虽能转运自如、布置得当,而对战略、战术尚有疏漏。"[2]

到现场观看的齐耀珊,于光绪三十二年(1906)九月初八致电张之洞:"秋季军事演习结束,裁判官说,湖北新军与北洋军无多大的差别,将士恪守

---

① 中国人民政治协商会议湖北省暨武汉市委员会等编:《武昌起义档案资料选编》下,湖北人民出版社1981年版,第630页。
② 以上参见骆宝善等编:《袁世凯全集》第15册,河南大学出版社2013年版,第399页。

纪律,受到中外嘉宾的称赞,附近参观的居民无不心悦诚服。"①

"我们于明天早晨,率领参加军演的将士乘火车离开安阳,中午12时可到汉口。阅兵大臣勉励我们戒骄戒躁、勤学苦练,再创骄人的成绩,并给全体将士奖赏5000两、补贴1000两生活费。"九月初十,张彪在安阳致电张之洞②。

但张彪对湖北新军与北洋军在各项对抗军演中存在哪些差距与弱点避而不谈。

首次与北洋军同台交手,张之洞在为湖北新军能适应多兵种作战、展现攻敌的优势自豪时,也看到湖北财力不及东南各省,仍没有达到原先奏请练湖北两镇常备军的规模。

练兵处出台军制规章后,也看到各省兵力、财力差异很大,不可能像北洋袁世凯军饷充足练成几万兵,必须量力变通,由各省将军、督抚将遇到的困难电告练兵处,由兵部核定奏请皇上修改。

张之洞知道练兵处统一军制时,仍兼顾各省差别可变更,与湖北布政司、善后局、参谋、教官商议,并询问两镇将领的看法。有些将官赞同适当减少军营人员,降低军饷开支。

找到共识以后,张之洞因湖北星罗棋布的湖泊,阻碍了交通,不利于骡马车运送军用物资,而且军饷万分短缺,无钱喂养每天要饲料填饱肚子的牲口,将骡马、车辆减一半,相应减少练兵,由原来练两镇兵变为一镇一协。

"既然湖北军饷不充足,应暂缓补充兵员,合计全年可减少银77938两,可弥补省财政不足,而不阻碍军队实际运行,不违背皇上振军图强的旨意。以后财力宽裕,必定按规章补足兵员。"光绪三十三年(1907)七月二十八日,张之洞给光绪帝呈上变通湖北常备军数量的奏折③。

受制于财力,张之洞练湖北常备军,前后4次变通,一直没有达到预想的2万人以上的规模,一镇一协共有16000多人。而凭借中央财政供给,北

① 虞和平主编:《张之洞档》第107册,大象出版社2014年版,第660页。
② 虞和平主编:《张之洞档》第108册,大象出版社2014年版,第8—9页。
③ 苑书义等编:《张之洞全集》第3册,河北人民出版社1998年版,第1810—1811页。

洋军六镇超过 7 万人。

呈递奏折一个月后，张之洞受朝廷调动去北京任军机大臣，仍十分关注湖北新军，同年十二月十九日，致电湖广总督赵尔巽："湖北陆军小学以士兵充学生，已经读了两年，成绩尚好，明年即可毕业，有利于将来为国家输送有文化素养的将士。现特别令刘邦骥回武昌，尽力维持教学，以取得更大的成就。"①

张之洞将为国效力视为一种至高的荣耀，因而无比期望湖北新军能成为一面强国救国的旗帜。光绪三十四年（1908）二月二十八日，张之洞致电张彪、黎元洪："湖北陆军骑兵、炮兵各队驻地多未完备，我曾筹借银 10 万两，想投入 30 万两，在武昌中和门外旧军营一带，建造新式营房，你们究竟领取了多少工程款，何以至今尚未动工？我焦急万分。近来陆军部准备派人到湖北检阅部队，我再三与他们恳商，暂时延缓。倘若不加紧施工，一旦陆军部的人来检阅，发现设施简陋、将士涣散，必然会大损湖北陆军名誉，怎能对得起我多年苦心经营？你们接电后，将是否拨款动工，或为何停工的原因，迅速来电告诉我。"

同年三月初一，张之洞以急迫的心情致电赵尔巽并转张彪："我前次恳请陆军部铁良尚书，将检阅时间延缓到七月，他十分体谅通融，但不能再延迟。原因是十月湖北新军与江苏军一起，在安徽北部举行演习，尚未最终议定。10 多天前，铁良见到我催问，是否在筹备秋季军演？太后极为关注这件事，让他感到非常惶恐，必须采取一切行动排除阻力操练。"②

张之洞听说张彪患喉炎症，宣统元年（1909）二月二十四日致电："我特别惦念你的病情，不知近来是否减轻？请何地医生调治？陆军部近日派人密查三江、两湖、浙闽军队，回北京报告说，各省军队以湖北为第一，其余没有表示赞扬，足见尚有公道。"③

然而，张之洞选用将官有一个失误：明知张彪的学识、品德低劣，毫无指挥作战才能，不足成为湖北新军最高统领，却因他忠心跟随自己多年，一直

① 虞和平主编：《张之洞档》第 37 册，大象出版社 2014 年版，第 585 页。
② 同上，第 596—599 页。
③ 虞和平主编：《张之洞档》第 53 册，大象出版社 2014 年版，第 91 页。

唯命是从，而出于个人情感与道义，创造条件将他扶上最高统制官的位子。

他不知张彪心胸狭窄、唯利是图，辜负了自己的期望，利用自己给予的权势，排挤吴元恺、吴仁山、姚广顺等将领，导致有些军官心怀怨恨，只好收拾行李投奔其他省巡抚。

长期以来，黎元洪受到张彪压制，仍以大度包容忍耐，并以回报张之洞的恩情，一如既往坚守岗位，爱护将士，尽力接纳那些被张彪排斥的将官，得到军营官兵的敬佩。

纵观张之洞的练兵可以发现，受对日战败赔款割地带来的冲击，他毫不迟疑地裁撤不识字、老弱无用的兵，终结冷兵器，办军校、编练新军，培养适应枪炮战争的将官、推进军队现代化，变成中央政府设立常备军的决策，完成了从引进军械到军事制度的变革。

"自光绪二十二年（1896）以来，我毅然摒弃旧军营的恶习，采用西方军制练湖北新军，日、英、法、德等国人员观看后，一致认为综合实力超过其他省！"张之洞后来回忆说①。

然而，与西方国家不同的是，欧美发达国家依靠资本家办公司生产商品增加税收，有财政收入维持现代军队。而清王朝仍是一个原始的农耕大国，靠传统的耕地、房产、烟酒、盐业、茶叶征税，不足以供养庞大的兵力与购买各种军械。

置身于农耕向工业转变之际，张之洞等人练兵强军时，客观上以军工带动商人投资铁路、航运、化工、机械、矿产、纺织等，为工商税收越过农产品创造了条件，催生了一批技术员、工程师的同时，其培养的将官在北洋、民国时期的军事、行政、学校等部门发挥了重要作用。

差距在于，袁世凯品质低劣，靠投机钻营、搞阴谋活动起家，不可能给将士灌输忠于国家的理念。他将扩充北洋军当作夺权的工具，提拔效忠于自己的徐世昌、冯国璋、王士珍等，形成一个具有人身依附、带有封建色彩的私有军事集团，导致在清朝灭亡后，演变成以武力割据、互相攻击、祸国殃民的军阀。

不同于他们，张之洞从小接受了忠君爱国教育，以强国富民为崇高职

① 苑书义等编：《张之洞全集》第 12 册，河北人民出版社 1998 年版，第 10623 页。

责,将练兵强军当作挽救大清帝国的一个战略,不以军权扩大自己的势力,影响到受他提携或培养的吴禄贞、傅慈祥、蓝天蔚、黎元洪、唐才常、黄兴等,为推翻王权专政建立现代国家,贡献自己的智慧甚至生命,因而湖北新军发挥的作用超过北洋军!

第二章
与激进的维新派分手

维新变法时,出现不同的路线争执。张之洞的高明在于,以稳健的策略,推动实业、教育等变革,消除慈禧等权贵派的阻力,并毫不犹豫地与激进的康有为等分手。

张之洞与康有为闹翻

与军事变革齐头并进的是,张之洞要以学堂代替书院、以实用学科废除科举进行深层次变法时,遇到了看似同路人却只会空谈、急于求成、无政治谋略的康有为。

沾上光绪二十一年(1895)三月带来的好运气,康有为参加考试后,到三月二十二日发榜时,实现了成为进士的愿望,随后被吏部分配到工部当一名主事,但他却不安心按部就班地做官。

为什么? 他看到俄、英、法、日从不同方向侵占中国领土,引发国内人心惶惶。而掌握大清帝国最高权力的慈禧、总理衙门(1901 年 9 月,改为外务部)大臣,如同昏睡在容易起火的干柴上,没有制定有利于强大国家的战略。

各级官员只知保位子吃皇粮,却不知审时度势变通;知识分子只考证古老的经书,却不钻研有益于民生的技术;民众只能种几亩薄田糊口,无资本开办工厂生产商品致富。

为避免像越南、印度、朝鲜等国,因守旧像绵羊软弱,先后被西方强国占领丧失主权,民众受奴役过着牛马不如的生活,康有为觉得,只有输送有效的制度,引领公众开风气实现自强,才能摆脱被凌辱的命运。

康有为不想当一名抄写公文、为高官跑腿、每月拿几十两银子吃饭的职员,想讲学著书、办学会团体,带动知识分子了解外国时政、工商、军事等,拯救衰弱的大清帝国。

将想象变成行动,同年七月,康有为发起强学会,吸引袁世凯、杨锐、丁淑衡、沈曾植、王鹏运、陈炽、张之洞的儿子张权等学者、官员关注。随即,他发出倡议捐款,募集几千两银子作开办费,又为购置外国图书、印刷报纸等,向各省巡抚、总督发出捐资信,刘坤一、张之洞、王文韶各捐5 000两银子①。

漫游天津、山海关后,光绪二十一年(1895)九月十五日,康有为兴冲冲地来到南京,拜访代理两江总督张之洞,受到他热情款待。康有为在总督府住了一段时间。张之洞每隔一日便与康有为会面一次,每次畅谈到深夜,显得亲密无间②。

对这次相会的情景,维新变法五年以后,光绪二十六年(1900),流亡海外的康有为致信张之洞:"昔日我游历南京时拜访你,你像战国的赵国平原君赵胜,挽留我住宿十多天一起畅饮,又效仿西汉游侠、好客的陈孟公,将卡在马车轴上的小铁棍投入水井,留我隔日与你举杯共饮,从夜晚欢谈到早晨,愿同心合力开强学会。"③

光绪二十一年九月二十日夜晚,张之洞的儿子张仁颋在总督府花园游玩,一不小心掉进水池身亡,引发张之洞难以诉说的悲痛。幕僚梁鼎芬写信劝他与性格豪爽、开朗的康有为、蒯光典,敞开胸怀交换对中西文明的看法。

"我得知你为丧子伤痛不已,有无尽的悲念,不可如此继继悲伤、忧愁,哭泣能伤人。现有一个排遣办法,康有为比较健谈,你可与他相见,每日午后公文少及早上共进早餐时,与他交谈对中西学科的差异、近来士大夫的观

点,有助于你宽心。"梁鼎芬给他写信说①。

得到张之洞的赞同,康有为在上海等地办强学会后,同年九月,他在南京致信汪康年:"张之洞支持我们在上海、广东设强学会,先将这个消息告诉你。我有急事要返回广东,拜托你筹办上海强学会,明年我有时间再来。沧海横流,我忠心耿耿,已饮南京水,未食武昌鱼,西望湖北云,感到有些惆怅。"②

同年十月,康有为招集黄体芳、屠仁守、汪康年、邹代钧、左孝同、蒯光典、梁鼎芬、黄遵宪、张謇、黄绍箕等在官场与学界有人脉关系、有志于变法救国的知识精英,在上海创办强学会,推张之洞为会长,双方迎来了一个短暂的政治蜜月期。

同年十月十六日,康有为致电张之洞:"已经刻会章,在张园租房子办公,等待你将款寄来。"

"我给强学会捐款 500 两,又筹拨公款 1 000 两,已交百川通票号汇。由你收存支用,并转告康有为。"同年十月二十二日,张之洞电告经元善,给上海强学会付款③。

善于跳跃性思维的康有为,不喜欢循规蹈矩,办事容易冲动,像商人急功近利,在报纸上发表光绪帝发出变法自强的圣旨、要改变清朝年号等。张之洞担心朝廷知道后,怀疑强学会有额外企图,连累自己受处分,不能让他打着自己的牌子,随意对时政发表议论。

"群才荟萃,不麻烦我出面办强学会,请你除去我会长名,而捐资必寄。近日我要返回湖北,你一切来电,可与黄绍箕商议。"十月二十九日,张之洞致电康有为,流露要与他分手之意④。

因为有了张之洞的捐助及给予的政治支持,十一月二十八日,康有为等听着西方强国入侵的隆隆炮声,在上海出版了《强学报》第 1 期,以唤醒国民不能闭门自守、沉迷于幻梦,要敢于奋起抗争!

---

① 吴天任:《梁鼎芬年谱》,广东人民出版社 2018 年版,第 115 页。
② 上海图书馆编:《汪康年师友书札》第 2 册,上海古籍出版社 1986 年版,第 1664 页。
③ 虞和平主编:《张之洞档》第 31 册,大象出版社 2014 年版,第 435 页。
④ 同上,第 447 页。

"听说你要回湖北,我想赶来与你会面,因身体患病未能出发。强学会的事刚定,陆元鼎、黄遵宪、朱祖荣等捐资陆续到来。我将学会的章程、报纸寄给你,书局缺乏书,请你留意支持。明年想在武昌与你相见。"十一月二十八日,康有为致电张之洞①。

张之洞不能接受康有为等人发表改王权的言论,命令《强学报》第 3 期停止发行,要另派其他人接替。十二月初四,致电在两湖书院的汪康年:"请你速来南京,商谈办强学会的事,切盼。"②

十二月初五,康有为借为母亲祝寿的名义,坐船离开上海回广东。

双方的矛盾在于:虽然张之洞欣赏康有为的才华,但发现他的教育背景、政治信仰,与自己有很大差距。康有为将公羊学当作变法的依据,对此,张之洞像防瘟神般厌恶,劝他不要宣扬孔子改制及这个学说,但可对强学会等给予资助。

张之洞曾委托梁鼎芬劝康有为放弃托古改王权专政,但他以不回头的意志坚持:"孔子改制符合常规的伦理,我岂能为两江总督给予供养改变自己的学说?若以供养要我停止传播,那是张之洞对我的误会。"③

对康有为披着变法救国的外衣弱化王权,张之洞在《劝学篇》辩驳:"君臣、父子等五个教条,构成各种品行的本原,相传了几千年不存在异议,这是维系圣人及中国运行的原因。民权不能替换君臣、父子、夫妇、男女差别走向平等。"④

寄托张之洞变法的还有谭嗣同,他致信欧阳中鹄时高度赞赏:"当今像急流向前的各省长官,尤其能不分地域,力顾大局,又能根据时势变通、讲求实效,惟有张之洞总督一人。"⑤

自命清高的康有为,不仅与张之洞的关系搞得很僵,而且不识抬举,以李鸿章在中日甲午战争后,对日本求和、赔款、割让台湾为由,拒绝他向强学

① 虞和平主编:《张之洞档》第 76 册,大象出版社 2014 年版,第 454 页。
② 苑书义等编:《张之洞全集》第 9 册,河北人民出版社 1998 年版,第 6832 页。
③ 中国史学会主编:《戊戌变法》第 4 册,上海人民出版社 1957 年版,第 135 页。
④ 苑书义等编:《张之洞全集》第 12 册,河北人民出版社 1998 年版,第 9715 页。
⑤ 蔡尚思等编:《谭嗣同全集》上,中华书局 1981 年版,第 158 页。

会捐款 2 000 两。

杨崇伊(江苏常熟人,时任御史,与李鸿章之子李经方是亲家)知道后,要给康有为当头一棒,让他尝一下触犯权贵的后果。

"近年以来,康有为等在北京的官员,在后孙公园租房子创立强学书院,专门贩卖西学书籍,并钞录各报新闻,刊印中外纪闻,按户销售,还借口公费,向外省高官索要经费,以毁名誉要挟,请严令禁止。"光绪二十一年(1895)十二月初六,杨崇伊给光绪帝呈上《京官创设强学书院植党营私请旨严禁奏折》[①]。

同年十二月初七,光绪帝看了他的奏折,不问真假是非,命令都察院查明,并封禁北京强学会。

经元善听说强学会被关闭,同年十二月十四日致电张之洞:"《新闻报》发表了朝廷奉旨查封北京强学会的消息。你曾拨银 1 500 两,康有为已支用 800 两,尚存 700 两,是否停止支付,请速回复。"[②]

"强学会存款 700 两,款已发出很久,此时本衙门不便过问。你询问梁鼎芬应如何用,听他酌办。他现在在南京,我已当面告知。"十二月二十一日,张之洞回电,要远离康有为带来的负面影响[③]。

这意味着张之洞只限于不改变王权、不违背君臣等级的范围推进变法,不能容忍康有为等脱离自己许可的导向,只能与他分手决裂。

扶持汪康年办《时务报》

强学会停办后,两湖书院历史教师、张之洞的幕僚汪康年,看到人口远不如大清的日本打败 4 亿人的大清,内心受到极大震动,只有办学校、商务等才能挽救国家,时机紧迫不能再等待。

与两湖书院的同事商议后,汪康年向张之洞辞职,寻求有良知的工商人士捐资创办《时务报》。

---

① 中国史学会主编:《戊戌变法》第 2 册,上海人民出版社 1957 年版,第 2 页。
② 虞和平主编:《张之洞档》第 76 册,大象出版社 2014 年版,第 544 页。
③ 虞和平主编:《张之洞档》第 31 册,大象出版社 2014 年版,第 699 页。

光绪二十一年(1895),汪康年到上海后,拜访江苏洋务局总办、与英、法等领事处理教案、商务的广东梅州人黄遵宪等人,商谈如何筹资创办《时务报》。

黄遵宪看到皇上有变法自强的意愿,而绅士、官员见识浅陋、视野狭窄、守旧自封,必须发动各人士办报,唤起人民觉醒、关注国家兴亡。因而,他为《时务报》捐款 1000 两,又动员其他人捐献 1000 两,并亲自起草章程,推选汪康年为总经理。

黄遵宪觉得强学会本来可一呼百应,只是康有为只有谋利的手段,虽善于坐而论道,但缺乏应变办事的能力。于是,他找经元善表明意图得到同意后,收回强学会剩余的 700 两。

"原来创办强学会的宗旨,以绅士、官员、学者唤醒麻木的国民。而有些人滥竽充数,显得不伦不类,会引起外国人嘲笑中华无人才。"光绪二十一年十二月三十日,经元善致信汪康年。

办完取银手续,光绪二十二年(1896)五月初三,经元善致信汪康年:"我将上海强学会余银 700 两一张本票,交给你查收,不必另付收据。请你在银票上盖小章,签明收到字样即可。"①

得到这笔经费,汪康年与黄遵宪、邹凌瀚等在上海,于同年七月初一出版《时务报》第 1 期,带动知识分子认识到:开议院,制约王权,制定法律保护民众的权益,各省设学堂不可迟缓。

张之洞需要汪康年以《时务报》宣传变法,七月二十五日,命令全省各级官府、书院、学堂以公费订报:"我阅读后发现《时务报》见识远大,言论切中要害,足以增广见闻、激发志气。有些摘录外国报纸的文章翻译,不同于民间道听途说、任意猜测。这是中国绅士主办,不用外国人自主办有益的报纸。湖北位于长江中游,将来开通铁路,对外交往日益繁多,官员、乡绅见识狭窄,要开阔眼界,读这个报会有收获。"

"我已经告诉《时务报》,湖北各文武衙门、各州县学校,每衙门按期各寄

① 以上参见上海图书馆编:《汪康年师友书札》第 3 册,上海古籍出版社 1986 年版,第 2425—2426 页。

送一份,各局、各书院、各学堂分别送,共计 288 份,共付 1 152 元,由善后局支付。"①

受张之洞推动,湖南巡抚陈宝箴、两江总督刘坤一、安徽巡抚邓华熙、浙江巡抚廖寿丰等官员,纷纷下令全省各级官府订阅或协助发行,带动《时务报》畅销到各地。

借助官方力量支持,汪康年气势更足,光绪二十二年(1896)九月,在《时务报》第 4 期发表《中国自强策》:"中国贫穷落后,在于人民丧失自主权,没有互相抗争、协助之心,上下隔绝,彼此相离。人民视君王如同陌生人,视国家如过路人,民众遭受苦难,得不到君王援助,积累数千年变成大祸。要清除数千年遗留的毒瘤,必须保民权、崇尚公理,精简多余的官员、衙门,设议院,让有才学的人竞选议员,参与治理国家。"②

作为张之洞的幕僚,辜鸿铭在外国学过几年英语,却对西方如何从王权转向民主一无所知,觉得中国自春秋至今 2 000 多年,一直尊奉王权至上。其间发生动乱,更换了一个又一个王朝,但没有诞生以民主立国的政体,更无绅士出资开报社,这是中国能延续到今天的原因,不能接受汪康年鼓吹立宪制约王权。

为此,他以夸大报社动摇王权的论调上书张之洞:"近日中国绅士不知西方发生暴乱的由来,喜欢开报社论时事、提倡立议院。至于《时务报》,发表君权太重的评论,尤其骇人听闻。中国绅士开报社论时事的风气盛行,势必会招致无知好事之辈创立怪诞的学说扰乱民心,甚至不怀好意的人借此诽谤朝廷、要挟长官,引发各种乱政的流弊,将来不可收拾。"③

与辜鸿铭恰恰相反,黄遵宪为创造自由争鸣气氛,避免张之洞过度干预《时务报》,光绪二十三年(1897)三月初十,在天津致信汪康年:"办报的事如此远大、繁重,不可能一人胜任,仍聘吴樵任经理总办一切,以及请康有为的学生龙泽厚协助。你仍住上海,每月照领工资,负责对外联络,观察报社运

---

① 苑书义等编:《张之洞全集》第 5 册,河北人民出版社 1998 年版,第 3317 页。
② 汪林茂编校:《汪康年文集》上册,浙江古籍出版社 2011 年版,第 8 页。
③ 黄兴涛编:《辜鸿铭文集》下,海南出版社 1996 年版,第 221 页。

行。遇到报社更定章程，你详细指出利弊，我们参与讨论决定，似乎更完善。"①

皇上不知出于什么想法，光绪二十三年（1897）五月，调黄遵宪任湖南长宝盐务道员。五月二十一日，他致电张之洞："承蒙皇上恩准我分管湖南盐业，也感谢你的扶持！"

"祝贺你得到皇上调用。我们两湖同舟，尤感欣慰。湖南官员与绅士正吸收西方的经验办商务，苦无精通洋务的人，你来后对湖南必有大益。何日出都，请明示。"五月三十日，张之洞闻讯后电贺。

"我前次奉旨调动未来得及回广东，这次准备南归，大约九月到湖南。过湖北当面请你教诲，便于遵循。"同年六月初二，黄遵宪回电②。

陈宝箴开矿、修铁路、办学堂等，急需有出使英、法等国经历的黄遵宪协助，引领湖南人吸收西方文明的养分，以提高他的政绩。因此，陈宝箴致电张之洞商议后，决定让黄遵宪代理湖南按察使。

不幸的是，张之洞与黄遵宪为挽救清朝建立的亲密情感，因办《时务报》意见不统一出现分裂。

光绪二十三年九月十六日，张之洞致电陈宝箴、黄遵宪："《时务报》第40册发表《知耻学会叙》，内有'商汤率兵夺取政权将夏桀王、西周人民发生暴动将周厉王流放到外地'一语，显得太荒谬，阅读的人感到惊骇，恐怕会招来大祸。'陵寝蹂躏'四字也不实。第一段'越惟无耻'等，表述不妥当。若经言官指责，恐有不测，从此《时务报》会被禁绝。"

他在电文中提示："报社为今日开风气、增加公众的见识、介绍工商等，不可不尽力匡救维持。望你们速告湖南送报的人，千万勿送此册。两湖由官方发公文通告全省阅看，忽然发出这种论述，地方高级官员要承担责任，不能不速定补救办法。"③

作者以这篇文章列举残暴昏庸的夏桀王、周厉王，暗指慈禧、光绪皇帝

① 陈铮编：《黄遵宪全集》，中华书局2005年版，第402—403页。
② 以上参见苑书义等编：《张之洞全集》第9册，河北人民出版社1998年版，第7338页。
③ 同上，第7403—7404页。

等若不进行知耻求进的变革,仍过着歌舞升平、不知所措的生活,有可能引发人民起义或外敌兵临城下,蒙受求和甚至逃亡的耻辱。

"来电敬悉,我理解你维持报务、爱护人才的苦心。既然你叮嘱停发此册报纸,我将电告报社改换,或在上面发布更正刊误,设法补救。如此不动声色,可消除不良影响。"同年九月十七日,黄遵宪回电。

"来电敬悉,《时务报》第 40 册尚未到湖南,我下令停发,并嘱咐黄遵宪电告报社,转达你要求改正的指示。"九月十七日,陈宝箴回电①。

表面上,黄遵宪答应阻止《时务报》发表不合适的文章,但不可能及时查看稿子。同年十月十一日,广东三水县人、康有为的学生徐勤在《时务报》第 44 期发表《中国除害议》一部分,以火药弹的威力要炸毁造成亿万人民无知的科举:

"不废除科举枯燥无用的命题、不取消对创立各种学说的禁令,允许传播不同的思想,不废弃以书法、八股文、诗文答题、对录取名额的限制、繁琐的考试等,不可能实现变法自强!"②

张之洞看了这篇文章,觉得有损以科举传承圣贤的精神。梁鼎芬经他授意,同年十一月十四日、十九日,两次致信汪康年质问:"徐勤的文章太凶悍,为何诋毁张之洞? 你不能推脱责任。我不附和康有为,何以至此。""徐勤发文章专攻张之洞,你为何刊登,难道无权干涉? 以后你们要格外用心。"③

听从梁鼎芬的劝告,汪康年深知,在随时会张口吃人的王权体制,缺乏法律保护言论自由,办报存在不可预测的风险,不能因小失大,需要手眼通天的张之洞保驾护航。

于是,他在《时务报》第 65 期发表《论将来必至之势》的文章,呼吁华人不要互相挤压:"我国民众目光短浅,不能谋划长远利益,以为外敌包围要断绝我们的生计、争夺食物,不对外拼命抗争求生存,惟有对内逼迫同胞。这

---

① 以上参见苑书义等编:《张之洞全集》第 9 册,河北人民出版社 1998 年版,第 7404 页。

② 陈元晖主编:《中国近代教育史资料汇编——戊戌时期教育》,上海教育出版社 2007 年版,第 19 页。

③ 上海图书馆编:《汪康年师友书札》第 2 册,上海古籍出版社 1986 年版,第 1901 页。

如同装进竹筐的螃蟹,愈在下面受到压力愈重,因而我国人民并非被敌人残害,在于自相残杀。"

"你写的这篇文章,论述精确,表达了你对时局的关切,可唤起世道人心,成为国内办报以来,第一篇有分量的文字。尤为敬佩!"光绪二十四年(1898)五月二十五日,张之洞致电汪康年称赞①。

缺乏理智的康有为,以为得到皇上召见取得了政治地位,有资本打压张之洞,要让弟子夺取《时务报》,利用这张报纸宣传自己的政治主张,进而影响皇上的决策。

他花费心思起草《改时务报为官报奏折》后,交给御史宋伯鲁,于光绪二十四年五月二十九日上奏:"《时务报》采用西方报的体例,议论明达,翻译详明。有关论说符合时势,参考中外切实可行的兵制、学校、农矿、工商等,得到了张之洞、刘坤一、胡聘之等总督、巡抚的订阅。两年以来,带动民间风气大开,通达时务的人才渐渐涌现,惟《时务报》的功劳最多,被天下人共知。"

他在奏折中指出:"自去年九月,主笔应陈宝箴聘请任湖南时务学堂总教师,没有时间兼顾,报社人员办理不善,缺乏经费,主笔告退,即将停办,令人惋惜。主笔承蒙皇上破格召见,并办理译书局事务,准许他来往北京至上海。我以为一体译书、译报,关系很重,二者不容偏离,一人得力似可兼任。恳请皇上发旨意,将上海《时务报》改为《时务官报》,责成原来的主笔人等实力办理,不得诿卸搪塞。"②

当天,光绪帝看了奏折批示:"由吏部尚书、管理大学堂大臣孙家鼐酌核妥议,奏明办理。"③

孙家鼐心里清楚:康有为以变法的名义取得皇上信任,幻想以西方议会制改变高度集权体制,却不知慈禧及王侯根本不会接纳,反而会引发更残酷的政治斗争,而自己不便于劝阻。

政治手腕老练的孙家鼐反戈一击:让康有为去上海监管《时务报》,以此

① 苑书义等编:《张之洞全集》第 9 册,河北人民出版社 1998 年版,第 7631 页。
② 以上参见中国史学会主编:《戊戌变法》第 2 册,上海人民出版社 1957 年版,第 349—350 页。
③ 中国第一历史档案馆编:《光绪宣统两朝上谕档》第 24 册,广西师范大学出版社 1996 年版,第 246 页。

将他调离北京远离光绪帝。如果他不细审稿子，任由主笔颠倒是非、挟私妄论，一经发现则要追究责任。

"御史宋伯鲁请将《时务报》改为官报，可准许所奏。现在主笔等人奉旨办理译书事务，而开办学堂，学生急需教材，若主笔兼办官报，恐怕难以译书。能否派康有为去上海督办官报，恭请皇上裁决。"六月初八，孙家鼐回复光绪帝①。

通过汪大燮来信，汪康年知道康有为要夺《时务报》，六月初八，致电张之洞密报，康有为将报社改为官办，应如何对付。

张之洞意识到，让背离忠君礼教的康有为接管《时务报》，后果不堪设想，必须了解他的意图及孙家鼐持有什么态度，要汪康年探听康有为是否由皇上特派，或总理衙门奏派。

六月十一日，康有为接到光绪帝要他去上海督办报社的旨意，感到非常意外。他知道孙家鼐等权贵不能容忍自己接连上奏要改朝廷的体系，想以督办报的名义将自己赶走。

"你与黄遵宪等人以强学会办《时务报》，我连年在广东，一无所助，仍望你协助照旧办理。但我想近来报社资金不多，既然改官报，那么不能再收捐款，而官方拨款又无着落，工资及其他开支不能不节省。因进呈书籍尚未完成，我等十天以后才能出发，或先奏派1至2人到上海商办，到时告诉你。"六月十二日，康有为致信汪康年②。

服从皇上的命令，六月二十二日，康有为上奏提出了办报条件："恳请皇上命令两江总督，每月从洋务局给时务报拨款1000两办公，而1000两不够购纸、发工资等。官报发表内政外交的文章，传达皇上的施政方针，各级官员应该阅读，达到上下一心、君臣同德，请皇上命令各总督、巡抚，通知全省文武衙门、各局、学堂等订阅，便于发到全国各地。"③

受康有为委派，狄葆贤到达上海后，六月二十六日致信汪康年："我接康先生电，想必电报局已将他的电报送给你。此事应如何办理？乞求你详示，

① 中国史学会主编：《戊戌变法》第2册，上海人民出版社1957年版，第432—433页。
② 上海图书馆编：《汪康年师友书札》第2册，上海古籍出版社1986年版，第1664—1665页。
③ 国家档案局明清档案馆编：《戊戌变法档案史料》，中华书局1958年版，第452页。

以便遵办,恭候回音,祝你大安。"①

张之洞与梁鼎芬、汪康年等商议,认为《时务报》为绅士捐资,官方没有给予开办经费,无理由收这个报,而且得知孙家鼐不同意康有为操纵,可将报社的空牌子交给他,于光绪二十四年(1898)七月初一出版《昌言报》。

康有为不许他们转换招牌,要求两江总督刘坤一等禁止发行。七月初五,刘坤一致电总理衙门:"我接到康有为来电说,奉旨改《时务报》为官报,汪康年私改为《昌言报》,抗旨不交。望禁止发报。应如何办理,请电示。"

七月初六,光绪帝发出旨意:"刘坤一来电说,康有为奉旨改《时务报》为官报,汪康年私改《昌言报》抗旨不交等。该报是否为汪康年自创,现在如何接收,由黄遵宪经上海时查明原因,秉公核议电奏,不得彼此各执意见。"②

"我奉旨改《时务报》为官报。汪康年私改为《昌言报》,抗旨不交。望你禁止发行。"七月初五,康有为致电张之洞施加压力③。

张之洞不认同康有为的说法,光绪二十四年七月初十,致电孙家鼐:"近日皇上命令天津、上海、湖北、广东各报社,将报纸送给你呈递,表明朝廷希望民众多设报馆,符合皇上多方探听民情的意愿,岂有转而禁止之理? 康有为请禁止发《昌言报》,我难以照办。"

"你言之有理,康有为来电包含私心,我与你无禁止发《昌言报》之意,都是康有为一手遮天包办。你能主持公道,我极为钦佩。"七月十二日,孙家鼐回电④。

张之洞痛骂黄遵宪

应对变法的需要,光绪帝寻求通达时务的人才,光绪二十四年六月十二日,由总理衙门电告刘坤一、张之洞、陈宝箴:"命令湖南盐法长宝道员黄遵

---

① 上海图书馆编:《汪康年师友书札》第 1 册,上海古籍出版社 1986 年版,第 1034 页。
② 以上参见虞和平主编:《张之洞档》第 77 册,大象出版社 2014 年版,第 596—597 页。
③ 同上,第 472 页。
④ 以上参见苑书义等编:《张之洞全集》第 9 册,河北人民出版社 1998 年版,第 7647 页。

宪、江苏候补知府谭嗣同,迅速来北京接受召见,不得稍有迟延。"①

六月十三日,张之洞将此电转告陈宝箴与黄遵宪,催促他们遵照皇上的旨意行动。

"我奉皇上的旨意去北京,我自海外奉调回来后,屡次得到你举荐,感激你的知遇之恩,感到惭愧难以报答。我过武昌时亲听你的训诲,期望有所秉承。"同年六月十四日,黄遵宪致电张之洞感谢他的扶助②。

只过了几天,皇上突然改变主意,六月十四日发出旨意,由黄遵宪以四品官身份,出任清朝驻日本公使,并路过上海核查《时务报》,是公有还是私有出资,若为官方出资创办,应该收并。

"总理衙门奉旨电告我,前次来电催促你到北京,现在估计你已经启程,无论你到达何处,要我与陈宝箴敦促你,抓紧时间赶到北京,接受皇上召见。你已经到达哪里,请回复。"六月二十五日,张之洞致电黄遵宪③。

受湖南如波浪起伏不定的阴雨干扰,黄遵宪一不留神被感冒袭击,咳嗽不止,搞得很难受,推迟了到北京的日期。六月二十七日,致电张之洞:"我因患感冒未能如期启程,等身体稍微恢复后再出发,请代我转告总理衙门。"④

病情减轻后,七月初七,黄遵宪办理移交官印等手续,初八从长沙坐船到武昌,与张之洞、陈宝箴的儿子陈三立等见面后,受到他们不将《时务报》改官报的压力。

据两湖书院地理教师邹代钧,七月二十八日致信汪康年:"《时务报》改《昌言报》,办法尚不错,惟康有为居然以抗旨不交上告,显得很无理,交黄遵宪复查,像害人的鬼出没。陈三立劝他,必须公平办理此事,千万不能稍涉偏倚,他当面应允。昨天,沈曾植、黄遵宪到武昌已与张之洞商妥,大意是你将报社旧账交给张之洞,而张之洞转交他,《昌言报》仍以《时务报》的风格

① 虞和平主编:《张之洞档》第33册,大象出版社2014年版,第44页。
② 虞和平主编:《张之洞档》第77册,大象出版社2014年版,第377页。
③ 虞和平主编:《张之洞档》第33册,大象出版社2014年版,第53页。
④ 虞和平主编:《张之洞档》第77册,大象出版社2014年版,第430页。

办,官报则另起炉灶。"①

　　向张之洞表示谢意后,七月二十三日,黄遵宪乘坐张之洞特派的"楚材"号轮船,沿长江向上海行驶。张之洞如此隆重迎送他,暗示他到上海查实向皇上汇报时,不要将《时务报》收归公有。

　　"中外人士对报社议论纷纷,我不敢评论。在武昌与你所谈,勿对外讲。只是我认为《昌言报》,千万不宜禁止。"七月二十五日,张之洞致电黄遵宪,请他予以配合②。

　　但黄遵宪言而无信,到上海查看《时务报》账单、核查捐款,包括他捐资1000元、在报纸发布的《公启》为公款、参与创办起草的章程、报纸发行海内外得到1万多元捐款,认定此报为公报,理应改作官报,否则违背皇上的旨意。

　　找到这些理由,七月二十八日,黄遵宪在上海致电张之洞:"我核查《时务报》出资及办报宗旨,应作为官报接办。如汪康年能照交,我立即电奏,可以妥善了结。如他不交,我只得将核实的各项情况,如实电奏请皇上发旨意办理。我自以为尽到了友谊而顾大局,绝口不提改《昌言报》。报社结账有不实之处,我断不追究。倘若不能照报刊结账、如数交出所存各项,可通融办理或延缓,或与接收人设法商量。我为此事尽了最大努力,若不交收,后果难料。"

　　他还说:"我接到有人密告,汪康年在上海每次对他人说,此报改《昌言报》,由你在背后主持,只是我实在不愿此事牵涉到你,经媒体传向中外,产生不利影响。"

　　张之洞看了黄遵宪的电文,责怪他不讲道义,没有按自己的设想将《时务报》定为私人出资,或与《昌言报》分别办理,反而确定公有交给官办。如果继续抗拒不交,黄遵宪会以抗旨不遵上奏,导致皇上怪罪自己,如何担当?不如顺水推舟退出。

　　七月三十日,张之洞回电黄遵宪:"我在武昌与你会谈后,曾劝汪康年交

① 上海图书馆编:《汪康年师友书札》第3册,上海古籍出版社1986年版,第2761—2762页。
② 虞和平主编:《张之洞档》第33册,大象出版社2014年版,第78页。

出时报,不必迷恋。此次我更要劝他速交,但不知他是否肯听。分析皇上对此事的态度,并无偏重一面之词。你如何办理,自能斟酌妥善,既对皇上交待又符合公道。请你转告电汪康年:速交报社,最为简单干净。千万不要纠缠。既然《昌言报》可开,若办得好也能畅销,何必恋此残局,自生荆棘。"①

黄遵宪也有为难之处:在湖南饱受寒湿,患脾泄病很久,六月又转为感冒,到上海后病未痊愈,请张之洞代他上奏,因患病要延缓,一时不能立即到北京。

"我在上海调养数十日,只要病稍微减轻,立即迅速赶路,断不敢稍有迟误。求刘坤一会同你、湖南巡抚陈宝箴代我上奏,乞求皇上开恩允许,感恩不尽!"光绪二十四年(1898)八月初一,黄遵宪致电张之洞暂缓到北京②。

"我极为关注你的身体状况,此时你在上海调养,应由刘坤一代奏,我在湖北,不便越级联名。我已电告刘坤一,你需要在上海治病,由他帮你代奏。"同一天,张之洞回电。

"黄遵宪在上海治病,不能动身到北京,请我与你联名上奏,我远在湖北,不方便代奏,应请你考虑为他上奏。"③

当即,刘坤一电告总理衙门,代黄遵宪陈述在上海休养、不能立即到北京的理由。总理衙门知道后,给予宽限时间。

八月初二,黄遵宪致电总理衙门,汇报核查《时务报》经过,认为汪康年接受各方捐资4000两创办,为公有报收回官办,报社印刷、家具、书籍剩余钱财等归官报,却没有提张之洞请改《昌言报》。

"接收改官报后,更容易借助官方的力量扩大发行,有益于报社生存并扩大影响力。我遵照你的要求及皇上查明办报的原因,秉公核议交官办,是否正当合理,将奏请皇上批准办理。"八月初三,黄遵宪将定为官报的结论电告张之洞、刘坤一④。

八月初四,慈禧从颐和园返回宫殿,召开紧急会议发动政变,并发出抓

---

① 以上参见《张文襄公电稿墨迹》第 2 函第 10 册,甲 182—219。
② 虞和平主编:《张之洞档》第 77 册,大象出版社 2014 年版,第 567—569 页。
③ 以上参见虞和平主编:《张之洞档》,大象出版社 2014 年版,第 83—84 页。
④ 虞和平主编:《张之洞档》,大象出版社 2014 年版,第 596—603 页。

捕康有为等维新变法分子的命令。张之洞以康有为成为朝廷的通缉犯,要将《时务报》转为民办。

"当今朝野正依赖你主持公道,让天下人仰望。我思考如让品学兼优的人,接办官报最好,否则,不如从缓再议。"八月初七,张之洞急电孙家鼐①。

回头看,张之洞以黄遵宪上奏时没有将《时务报》定为民办,反而以公有收回官办,误以为他与康有为结成一伙,对他心生怨恨,引起张之洞幕僚梁鼎芬等人指责黄遵宪与康有为等勾结。

因看到杨锐、谭嗣同等维新人士被慈禧下令处决,黄遵宪不禁灰心丧气,出于自我保护,以身体患病没有康复,不能担任驻日本公使,八月十七日致电总理衙门辞职回家休息。

八月二十一日,总理衙门奉旨发布:"出使大臣黄遵宪因病免去公职,由江南道监察御史李盛铎,以三品官身份任驻日本公使。"②

八月二十二日,御史黄桂鋆上奏,诬蔑黄遵宪等人附和康有为,乘变法之际掩盖谋乱、酿成叛逆,险些误大局等,要一律捉拿治罪,以杜绝后患。慈禧一听火气上冒,命令两江总督刘坤一,通知上海道台蔡钧带兵搜捕黄遵宪。

但受日本等国施加外交压力,八月二十六日,军机大臣奉旨电告刘坤一:"已经免除黄遵宪的公职,由你命令他立即回广东。"③

"朝廷发布旨意,恢复我人身自由回老家。"八月二十八日,黄遵宪致电张之洞④。

然而,张之洞不能饶恕黄遵宪奏请皇上将《时务报》改为官报,积压在心中的怒恨还未消除,因而不给他任何复出的机会。

"黄遵宪能力究竟如何? 朝廷曾对他有何处分? 是否剥夺他的官职? 我准备奏请明年令他办学堂,不知是否可行。"光绪二十七年(1901)九月十

---

① 苑书义等编:《张之洞全集》第 9 册,河北人民出版社 1998 年版,第 7657 页。
② 中国第一历史档案馆编:《光绪宣统两朝上谕档》第 24 册,广西师范大学出版社 1996 年版,第 445 页。
③ 同上,第 454 页。
④ 虞和平主编:《张之洞档》第 78 册,大象出版社 2014 年版,第 96 页。

三日,陶模致电张之洞①。

"黄遵宪结成同伙作恶、背叛朝廷,维新之变时,朝廷发来旨意看管他,经外国人干预被释放。湖南风气败坏,陈宝箴父子受连累,与黄遵宪有关,罪行甚重。他惯于钻营谋利,为人阴险狠毒、鄙俗无耻,毫无可用之处,多次被新加坡华商控告。我如实向你密告,千万勿要用他。"九月十五日,张之洞回电陶模②。

以维新自强、唤醒公民觉醒,张之洞支持汪康年按自己的办报方向控制《时务报》,但张之洞与康有为、黄遵宪等人政见不同,他不允许《时务报》成为宣扬西方民主的阵地,因而决定与后者决裂!

停止订阅《湘学报》

得益于湖南巡抚陈宝箴以力挽狂澜的气概,为本省掀起从未有过的变法浪潮,并重用一批有抱负的知识精英参与维新变革,光绪二十三年(1897)三月二十一日,唐才常、谭嗣同、江标等在长沙创办《湘学新报》,后改为《湘学报》,发表时政、商务、法治、历史等文章,将西方工业文明的气息,吹进仍沿着小农经济蹒跚而行的湖南。

每天日理万机的张之洞,对传播新思想保持高度敏感,同年六月二十九日,致电湖南学政江标:"《湘学报》发表的文章博大透彻,确是有益于绅士、官员等吸收新知识,非常佩服。主笔为何人? 只是印刷不够美观,而且有错别字,字迹不清晰,影响阅读效果。似应再加特刊,务令十分精美,字体光洁好辨认,做到逼真,才有利于发行。我劝勉湖北人多看,以对得起你们的付出。"

"承蒙你允许广为传播学报,我们深感荣幸。惟有印刷低劣、校对疏忽,应迅速改进。只是无铅板、石墨。主笔为湖南人唐才常、蔡钟恕、杨镇解、姚

---

① 虞和平主编:《张之洞档》第 88 册,大象出版社 2014 年版,第 596—597 页。
② 虞和平主编:《张之洞档》第 35 册,大象出版社 2014 年版,第 425 页。

闲空、李因松、陈为锚。"七月初一,江标怀着激动的心情回电①。

同年七月初十,张之洞给湖北各州县发出订阅《湘学报》的指示:"我最近阅读湖南《湘学报》,大部分文章讲解经济、时务,有历史、地理、商务、外交等,论述宏大,对读书、讲工艺有帮助。除武昌两湖书院发给 5 份、经心书院发 2 份,总督府、巡抚、学院、荆州将军衙门各 1 份,由善后局付费,通令道、府、州转告各州县购阅。《湘学报》应发给书院各学生阅看。"②

借助张之洞、陈宝箴以官方力量,带动两湖各级官府、书院及乡绅等订阅《湘学报》扩大发行量,谭嗣同、黄遵宪、徐仁铸、唐才常等,以报纸、学堂、南学会,公开宣扬公民权利平等,要效仿西方议会选举取代王权,将湖南变法运动推向高潮。

张之洞不会任由他们像滔滔不绝的洪流奔涌,发现《湘学报》卷首有托孔子改王权体制的论述,事后又出现两次,这是令他最厌烦、掺杂传闻的公羊新说,为四川尊经书院廖平首倡,得到广东康有为的响应盛行。

为制止他们发表骇人听闻的怪论,同年七月十二日,张之洞致电湖南学政江标:"《湘学报》评论托孔子改制,或许未必为廖平、康有为的怪论,但掺和他们的议论,恐怕有流弊,而且你主持出版,应负责宗师立教,与私家著述不同,可能会遭到人们指责。现在时局多艰,出现各种凭感觉发出的非议。我冒昧奉劝你,能否以后勿在《湘学报》发表这种观点。"③

"《湘学报》的宗旨力求平实,而主笔要向公众展现宏大的视野。学派分立,不遵从某个派别。现准备将已发表出现误义、误字、误例的文章,分别校订,附在报刊上。未刊载的文章,要严守谨严笃实,不负你的厚望。"七月十三日,江标回电表示听从张之洞的纠正。

也许湖南遵奉礼教的绅士、官员,向北京指控《湘学报》发表改王权的文章,光绪帝听到消息后,命令徐仁铸接替江标担任湖南学政。

张之洞要遵守一个契约:我以忠于大清帝国,换来慈禧一再提拔,享有

---

① 以上见《张之洞电稿》第 35 册,甲 282—484。
② 苑书义等编:《张之洞全集》第 5 册,河北人民出版社 1998 年版,第 3493 页。
③ 赵德馨等编:《张之洞全集》第 9 册,武汉出版社 2008 年版,第 244 页。

高官厚禄,必须以始终不渝的忠诚回报皇恩。所以我认同《湘学报》介绍西方商务、教育、立法等,启迪各界人士改变固化的无知。一旦你们不听我的劝告发表否定王权的言论,会以停止订阅制裁。

"我查询近来《湘学报》发表了许多错误不符合现时的言论,等我派人将各册谬论抽去后,再向各县发行。由善后局将以前的报费先寄给报社,结清账目。现已告诉《湘学报》,湖北难以再销售,以后勿继续寄。"光绪二十四年(1898)闰三月十六,张之洞指示湖北善后局不再订阅此报①。

他赞赏在陈宝箴的推动下,湖南人才竞相涌现,传播西学、吸收各门知识的劲头很迅猛,引领风气大开,远远超过其他依然闭塞的省,也看到一个危险的苗头,带来了对忠君礼教的冲击:新出版的《湘学报》,言词极为偏激。

其中三月初八,易鼎发表了《中国宜以弱为强说》:今日中国岌岌可危,受到俄、日等国如虎狼包围,必须整顿海军、振兴新学、讲求商政、修铁路、造轮船、兴矿力、设电线等才能实现自强。

只靠实业不够,易鼎转向核心的制度强国:参考西方体制改中国,保护民众的权利不受侵犯。民众的权利与王权并重,改朝换服,遵守国际公法,效仿西方议会制更替王权等②。

这触犯了张之洞维护君臣礼教的底线,视为荒唐至极,随手将这张报扔到桌子上,提笔起草了一个电文,于同年闰三月二十一日发给陈宝箴、黄遵宪:"你们政务繁忙,想必未过目《湘学报》,请速检查,便于官方知道不适宜的表述。这些观点近乎煽动,会导致土匪等犯上作乱,引起海内哗然,有识之士必将指责。应立即阻止,设法更正。"

他在电文中以导师的口气说:"你们主持湖南政务,励精图治、忠国安民,得到海内外人士仰望,事关正统的伦理及人心,我不敢不奉劝,尤请黄遵宪随时留心补救。我出版了《劝学篇》,大意在于引导公众保持正直、开风气,近日派人送给你们,请赐教!"③

同一天,张之洞对附和康有为、不审查报社稿子的湖南学政徐仁铸,去

---

① 苑书义等编:《张之洞全集》第5册,河北人民出版社1998年版,第3607页。
② 汪叔子等编:《陈宝箴集》中,中华书局2005年版,第1303—1304页。
③ 苑书义等编:《张之洞全集》第9册,河北人民出版社1998年版,第7581页。

电训斥："近日我两次接到长沙寄来的《湘学报》，里面的奇谈怪论比去年更多，或推尊犹太人的领袖摩西，或主张民众权利平等，或以国际公法比《春秋》。我对这些提法愚陋不知，难道你未对这些文字过目？学界对此很不满，以后我不敢代销此报。我已命令善后局支付以前所有订报费，请从即日截止不要再寄报。"

陈宝箴看了张之洞包含责备的来电，闰三月二十二日以自责的语气回电："我阅读《湘学报》易鼎评论更换体制，惊得汗流直下，急告熊希龄收回。他说只用两天将报发完了，只是对外省未发，我叮嘱他赶紧补救。其他文章也有过激之处，经我多次切实劝诫，近来无更大的违规。"①

张之洞不听他们的空头道歉，立刻停止订阅《湘学报》，决不能给康有为打着改制旗号，发表煽惑人心的文章，冲击几千年的纲常伦理。

除了以办报引领湖南人放眼看世界，光绪二十三年（1897）十一月初六，陈宝箴在长沙开办时务学堂，由熊希龄任总办，命令财政、盐务拨款 1 200两，开设内政、民情、外交、国际公法、法律、理财、税务、矿产、农业、商务等课程。

他们的导向是：以圣贤塑造的忠孝精神作为根本，又吸收西方有益于富强的科技知识，弥补中国经书空疏迂腐的缺点，造就适应变通、知晓经济的人才。学生要心怀忠君爱民的志向，力求治学精深，以道义相传、立志远大，才能最大化发挥自己的聪明才智，不负朝廷策励富强、推崇实用的愿望。

后来，熊希龄受到当地食古不化的绅士攻击，辞职专办轮船、制造、工艺学堂等事。陈宝箴委派博通今古、游历五洲的黄遵宪总理学堂事务。

为改变湖南人孤陋寡闻、自大排外，探求救国对策，谭嗣同、熊希龄、皮锡瑞等上报陈宝箴得到批准，在长沙成立南学会，推举学问深厚、善于辩论的人上台演讲，每月讲 4 次。

开国内官场从未有过的先河，光绪二十四年（1898）二月初一，陈宝箴放下巡抚的架子，与黄遵宪、徐仁铸、谭嗣同、皮锡瑞以及听众 200 多人，出席南学会第一次讲学会。

---

① 苑书义等编：《张之洞全集》第 9 册，河北人民出版社 1998 年版，第 7581—7582 页。

　　会上，陈宝箴发表了知耻立志的演讲："各位听讲的绅士、官员、学生，要以历代圣贤豪杰为榜样，挽救国家危难。而中国四面受到外敌入侵，穷于应付，多次丧师辱国，以天下数万里地域、拥有 4 亿人，竟然不能与欧洲强国比，岂能不是我们的大耻辱？

　　"如今湖南人看见游历的外国人，群起喊叫驱逐，抛掷瓦石殴打及辱骂，想置对方于死地。但不思考我国政教、人才、富强、令行禁止不如西方发达国家，不能与他们争胜于战场，只在家门前欺压一两个旅行的外国人，发生流血事件，引起皇上忧虑，给地方带来灾祸，这是极为可耻的表现！

　　"中国自康、乾以来，太平日子延续很久，士大夫不务实学，只以虚华相比，崇尚考据、诗文，争奇斗艳，博取虚幻的荣誉。各位既有志于求学，应及时发奋，与同志互相学习、切磋琢磨，舍弃不适用的老手法，以求振国匡时、济世安民的要道，使湖南豪杰禀天地灵气、英才辈出，不落后于咸丰、同治时期的盛况，才能成为真正知耻有志之士。"①

　　大脑善于储存经书的长沙绅士王先谦，经陈宝箴邀请参加此次讲学，发现全场官绅被陈巡抚极富感召力的演讲感染，顿时肃然起敬。以后，他忙于各种事务抽不出时间到场，看到报纸发表了演讲内容，而且观点愈来愈新奇，惊骇不已。

　　比他更为古板守旧的湘潭绅士叶德辉，仿佛生活在一个远古时代，觉得南学会的演讲稀奇古怪，潜伏着背叛朝廷的动机，与王先谦等乡绅商议后，怀着对西方制度及科技的本能惶恐与抵制，联名上书陈宝箴要控制学会言论，维护神圣不可侵犯的君臣礼教，但此事最终被陈宝箴用不可置疑的事实驳回。

呈送《劝学篇》，指明变法方向

　　要由办报、开学堂、废科举转向变更王权体制，困难重重。总理衙门大臣奕劻、世铎、刚毅、王文韶等高官，是一群老朽不堪、毫无远见卓识、只享受

---

① 以上参见汪叔子等编：《陈宝箴集》下，中华书局 2005 年版，第 1931—1932 页。

优厚福利的官僚，只会用仇视的眼光排斥对大清帝国动手术。

　　一些在国难当头、渴望以变法救国的政治精英，促动光绪帝调派办军事、教育、实业取得成就的张之洞到北京，参与变法决策，带动中央政府更新僵化的机能，提高运行效率。

　　四川省富顺县人刘光第，光绪九年（1883）经考试取得进士身份，一跃从出身于乡村贫寒家庭的子弟，成为一名吃皇粮的刑部候补主事。

　　到京城当官 10 多年，刘光第保持廉洁自律、勤奋敬业的作风，不巴结权贵、不花银子打通关系升迁，仍像乡村的平民，过着简朴节约、知足常乐的生活。光绪二十二年（1896）八月，他抛开官场的险恶斗争，从北京出发经天津坐船南下，一路兴致勃勃游览杭州、南京、广州，并由桂林进入长沙。

　　观赏雄伟的山川后，刘光第来到武昌，怀着仰慕的心情去湖广总督府拜访张之洞，纵谈名山大川、当今人事、内政外交等。双方一见如故，谈得比较投机。张之洞不以他夸夸其谈觉得失礼，反而被他激情洋溢的雄辩吸引。

　　张之洞得知刘光第与自己的学生、成都尊经书院毕业的杨锐，既是四川老乡又是至交，更多了一份亲近感。出于这种情感，张之洞请刘光第为自己 60 岁寿辰写序。

　　展现四川人豁达豪爽的个性，刘光第不加推辞，以毫不掩饰的笔调，在祝贺张之洞 60 岁寿序中说："您好比周文王的儿子周公辅助周成王、卫国君王卫武公帮助周平王、仲山甫协助周宣王，舍您还有谁能为君王分忧？皇上为避免祸乱萌发，发出长叹后，渴求有运筹谋划的大臣，提出长远的治国对策，以延长大清帝国的寿命，舍您谁能担当这个神圣的重任？您虽在地方执政，不忘朝廷，而朝廷依赖您支撑！"①

　　为何刘光第如此推崇张之洞？光绪二十三年（1897）十一月初四，他给家族弟弟刘庆堂写信，描述朝廷混乱不堪的现状："现在慈禧太后每天在颐和园看戏，皇上过五天必须到园内向她请安，会在园驻留数日，一同欢乐。大臣等互相贿赂、请客送礼，恶劣的风气日甚一日，绝不肯为国事操心。

　　"面对俄国不肯出力，德国以武力占据山东，日本要索取赔款，事到如

---

① 《刘光第集》编辑组编：《刘光第集》，中华书局 1986 年版，第 65—67 页。

今，我军机与总理衙门大臣等，无人有主见、束手无策，坐待国家分裂。绵竹杨锐也有奏折请张之洞到北京，我们正在商议，想请徐桐上奏，不知能否实现。

"总之，此时下功夫，劝说皇帝痛下决心，除去阿谀奉承蒙蔽真相的人，更换军机处、总理衙门的班子，重新整顿，才有起色转机。有些人认为不可能办成。"①

杨锐、刘光第与体仁阁大学士、吏部尚书徐桐等人秘密策划后，光绪二十四年（1898）三月二十九日由徐桐上奏："请调张之洞来北京面询机要事。"②

当天，光绪帝看后，一时不能确定是否调张之洞，以比较谨慎的态度，命令军机处先将奏折交给慈禧阅览听取意见，再决定能否调遣。

得到慈禧同意后，同年闰三月初三，总理衙门奉旨电告张之洞："你速来北京接受皇上召见，有重要事情向你面询，由谭继洵代理湖广总督。"③

接到电报，张之洞不清楚皇上召自己有什么事，以为只是询问一些治国建议，同年闰三月初四，致电在日本参观的姚锡光、张彪等："我奉旨进京受皇上召见，你们速将士、农、工、商各学堂大概看一下，立即回国。"④

"皇上命令你立即来北京，你何时启程？不得稍有迟缓。"闰三月初八，总理衙门来电催他⑤。

面对皇上的催促，张之洞仍不想立即动身，觉得裁兵、筹饷尤为棘手，要与巡抚、财政、盐务等官员商量如何筹资，而且去年腊月以来，他咳嗽不止，难以入睡，造成精神疲惫，却因时势艰难，不敢请假休息，只能昼夜赶办，将经手的事件略为清理后，大约过十天才能起程。

"既然朝廷有事向我垂询，如有急办可公开的事，能否先告知一至二件，便于我做好准备。请你们向皇上代奏。"闰三月初九，张之洞回电总理衙门。

光绪帝不听他的解释，仍要他不以湖北事务多、责任特别重、脱不开身、

---

① 《刘光第集》编辑组编：《刘光第集》，中华书局 1986 年版，第 274—279 页。
② 中国第一历史档案馆编：《光绪宣统两朝上谕档》第 24 册，广西师范大学出版社 1996 年版，第 124 页。
③ 苑书义等编：《张之洞全集》第 3 册，河北人民出版社 1998 年版，第 2127 页。
④ 苑书义等编：《张之洞全集》第 9 册，河北人民出版社 1998 年版，第 7560 页。
⑤ 苑书义等编：《张之洞全集》第 3 册，河北人民出版社 1998 年版，第 2127 页。

身体患病等推脱，必须迅速赶到北京共商如何变法强国。

张之洞不好再找理由，闰三月十二日，致电总理衙门："我迅速料理，想于二三日内起程。无论病是否消除，最迟十七日动身，不敢再延缓，请代奏。"①

满足皇上咨询国内外局势的要求，闰三月十一日，他致电黄遵宪："我读了你初四来电，感到愧色、惶恐，此行不过是给皇上当顾问。你有何扭转今日国家虚弱的良策，请详电指示，以便上报。"②

闰三月十二日，张之洞致电湖南巡抚陈宝箴："此次皇上召见我，不知有何紧要的事。只是目前外敌威胁剧增，皇上必会询问如何应对，你有何要策请直说。"③

闰三月二十五日，张之洞带领随行人员坐船到达上海时，一起突发事件中断了他去北京主导变法的行程：闰三月十九日上午，沙市全发园面馆湖南帮客杨与全，在轮船招商沙市分局门前随意小便，巡视的更夫周顺兴发现后举起扁担将他打伤，随即变成群体冲突，引发烧毁日本领事馆等。

光绪帝为防止事态恶化，要张之洞返回湖北处理。同年闰三月二十九日，张之洞乘"楚材"号兵轮离开上海，于四月初八回到武昌，与荆州道台俞钟颖商议后，抓获在沙市放火抢夺各要犯，分别按罪行轻重判决后，又需抵制日本公使矢野借此案扩大租界、索要更多赔款的无理要求，最终以比较小的代价结案。

"昨天据澧县官方转来沙市绅士黄世煦的信件，招商局的官员张洪泽素来横行，纵容轿夫殴伤湖南人，坚持不认错，引起地痞暴徒挑衅。大古等轮局的房屋被烧，与传教士案不同。结案后，你仍奏请起程北上，不负大家对你参与变法决策的期盼。"四月十二日，陈宝箴致电张之洞，建议他办完沙市案去北京引导变法④。

"沙市案发生后，虽已抓获要犯并惩办，但尚未议妥对英、日两国赔偿损失。近日湖北谣言很多，外国人特别惊惧，正在多方弹压防护，不便于立即

① 以上参见苑书义等编：《张之洞全集》第 3 册，河北人民出版社 1998 年版，第 2126 页。
② 赵德馨等编：《张之洞全集》第 9 册，武汉出版社 2008 年版，第 312 页。
③ 虞和平主编：《张之洞档》第 14 册，大象出版社 2014 年版，第 372 页。
④ 虞和平主编：《张之洞档》第 77 册，大象出版社 2014 年版，第 164 页。

奏请北上,而且我迂庸孤陋,到北京后岂能有益时局,惟有听其自然。在地方虽办一些如同枝节的小事,但拥有经办的空间。"同年四月十八日,张之洞回电陈宝箴不想北上①。

"来电谨悉,沙市案波及英、日本人的房屋被烧,赔偿后无他事,至于地方并长江一带本来安静。此事了结后,你应据实复奏。若皇上再召你入京,必对大局有益。"四月二十日,陈宝箴致电再劝说张之洞②。

虽然张之洞没有接到皇上再召去北京的命令,但他觉得康有为利用得到皇上召见、赋予上奏的特权,急不可待地要引入西方议会制,与自己引进西方技术、设备催生工业强国、挽救清朝的变法路线发生冲突。

与梁鼎芬、陈庆年等幕僚商议后,张之洞决定反击康有为散布的异端邪说,捍卫他忠君保国的教条。

"这是张总督第一次准许我,参加他心腹幕僚的内部会议,讨论如何对付康有为。当时,康有为奏请皇帝颁发改革法令。我非常清楚地记得那个场景,在武昌棉纺厂湖北纺纱局的楼顶召开。总督非常激动。我至今依然清楚地记得,他在月光下来回踏步的情景,他一遍又一遍地重复:'不得了!不得了!'"辜鸿铭回忆参加张之洞召集的幕僚会③。

会后,张之洞认为中日战争以来,德、俄等国以武力侵占我国领土,外患增多,急需对行政、教育、法治等变革,又不能动摇王权,应会通中西、权衡时局,编写《劝学篇》,为各项变法提供理论指导。

张之洞将稿子给梁鼎芬、钱恂、陈庆年等看时,让他们发表文章驳斥康有为。光绪二十四年(1898)三月十五日,两湖书院历史教师陈庆年在日记中写道:"早晨吃完饭后,我写《卫经答问》四条,驳康有为《新学伪经考》。康有为以西汉今文、经史原无残缺,古文各学以刘歆伪造,要废《毛诗》《周礼》《左传》等书,主张公羊学,作为改制的借口,我们必须阻止。"④

---

① 苑书义等编:《张之洞全集》第9册,河北人民出版社1998年版,第7592页。
② 虞和平主编:《张之洞档》第77册,大象出版社2014年版,第178—179页。
③ 黄兴涛编:《辜鸿铭文集》上册,海南出版社1996年版,第18页。
④ 中国社会科学院近代史研究所近代史资料编辑组编:《近代史资料》总81号,知识产权出版社2006年版,第108页。

闰三月十八日早晨,陈庆年去两湖书院,约梁鼎芬等去长江边与张之洞会面。下午张之洞对他们说,要在《正学报》发表专栏文章,严词反驳康有为改王权体制。

四月十八日,天气显得有些闷热,晚上,陈庆年去两湖书院与张之洞交谈康有为等同党设"保国会",每人收银 2 两,仿哥老会的办法散发会票。浙江人孙灏发表文章痛驳,显得痛快淋漓。陈庆年阅读了这篇文章,梁鼎芬准备找书社印刷散发①。

对康有为凭借光绪帝的信任,要用议会取代集权,并招集追随的同伙广为传播,张之洞不便于要皇上一口拒绝,对梁鼎芬说:"康有为的学说大兴,可谓狂悍至极,如何应对?"梁鼎芬回答:"他像贼猖悍,我们讨伐!"②

连续写作一段时间后,光绪二十四年(1898)四月,张之洞完成了贯穿中学为体、西学为用的《劝学篇》,指出当今中国面临春秋以来,从未有过的惊天巨变,各种违背仁义忠孝的学说横流天下、煽惑人心,必须重申维护君臣、父子等礼教,以安定民心。而提倡民权会否定王权,讲西学必须先通中国传统的经史,才能不忘祖宗。

要避免发生动摇王权的改制,张之洞以《劝学篇》,唤起民众同心合一,保国家、保礼教、保华人的本色。用这"三保"作为向心力与价值观,激发忠爱、实现富强、尊重朝廷、保卫江山③。

写完《劝学篇》后,张之洞首先寄送北京,呈给慈禧、光绪帝及总理衙门、军机处各级官员,影响这些掌握决策权的阶层,在维新变法时,要端正人心、巩固士气,防止康有为及同党以变法更换体制、引发叛乱。

六月初三,张之洞致电侄儿、吏部主事张检,儿子、刑部主事张权:"我发来《劝学篇》300 册,100 册交黄绍箕、100 册交杨锐、100 册自留,亲友愿看可送。康有为气焰如何? 黄绍箕、杨锐与康有何异同?"④

---

① 中国社会科学院近代史研究所近代史资料编辑组编:《近代史资料》总 81 号,知识产权出版社 2006 年版,第 111 页。
② 同上,第 113 页。
③ 以上参见苑书义等编:《张之洞全集》第 12 册,河北人民出版社 1998 年版,第 9708—9709 页。
④ 《张之洞电稿》甲 182—470。

六月初五,翰林院侍读学士黄绍箕向军机处送《劝学篇》并请转呈光绪帝。光绪帝看后,觉得这是张之洞为保王权救国发出的宣言书,有利于凝聚官员、绅士、学者、民众,防止有些人以西方立宪等改换王权,发生叛变,为变法提供了坚实的理论支撑,值得宣扬推广。

"本日翰林院侍讲黄绍箕呈进张之洞撰写的《劝学篇》。原书分内、外各篇,我详细阅览,觉得论述公正通达,对治学、端正品行很有益。将他送的 40 册,由军机处给各总督、巡抚、学政发 1 册,便于广泛传播,有利劝导公众,遵守礼教,杜绝流言蜚语。"①

当天,顺天府丁立瀛奏请皇上仿照英、美等设议院,便于作出独立科学的决策。光绪帝看了张之洞的《劝学篇》,由当初头脑发热的激进变法转为冷静,认识到君臣、父子等教条,构成维护王权的基石,能让各大臣服从自己的领导,因而没有采纳丁立瀛的建议,反而将他的奏折压下不发②。

呈送《劝学篇》,等于张之洞为朝廷指明了行政、司法、军事、教育等变法方向,排除康有为推销西方议会制危及王权专政,又不让各省官员故步自封,仍要办学堂、留学、修铁路、开矿等。

废除沿用千年的八股文

为实现在《劝学篇》提出的理想规划,张之洞有一个重要举措:更换科举考试内容。

"我奏请皇上改变科举:第一场考时务对策,涉及西方时政、实用学科。第二场考中国历史、清朝政治。第三场考四书写两篇文章、五经写一篇。每场都有去取,如参加府县考试,假如乡试头场取 1 000 人,二场取近 400 人,到三场录取时可得通才,又不废依照四书五经写文章。我曾与你儿子陈三立详谈,想必他已转告你。"光绪二十四年(1898)闰三月初十,张之洞致电陈宝箴,请他联名上奏更换科举命题。

---

① 苑书义等编:《张之洞全集》第 12 册,河北人民出版社 1998 年版,第 9703 页。
② 中国第一历史档案馆编:《光绪宣统两朝上谕档》第 24 册,广西师范大学出版社 1996 年版,第 257 页。

"你变更科举考试内容用意至深，我无比钦佩。变法原重时务，不如将我朝政治、史学移作首场，体现尊君王的意义，而将西方政学作为第二场。但不废除过去按统一的格式写诗文，书院不可能设西学课程。若到处设学堂，经费短缺，难以培养更多人才。我觉得第三场用四书五经命题，似应专门发挥含义为主，不用八股文，摒除浮华攀比的旧习。"闰三月十二日，陈宝箴回电①。

与张之洞、陈宝箴相似，康有为以变法莫过于得人才，求人才要改科举，在新式学校未普遍建成、科举未废除时，应先废弃八股文。他在四月二十八日受皇上召见后，将早已起草改科举的稿子，交给监察院御史宋伯鲁上奏。

"既然皇上深知八股文学非所用，为何不立即废弃？只要你发出旨意，一转眼间，举国数百万人士立即可以扫云雾看见青天白日。对内讲中国经史、物产等；对外讲各国科学，研究工艺、物理、教育、政治、法律，培养博学之才。以中国地域如此广大，求很多人才易如反掌。但我们担心各大臣守旧或阻挠，恳请皇上必须果断，不要与礼部长官商议，特地发出旨意，立即废除八股文。以后各层级的考试，出对策题由考生论述。"四月二十九日，宋伯鲁代康有为给皇上呈上废八股文、书法改用策论的奏折②。

张之洞、陈宝箴、康有为等人改科举的呼吁，引起光绪帝深思：考生用标准化的诗文答题，会限制他们的创新力，不能造就探究事物根源及实用的人才。若不因时变通，何以选拔有真才实学的官员？

废除八股文的消息传开后，各大臣站在不同的角度看待，有人欢喜，有人震惊，也有人沉默。刚毅不及时办理，欲拖延几天，向光绪帝说："要交礼部商议。"

"若交给礼部，你们必反对我废除八股文。"光绪帝说。

"此事关系重大，沿用了数百年，不可随意废止，请皇上仔细想一下。"刚毅推辞。

"你想阻止我废除吗？"光绪帝满脸怒气地发问。

---

① 以上参见苑书义等编：《张之洞全集》第 9 册，河北人民出版社 1998 年版，第 7568—7569 页。
② 中国史学会主编：《戊戌变法》第 2 册，上海人民出版社 1957 年版，第 211 页。

刚毅不敢再狡辩，即将退出时又找一个理由："此事重大，愿皇上请示皇太后。"

"我会向太后报告此事。"光绪帝迟疑一会说[1]。

光绪二十四年(1898)五月初二，皇上在颐和园向太后请安时，汇报了废除八股文有益于录用人才、国家由弱变强。慈禧用实用的眼光审视后，觉得更改科举增加有用的学科，不损害自己的控制权，欣然同意。

五月初五，光绪帝发出旨意："从下次考试开始，参加秀才、举人、进士等考试，不再以四书的模式出题要考生写八股文，一律改为分析时政、提出对策。由礼部妥议如何分场命题考试及详细章程上奏，此次特地发出命令，在于考生以不适用的诗文应对，积弊太深，不得不改弦易张，破除旧习。"[2]

光绪帝批准废止八股文改策论，为废除科举打开了一个缺口，那么命题时，如何兼顾四书五经与西方实用学科？同年五月初七，陈宝箴致电张之洞："朝廷改考试科目，你应迅速上奏，如何分门别类取舍，敬盼你抽出时间办理。"

"为变通科举的事，我现已起草奏稿，一切章程与《劝学篇》提出的办法相同，只是表述方式要与旧章融合。近日我将上奏，来不及送稿与你奉商。如你愿联名上奏，请速电告。"五月初八，张之洞回电[3]。

"我认为不废除八股文，学者难改旧习，学习不专一。若主考官仍有意偏重诗文，那首场与第二场考试不成系统。似用四书五经命题，革除考生刻意以词藻应付，既可阐发圣贤的核心观点，又足以潜移揣摩、陶冶情操，或许可以切断根源。如你以为可行，我乞求联名上奏。"五月初九，陈宝箴来电。

"你分析极其透彻，我深为佩服。赞同废八股文，吸收四书五经有益于修身治国的伦理，删除讲义、经论、经说等文体及拘泥、世俗、苛刻、禁忌规定，并请以后考核官员时，勿考诗文、书法。只是盛宣怀来电说，下次考试改

---

① 以上参见中国史学会主编:《戊戌变法》第 4 册，上海人民出版社 1957 年版，第 147—148 页。
② 中国第一历史档案馆编:《光绪宣统两朝上谕档》第 24 册，广西师范大学出版社 1996 年版，第 206 页。
③ 苑书义等编:《张之洞全集》第 9 册，河北人民出版社 1998 年版，第 7615 页。

对策出题,可能是康有为的提议,不知是否将头场改对策? 或三场均有改
动? 此时上奏是否合适? 或等礼部议定后,再视情况妥善补正? 或仍发奏
折?"五月初十,张之洞回电。

同一天,张之洞致电在上海的盛宣怀询问:"下次考试改对策,你是否看
见有明确的旨意? 或只将八股文改策论? 或三场均有改动? 请速将皇上的
旨意照录电告我。"

"请你及早上奏,或可知晓朝廷如何改考试内容,我愿联名会奏。"五月
十二日陈宝箴回电,请张之洞不要多疑。

"皇上发出旨意,明确下次参加秀才、举人、进士等层次的考试,不再沿
用四书的模式出题,一律改为对策答题。如何分场命题,要等礼部提出详细
章程上奏。"五月十三日,盛宣怀来电①。

与陈宝箴达成废八股文,不再考书法、诗词、杂文等共识后,张之洞以
《劝学篇》提出的设想为导向,同年五月十六日,与陈宝箴联名给光绪帝呈递
了建议改科举考试内容的奏折:

"在时局危艰,人才缺乏之际,皇上多次发出旨意,要打破常规,力除浅
陋空疏的积习,选用懂得事物原理与实用、通达时务的人。海内外人士看见
皇上如此快速决断,求才心情如此急切,无不钦仰振奋。

"我们认为挽救时局必先求人才,求才必须改科举。四书五经包含了仁
义忠孝,如同日月闪光,明确了君臣、父子等级关系,传承万世,这是圣人的
教条能够延续、保持中华民族本色的原因。历代帝王取得惊天动地的政绩,
居中谋划抵御外敌,也与这种体制有关联。

"国家以四书五经招录考生为官,也有弊端流传,主考官不知变通,绅
士、官员平庸浅薄,不能成为国家经世致用的人才,因而八股文遭到人们的
厌恶。如今皇上断然废除八股,足已振动天下人关注,激发天下人的才智。

"科举关系国家的根本治理,若未能妥善设置一切考试科目,恐怕不能
立即取得实效,不可不防产生负面影响。"

说到这里,张之洞在奏折中提醒光绪帝:"当今要废诗文的人,痛恨这种

---

① 以上参见苑书义等编:《张之洞全集》第 9 册,河北人民出版社 1998 年版,第 7619—7620 页。

文体过于苛刻、繁琐、浮夸,不能阐述圣贤宣扬的伦理,并非废四书五经。若不确定范围,界限过宽,恐怕考生论述对策时借题发挥,或摘录经书字句,或兼采其他经史,必至漫无边际,不遵守正统的礼教。天长日久,学生不读四书五经原文,背道忘本。这关系礼教的兴废、中华安危,不得不重视。"

为防止改时务对策出题后,考生以诡诞轻薄的邪说,解释四书五经,附会圣人的道义,引发离经叛道甚至以后犯上作乱,张之洞在奏折向光绪帝建议以"中学为体、西学为用"变科举:"第一场考中国历史、我朝政治、论君臣等关系。第二场考时务,涉及五洲各国时政及地理、教育、财政、军事、商务、法律等。第三场考四书写两篇文章、五经写一篇,要求学说正统而不杂乱、论述纯正而不迂腐。"

以中西结合的三场考试,张之洞要发现博学之才,从博学求通才,选通才时仍维护支撑王权的礼教,先通后简约,先粗后精细。既淘汰学识平庸肤浅的人,又防偏执狂妄,造就大批人才而不更换王权体制①。

与张之洞改考试命题有相同之处,康有为重视以四书五经传承圣贤伦理,又突出以时务策论出题,将内政、外交、财政、军事、格物、工艺列入常规考试科目。

不同在于,他觉得考生精力有限,参加三场考试会筋疲力尽,只设二场,首场考时务对策,第二场考经史。两场考试可以发现考生水平的优劣与高低。因而他起草酌定各项考试策论奏折后,由徐致靖于五月十八日上奏②。

光绪帝比较张之洞、陈宝箴与康有为的奏折,发现有共同点:以四书五经为根本,又增加政务、经济、工商及各国时政等考试内容,既能阻止心术不端的人,又能造就博学的人才,但他倾向于张之洞设计的三场考试方案。

六月初一,光绪帝批准依照张之洞等奏请改科举分三场考试:由礼部通告各省一律遵照执行,主持考试的官员,务必理解此意,精心评判试卷。以后一切考试要讲求实学、实政,不得凭借诗文、书法的优劣论高低,应选用知

---

① 以上奏折参见苑书义等编:《张之洞全集》第 2 册,河北人民出版社 1998 年版,第 1304—1307 页。
② 国家档案局明清档案馆编:《戊戌变法档案史料》,中华书局 1958 年版,第 223—224 页。

识渊博的人,而舍弃华而不实①。

至此,张之洞、陈宝箴奏请变通科举考试,废弃以固化格式为代表的八股文,引入与治国富民相关的科目,得到皇上采纳成为朝廷的决策推向全国,带动千万人一改从前写空疏浮华无用的八股文,文风渐渐转向务实。

保举果敢有为的人才

与终止八股文增加西方实用学科对应的是,光绪帝受张之洞等总督、巡抚以实业救国的影响,变法思维发生重大转变:从农耕立国转向工业强国,破格录用熟知法律、工商、财政等人才,到朝廷参与决策。

光绪二十四年(1898)四月二十三日,总理衙门奉旨发布:"当今各国相通,用人才为当务之急,各总督、巡抚要保举品学端正、通达时务、不染习气,无论官职大小数人,交总理衙门考核带领引见,以备朝廷任用。"

同年六月二十三日,总理衙门奉旨发布:"各大臣多数墨守旧章,曾三令五申、谆谆训诫,要讲求时务,勿重蹈宋、明朝以来空谈的积习,恐怕大小官员尚未尽知朝廷的用意。现在应办一切要务,开端宏大、条目很多,不得不采集众长、折衷一是。各大臣接到交办的事件,务必周密博访,详细讨论。"②

体会皇上不限资历、不看背景,唯才是用的心情,张之洞推选身边勤勉能干的幕僚、经过实践证明果敢有为的官员。当初他任四川学政时,推荐出身书香家庭的四川绵竹人杨锐到尊经书院就读。

得益于优越的教学条件,光绪十一年(1885),杨锐得到一个重要的跳板机会,参加考试被主考官录为举人。以后,张之洞任两广、湖广总督时,邀请他参与起草机要奏折、公文等。

对自己得意的学生杨锐,张之洞不能只让他当一个幕僚,支持他参加总理衙门于光绪二十二年(1896)八月二十九日,举行的补充官员考试。发榜公布成绩后,他排名靠后,还要等待有空缺才能补为实职,后以候补身份到

① 苑书义等编:《张之洞全集》第 2 册,河北人民出版社 1998 年版,第 1309—1310 页。
② 中国史学会主编:《戊戌变法》第 2 册,上海人民出版社 1957 年版,第 52 页。

会典馆编修官制沿革、法令等。

当闲差近两年后，光绪二十四年（1898）六月初五，杨锐听到哥哥杨聪任四川酉阳学正时因病去世，准备收拾行李回老家办理丧事。张之洞为了解光绪帝、慈禧等对变法的取向，探听更多上层内幕消息，致电他暂时不要离开北京。

"得知你要远行，足见你对亲情纯笃，只是办丧事来不及。现在酉阳县、涪陵县水路与陆路难以通行，不如叫你弟弟杨悦回去办理，较为妥当又迅速。等秋冬季节后，你回家探视比较合适。此时暂且留下，参加经济特科考试，不负恩师张之洞的期望。"六月二十六日，张之洞的幕僚王秉恩致电他①。

陈宝箴领会张之洞刻意提携杨锐，六月二十八日上奏推荐："务求实效的前内阁学士陈宝琛、严谨踏实的内阁候补侍读杨锐、知晓政治得失的礼部候补主事黄英采、器识宏远的刑部候补主事刘光第、熟悉中外交涉的广东候补道杨枢、锐气有为的广东试用道王秉恩、勇于担当的江苏试用道员欧阳霖、勤勤恳恳的江西试用道员恽祖祁等 17 人。"②

光绪帝看了他的奏折后，七月十三日批复："陈宝箴奏保的陈宝琛、杨锐等以上各员，如在北京的人，由各衙门转告他们预备召见，其余均由各督抚告知来京，一体预备召见。"③

七月十六日，光绪帝召见内阁候补侍读杨锐，以起用富有朝气的政治精英，冲破军机处守旧大臣的阻碍推进变法。二十日，由总理衙门奉旨宣布："杨锐及刑部候补主事刘光第、内阁候补中书林旭、江苏候补知府谭嗣同，赏加四品官，到军机处起草公文、传达指示、参与新政等。"

七月二十五日，张之洞心怀惊喜致电杨锐："你奉旨受皇上召见，我欣喜之情无可言语。我屡次推举你复出，得不到皇上许可，今日竟然经陈宝箴推荐成功，快极。你何日北上，务必电示。"④

---

① 中国社会科学院近代史研究所近代史资料编辑组编：《近代史资料》总 109 号，中国社会科学出版社 2004 年版，第 13 页。
② 汪叔子等编：《陈宝箴集》上册，中华书局 2003 年版，第 806—808 页。
③ 中国第一历史档案馆编：《光绪宣统两朝上谕档》第 24 册，广西师范大学出版社 1996 年版，第 350—351 页。
④ 中国社会科学院近代史研究所近代史资料编辑组编：《近代史资料》总 109 号，中国社会科学出版社 2004 年版，第 20 页。

如果不发生什么意外,杨锐等经军机大臣保举,可获得比其他部门及地方官更快的升迁,占有更高的职位。

同年七月二十八日,杨锐给弟弟杨悦写信,透露变法引发的矛盾:"我暂且不能离开北京回去奔丧,在观音书院设一个灵位祭奠痛哭。原想趁中秋节前往武昌,再与你商办一切。十三日,因湖南巡抚陈宝箴保荐,我接到受皇上召见的旨意。十六日早晨在西苑勤政西暖阁受召见,我对用人才、整顿军备等提出了建议。

"我事务极其繁重,而同事又不太容易相处,与刘光第、谭嗣同、林旭在一个班子。林旭办事投机取巧,有些答复不妥当,我强令他改过三四次,天长日久恐怕难以相处。

"现在有些人提议设议政院,皇上有所心动,却没有给康有为等安排位置,不久朝政可能会发生大变动。每日条陈的事多为变法,要揣测迎合,甚至有万不能办的事,我采取补救,或稍加裁减,而同事有很大的意见。与他们刚相处数日,我觉得此地不可久留,准备找合适的时机全身而退。"①

除了杨锐,张之洞向光绪帝推荐办事高效的湖北按察使恽祖翼的弟弟——江西候补道员恽祖祁等,以便为变法提供可行的决策。

代理两江总督时,张之洞为支持北上各军御日,要转运将士、武器、筹军饷等,请曾为左宗棠、王文韶等办事的恽祖祁,协调筹饷运军械,建立了信任情感。

事后,光绪二十一年(1895)十二月二十九日,张之洞上奏保举人才列举10人,其中对恽祖祁评价:"他精明干练,办事踏实,不避嫌怨,绝无官场习气,确是一个有用的人才。"②

经张之洞对恽祖祁恰如其分的表扬,光绪帝觉得可信度很高,应该给他一个合适的位置,由军机处记下他的名字,到时选用。以后,张之洞调恽祖祁经办宜昌食盐收费等。

光绪二十四年(1898)闰三月十六日,张之洞给光绪帝发来保举江西候

① 以上信件参见中国史学会主编:《戊戌变法》第2册,上海人民出版社1957年版,第572页。
② 苑书义等编:《张之洞全集》第2册,河北人民出版社1998年版,第1118—1119页。

补道员恽祖祁的附件："恽祖祁办事认真,切实耐劳,督办宜昌、恩施救灾最为得力。因洪水冲毁京山县唐心口堤防后,急需召集民工挖土筑堤,必须有精干的官员在现场督促。去年十一月,我委派恽祖祁迅速赶到京山唐心口工地,时值寒冬,无米下锅的灾民有数万人乞讨,办理稍不得当,会引发冲突消耗更多资金。

"恽祖祁统筹全局,遇事先出力,对工程精心运筹、细心核查,比原来估算的经费节省几倍,让当地民众深受感动,既不多花工钱,又不误工期施工。虽遇到雨雪阻碍,但到今年春汛水位上涨时完工,能保障下游农田浇灌。他勤劳,而且公正廉明、恪守职责,我请求皇上批准,让他到北京接受吏部考核,给予他相应的职位。"①

光绪帝看后批示,由吏部带领恽祖祁引见。

到达北京的恽祖祁,于同年五月初九致电张之洞:"我非常感激你的提携。翁同龢被罢免军机大臣、总理衙门大臣、户部尚书,端午节离开北京,与实施新政激怒慈禧有关。朝政忽变,时局一天比一天败坏。我受皇上召见后,准备先告退回乡,恐怕辜负你的期望。"②

七月十八日,皇上召见恽祖祁,听取他对练兵、办学堂、工商等意见,觉得他是一个可用的人才,却没有立即委任实职。十九日,皇上再召见他后发出旨意:"由吏部将恽祖祁交军机处记名,等候补用。"③

受皇上召见,恽祖祁感到荣幸又观察到政治风险,七月二十一日致电张之洞:"我得到皇上召见后,交军机处记存选用。承蒙你高恩厚意推荐,我感激不尽。军机处的人员揣测上面的意图,时常感到恐惧,担心不能完成变法任务。不同部门对新政议论很多,皇上想广为采纳。我于本月内出北京回常州。"④

看到军机处的官员心慌不安,恽祖祁不知皇上能否驾驭变法快车,是否

① 赵德馨等编:《张之洞全集》第 3 册,武汉出版社 2008 年版,第 482 页。

② 虞和平主编:《张之洞档》第 77 册,大象出版社 2014 年版,第 243 页。

③ 中国第一历史档案馆编:《光绪宣统两朝上谕档》第 24 册,广西师范大学出版社 1996 年版,第 345 页。

④ 虞和平主编:《张之洞档》第 77 册,大象出版社 2014 年版,第 505 页。

会翻车,七月二十七日致电张之洞:"七月十八日,皇上向我询问湖北练兵及宜昌、恩施救灾情况,我只讲了一些大概,并说你筹款艰苦。皇上要我上奏陈述未尽之言。今天早晨,我呈递了一份详细奏折,不知皇上有何看法。"①

不到半个月,光绪帝给了恽祖祁一个转正的稀缺机会。八月初二,总理衙门奉旨宣布:"恽祖祁接任分管福建泉州、莆田、永春的道员。"当天晚上,他致电张之洞,告诉被朝廷补为实职的消息②。

加大向皇上输送人才的力度,六月初一,张之洞上奏保荐人才,推荐降调内阁学士、办事沉稳的陈宝琛,湖南盐法长宝道员、熟悉中外约法的黄遵宪,直隶候补道员、游历多国的傅云龙,湖北补用知府、思考周密的钱恂,江苏候补同知郑孝胥。

他称赞浙江湖州人、熟知中外商务的钱恂:"贯通中学,钻研西学,见识卓然,才智尤为敏捷。历任欧洲各国参赞,游历俄、德、英、法、奥、荷、意、瑞、埃及、土耳其等国,博访深思。知晓政治、法律、学校、兵制、工商、铁路的利弊,为今日讲求洋务最为出色的人才。"

他如此评价江苏候补同知郑孝胥:"才识非凡,学问精深,办事沉着有力。他曾跟随出使大臣到日本,对东、西形势、政局有独特的见解。"③

光绪帝以张之洞推荐的人员,适合经办对外商务等,六月十四日发出旨意:"钱恂、郑孝胥等人来北京,预备召见。"

"总理衙门奉旨电告我,要我转告钱恂及你,到北京等待皇上召见。你们何日启程北上,请回电我。"六月十五日,张之洞致电在上海筹办铁路的郑孝胥④。

接到张总督来电后,七月十日,郑孝胥急匆匆赶到北京,七月二十日,受到皇上召见。二十四日军机大臣奉旨宣布,派他以候补道员身份,到总理衙门协助处理公文等。

---

① 虞和平主编:《张之洞档》第 77 册,大象出版社 2014 年版,第 571 页。
② 中国第一历史档案馆编:《光绪宣统两朝上谕档》第 24 册,广西师范大学出版社 1996 年版,第 407 页。
③ 以上参见苑书义等编:《张之洞全集》第 2 册,河北人民出版社 1998 年版,第 1317 页。
④ 虞和平主编:《张之洞档》第 33 册,大象出版社 2014 年版,第 45 页。

　　到北京后,郑孝胥不动声色观察,看到皇上身体力行,力振时局,而老弱的大臣既懒散又无学识,新录用的年轻官员缺乏阅历,不能为皇上提供排解内忧外患的策略,而他认为变法应立根本:开民智、立制度、培养人才、吸收技术。

　　以积累办商务的经验,七月二十八日,郑孝胥向光绪帝呈递了变法奏折:"几个月以来,皇上为变法发布了许多旨意,尚未取得实效。我以为应将练兵、造机械等当作紧要的事。以举国讲兵学、操练军队,仿照美国建造工厂,引进设备生产枪炮,增强抵御外敌的实力。不能停留于好奇观望、老生常谈,要讲求成效才能扶危应急。"①

　　对有多年外交经验的钱恂,张之洞不想他被光绪帝调走,要他身兼数职,在武昌经办师范、军事、工艺、农务等学堂,以及练兵、派遣学生到日本留学,招聘外国教员等。

　　"我接日本驻上海总领事小田切自日本来电:'湖北与日本商派学生赴东京及聘各教师来武昌,望速派遣知府钱恂赴东京,以便面商。'钱恂已遵旨赴北京,近几天会到。湖北已经与日本议定派他带学生前住,能否在皇上召见他后,立即今他速回武昌,以便赴东京。"光绪二十四年(1898)七月二十五日,张之洞致电总理衙门②。

　　"钱恂现奉旨到北京接受皇上召见,八月内可回武昌。回时我立即命令他去东京,与贵国外交部等面商一切。"七月二十六日,张之洞致电小田切③。

　　总理衙门向光绪帝汇报得到批准后,七月三十日回电,支持张之洞派钱恂带学生到日本留学,聘请日本军官练兵。

　　七月二十三日,钱恂到达北京后,二十八日受到皇上召见。八月初一,他致电张之洞:"皇上向我询问你办铁厂、枪炮、学堂、练兵等事。要设议政局,未对外发布。郑孝胥有望得到大用,奏派不愿到日本任公使。日本伊藤博文会见皇上未定,随后到武昌,会劝你练兵。袁世凯禀报后见,想请你入军机处。荣禄与你的意愿渐为融洽,你写给他的信发生效果。"

---

① 国家档案局明清档案馆编:《戊戌变法档案史料》,中华书局 1958 年版,第 12 页。
② 苑书义等编:《张之洞全集》第 9 册,河北人民出版社 1998 年版,第 7651 页。
③ 赵德馨等编:《张之洞全集》第 9 册,武汉出版社 2008 年版,第 343 页。

钱恂在电文中还说:"皇上要求各省致军机处、总理衙门、各部的电报,要全文呈送他阅看,或各部长官未周知而已上传。皇上最喜欢询问我,近来旨意是否到湖北,请你事后凡接到旨意,应先回电。皇上对东渡观日本军操,定北洋十名,湖北五名,约九月可出发。"①

向张之洞汇报皇上对变法的态度后,八月初二钱恂再次来电:"伊藤对总理衙门说,变法不从长远开始,外患内乱将至。中国能办事的大臣,惟有张之洞一人。"②

也许是预感皇上受到慈禧限制不能独自决断变法,八月初三,张之洞回电钱恂,表明不愿到军机处:"若袁世凯奏请召我入京,务望你强力阻止。我不具有这个才能,性格不适合,精神不支,万万不能去。如他以我的做法没有错,遇到有变革的大事,可来电与我酌议,提出有效的建议供朝廷采纳。对时局尚可有益,又不致弃废湖北应办的事,这是尽职安分之道。"③

来北京的伊藤博文拜访总理衙门有关大臣,与他们交换对行政、司法、军事等变革的看法后,觉得中国急需变法,却没有善于协调的人把握方向,又无符合国情的纲领,必然会招致政治风险,想到武昌后与张之洞总督尽情叙谈。

张之洞对变法动向有天生的政治嗅觉:皇上从救国出发,采纳一些变法建议,却没有与慈禧、军机处大臣、地方督抚达成共识。若慈禧不点头同意,变法不可能落地生根。

在各帮派为变法暗自对抗、矛盾没有公开化、不知谁能占压倒一切的优势时,张之洞不会轻易对光绪帝是否开议会等关系帝国体制的敏感问题发出赞同或否定的声音。

---

① 以上参见虞和平主编:《张之洞档》第 14 册,大象出版社 2014 年版,第 601—603 页。又见苑书义等编:《张之洞全集》第 9 册,河北人民出版社 1998 年版,第 7654 页。
② 虞和平主编:《张之洞档》第 77 册,大象出版社 2014 年版,第 622 页。
③ 苑书义等编:《张之洞全集》第 9 册,河北人民出版社 1998 年版,第 7654 页。

第三章
变法以流血中断

缺乏政治斗争经验的康有为、谭嗣同等,以不恰当的行动,引起慈禧与光绪帝冲突,导致变法夭折。而张之洞秘密营救杨锐时,以灵活务实的对策,试图保留变法成果。

法华寺里的密谋

与稳步前进的张之洞先以实业带动变法不同,如同急先锋的康有为,像拿一把尖刀要切开王权体制的血管,注入带有西方文明要素的养分,如设法律、税计、学校、农商、工务、矿政、铁路、邮政、造币、游历、社会、武备 12 局,以新法推进各省设立民政局,举行地方自治,必然遭到慈禧等权贵派以保王权的反对。

于是,由变法引发的冲突迅速升级,光绪帝痛恨军机处、总理衙门大臣,不能深切体会自己变法强国的苦衷,反而以废话应对,一气之下,于光绪二十四年(1898)七月十九日发出旨意:"礼部尚书怀塔布竟敢带头抗旨不遵,找借口一再阻挠主事王熙上书。若不严惩不足以起到警戒作用,撤销怀塔布等六名官员的职务。"①

光绪帝不经慈禧同意,罢免朝廷高官,闯下大祸。七月二十九日在颐和园向太后请安时,遭到她如冰雹砸来的训斥,感到难以调和,身陷困境。

七月三十,光绪帝在颐和园召见杨锐发下密诏说:"近年以来,我看到太后不愿全部废除阻碍国家富强的旧法,也不想将老弱昏庸大臣撤职,而重用英勇通达的人才参与议政,惟恐失人心。我岂能不知因他们不作为,导致国家极其贫穷落后? 我想废除旧法,开除这些昏庸的官僚,但我的权力有限。果能如此,我的位子不保,更何况其他人。"

光绪帝发出哀叹后再说:"我问你,是否有良策废弃旧法实现变法,全部撤除昏庸的大臣,起用通达英勇的人议政,使中国转危为安,化弱为强,又不致触怒太后。你与林旭、刘光第、谭嗣同等妥议筹划,密封上奏,由军机大臣代递,等我深思再办理。我确是不胜焦急,期盼你们能办成。"

八月初二,光绪帝给康有为相似的密件:"我深感时局艰难,不变法不足以救中国,必须辞退守旧无能的官员,而用英勇实干的人,否则不可能实现变法。而太后不以为然,我屡次劝说,她反而发火。现在我的位子难保,你与杨锐、林旭、谭嗣同、刘光第等,可妥善密筹,设法相救,我十分焦灼,特别期盼。"②

密件显示光绪帝宣告变法以来,处处受到慈禧围堵,步履维艰,不能充分行使最高权力。撕破掩盖的面纱矛盾激化,不可能与太后和平相处,幻想杨锐、康有为等找到力挽狂澜的力量,帮自己摆脱困境。

对皇上发出的求救,无权势的康有为有什么办法? 情急之中,他想起有过一面之交的袁世凯。他曾驻朝鲜知外国政务,喜欢谈变法,昔日赞助强学会,目前在天津练兵。

康有为以为袁世凯有兵权,但又顾虑他与荣禄交往密切不肯听从,先于六月派学生徐仁录前往小站拜会他。袁世凯对徐仁录说:"我极为仰慕康有为先生,他有悲天悯人之心,经天纬地之才。"

──────────

① 中国第一历史档案馆编:《光绪宣统两朝上谕档》第 24 册,广西师范大学出版社 1996 年版,第 343 页。
② 以上参见中国史学会主编:《戊戌变法》第 2 册,上海人民出版社 1957 年版,第 91—92 页。

听到袁世凯夸奖自己,康有为有些飘飘然,叫徐仁录挑拨袁世凯:"康有为、谭嗣同等人,多次向皇上保举你。皇上以荣禄说你专横不可用,不知你为何与荣禄关系不融洽?"

"过去翁同龢想增加我的兵力,荣禄说汉人不能掌握大兵权。翁同龢说,曾国藩、左宗棠也是汉人,曾经不是拥有兵权吗? 荣禄仍不肯。"袁世凯说①。

听了徐仁录的转告,康有为作出一个失误的判断:以为袁世凯与荣禄暗自争夺兵权,有不可相容的矛盾,要向皇上推荐他抵制荣禄,却不知袁世凯在荣禄面前点头哈腰、唯命是从,尽其所有巴结这位权贵升官。

光绪帝不了解袁世凯的为人处世,看了康有为代徐致靖起草重用袁世凯的奏折,假想以赐予袁世凯更高的官位,可以换取他听从自己调动,成为排除慈禧的力量,草率作出一个危及自己政治生命的错误举动,七月二十六日发出旨意:由荣禄转告袁世凯,立即来北京受召见。

八月初一,光绪帝在颐和园毓兰堂召见袁世凯,详细向他询问练兵等事。当天总理衙门奉旨宣布:"直隶按察使袁世凯办事勤奋、干练认真,加封他为候补左侍郎,责成专门办理练兵事务,所有应办事要随时上奏。目前时局艰难,修明武备为第一要务,袁世凯应当勉励自己,切实履行职责,训练一支有战斗力的军队,不负朝廷整顿军队的愿望。"②

接到这个旨意,袁世凯感到非常惊讶:自己无特殊功劳,为何皇上打破常规赐予我高官厚禄? 背后有什么用意? 怀着这种疑问,八月初二早晨,他向皇上谢恩:"我无尺寸之功,受皇上破格提拔,惊恐万状!"

"人人都说你练兵、办学堂,取得了很好的成效。此后你与荣禄各办各事。"光绪帝笑着说③。

光绪帝用"各办各事"向袁世凯暗示:你职务上升后,可以不受荣禄控制,随时单独向我汇报,成为维护我权威、推动变法的骨干力量。

① 以上参见中国史学会主编:《戊戌变法》第4册,上海人民出版社1957年版,第159—160页。
② 中国史学会主编:《戊戌变法》第2册,上海人民出版社1957年版,第95页。
③ 《袁世凯日记》,载中国史学会主编:《戊戌变法》第1册,上海人民出版社1957年版,第549页。

当天，袁世凯向光绪帝呈上感恩的奏折："我承蒙皇上的恩遇，倍感惶恐不安。惟有一如既往忠诚，愈加勤奋，尽力而为不负皇上的厚爱。"①

八月初一晚上，康有为等人听到皇上封袁世凯为候补左侍郎，拍手叫好，觉得皇上英明，听从自己的计策，袁世凯感到欣喜必将报答恩情，并叫毕永年到内室，询问下一步如何行动。

"事已至此，无可奈何，要按定下的计谋办事。但我始终怀疑袁世凯不可靠、不可重用。"毕永年不相信袁世凯。

"袁世凯极能发挥作用，我得到他承诺的凭据。"康有为自信地说。

说完，康有为拿出袁世凯升官后写的感谢信："承蒙你大力推荐，我不胜感激，愿赴汤蹈火，在所不辞。"

以这封信，康有为对毕永年说："我观察袁世凯发出如此誓言，有什么理由不可用他？"

用这个推理，康有为将一个大胆的设想告诉毕永年："我派你给袁世凯当参谋，说服他带兵包围颐和园时，你率领100人除去慈禧。"②

光绪帝召见袁世凯时，也意识到与慈禧的关系变得愈来愈冰冷，随时会破裂，预感她会对维新人士下毒手，为康有为的安危考虑，也是一种妥协。于是，八月初二发出旨意："我前次命令工部主事康有为去上海督办官报局，此时他尚未出北京，我感到很诧异，我深刻认识到时局艰危，急需通达时务的人才商谈变法。经康有为平日请求，我召见他一次，令他督办官报，以报纸开启民众，这是一个重要的任务。现敦促康有为迅速前往上海经办，不得迟延观望。"

当天，光绪帝让杨锐将一个密诏转交康有为："我命令你督办官报，实有难言的苦衷，难以用笔墨说尽，你要迅速离开北京不可延迟。你的一片忠爱之心，我非常清楚。你要爱惜身体，善于自我调养，将来更能为国效力，共建大业，我对你寄予厚望！"③

① 骆宝善等编：《袁世凯全集》第4册，河南大学出版社2013年版，第287页。
② 以上会谈参见毕永年《诡谋直纪》，载中国社会科学院近代研究所近代史资料编辑组编：《近代史资料》总63号，中国社会科学院出版社1986年版，第2页。
③ 以上参见中国史学会主编：《戊戌变法》第2册，上海人民出版社1957年版，第97页。

康有为感到十分惊骇：过去皇上只有大事才公开发旨意，有要事由军机大臣转告自己，办报是一件小事，何以值得皇上发命令？也许皇上预计有大祸降临，让我急速离开北京去上海躲避。

杨锐怀揣皇上给的密诏，如同背负千斤重担，却想不出什么计谋保护皇上，与康有为、林旭、谭嗣同等人不禁抱头痛哭。哭完后，康有为未能冷静应对、周密策划，因为他没有识破袁世凯的假仁假义。相反，他将袁世凯当作值得依赖的政治盟友，并且作出一个致命的决定：初三派谭嗣同单独去法华寺，劝袁世凯率兵发动政变保皇上。

八月初三晚上，袁世凯以荣禄来电催促自己回天津处理军务，在法华寺房间的烛光下写奏折，要请示皇上提前返回天津。忽然外面传来敲门声，随从给他送来一张名片，上面写着：谭嗣同。

袁世凯知道他是皇上特地提拔的政治明星，半夜来访必有要事相商，放下手中的毛笔出门迎接。谭嗣同见他出来直接说："祝贺你升迁，我有要紧事对你说，到内室密谈。"

谭嗣同与他寒暄几句直奔主题："此次，你得到皇上破格重用，必将知恩图报。皇上现在遇到大难，只有你能帮皇上脱离危险！"

"我家几代人深受国恩，本应极力报恩，何况这次我受到皇上特殊提拔，怎敢不肝脑涂地，报答皇上比天高的恩情，但不知皇上遇到什么难？"袁世凯装作大惊失色地问。

"近日，荣禄建议慈禧，废除皇上并处死他，你知道吗？"谭嗣同问他。

"我在天津与荣禄会谈时，观察他的谈吐，显得很忠诚，无谋害皇上的意思，这必定是谣言，不足以为信。"袁世凯不相信有这事。

谭嗣同看到袁世凯流露疑惑，以离间的口气说："你是一个光明磊落的人，却不知荣禄极其狡诈，表面对你很好，内心对你猜忌。你承受多年辛苦整顿军备，中外人士对你很钦佩，而去年你只升一级，这是荣禄暗地压制你。康有为先生曾向皇上保举你，皇上说，荣禄常向慈禧说你飞扬跋扈，不可任用。我也多次向皇上保荐你，都遭到荣禄阻止。这次皇上费很大力气提拔你，如你真心救皇上，我给你出一个计策。"

说完，谭嗣同拿出一份起草的奏折稿，上面写有："荣禄谋划废除皇上、残害君王,大逆不道,若不迅速除掉他,皇上不能保住王位。袁世凯初五请皇上训示时,请带上皇上的批示,率自己军营的兵赴天津,向荣禄宣读皇上的命令,立即就地处决他,以袁世凯代理直隶总督,并传令下属张贴布告,公布荣禄的罪行,立即封禁电局、铁路,迅速运兵进入北京,派一半兵包围颐和园,一半守护皇宫,如此大事可定。如你不听我的计谋,(谭嗣同)立即在皇上面前自杀。"

"为何带兵包围颐和园?"袁世凯看完奏折稿问谭嗣同。

"不除掉老朽的慈禧,不能保国家兴盛。由我操办此事,你不必过问。"谭嗣同说。

"太后听政30多年,历次平定国家大乱,深得人心。我的部下常以忠义为准则,如果我命令他们犯上作乱,必定不会听从。"袁世凯心惊胆战地说。

"我雇有好汉数十人,并致电湖南召集好多人,过几天可到北京。我们能够铲除慈禧等,无需你费力。只请你做两件事:诛灭荣禄,率兵包围颐和园。你如不应允,我立即死在你眼前。我们各自掌握彼此的性命,今晚必须确定,我立即进皇宫请皇上发出旨意。"谭嗣同请袁世凯不要害怕,由他负责操作。

"此事关系重大,不能草率议定。你今晚杀我,也不能决定,而且你今晚请示皇上,也未必能得到批准。"袁世凯觉得他太天真。

袁世凯看他脸上呈现凶狠、近乎疯狂的神色,不知他是否秉承皇上的命令与自己商谈,如断然拒绝他的提议,会引发不可想象的后果,只好借口有阻力拖延。

"北洋宋庆、董福祥、聂士成各军大约近5万人,淮军有70多营,北京有旗兵数万,我军不过7 000人,能出动的兵不过6 000人,如何能办此事?恐怕我一发兵,北京加强防守,皇上已陷入危险。"袁世凯摆出不能行动的理由。

"你以迅雷不及掩耳之势出兵,并照会各国使馆,谁敢乱动?"谭嗣同反问他。

"我军粮械、子弹都存放天津军营,必须先领取足够的粮弹才能发兵。"袁世凯再找困难推脱。

"我请皇上将批准你发兵的旨意,先交给你收存,等你布置妥当密告我,你率兵包围颐和园的日期。"谭嗣同不容他回避。

"我不敢不冒着生命的危险行动,但恐怕泄露机密会连累皇上,我死有余辜。皇上的旨意不便于保密,你不能先交给我。等我思考成熟,准备半个月,八月二十日回复你如何办。"袁世凯以退让应付。

"皇上很焦急,我手握批示,必须立刻确定一个出兵包围颐和园的办法,才能回复皇上。"谭嗣同催促他。

说完,谭嗣同向他出示皇上发的旨意:"我锐意变法,但老朽的慈禧等不配合。如操之过急,又恐怕慈禧不高兴,只好命令杨锐、刘光第、林旭、谭嗣同另外筹划。"

"这并非皇上的亲批,而且也无诛灭荣禄、包围颐和园的决定。"袁世凯看了反驳。

"林旭存有皇上的批示,这是杨锐抄给我看,确是命令你办这两件事,在3天前发下。林旭等极为可恶,不立即交我,几乎延误大事。"谭嗣同请他不要怀疑。

但袁世凯知道他伪造皇上的旨意挟制自己,无须再辩论真假,以比较为难的语气说:"青天在上,我断不敢辜负天恩,但恐怕累及皇上,必须妥筹详商,做到万无一失。我无此胆量,决不敢谋反成为天下罪人。"

谭嗣同声色俱厉,再三催促他立即决议,便于向皇上呈递奏折。袁世凯发现他腰间衣襟高起,似藏有凶器,担心他得不到满意的答复会伤害自己,只好表示:"九月,皇上将到天津视察军操。到军队集合,皇上发一个纸条,谁敢不遵从,又何事不成?"

"等不到九月,皇上会被他们剥夺权力,形势异常急迫。"谭嗣同急促地说。

"既然朝廷发出了皇上要到天津巡视的命令,不至于立即发生意外,必须到九月才能布置周全。"袁世凯说。

"如果九月皇上不到天津,有什么办法?"谭嗣同问。

"现已预备妥当,花费数十万金,我可请荣禄力求,保证不至于中止行程,此事有我办,你尽管放心。"袁世凯煽惑他。

"你报答皇上的赏赐，救君王遇到的危难，能立奇功大业。你掌握国家大权，如你贪图富贵，向朝廷告密封侯，会危及皇上，请你自行其是。"谭嗣同请他选择。

"你以为我是何人？我三代深受国恩，断不至于丧心病狂，延误大局。只要有益于君王，我必当以生死相许。阅兵时，如果皇上到我军营，我杀荣禄如去一只狗的耳朵！"袁世凯假装激昂。

听他愿意配合，谭嗣同立即起身，连连抱拳作揖说："你不愧为当今奇男子。"

"我们素不相识，你深夜突然来访，跟随我的人员必生疑心，或对外漏泄我们有密谋。你可从此称病要休息多日，不去总理衙门，不可再来找我。而皇上与慈禧为何发生矛盾？"袁世凯以警觉的语气问。

"皇上为变法罢免了礼部六名官员，有些大臣向慈禧哭诉，发出诬陷皇上的言论。怀塔布、立山、杨崇伊等曾前往天津，与荣禄密谋要废除皇上，彼此之间产生更大的冲突。"谭嗣同向他透露实情。

"你们为何不请皇上，向太后详细陈述必须变法，并事事请示。不妨恢复六名官员的职务消除对立，而且变法应顾及国情，不可急于操作，也可以缓办或停办，何必如此急忙出台，导致结下怨恨？"袁世凯劝他。

"自古以来，非流血不能完成变法，必须全部除掉这群老朽的官僚，才能顺利办事。"谭嗣同情绪激动地说①。

此次他们在法华寺会谈让我们看到：有一颗成年人脑袋的谭嗣同，如同纯真未见世面的儿童，几乎毫无政治斗争经验，不作任何风险评估，将素无交往、虚情假意的袁世凯，当作患难与共的战友，全盘托付他带兵保皇上、清除慈禧等。

与单纯的谭嗣同相比，袁世凯久经官场，善于察言观色，听完他发动政变的预谋后，一再向他表明聂士成带兵守天津、董福祥的军队保卫北京，自己无足够的兵力、无非凡的胆识、无条件完成这个关系帝国命运的任务。

---

① 以上交谈参见《袁世凯日记》，载中国史学会主编：《戊戌变法》第 1 册，上海人民出版社 1957 年版，第 549—553 页。

　　但谭嗣同没有认识到，袁世凯不可能舍弃政治前途去冒险，仍一厢情愿地将他当作救皇上的英雄，非要他作出发兵除掉慈禧的承诺。袁世凯只得以惯用的欺诈应付，让谭嗣同信以为真。

　　谈到夜深，袁世凯送走谭嗣同后反复思考，皇上听信康有为等人密谋，与慈禧代表的权贵集团较量，谁会一败涂地？慈禧会首先以政变击倒光绪帝，再次掌握最高大权吗？

　　静观时局，袁世凯采取常用的"脚踏两只船"应对：谁有利于我掌握权力，我拥护谁。因而第二天，他没有急于向军机大臣刚毅等，密告谭嗣同等人要对慈禧下手。

袁世凯的背叛

　　默默感激皇上的好意后，光绪二十四年（1898）八月初四，康有为乔装打扮与友人告别去天津，初六坐英国太古公司轮船航行几天后，于初九下午顺利到达上海吴淞口，浙江贡生姚祖义到船迎接他。

　　忽然，船上一个英国人过来问他："你是康有为吗？"

　　康有为回答后，这个英国人从一个房间取出一张相片问："这是你的像吗？"

　　"正是。"康有为说。

　　"你曾在北京杀过人吗？"英国人问。

　　"我如何干出杀人的事？你为何问这个奇怪的问题？"康有为很疑惑。

　　"你用红药丸谋杀皇上，朝廷密派上海官兵抓捕你就地枪决。"英国人拿出一张上海道台张贴的告示说。

　　英国人听康有为讲明内情后说："我叫濮兰德，英国驻上海领事知道你是一个忠臣，不会干出谋害皇上的事，又建议联合英国抗击俄国，特地命令我用英国兵舰营救你，请你立即随我下船，不可迟缓，担心上海道台派兵搜捕。"①

---

① 以上参见中国史学会主编：《戊戌变法》第 4 册，上海人民出版社 1957 年版，第 162 页。

康有为脱险时,袁世凯没有向谭嗣同兑现保皇上的诺言,反而成为摧毁变法的帮凶。

八月初五上午,光绪帝召见袁世凯,袁世凯说:"古今各国不容易变法,非有内忧,即有外患,请忍耐待时机,步步稳进,如操之太急,会发生流弊。变法尤需得人才,必须有真正明达时务、老成持重如张之洞等,协助皇上推行新政。刚进入总理衙门的年轻官员,有些具有明达勇猛的优点,但阅历太浅,办事不慎密,倘有疏误,会累及皇上,关系极重,总求十分留意。我深受皇恩,不敢不冒死直说。"①

对皇上召袁世凯来北京赏加官职,荣禄怀疑有不寻常的举动,调聂士成率军守天津,防止袁世凯派兵进京,等他回来后不让他去小站,留在天津协助办事,严密监视他的行动。

拜谢皇上后,八月初五,袁世凯坐火车回到天津时已经日落,当地文武官员以皇上用特快速度提拔他,到车站列队热烈欢迎,并请他到茶楼入座喝茶。

感谢他们迎接后,袁世凯坐轿子到直隶总督府拜见荣禄说:"皇上极其孝顺皇太后,实无非分的举动。但有人结党煽动,会危及国家安全,必须保护皇上,以安定天下。"

话未说完,前北洋海军"靖远"舰长叶祖珪等有事找荣禄。袁世凯久候到半夜二更,插不上话,只好先退出吃晚餐,约好明天早晨两人再谈。

八月初六早晨,袁世凯看到荣禄来到自己的住处,便向他讲述康有为、谭嗣同等人密谋保皇上等活动。荣禄听了大呼冤枉:"我若有丝毫冒犯皇上的意念,上天必诛灭我。近日有人来天津向我通告内情,但不及你今天谈得详细。"

"此事与皇上毫无关系,如累及皇上,我惟有喝药而死!"袁世凯说。

如何向慈禧汇报谭嗣同等人的行动又不波及皇上?他们商谈很久,未找到一个妥善的对策,荣禄先回总督府。到了晚上,荣禄召他来府会面,在坐的杨崇伊向他们出示了慈禧取代光绪帝掌权的电报。

---

① 中国史学会主编:《戊戌变法》第 1 册,上海人民出版社 1957 年版,第 553 页。

看到慈禧率先发动政变，荣禄觉得无须操心，抚摸着茶杯笑着对袁世凯说："这杯茶没有放毒药，你可饮下。"

接到慈禧召见的旨意，八月十一日，荣禄去天津时，袁世凯到火车站送行假装正经说："我家世受国恩，倘若皇上的安全缺乏保障，我惟有以死报恩。"

"我与庆王商谈此事，决不累及皇上，你切勿忧虑。"荣禄安慰他[①]。

但袁世凯在日记中说回到天津后，主动向荣禄报告谭嗣同等人密谋除去慈禧，与实际情况存在差异。他得知杨崇伊向荣禄传达慈禧太后再次操纵政权后，感到皇上无实权，像泥菩萨过江自身难保。

令他寝食难安的是：若官兵抓获康有为等人，供认初三夜晚，派谭嗣同到法华寺，与自己密商如何调兵包围颐和园，而自己知情不报，犯下包庇纵容罪，慈禧会毫不犹豫地剥夺我的官职甚至生命。

出于恐惧与保命，袁世凯不再信守曾在酒席上与康有为举杯畅饮、称兄道弟，要共举维新大旗的承诺，并将在法华寺对谭嗣同的保证抛在九霄云外，选择向荣禄告密以换取官位。

为何在袁世凯告密前，慈禧发动了政变？阴险毒辣的广西道监察御史杨崇伊，憎恶康有为等人发起变法，草拟一个请慈禧回宫训政的奏折，赶到天津交给同党荣禄审阅。荣禄看了觉得可行，叫他回去与庆王奕劻商谈。

与奕劻密谈后，光绪二十四年(1898)八月初三，杨崇伊到颐和园，将诬陷康有为等人危及大清帝国的奏折，交由奕劻呈递给慈禧："工部主事康有为及文廷式等人，号召轻浮不诚实的人，分别在北京与上海创立强学会，先后被皇上发旨意封禁逐除。文廷式不思悔过又创大同学会，对外尊奉广东叛民孙中山，对内追随康有为，与黄遵宪、陈三立标榜呼应，先在长沙开南学会演讲。湖南巡抚陈宝箴给予支持，任由他们诽谤朝廷。

"今年春天，各地举人汇集北京参加礼部主持的进士考试，康有为带弟弟康广仁等人讲学，煽动天下人士。幸亏这些学者读书明理，参加一至两次

① 以上参见《袁世凯日记》，载中国史学会主编：《戊戌变法》第1册，上海人民出版社1957年版，第553—554页。

后,识破了他的诡诈。在京的官员也深知他妄为,偶尔有鄙劣的人依附,而多数人咒骂他。

"不知是什么原因,康有为进入总理衙门,两个月以来变更原有的法章,斥退有资历的大臣,借口顺应民心向朝廷提建议,安置自己的同党。听说日本前首相伊藤博文即日到北京,要协助皇上推行新政。虽是一个传闻,但得到有些人响应。如果属实,祖宗创立的天下将会拱手让人。

"我深受国恩,不忍心保持沉默,反复思索,惟有恳请皇太后,追溯祖宗缔造江山的艰难,俯念我们的急切呼吁,即日从颐和园返回宫廷召见大臣训政,密拿大同会的人分别严办,以安定人心。便于皇上仰承您的训示,带动天下转危为安。"①

慈禧阅读杨崇伊煽风点火的奏折后,故作满脸怒气地说:"这是国家大事,杨崇伊只是一个小官,怎敢胡言乱语? 必须对他严办。"

庆王奕劻磕头恳请慈禧息怒,慈禧故作姿态说:"这是国家大事,你们都是近支亲王,应商量如何办。你意下如何?"

停顿后,她见庆王点头就顺水推舟说:"既然你们意见相同,我今日便回宫。"②

奕劻还哭丧着脸说:"请太后训政,而且伊藤博文已定于本月初五与皇上见面,可见中国政务对外泄露,恐怕不由太后掌控。"③

杨崇伊在奏折将康有为等人当作危险分子,触动慈禧敏感神经:只有保持王权高于一切,才能继续享受至高无上的特权。决不能让康有为借着变法的名义,要开国会、司法独立、推进民主等体制,更换大清帝国的招牌。既然皇上不能与我保持一致,要架空我的权力,那么只能让他丧失王位。

出于保权的本能,光绪二十四年(1898)八月初四傍晚,慈禧坐轿子返回皇宫。初五上午,她在勤政殿屏风后面静听光绪帝与伊藤博文的会谈。

"日本与中国同为亚洲,彼此最亲密,唇齿相依。我国当务之急是推行

① 以上奏折参见国家档案局明清档案馆编:《戊戌变法档案史料》,中华书局1958年版,第461页。
② 以上参见邓之诚:《骨董琐记全编》,北京出版社1996年版,第617页。
③ 中国史学会主编:《戊戌变法》第1册,上海人民出版社1957年版,第344页。

新政,我愿意向你请教。若你将有用的维新策略,详细向总理衙门大臣介绍,必能增长他们的见识。"皇上对伊藤博文说。

"我遵照你的旨意,必将有益于贵国的变法告诉各大臣。"伊藤博文说。

"我的愿望是,两国要永远同心合力,彼此互相支持,无尔虞我诈之意。"

"我认同中日两国官员、民众,应加强交流、增进友谊。"伊藤博文说①。

受到慈禧的严密监视,光绪帝无法与伊藤深入交流日本走向强国的经验,只能讲一些礼节性的客套话后,怀着遗憾结束会谈。

同一天,郑孝胥去会馆遇到严复、林旭。林旭对他们说:"皇上危在旦夕,慈禧更换了军机处、总理衙门负责处理公文的官员,要求他们自今日起,将签发的奏折、电文等送她审阅。杨崇伊纠集数人请太后执政,而且要清除皇上身边的亲信。"②

这预示慈禧采取行动限制光绪帝处理国务的权力,随时准备夺取权力。

慈禧发动政变

不出林旭预料,光绪二十四年(1898)八月初六,慈禧发动了政变,光绪帝被迫发出旨意宣布自己下台:"自同治年间以来,太后两次垂帘听政,办理政务转变时局,无不尽善尽美。因顾念祖宗打下的江山为重,再三恳请她训政,得到她允许,为天下民众的福气,从今天开始,她在御便殿办理公务。初八,朕率领文武官员,在勤政殿向她行礼。"③

当天,慈禧在御便殿召见庆王、端王、军机大臣等,厉声训斥光绪帝:"天下为大清祖宗的天下,你为何敢任意妄为? 各位大臣为我多年选用,留下来辅佐你,你为何敢任意不用,竟然听信叛逆之人的一面之词,几乎废弃祖宗的规章,凭什么康有为能胜过我选用的人? 康有为提出的变法能胜过祖宗制定的法吗? 你为何昏庸,不孝不忠?"

她质问大臣:"皇上无知,你们为何不强力阻止? 以为我真不管,任由他

① 清华大学历史系编:《戊戌变法文献资料系日》,上海书店出版社1998年版,第1042页。
② 劳祖德整理:《郑孝胥日记》第2册,中华书局1993年版,第681页。
③ 中国史学会主编:《戊戌变法》第2册,上海人民出版社1957年版,第99页。

亡国败家吗？我早已知他不足以办大业，不过时事多艰，不宜轻举妄动，只得留心观察管束。我虽人在颐和园，而心时常在朝廷。我惟恐有动机不良的人煽动，所以经常叮嘱你们，不可因皇上不孝，便不肯尽心办国事。幸亏我身体依然健康，心不亏待你们。

"今年春天奕劻再三说，皇上既然肯励精图治，我也可省心。我因外省大臣不知内部详情，并有不学无术的人，反以为我把持，不许他放手办事，今日可知他不行。他是我拥立的皇上，他若亡国，罪责在我，我能不过问吗？你们不尽力劝阻，是你们的罪过。"

"我屡次苦劝皇上，每次遭到他斥责，其他大臣也耐心劝说，也有保持沉默不语。"刚毅先对慈禧说。

"搞乱祖宗制定的法，大臣犯法，你知何罪？试问你觉得祖宗的法重要，还是康有为的法重要？你背离祖宗而听从康有为的提议，何以昏庸至此？"慈禧再次责问光绪帝。

"这都怪我糊涂，外国人逼迫太急，欲保存国家，通融试用西方的治国办法，并不敢听信康有为的建议。"光绪帝脸上流露出恐惧。

"难道祖宗法不如西法，鬼子反重于祖宗吗？康有为大逆不道，对我图谋不轨，你知道吗？你竟然祖护他。"慈禧怒气冲天。

慈禧看到光绪帝吓得不知如何回答，大声追问："你知道吗，你是否与康有为同谋？"

"知道。"光绪帝身子发抖地说。

"你既然知道，为何不就地处决康有为，反而放走他？"慈禧追问。

"应该抓捕他。"光绪帝低声说。

"我经常要你们小心，就怕近年这些乱臣贼子散布谋反。"慈禧回过头训诫各大臣[①]。

同一天，军机处奉旨宣布：康有为结党营私，变法扰乱政务，多次被他人弹劾，现撤销他的职务，命令步军统领衙门捉拿康广仁，交刑部按律治罪。

火上浇油的是，八月初七上午 11 时，杨崇伊从天津乘专列火车返回北

---

① 以上参见中国史学会主编：《戊戌变法》第 1 册，上海人民出版社 1957 年版，第 346—347 页。

京,下午2时多到达后,向庆王奕劻汇报袁世凯密告康有为、谭嗣同等策划包围颐和园等,奕劻当即向慈禧密报。

慈禧原来的重点是要排除康有为,不允许他以变法诱导皇上脱离自己的控制。现在听说他们要以武力除掉自己,具有叛变的性质,由打击康有为扩大到抓捕参与密谋的其他维新人士。

八月初七、初八,慈禧像一个法官两次审问皇上,是否命令康有为等加害自己,并令步军统领带领数十名将士到天津捉拿康有为。

八月初八,慈禧面对文武百官祝贺正式训政,以从光绪帝书房及康有为住所抄出奏折,包括光绪帝催促康有为立即离开北京到上海的密诏,并借袁世凯密告的事严厉追问光绪帝:"你这样做有什么企图?"

"这是康有为、谭嗣同等人自作主张。"光绪帝只得推脱①。

慈禧看到光绪帝无话可说,承认自己重新掌握执政权,当即命令太监带光绪帝到瀛台,并令20多名太监看守。

当天,慈禧命令军机大臣,撤销张荫桓、徐致靖、杨深秀、杨锐、林旭、谭嗣同、刘光第等职务,由步军统领搜捕他们押到刑部治罪。

同一天,驻北京各国公使到总理衙门,询问慈禧太后为何剥夺皇上的权力而训政。朝廷为抓捕变法人士,停止北京到天津的火车,导致城内人心惶惶,各种流言四起,不知宫内发生了什么。

为掩盖自己夺权的阴谋,慈禧授意总理衙门编造谎言,八月初十发出旨意:"自四月以来,皇上多次感到身体不舒服,医治日久,尚未取得好转的效果。北京以外各省,如发现有精通医术的人,由各官员切实保荐。如外省有合适的医生,请立即保送,勿稍有延缓。"②

抓到谭嗣同等人后,慈禧以狡诈多变的荣禄协助自己打倒皇上、康有为等。八月初十,命令总理衙门发出旨意:"你即刻来北京,有事当面向你询问,由袁世凯代理直隶总督。"

八月十二日,慈禧召见荣禄后,派人摆酒席招待他,给予他任军机大臣、

① 以上参见中国史学会主编:《戊戌变法》第1册,上海人民出版社1957年版,第348页。
② 中国史学会主编:《戊戌变法》第2册,上海人民出版社1957年版,第100页。

操纵朝廷大权。

后来，慈禧以袁世凯阴险狡辩，为人不诚实，要从重惩罚他。荣禄觉得他如实密告康有为等人叛乱，又是一个可用的人才，恳请慈禧原谅他与会党密谈如何包围颐和园。

凭借这次成功投机，袁世凯踏着谭嗣同、杨锐等人的鲜血，成为最大的受益者，开始了飞黄腾达的政治旅程。

张之洞营救杨锐

此时，在武昌的张之洞对慈禧发动政变，有什么反应？光绪二十四年(1898)八月初七凌晨约 1 时，上海电报局有人致电张之洞："初六皇上发布旨意，慈禧太后垂帘听政，并捉拿康有为。"

电文很短，没有详细讲述慈禧发动政变的原因，以及要采取什么行动。张之洞疑惑后，于初七晚上致电在上海的盛宣怀："近日以来，朝廷会发布许多有关新政的长篇旨意，上海电报局传送信息太缓慢，望你飞电北京电报局，一旦看到总理衙门发出的公文，立即摘要电告我，可依照官报给费用。"①

同一时刻，他致电在北京的钱恂："皇上是否平安？是否更改新政？有人弹劾徐致靖吗？已抓获康有为吗？你见到伊藤博文吗？何时出京？熊希龄能否任驻日公使？张荫桓有何消息？请速电告。"②

担心慈禧会扩大打击范围，八月初九日晚上，张之洞致电曾毕业于尊经书院、在成都刮起维新风潮的自己的学生宋育仁："《蜀学报》第 5 册发表请有关国家保中国的文章，第 8 册刊载五月学会的讲议，违背常规伦理，应迅速删毁更正，还有许多荒唐的言论不可胜举。以后，你挑选稿子时，务必斟酌，否则必招大祸，切戒。"③

据杨锐的学生黄尚毅后来回忆："八月初九早晨，官兵包围杨锐的住宅，不由分说逮捕他与儿子杨庆昶及我。他们将我们带到官府核实名字后，杨

---

① 苑书义等编：《张之洞全集》第 9 册，河北人民出版社 1998 年版，第 7656 页。
②《张之洞电稿》甲 182—455。
③ 苑书义等编：《张之洞全集》第 9 册，河北人民出版社 1998 年版，第 7657—7658 页。

锐问，你们为何事抓人？官兵将我及庆昶释放后，将杨锐送到提督衙门，后转送刑部监狱。"

黄尚毅还说："在北京当官的四川人乔树枬电告张之洞营救。刑部以案情重大，请派大臣会审，以杨锐享有皇上的恩赐应如何处置上奏。黄桂鋆、杨崇伊要求不留情处决。张之洞不知直隶总督已到北京，十二日夜晚致电天津请荣禄向慈禧转奏，愿以全家100口人的生命担保杨锐清白。十三日他的电报被转给荣禄时，已经来不及，杨锐等人惨遭杀害。"①

初九下午，张之洞致电张权、黄绍箕："杨锐遭受奇冤让人惊骇，究竟是什么原因？朝廷有公文吗？想必已发，你们迅速摘录告诉我。"②

"各国变法无不从流血而成，今中国未见因变法而流血的人，这是国家所以不强大的原因，如有请自谭嗣同开始。"谭嗣同在日本友人再三苦劝到日本避难时说③。

探听到消息的盛宣怀，八月初十回电张之洞："昨天官兵已捉拿杨深秀、徐致靖、刘光第、杨锐、谭嗣同、林旭。听说康有为到上海，被英领事派轮船在吴淞口接走，康无足轻重，但有碍中英交往。英提防俄为所欲为，慈禧不可再有过激的举动，以防英干预内政。"④

张之洞以为杨锐、刘光第等人被撤职开除后，慈禧不会处决他们，要尽力设法营救，八月初十日致电张权："听说官兵已经逮捕16人，想必你已看见朝廷发的消息，速详告。杨锐并非康有为的同党，为何对他们问罪？我极其焦急。康有为哪保举杨锐等4人？为何受到连累？你要检查自己与他们来往的电文、信件等。"⑤

张之洞预感到慈禧会以最野蛮的手段对付变法人士，必须争分夺秒营救，八月十一日，致电吏部主事张检："杨锐受拖累太奇怪，是否有人弹劾？究竟是什么事引起？如有要事相告必须密电，派专人坐火车送至天津发，并

① 中国史学会主编：《戊戌变法》第4册，上海人民出版社1957年版，第66页。
② 《张之洞电稿》甲182—457。
③ 中国史学会主编：《戊戌变法》第1册，上海人民出版社1957年版，第325页。
④ 苑书义等编：《张之洞全集》第9册，河北人民出版社1998年版，第7656页。
⑤ 《张之洞电稿》甲182—457。

告张权。"

同一天,张之洞致电自己一直扶持升迁,四月任湖北按察使,目前正在北京接受训示的瞿廷韶:"你有要事请速电告我,康有为是否被抓捕? 此事只应惩首恶,似不宜株连太多。你拜见军机大臣王文韶、裕禄时,请婉转表态。"

同日下午,张之洞委派幕僚杨文骏致电他的哥哥,直隶总督荣禄的幕僚杨文鼎:"杨锐因康有为案被官府拿问,我骇惊至极。我任四川学政以来,杨锐跟随我去山西、广东、江苏、湖北20多年,品行端正、文学通雅,办事非常小心谨慎。平日厌恶康有为的学说,确非他的同党。京城及海内贤士大夫深知。此次由陈宝箴推荐被皇上召见,与康有为无丝毫关系。不知为何被逮,未敢轻易上奏。请你恳请荣禄设法保全杨锐,免受诬累。荣禄爱才若渴,必能发善心,保善良的人士。"①

同日晚上,张之洞致电瞿廷韶:"杨锐为人端正谨慎,素来讨厌康有为的学说,确非他的同党。我与你及海内外人士,无不深知杨锐平日痛斥康有为胡说八道。此次由陈宝箴保举他被皇上召见,与康有为无关。他进入总理衙门任职只有10多天,未参与重大政务活动。此次他被逮,为无辜受累,请你迅速恳请王文韶、孙家鼐设法解救,以分别好坏,天下正直的人会感谢这两位大帅的恩德。"②

"初十,我拜见王文韶,陈述杨锐被冤枉。他表示知道,只是现在会审,必须等审后才能设法释放他。我想今天早晨受慈禧召见后,向裕禄禀陈杨锐受冤的大略。荣禄来京接任军机大臣,等他明日被太后召见后,我分别拜访这两位大帅后再电告你。但他们有很多事,恐怕不容易见到。"八月十三日上午,瞿廷韶致电张之洞③。

同一天上午,瞿廷韶受到慈禧召见后,立即致电张之洞:"今天早晨慈禧太后召见我,详细询问你在湖北执政的现状,包括汉阳铁厂、枪炮、练兵、学堂、商务等,取得了哪些成就,夸奖你日夜操劳、勤勤恳恳,以推动国家兴盛。

① 以上参见《张之洞电稿》甲182—457。
② 苑书义等编:《张之洞全集》第9册,河北人民出版社1998年版,第7659页。
③《张之洞存各处来电》第14函,甲182—385。

等我继续向你禀报一切详情。"①

　　慈禧赞扬张之洞站在维护王权的角度变法,不将他作为支持康有为的同党对待,为他划清了免责的界限。但八月十三日上午,瞿廷韶没有见到王文韶、荣禄、裕禄,未能得到三位高官的帮助,错过了以最快、最有效的方式搭救杨锐。

　　王文韶将张之洞解释杨锐与康有为无关、无故受连累的电文给刚毅看,请他给予人情。刚毅看了电文表情冷漠地说:"像杨锐这些不忠于清朝的人,多杀几个有什么可惜?"王文韶听了不敢再向他求情②。

　　据陈夔龙后来回忆:"八月十三日清晨天没有亮,主导办案的庆王奕劻,差遣一个武官来我的寓所,促我入官府商议要事。我遵命前往,工部的官员铁良也到场。奕劻说康广仁等案极为重大,大家推我领班办案,不能不借重你们两位,速往刑部审讯,而同案六人情形不同,要区别对待。杨锐、刘光第是有学问的人,品行也好。若以这起案件编造罪名陷害他们,显得很不公道,必须分别办理。你们到刑部,可与会审的各官员商议。我听出庆王要保这二人,我们走出庆王府,为上午 9 时,到总理衙门先发公文给刑部,略述奉派会审的原由。"③

　　陈夔龙坐车至西交民巷口,刑部派人告诉他们,此案因今天早晨某长官上奏,请勿费时间审讯。由军机大臣刚毅将慈禧的命令转告刑部,八月十三日下午将康广仁、杨锐、杨深秀、谭嗣同、林旭、刘光第六人绑赴菜市口。下午 4 时,监督刑场的刚毅发令后,以大逆不道的罪名剥夺他们的生命。

　　由于慈禧、荣禄、刚毅等人心理扭曲,他们担心各国公使出面干涉,而且审问会牵涉皇上及其他官员,于是习惯性地沿着以暴力维护王权的定律,不经审判处决谭嗣同等六人。随着变法志士们倒在血泊,慈禧也切断了清王朝通向强国的道路。

　　为掩盖自己的罪恶,八月十四日,慈禧让总理衙门奉她的命令,以冠冕

---

① 虞和平主编:《张之洞档》第 77 册,大象出版社 2014 年版,第 693 页。
② 中国史学会主编:《戊戌变法》第 4 册,上海人民出版社 1957 年版,第 318—319 页。
③ 陈夔龙:《梦蕉亭杂记》,山西古籍出版社 1996 年版,第 29 页。

堂皇的理由发布,声讨康有为等人谋反:"近来因时事多艰,朝廷孜孜不倦图治,力求变法自强,所有实行的无非为国计民生。皇上每天忧虑,不能按时吃饭睡觉,兢兢业业。

"不料主事康有为等以异端邪说迷惑民众,其他不怀好意的人附和,乘变法之际,隐藏乱法之谋,包藏祸心、图谋不轨。前天竟然纠集乱党,想包围颐和园,劫持皇太后、陷害皇上,幸亏被及时发觉,击破他们的阴谋。

"首要叛逆分子康有为逃跑,各总督、巡抚等要严加追查、惩办。而康广仁、杨深秀、谭嗣同、林旭、杨锐、刘光第等人与康有为结党密谋、煽动,杨锐等人每次受皇上召见时,以狂妄欺骗,密保不忠诚的人,实为同恶相济、罪大恶极。将他们革职交刑部审讯时,有人上奏若审判几天,恐怕会发生变化。皇上深思这些犯罪嫌疑人情节比较重、难逃法网,而且追查会连累其他人,于昨天处死了他们。

"以后,各级部门的官员,务必以康有为作警戒,坚持正统的礼教,共克难关。所以一切自强新政,有关国计民生的事,应当依次经办,消除固有的积习,渐渐取得成效,不负朝廷厚望。"①

未能成功营救杨锐的瞿廷韶,八月十四日下午,以失落的心情致电张之洞:"昨日上午,我受太后召见后,没有见到王文韶等军机处大臣。我遇到李鸿章,他说杨锐、刘光第必会区别对待。我立即与钱恂密商,他说时间仓促,难以挽回。果然,下午4时,杨锐随同谭、林等同时被处决。在京的多位官员说,杨、刘蒙冤,怎奈刚毅奉密旨立办。他们的遗骸已由各同乡代为装入棺木。"②

张之洞以为请荣禄等显赫的高官说情,可以保住杨锐,却等来了让他悲痛欲绝的流血惨案,立即致电张权:"朝廷对杨锐等好坏不分,一同毁灭,酿成千古奇冤,我痛不欲生。杨锐到刑部,有何供认?他曾弹劾康有为,想必提供了这个证明。为何会审的官员不采纳?何以昨天发生令人催泪的悲剧?"

① 以上参见中国史学会主编:《戊戌变法》第2册,上海人民出版社1957年版,第102—103页。
② 《张之洞存来往电稿》第14函,甲182—385。

想当初,张之洞拜托湖南巡抚陈宝箴,强力推荐杨锐等人到总理衙门任职,便于执行自己把握变法方向的意图,不料换来了一场从此永别的灾祸,让他遗恨终生!

"杨悦是否到来? 杨庆昶扶他父亲杨锐的棺木何日离开北京,回四川老家安葬? 如需要经费,请迅速来电告知。"八月二十三日,张之洞致电为杨锐办理丧事的乔树枏①。

得知慈禧以残暴手段杀害杨锐等人,梁鼎芬想起张之洞代理两江总督,邀请幕僚、文人游镇江焦山时,在松寥阁题写了感慨时局危机、支持维新的诗。寺内的方丈将他写的诗当作稀缺的宝物,精心装裱悬挂墙壁,供游人观赏。

政变后,梁鼎芬为避免朝廷官员发现后攻击张之洞,连夜乘小兵轮由汉口抵达焦山,到寺院询问方丈:"你是否保存了张总督曾题写的诗?"

"我不敢损坏,装裱挂在墙上。"方丈回答。

"张总督要在后面再题跋,题好还给你。"说完,梁鼎芬取下带走后点火烧毁②。

对外宣布康有为等人的危害后,慈禧、军机大臣等仍以四书五经作为维护王权的教条,不改科举内容。八月二十四日,总理衙门奉她的命令发布:"以后参加举人、进士等考试仍依照旧制,以四书的文体分别考书法、经文、策论等。"③

注重四书五经的同时,慈禧吸收了张之洞在《劝学篇》提出以西学为用的观点,九月总理衙门奉她的命令发布:"设立书院,包含了传授实用学科的功能,并非专门教导学生写标准化的诗词、经文。应设天文、地理、兵法、算学等有益时务的课程。现在时势艰难,尤应切实讲求实学,书院不得排斥一切有用的学科,特此通知。"④

---

① 以上参见《张之洞电稿》甲 182—457。
② 以上参见刘成禺:《世载堂杂忆》,辽宁教育出版社 1997 年版,第 46 页。
③ 中国史学会主编:《戊戌变法》第 2 册,上海人民出版社 1957 年版,第 111 页。
④ 陈元晖主编:《中国近代教育史资料汇编——洋务运动时期教育》,上海教育出版社 2007 年版,第 733 页。

但把持军机处的刚毅、荣禄、总理衙门大臣王文韶等，曾目睹对日战争的惨败，仍不知如何提高将士的素质与装备，反而倒退不接受张之洞曾奏请武科考试用枪炮取代刀剑，以无知蒙骗慈禧同意不改武科。

九月十八日，总理衙门奉慈禧的命令发布："所有参加武秀才、举人、进士考试的考生，在武场仍依照旧制，分别考骑马、跑步、射箭、挥刀、拉弓等科目，按成绩高低录取。"

重新执掌帝国最高权的慈禧，摆出一副为国事操劳，经常顾不得吃饭休息，无时无刻不力图自强的姿态。而各部门官员吸取她迫害杨锐等变法人士的教训，又退回了往日徒有虚名、不求实际、畏缩不前，不知振作精神、只顾拿工资应付的旧态。

如何震醒他们？慈禧心血来潮，要向朝廷各机构、各省吹一股开放搞活的风气。光绪二十四年（1898）十月初三，总理衙门奉她的命令发布："西方各国的风俗政令，虽与中国有所不同，而兵、农、工、商等有益于致富，确是取得了成效，如果择善而从之，依次举办必有成就。只是担心见识浅薄的人随意揣测，或怀疑朝廷重蹈痼习，没有长久的谋划，违背励精图治。

"以后，各省长官有责任兴利除弊，担负监察职责的官员要指出得失。各部门、各省公职人员，要提出不同的建议，对有益于国计民生的事，要切实上奏，以备采纳实行，不得以空话搪塞，辜负皇太后殷切求治的意愿。"①

陈宝箴遭撤职陷害，惜别长沙

原先慈禧只惩办康有为、谭嗣同等，重新树立自己把持朝廷的权威，但一些要维持特权的官员不肯罢休，向参与变法的官员开刀。

时任福建道监察御史黄桂鋆，丧失道义，像一条穷凶极恶的疯狗乱咬一气，光绪二十四年八月十二日上奏："我得知康有为的党羽，在广西、湖南最多。去年他们在广西设立圣学会，以孔子的降生纪年，不用大清国号，有人

---

① 以上参见中国第一历史档案馆编：《光绪宣统两朝上谕档》第 24 册，广西师范大学出版社 1996 年版，第 518 页。

发觉他们有叛离之心。湖南巡抚陈宝箴听从黄遵宪、熊希龄的建议,聘请康有为的学生等担任时务学堂的教师。

"湖广总督张之洞致电湖南学政徐仁铸,指出时务学堂、南学会及《湘学报》等,存在背离朝廷的言论,湖南人也联合上呈,请求排斥邪说。陈宝箴不予理睬,实有袒护之意。湖南绅士叶德辉,因素来与熊希龄有怨恨,发出书信诋毁他。熊希龄说,他将约日本的维新党剿灭湖南的守旧党。新旧互相攻击,虽不至杀人流血不止,但如此肆无忌惮与反叛有何差异。"

他还奏请慈禧:"陈宝箴、徐仁铸身居高位,负有感化的职责,却不能维持正统的礼教,反而被邪恶分子蛊惑。应发出旨意立即罢免他们的官职,另派正直的官员担任,以回应湖南人士的期望。"①

继续发出惩办的声音,黄桂鋆以陈宝箴信任黄遵宪、熊希龄等,在湖南创立时务学堂、南学会、保卫局,伤风败俗,流毒地方,多次保康有为、杨锐、刘光第等,几次上奏要罢免他的官职。

听信他的一派胡言,慈禧要让陈宝箴及他选用的人从官场消失。八月十四日,总理衙门奉她的命令发布:"撤销湖南学政徐仁铸的职务,永不再用。"

八月二十一日,总理衙门奉她的命令宣布:"湖南巡抚陈宝箴身为地方高官,滥保行为不端正的人,有负朝廷的委任,立即将他撤职,永不任用。他儿子、吏部主事陈三立,招引狡诈恶毒的人,一并革职。江标、熊希龄包庇会党、暗通消息,撤销他们的职务永不起用,交地方官严加管束。"②

同一天,总理衙门电告张之洞:"湖南长沙新设南学会、保卫局等机构,有培植会党的动机,应立即一并裁撤。学会所有的学约、界说、札记、问答等书一律销毁,以断绝根株,由你迅即遵照办理。"③

局势变得异常险恶,张之洞有何反应?他曾与陈宝箴携手合作,推出一系列具有创新意义的新政措施,带动湖南打开封闭的大门,维系千年的原始

---

① 以上奏折参见国家档案局明清档案馆编:《戊戌变法档案史料》,中华书局1958年版,第468页。
② 中国史学会主编:《戊戌变法》第2册,上海人民出版社1957年版,第106页。
③ 苑书义等编:《张之洞全集》第2册,河北人民出版社1998年版,第1339页。

农耕开始吸收工业文明的养分。现在他不便于公开反对慈禧等，以维护王权毁灭变法成果，只能力所能及保留适用的机构。

"南学会应立即停办，并销毁相关书籍。我未接到湖南分管法政的官员，详细禀报保卫局的情况，该局意在仿照外国巡捕维护治安，究竟有无容纳会党的事？近日绅士、民众有何议论？每年实际需要多少经费？筹款是否有落实？裁撤以后能否改归保甲局？应如何另定章程？请你妥筹电示，并令分管的官员速复。"八月二十二日，张之洞将慈禧的旨意电告陈宝箴①。

八月二十三日，陈宝箴致电张之洞解释设保卫局的原因："长沙的地痞、土匪经常聚集，行凶滋事，每次有外国人过境，府县的官员恳求，劝他们勿入城。去年德国人谔尔福想入城，几乎酿成众人阻挡的大祸。

"我思考上海、天津商埠秩序良好，不发生扰乱，在于设有巡捕。曾游历欧、美各国的人士指出，外国政府均设巡捕，作为维护公共安全的一个根本举措，与《周礼》设地方官掌管礼法，依条例惩治犯法的人有相同的意义。

"湖南向来设有保甲总局，委派道府长官及大小城市的绅士数十人会同办理，统归省司法主管，每年用钱3万多串。但长久以来形同虚设，地痞、土匪、盗贼在街市游荡。

"现在外国人往来络绎不绝，倘若发生冲突，必会延误大局。我与分管司法的按察使黄遵宪商议，仿欧洲的规定设创巡捕。他久居外国，参考中外实际情况，用几个月议定章程数百条，极为精密。只是他事务繁忙，万难兼顾立即实行，要交卸回任。我令管长沙、邵阳的道员专办此事，并为岳阳自行通商设立巡捕。

"只是当前官场的弊病积重难返，不改变坐等观望现象，不可能发挥巡捕的作用，应全部淘汰原保甲局不称职的绅士，改名保卫局，而诽谤四起。那些只拿银子吃饭却不办事的绅士，多数来自豪门望族，被分流后依仗势力阻止，我强力坚持试行保卫局三至四月再定行止。

"开办之日，地痞、土匪竟然聚众起哄，城外3个保卫局不为所动。巡捕巡查街道后，匪徒无处藏身相继散去。只过一月，抓获了许多窃盗犯，交给

---

① 苑书义等编：《张之洞全集》第9册，河北人民出版社1998年版，第7661页。

新设的迁善所分别收管习艺。迄今 3 个月,城市井然有序,商民无不称赞。向来城中每天有数百名乞丐,现在由保卫局清查户口,设法安置。

"统计保卫局、迁善所及教养的乞丐,每月要花费 1 万多银元。城中商户有 3 万家,最有财力大约万家。每户每月捐钱不及 3 元,每日不满 100 文,看到驱赶强盗保平安有成效愿意捐资。"①

看了陈宝箴来电,张之洞知道湖南设保卫局没有培植会党,有利于维护居民的人身及财产安全,稍微放松紧张的神经,那么陈宝箴因何种原因被撤职?谁来接任湖南巡抚?北京为变法掀起的波澜是否已平息?八月二十四日,他致电瞿廷韶询问。

"有些官员指责陈宝箴滥保离经叛道的人,湖南的绅士及谏官难以容忍,上奏弹劾他比较多,涉及湖南开矿、修铁路、办学堂、学会等。而皇上要实施新政,遭到太后等阻挠,各种怨恨交织在一起,因而撤销他的职务,由俞廉三填补空缺。熊希龄、江标、王锡藩、张元济等被革职。张百熙交吏部讨论给予何种处分。依照旧制参加科举考试,农工商局被撤销,报馆封禁,波澜仍未完全平息。"八月二十五日,瞿廷韶回电张之洞②。

看完来电,张之洞不胜叹息:自中日战争以来,试验 4 年多取得的变法成果,竟然被慈禧等权贵只张一下嘴巴废除,重新回到排外封闭的状况,内心充满难言的痛苦。

"湖南失去你这位给民众带来好运的福星,我犹如失去一位有才德的邻居,如何是好?以后湖南教案、通商、铁路三事必然枝节丛生,当地无安宁。铁路如必不能办,只可缓办。外国人岂容我们缓办教案、通商?而且已借款修铁路不能缓。我思索之后感到忧灼,夜不能寐!"八月二十四日,张之洞以悲怨的语气致电陈宝箴。

陈宝箴有相似的痛苦,却不为受到冤枉辩解,以保留一点变法果实,八月二十五日回电张之洞:"保卫局为适应通商等设立,构成推行新政、有利于民众的根基,废止令人特别痛惜。愿你派明晓事理的官员与湖南密商,消除

---

① 以上电文参见苑书义等编:《张之洞全集》第 9 册,河北人民出版社 1998 年版,第 7662—7663 页。

② 虞和平主编:《张之洞档》第 78 册,大象出版社 2014 年版,第 84 页。

有些人的怀疑，为将来维新保留一线生机。"①

张之洞与他有同感，先应付慈禧下达的命令，八月二十五日致电总理衙门："我已经电令分管湖南民政、司法的官员裁撤南学会、保卫局。查获《学约》等书、版片、印本后一律销毁。他们回复说遵令办理，并于四月停办南学会，即日裁撤有关人员。"②

但张之洞认识到巡捕的作用，以变通保留保卫局，八月二十七日致电新任湖南巡抚俞廉三、分管财政的李经羲、管司法的夏献铭："保卫局对商人、平民有益，而且他们自愿捐资，似仍以保甲局的名义，采用保卫局的规章运行，力扫多余的人员乱用经费，却不办实事的积习。如保卫局规章有不妥之处，尽可酌改，或酌减捐款。总之，此事以能否筹款为决断。"③

保持中庸之道做官的俞廉三任湖南布政使时，对治理本省遇到的各种阻力深有体会，接到任抚巡的旨意时涌起一种本能的恐惧：即使声望素来卓著的官员，也不容易维持这个省运行，何况自己不懂军事、通商，岂能独当一面？

"我虽不计较个人的荣辱，但不能办好公事有负皇恩，关系非同小可，而且有损你知人善用的美意。你管辖湖南，必不忍心看到全省衰退。务求你在吏部任命公文未到之前，将我难以胜任的实情电奏，另派贤能的人担任。"八月二十五日，俞廉三致电张之洞推辞④。

张之洞将俞廉三当作配合默契的助手，一起以军工、通商、铁路、办学堂推动两湖走向现代化，八月二十七日来电劝他勿辞职："祝贺你荣升湖南巡抚，值得大喜。你想辞去这个职务，足见你保持谦虚、高尚的节操，让我非常敬佩。只是当今朝廷发出旨意后，不允许随意变更，我不敢代你向上转达，你也不宜自行上奏，听从朝廷的任命较为妥当。"⑤

为推广保卫局，九月初一，陈宝箴致电张之洞："请你上奏讲明设立保卫

① 以上参见苑书义等编：《张之洞全集》第 9 册，河北人民出版社 1998 年版，第 7664—7665 页。
② 苑书义等编：《张之洞全集》第 3 册。河北人民出版社 1998 年版，第 2135 页。
③ 以上参见苑书义等编：《张之洞全集》第 9 册，河北人民出版社 1998 年版，第 7665 页。
④ 虞和平主编：《张之洞档》第 78 册，大象出版社 2014 年版，第 79—80 页。
⑤ 虞和平主编：《张之洞档》第 48 册，大象出版社 2014 年版，第 468 页。

局,是一个利民的大善政,有夜不闭户、防患于未然的效果。倘若能在汉口推行巡捕,会取得更大的治安作用。"①

采取变通应对,张之洞与新任湖南巡抚俞廉三商议后,以保甲局的招牌运行保卫局的功能,原章程不变,十二月二十六日上奏:"湖南来武昌的官员、绅士告诉我,保卫局以保甲局的名义巡逻,取得了保护民众权益的成效,不存在容纳会党分子。我遵旨严令分管的官员,将保卫局并入保甲局,听取民众的意见完善章程,酌减捐款、认真巡缉,期望有实效,不浪费经费、不负朝廷维护地方安宁的用意。"

"我们知道你落实了朝廷的决定,希望你严令湖南保甲局认真办理,不得有名无实。"总理衙门奉旨回复他②。

办完移交职权手续后,九月十八日,陈宝箴致电梁鼎芬:"我于九月十七日向俞廉三移交巡抚公章等,从此不再过问人世间的事,为之超脱。我定于二十日开船离开长沙,因带夫人黄氏棺材回老家安葬,过武昌不想停泊。至九江后,再穿青布袜拜见张之洞总督、于荫霖等,聚谈一天返回。"

同一天,他致电张之洞:"我于九月十七日向新任湖南巡抚俞廉三移交官印,办完交接手续,决定二十日,坐船离开长沙回九江。"③

理解他作最后告别的情意,张之洞请幕僚王秉恩九月十九日回电:"我们阅读你来电,梁鼎芬到上海。你乘船过武昌时,想请你稍微驻留,有事面谈。"④

九月二十日下午,张之洞收到陈宝箴回九江的来电,晚上回电:"你过武昌时,务望停留两至三天,尽情畅谈积压在心中的想法,已在织布局等待你到来,局办公楼临江边,登船比较方便。于荫霖病已愈,江苏候补道员、经办湖北商务的程仪洛到场,可以共谈。"⑤

但不知为什么,岳阳电报局没有及时将张之洞的电报交给陈宝箴,九月

---

① 虞和平主编:《张之洞档》第78册,大象出版社2014年版,第105页。

② 以上参见苑书义等编:《张之洞全集》第2册,河北人民出版社1998年版,第1339—1340页。

③ 虞和平主编:《张之洞档》第78册,大象出版社2014年版,第241页。

④ 《张之洞存来往电稿》第14函,甲182—385。

⑤ 《张文襄公电稿墨迹》第2函第10册,甲182—219。

二十六日回电:"陈宝箴于今日下午过岳阳,未停轮船。我们已由县专开红船赶送你的电报。"①

也许是陈宝箴乘船沿湘江到岳阳后,未收到张之洞来电,没有必要停泊等待,或自尊心很强直接坐船赶回家乡,错过了与张之洞最后会面的机会。他回去后,于光绪二十六年(1900)六月二十六日去世。

作为地方为数不多敢于除旧创新的官员,陈宝箴得到湖南巡抚这个职位后,珍惜来之不易的时机,既博采西方文明制度又兼顾现时,以熊希龄、谭嗣同、黄遵宪、江标、徐仁铸等组成精英政治团队,高举带动全省致富的旗帜,架电线、修铁路、开矿、通航,设时务学堂、南学会、保卫局等,引领这个封闭了几千年的内陆省踏上工业化轨道,作出了符合时代要求的贡献。

但陈宝箴除旧创新的脆弱在于缺乏有效的制度保障,从湖南小农经济土壤滋生的官僚、乡绅等守旧势力,像一道坚固的城墙,非常顽固地阻挡他们实施富民举措,编造各种荒诞无稽的理由攻击或弹劾。

张之洞敦促日本驱逐康有为

逃到香港的康有为,不满慈禧非法剥夺皇上的权力、杀害谭嗣同等变法人士,光绪二十四年(1898)九月初五,在上海《新闻报》发表文章,揭露慈禧操纵政权,危害大清王朝。

张之洞觉得他信口诬谤、挑拨离间,九月初十,致电两江总督刘坤一、上海道台蔡钧:"皇上恳请太后训政,这是为天下臣民造福。但犯有叛逆罪行的康有为,在《新闻报》发表包含谤言的文章,企图摇惑人心,激怒朝廷,鼓煽动机不良的人,挑动各国,使中国从此动乱不安,以发泄他的愤恨,居心凶毒。望你飞速电嘱上海道台,迅速与报馆及英领事协商,告诉他们,康有为不是一个品行端正、对国家忠诚的人,报社千万勿要再传播,并设法更正。"

"康有为犯上作乱、破坏法纪,发表文章诬蔑皇上、太后,岂能登报传播?按西方法律要禁止。我已命令上海道台,赶紧与英领事、报馆会商,设法更

---

① 《张之洞存来往电稿》第 14 函,甲 182—385。

正，以后不得再出现。"九月十二日，刘坤一回电①。

　　但《新闻报》按英国报刊的规则登记领取执照，享有不受清朝干涉的特权，上海官方无权阻止报纸发表批评慈禧等文章，或进入租界强行关闭报社，只能命令内地邮局不得发行此报。

　　应张之洞的热情邀请，九月十二日，日驻上海代理总领事小田切，搭乘"瑞和"号轮船前往武昌，准备拜会精力充沛、学识超群的张之洞总督，交换对派遣留学生、军事合作、处置康有为等看法。

　　十月十七日，张之洞在总督府接见他说："现在中日两国关系极为友好，保持密切联络。而康有为及同伙受到朝廷通缉，现已逃到日本，必会发表邪说煽惑，引发内地不法分子叛乱。若日本容留，会阻碍中日交往，以后岂敢深信日本，倘若交出或驱逐，才能显示日本对中国和好的意愿。"

　　"日本政府及我觉得康有为办报、发表演讲等很正常，不存在推翻清朝的企图。既然他逃到日本，我国按国际法不能不保护，若中国发公文要求我国驱逐他，会有许多障碍，实难照办。但为保持中日友谊及合作，我会立即密电与政府商议，必能让康有为离开。"小田切语气委婉地说②。

　　会谈后，十月十九日晚，小田切在汉口致电日本外相青木周藏："张之洞要求我密告日本政府：康有为及其同党在日逗留，不仅伤害两国已建立的友好情谊，而且妨碍他实施请日本军事顾问训练军队的计划，应将康有为逐出日本。"

　　"你可以答复张之洞：日本政府不愿为康有为及党人提供政治避难。由于国际惯例，不可能违背康有为的意愿将他遣送出境。但我们将尽一切努力，达到让他离开的目标。"③

　　过了五天，十月二十四日，青木密电小田切转告张之洞："日本政府知道康有为及同党所作所为，并未庇护他们，只是要遵守国际公法，不便于强令他们离开。若强令出境，日本会背上违反国际法的罪名，受到各国嘲笑。但

---

① 以上参见苑书义等编：《张之洞全集》第 9 册，河北人民出版社 1998 年版，第 7667—7668 页。

② 以上参见苑书义等编：《张之洞全集》第 3 册，河北人民出版社 1998 年版，第 2140 页。

③ 以上参见《日本政府关于戊戌变法的外交档案选译（二）》，载《近代史资料》总 113 号，中国社会科学院出版社 2006 年版，第 63 页。

张之洞有叮嘱,我们应设法令他们到其他国。"

当即,张之洞派人在上海密问小田切:"有什么办法让康有为离开日本?"

"以讽刺的口气,促使康有为等人赴美国,日本政府资助路资。"小田切回答。

"何日让他们动身?"这个人紧问。

"难以确定日期,或近一两个礼拜,最长不过两个月。"小田切说。

得到这个答复,十一月初七,张之洞致电总理衙门:"我将再致电小田切,请他转告日本政府,催促康有为等人离开。"①

如此表白自己的忠心,在于张之洞看到慈禧将康有为列入头号叛乱分子,若日本为他提供食宿、办报等条件,自己向日本派留学生、聘请日本军官练兵等,会引起总理衙门排外的官僚,怀疑自己与维新人士结成一体。必须以合作为条件,促动日本驱赶康有为。

"小田切在武昌时对我说,日本政府回电,要设法让康有为等赴美国,此时不知是否启程,你能否再询问? 其他同党也随同去吗?"十二月十二日,张之洞致电在上海的钱恂。

"日本政府看了梁鼎芬列举康有为罪行的公文,有所恍然大悟,已设法令他们离开日本。不出数礼拜,其他同伙也愿意去美国。"十二月十三日,钱恂回电②。

利用日本言论自由的环境,以及日本友人的扶持,十一月十一日,康有为在横滨创办《清议报》,以辛辣的言词,猛烈批评慈禧及亲王等只顾保自己的权力,忽视民众的利益与国家危亡,引起在日本华人及中国知识分子的热烈反响。

张之洞看了康有为等创办的《清议报》,认为是谤议中国时政,凭空捏造、信口狂吠,各种背逆言论令人发指,妄图惑乱人心、挑动强敌,引发中国立刻大乱,险恶至极!

---

① 以上参见苑书义等编:《张之洞全集》第 3 册,河北人民出版社 1998 年版,第 2140 页。
② 以上参见苑书义等编:《张之洞全集》第 9 册,河北人民出版社 1998 年版,第 7702—7703 页。

为阻止这张报纸诽谤慈禧，光绪二十五年（1899）正月二十一日，张之洞致电总理衙门：“我已告诉日驻汉口领事，不准日本人在汉口分送此报，得到他允许。我还致电小田切，不要在上海分送，并嘱咐他请日本政府速将康有为等遣送，不可容留。”①

同年二月初八，张之洞致电小田切：“《清议报》会阻碍中日交往，日本虽不能禁止出此报，但可禁止发表妄说。你前几次来电说，或两个礼拜或一两个月，可令康有为等出境，至今过去很久没有落实，听说他们已赴东京。务请你与日政府妥筹良策，先禁止他们妄议，才能表明你们对华友善的诚意。”②

日驻汉口领事赖川浅之进、驻北京公使矢野文雄，先后向日本外务省转达张之洞对日本容留康有为及办报的抗议。日本认识到张之洞仍向日本派遣留学生、聘用军官、工程师，成为慈禧极为信任的忠臣，对清朝国务决策起着不可替代的作用。

如果继续让康有为等人，在报纸发表文章攻击慈禧等，或编造谎言损害张总督的形象，会阻碍中日深入合作，如从湖北大冶购买矿石、扩大对华出口等，应以国家利益高于个人。

受到日本官方的催促，同年二月十一日，康有为从横滨乘船过太平洋，二月二十七日到达加拿大维多利亚，三月二十六日前往美国，继续以他在维新变法树立的名气，唤起更多华人为立宪政治体制努力。

听到这个消息，二月二十三日，张之洞致电小田切：“听说康有为已赴美国，足见日本政府深明大义，不被他迷惑，令我深为敬佩。只是他的同党王照等人还在日本办《清议报》，这是一个大患。务望你转告日政府，设法令他们迅速到其他国。”③

除《清议报》，张之洞发现天津《国闻报》，上海《中外日报》《便览报》《苏报》《沪报》，汉口《汉报》等，得到日本人的保护，发表康有为同党诬诋慈禧等文章。

---

① 苑书义等编：《张之洞全集》第 3 册，河北人民出版社 1998 年版，第 2141—2142 页。
② 以上参见苑书义等编：《张之洞全集》第 9 册，河北人民出版社 1998 年版，第 7740—7741 页。
③ 同上，第 7755 页。

"请你拜会日外务省，并向近卫、伊藤转述我的要求，这些报误信康有为同党的谣言，不知中国发生动乱对日本不利，而且违背日本力助中国自强之意，务请你迅速致电驻华公使及各领事，告诉各报馆应以事实为依据，勿信会党的传闻，勿用康党的人任主笔，千万不可诋毁慈禧太后。"光绪二十六年（1900）正月十一日，张之洞致电驻东京监督湖北留学生的钱恂。

"要请清朝总理衙门致电日本驻华公使，命令天津、上海、汉口的报纸，要慎重审稿，我无权干涉他们。"正月十六日，钱恂回电①。

回顾围绕变法展开的利益冲突，形成了三个派别：以慈禧及奕䜣、荣禄、刚毅、奕劻、世铎等为首的权贵派，只允许对大清王朝进行无关紧要的技术修补，阻止任何损害或削弱他们特权的变法。

以康有为、谭嗣同等为代表的激进派，利用得到光绪帝任用、进入中枢机构参与变法决策的机会，想引入制度变革：效仿日本、英等立宪法、开国会，以总理代表皇上独立行使中央政府权力。

光绪帝年轻、个性软弱，缺乏政治智慧与勇气，明知自己与慈禧力量悬殊，没有足够的胆识除掉她，却过于天真冒进，轻易听信毫无政治经验的康有为，要用议会改王权体制，与慈禧的权贵派形成尖锐对立。

慈禧与光绪帝有一个契约：我不是无条件扶持你继承王位，你必须自始至终听从我的指示；你不能以变法的名义撤销有关衙门、减少多余的人员、引入西方议会、设总理负责制、实行民主决策，绕开我独立行使最高权力。否则，我必打破契约让你失去金光闪闪的王冠。

为此，慈禧实施拦截，挑选只听从自己命令办事的亲王等掌握军机处、总理衙门大权，严重制约了皇上行使最高权力，不能实行康有为、谭嗣同等人设计的变法强国方案。

以张之洞、陈宝箴等为代表的稳健派，深知不可能在一夜之间，更换几千年的王权专政，先以实业救国为导向，循序渐进争取慈禧、光绪帝、总理衙门大臣，允许办铁厂、铁路、练兵、学堂等，以取得的成就得到他们的信任，并促动他们认识到，办实业不损害王权，有助于挽救大清帝国。

---

① 苑书义等编：《张之洞全集》第 10 册，河北人民出版社 1998 年版，第 7900—7901 页。

与此同时,张之洞以《劝学篇》提出"中学为体,西学为用",从行动与理论方面为变法指明了方向,迎合慈禧等权贵派既保王权,又吸收西方实用技术强国的需求,进而允许修改科举、军制等,有限度地带动清朝进行制度变革。

实践证明,在变法方向上,康有为提议开国会、设置 12 个局只发挥了一点启蒙作用,没有得到以慈禧为首的权贵派支持。而张之洞办军工、修铁路、开学堂、练兵、废止八股文等,成为朝廷的决策,取得的成效远超过康有为纸上谈兵的空喊。

然而,个性容易冲动的康有为,接到皇上求救的信号时,自己既不掌握财权,又不掌握军权,异想天开作出一个不明智的举动:奏请皇上将袁世凯从天津召到北京,以赏赐官职拉拢他效力。

只凭个人感觉,康有为将袁世凯当作可以信赖的政治伙伴,作出一个摧毁变法的行动:派谭嗣同毫无保留将政变的机密告诉他,恳请他率兵包围颐和园除去慈禧。

人品低劣、毫无政治理想的袁世凯,不具有胆量去冒险,也未得到皇上明确支持兵变,哪有动力听从谭嗣同的劝说? 只是虚与委蛇。他看到慈禧发动政变重新执政后,向直隶总督荣禄告密,以出卖康有为、谭嗣同等人士换取更大的官位。

这如同点燃了导火索,改变了慈禧对变法性质的认定:是以变法的名义颠覆王权专政,于是由抓捕康有为转向用血腥的暴力消灭其他维新人士,中断了刚开启的国家现代化进程!

但维新带来了史无前例的深远意义:唤起体制内的官员、绅士、新式学堂的学生、商人等群体的国家意识;不允许以慈禧为首的权贵集团,将国家当作自己的私有财产垄断,或以割让领土保王权;加快了办学堂、工厂、报纸、出版、集会结社等,更新民众知识与思维的速度,由吸收西方技术转向变更制度救国!

第四章
平息义和团，争取八国撤军

义和团事件时，张之洞三番五次劝说慈禧平息动乱、不能对外宣战，并与刘坤一等密谋东南互保协议，避免引发更大的战乱，争取八国停战。而慈禧以巨额赔款换取八国撤军，引发清朝统治的合法性危机。

策划东南互保

谁能想到维新变法失败后，刚进入 1900 年，慈禧拉开窗帘迎接 20 世纪投来的曙光时，不是给亿万人民带来期盼已久的福利，而是不听劝告引发义和团事件，亲自导演了一场前所未有的大灾难！

尽管慈禧被排外冲昏头脑发布宣战书，但张之洞与她相反：一个弱国怎能对抗英、法、德、俄、美等 8 个强国？义和团在山东、山西、河北、北京、天津烧教堂、毁铁路、袭洋人等，引发各国军舰开进天津附近。若他们以长江一带出现地痞、土匪滋事，列强会以保护商人等名义出兵进入沿江省市。

列强军队在天津击败清军及义和团，英国称：不能让类似的动乱出现在长江，损害自己在各城市的工商业，希望张之洞及刘坤一密切合作，担负维护公共安全的责任。

"张总督，我向你转告英国政府的提议，想派海军进入长江，协助你们弹压土匪。"光绪二十六年(1900)五月二十一日,英国驻汉口领事法磊斯拜见张之洞说。

"请你转告英政府,我们在长江一带,有兵力弹压地痞、土匪,不需要外国帮助。若英海军进长江,不但无益,而且恐怕会惊扰老百姓,甚至引发其他国效仿,更不可收拾。请你迅速将英国在内地的传教士、商人、教堂等,开一个名单给我,便于分别保护。"张之洞感谢他的好意又保持警惕。

会谈后,五月二十二日,他指示江汉关道台,给各国驻汉口领事发照会:"我们尽力保护两湖地区,不会让地痞、土匪抢劫、伤害外国人。即使匪徒偶然有不法行为,他们没有实力,只要官兵及时扑灭,断然不会任意滋生。"①

同一天,张之洞致电驻英公使罗丰禄:"我已经发出告示,提示老百姓不要受匪徒迷惑,并严令地方文武官员捕拿土匪,不容他们聚众扰乱,保护中外商人、居民、传教士、教徒等。昨天我电商刘坤一,一律严防。中国土匪无纪律、无军械,若官兵肯认真弹压,无需外部的力量协助。"

当天,张之洞将相似的内容电告刘坤一:"你迅速告诉上海道台转英驻上海总领事,我们在沿江担负保护外国人的职责,避免他们借口派军舰入长江。"

"近日,英驻南京领事及税务官拜访我,我的答复与你相似,不允许他们派海军进长江,他们听了表示服从。我再致电上海道台,请他密告上海总领事,转告英国政府,将保护长江一带的外国人。"五月二十三日,刘坤一回电②。

张之洞听说湘潭有人毁坏教徒的房屋、抢劫财物、伤人,不胜焦急,担心各国找借口进入长江。

"你务必严令当地官府认真弹压,多派士兵保护所有教堂,再查明此事,捕拿匪徒,从重治罪,勿稍有玩忽延误。切记!"五月二十五日上午,张之洞致电湖南巡抚俞廉三。

"据湘潭官府禀告,二十三日夜,美国传教士凌霄志、卢女医母女乘夜晚

① 以上参见苑书义等编:《张之洞全集》第5册,河北人民出版社1998年版,第4025页。
② 以上参见苑书义等编:《张之洞全集》第10册,河北人民出版社1998年版,第7992—7994页。

搬行李下船,赴庐山避暑。地痞看见他们行色匆匆,上前要开箱检查物品,传教士不允许,双方发生争吵,引发众人围观,几乎酿成事端。经知县颜玉成亲送传教士及行李下船,现停泊长沙未上岸,明天启航,未听说毁屋、伤人、抢物。"五月二十六日,俞廉三回电。

二十五日晚上,张之洞致电江苏巡抚鹿传霖:"我们不包庇土匪,保长江各省外国人平安,英军舰无理由急于进入,可避免危险,有利于我君臣从容筹划剿匪。"①

预防长江流域时,张之洞觉得慈禧及载漪等亲王一意孤行,没有认识到违背国际公法袭击使馆等,各国会派兵占领北京的后果,要电告各公使以外交途径说服各国先停战。

"慈禧太后召李鸿章到北京有议和的愿意,你与日本外务省秘密商谈,各国侵犯中国对日本最无益,董福祥及义和团挑衅不是皇上的本意,倘若暴动更加猛烈,北京发生动乱连带各省大乱,西方会得九分利,而日本只有一分。此时日本在北京的兵最多,如能维持和平,宽限定约,以后中国必感谢日本与德国,保持紧密联系,对日本有无穷的利益。"五月二十三日,张之洞致电驻日公使李盛铎。

只过了两天,五月二十五日,张之洞致电驻美公使伍廷芳:"此次天津大沽之战,美军舰未开炮,让人不胜感佩。特请你转达美总统及外交部,恳请与各国切商保全东南大局,不可立即派船入长江。我与刘坤一必定保护各国人,认真弹压匪徒,断不容稍有滋事。"

为消除慈禧发布宣战引起各国误会,张之洞主动充当大清王朝的新闻发言人,起草一个朝廷并未与各国决裂的文稿:现在我皇太后、皇上已电召李鸿章来京,必与各国妥商办理,避免失和。只是他抵京尚需半个月,而各国近日以来不断进兵,或再发生战争,将来更难改变局势,会引发匪徒乘机作恶,造成许多良民遭惨伤害。如今各督抚并未接到开战的旨意,可见朝廷并无失和之意。

———————————

① 以上参见苑书义等编:《张之洞全集》第 10 册,河北人民出版社 1998 年版,第 7999—8000、8008—8010 页。

写好后,他征求刘坤一、李鸿章、袁世凯、俞廉三、鹿传霖、王之春、松寿等督抚同意联名,于五月二十六日,发给驻英公使罗丰禄、驻美公使伍廷芳、驻日公使李盛铎:"请你们速将我们的来电,译成外文转送该国外交部,请各国政府迅速致电在天津的将领,暂时停战,等李鸿章到京请皇上批准,必当妥善了结,不发生战祸,有利于官兵专心剿匪。目前长江沿海一带各督抚履行保护责任,外国人无须顾虑。"①

听从张之洞的建议,五月二十六日,李盛铎致电总理衙门:"各国以我政府剿匪迟缓,调兵攻占天津大沽,情况紧急,英、俄派兵近万人,其余各国兵近9000人,一旦逼近北京,有不可预测的灾祸。惟有迅速派大臣出京解散义和团,与国开诚布公协商,并派官员慰问各驻京公使、安抚避难的传教士,消除他们的怒火,有可能转变危局。"②

但日本要与英、法、德等保持步调一致,便于不被孤立。五月二十七日,李盛铎致电张之洞:"我昨天向日本外交部有关官员,转达你的想法,他们对你表示敬佩。但他们觉得此事进退并非一国能主持,惟愿中国迅速平定内部匪徒,以免延误时机,越来越棘手。"

六月初三,李盛铎再致电张之洞:"我与日本外相青木周藏会面,他说各国派兵代清朝肃清匪徒,现暴徒到处扰乱,不知各公使的踪迹,各国断难允许停兵。惟请你转商各总督、巡抚,尽力保东南。"③

为什么张之洞敢于不执行朝廷对外宣战的命令,反而要保东南? 他用机警的目光审视,五月二十四日,光绪帝发出旨意,要"沿海沿江各省互相劝勉,联络一体,共同挽救危局",这是忠告这一地区的长官,要防内乱、保护外国人,换取各国不派兵到南方。

领会这一点,张之洞要与沿海沿江及湖北周边省的督抚,达成一个共识:严厉别有用心之人纠集不明真相的民众,附和北方义和团烧教堂、伤害传教士、教徒等。如有人造谣惑众,立即就地正法。

为此,五月二十七日,张之洞致电刘坤一、四川总督奎俊、河南巡抚裕

① 苑书义等编:《张之洞全集》第10册,河北人民出版社1998年版,第8017页。
② 故宫博物院明清档案部编:《义和团档案史料》上册,中华书局1959年版,第175页。
③ 以上参见苑书义等编:《张之洞全集》第10册,河北人民出版社1998年版,第8007、8033页。

宽、陕西代理巡抚端方、安徽巡抚王之春、江西巡抚松寿、湖南巡抚俞廉三："湖北与你们管辖的省接壤,唇齿相依,有共同的利害关系,依赖各位合力防范。此时防御外国,不如先清除当地匪帮。若无匪徒、无教案,天津官兵虽与外国开战,但日后李鸿章到京妥议和约,有望尽早结束。若东南各省不能保护外国人,长江流域会有更大的危险。"

凭商人判断风险的直觉,盛宣怀意识到英、日、俄等增兵天津,会扩大战乱波及东南,五月二十八日上午,致电张之洞、李鸿章、刘坤一："要想补救,你们必须趁未全面宣战时,命令上海道台与各领事订约,上海租界归各国保护,长江内地均归督抚保护,互不干扰,以保护中外人士的生命与财产为主。"

"我赞同盛宣怀的意见,恳请你协助商谈,指点上海道台经办,必能更加妥当。各领事可能要我派人会谈,准备派陶森甲道员迅速去上海,你们先与上海道台,会同各领事交换看法,不必等待。"五月二十八日晚上,张之洞致电刘坤一、盛宣怀。

同一天晚上,张之洞将相同的内容,分别电告驻英公使罗丰禄、美驻上海领事以及日驻上海总领事小田切："上海租界归各国保护,长江内地各国人均归督抚保护,我与两江总督刘坤一意见相同,共同担负这个职责,已经命令上海道台与各领事迅速妥议办法。请你转告各国领事配合。"①

同一天晚上,张之洞致电上海道台余联沅："我接到刘坤一来电,准备委托你与各领事约定,保护长江流域各国人及财产安全,与我的想法相同。请你电告详细办法。"

"大局难料,欲保中国,必须以保慈禧、皇上安全为第一,不然中国断不能久存,请你将各国对义和团的议论迅速告诉我。"五月二十九日,张之洞致电驻东京监督湖北留学生的钱恂。

与张之洞一心谋求停战保国相反,慈禧仍不知大祸来临,五月二十九日,总理衙门奉她的命令发布:"现在天津大沽炮台被外国军占据,由裕禄督

① 以上参见苑书义等编:《张之洞全集》第 10 册,河北人民出版社 1998 年版,第 8025—8030、8038 页。

促罗荣光等各营及义和团，力图收复，不得稍有延迟。"①

与张之洞取得东南互保共识，五月三十日，刘坤一致电两广总督李鸿章："天津、北京、山东等受到义和团影响，局势恶化不堪。我与张之洞保长江一带，严惩匪徒，保护商人、传教士等，并令上海道台余联沅与各领事妥筹保护租界的办法，立约为凭，期望彼此相安无事。不知你在广东如何布置防守？"

"你与张之洞在长江一带严办匪徒，保护外国人，避免各国找借口出兵，比较恰当。我在广东采取措施保护疆土，防止群匪制造动乱，一乱立即有危险。"同一天李鸿章回电②。

与各领事商议后，五月三十日，余联沅致电张之洞与刘坤一："我拟订五条东南互保：一、长江内地各国人及财产，均归你们切实保护。二、长江一带的兵力足以保地方安靖，无需各国派兵轮入长江帮助，已发出禁止造谣的告示，严拿匪帮等。三、东南江海各口岸如要兵力协防，由中国督抚商请各国办理。四、若长江一带的地方官未尽力保护外国人，要追究责任。五、若各国不与督抚协商，自行派军舰进入长江，导致居民与外国人发生冲突，造成人员伤亡或财产损失，事后中国不赔偿。"

"我认为你起草的五条比较妥当，请立即照办。"当天张之洞回电③。

得到张之洞的认同，五月三十日，余联沅与驻上海各领事会商，消除他们的顾虑修改后，形成《东南保护约款》九条。六月初一，盛宣怀将九条电告张之洞。

其中第一条："上海租界归各国共同保护，长江及苏、杭内地归各省总督、巡抚保护，双方互不干扰，以保全中外人民的生命与财产为主。"④

六月初一，驻上海各国领事给余联沅发公文："昨天我们叙谈，承蒙你与盛宣怀、两江总督刘坤一、两湖总督张之洞，诚心在各省保护人们的生命及财产，倘若被匪徒滋扰受损，愿赔偿损失，我们看了不胜欣慰，表示感谢！倘

---

① 故宫博物院明清档案部编：《义和团档案史料》上册，中华书局 1959 年版，第 184 页。
② 以上参见顾廷龙等编：《李鸿章全集》第 27 册，安徽教育出版社 2008 年版，第 77—78 页。
③ 以上参见苑书义等编：《张之洞全集》第 10 册，河北人民出版社 1998 年版，第 8041 页。
④ 同上，第 8044—8055 页。

若两位总督能在管辖的省内,按照中外和约实力保护外国人民,各国政府无意派兵进入长江一带。"①

"我遵照东南互保条款,尽力保护各国人民,严拿匪徒,断然不会改变。"六月初一,刘坤一致电张之洞,表示坚决按条款办事。

东南互保达成时,五月三十日,保定电报局转发荣禄致张之洞电:"各亲王、军机大臣,众口一词支持义和团,而且太后、皇上及亲王身边的官员,与义和团有来往,满汉各营也有人袒护他们,数万人如蝗虫涌到北京。虽太后、皇上圣明,也难以扭转局面。我在总理衙门寻求万全之计,不料义和团将德国公使击毙,导致事态进一步恶化。"②

来电显示,慈禧、光绪帝受到亲王、军机大臣等挟制,对遣散义和团犹豫不决,或顾及自己至高无上的尊严,不愿低头派官员向各使馆道歉,延误采取补救与各国议和的时机。

罗丰禄、伍廷芳、李盛铎等公使先后致电张之洞,表达一个相似的观点:各国以清朝仍未驱散包围使馆的官兵及义和团,不知里面人员的安危,而且清军在天津与外国兵交战为由,增兵保护在华外交官、传教士、商人等安全,不可能停战,必须先清除义和团。

打破僵局,张之洞坚守东南互保时,又以各国要进兵北京,起草奏折向慈禧施加停战剿匪的压力:此次大祸患在于,与八个强国一起开战,而大沽炮台已失,引发北京告急。义和团以歪门邪道骗人,各国不是流寇,断然不甘心,必增重兵报复。

其中,俄将装茶叶的轮船改赴旅顺、大连装兵,英从印度调兵,法经越南调兵,美从菲律宾调兵,日本调广岛兵,包括德国陆兵共约有近9万,董福祥、宋庆、聂士成等军不可能抵御。

起草后,光绪二十六年(1900)五月三十日,张之洞与刘坤一向总理衙门发来奏折:"论兵力,一国怎能敌各国,只会以败退收场;论局势,各国不肯输给一国,不会停止进攻,哪有义和团常胜而无失败之理?激战10多天,弹药

---

① 陈旭麓等编:《义和团运动——盛宣怀档案资料选辑之七》,上海人民出版社2001年版,第93页。
② 以上参见苑书义等编:《张之洞全集》第10册,河北人民出版社1998年版,第8035、8054页。

必尽，无从接济，何能以血肉之躯与炮火相搏？一旦兵败四散，各国大军直入京城，太后、皇上乘车离开皇宫去外地避难，何堪设想？我们痛哭流涕，不忍心沉默不敢不说，不得不恳请朝廷思考改变危困的计策。"①

对他们发出的肺腑之言，慈禧无动于衷，同一天由军机处电告各督抚，代她发出诡辩："几个月来，义和团的人员遍及京城，不下 10 万人，自平房至王侯相府无处不有，与传教士势不两立。如果围剿会发生灾祸，将他们推向极端困苦，只能利用他们设法挽救。你们指责他们的妖术不可能保国，这是不体谅朝廷万不得已的苦衷。"②

走火入魔的慈禧以金钱刺激官军与义和团对抗外国军，六月初一，朝廷按她的命令，对神机营、虎神营、义和团成员，各赏银 10 万两。对董福祥等军曾赐予 4 万两，现再赏银 6 万两，激励他们同心协力阻击外国军，共建更大的功勋③。

看到慈禧不顾后果开战，六月初二，盛宣怀、余联沅致电张之洞与刘坤一："朝廷发出宣战旨意，与我们议定保护外国人的章程有冲突，如你们坚持执行，仍可办理。即立即来电明示，便于回答各领事质问。"

"我们并未接到朝廷发来宣战的旨意，无论北京发生何事，我与刘坤一大帅勇于承担，仍照东南互保原议办理，断不更改，给各国一个坚守和平的信念。"当天晚上，张之洞致电刘坤一、盛宣怀、余联沅决不动摇④。

军机处在宋庆率军增援天津后，要驻沈阳的将军增祺，调得力的兵营与义和团防守山海关。六月初一，增祺派仁军统率七营兵分驻锦州、山海关，并密告他，如看见外国兵前来，可先拆毁锦州铁路，还相信义和团念咒语发功力能驱赶敌人，却不知俄军的大炮能在几公里以外将他们击穿。

张之洞预感，驻东北的增祺等将军为阻止俄军拆毁铁路，只能损毁对方的财产，徒然结下怨恨招来灾祸。俄一旦以护铁路为由占据东北，会带动其

① 苑书义等编：《张之洞全集》第 3 册，河北人民出版社 1998 年版，第 2150—2151 页。
② 故宫博物院明清档案部编：《义和团档案史料》上册，中华书局 1959 年版，第 187 页。
③ 顾廷龙等编：《李鸿章全集》第 27 册，安徽教育出版社 2008 年版，第 97 页。
④ 以上参见苑书义等编：《张之洞全集》第 10 册，河北人民出版社 1998 年版，第 8048—8049 页。

他国分占各省。六月初五,他致电李鸿章设法阻止增祺毁坏铁路。

"你保护东北铁路考虑长远,我接到驻俄公使杨儒及俄财政部电报后,两次电告东北三省将军,竭力派兵强压匪徒、保护铁路,尚未接到回复。"六月初五李鸿章回电①。

外国军用枪炮证明清军及拿大刀的义和团不堪一击,慈禧仍不痛心反思,为自己鲁莽从事酿成的错误辩解。

六月初三,军机处奉旨致电驻俄公使杨儒等:"此次中外对抗,其间遇到各事纷争,处处不顺,超出朝廷的意料""到五月中旬,匪徒在北京猝然发难,烧毁教堂,残杀教民,全城弥漫凶暴的气氛,势不可当""朝廷并非不下令痛剿乱民,而他们近在身边,若操之过急驱散,深恐来不及保护各使馆,激成大祸""现严令带官兵保护使馆,尽力而为,并设法惩办乱民。各大臣在各国遇有交涉事,仍照常办理,不得稍有观望"②。

只有尽力保护使馆才能避免触犯各国,六月初六,张之洞致电刘坤一、盛宣怀、余联沅:"如有出京到上海的外交官,立即派专员挽留、慰问,邀请他们到南京休息。如不往南京,务请他们暂驻上海,并转告朝廷有旨意'剿抚乱匪两难,有万不得已的苦衷,我仍尽力保护使馆'等。"

同一天,张之洞致电直隶总督裕禄,向他普及法律知识:"国际公法不能容忍伤害公使,各国公使现在何处?外国兵以救公使为名力攻天津,你如能将各公使救回天津,各国即可不必进京,将来议和也较容易,这是最紧要的补救之策。"③

六月初六,美驻上海总领事致电张之洞:"如地方能照常安靖,外国人受保护,美国必然不攻中南各省,各国也有相同的意见。我请你迅速发出告示,命令地方官保持正常秩序。无论朝廷发布旨意,要坚持不变。"

看到美国领事认同东南互保,六月初七,张之洞致电刘坤一、盛宣怀、余联沅:"请立即派余联沅作为两江、两湖的全权代表,让盛宣怀协助,随时与美领事会商保护条款。"

---

① 顾廷龙等编:《李鸿章全集》第 27 册,安徽教育出版社 2008 年版,第 95 页。

② 同上,第 119—120 页。

③ 以上参见苑书义等编:《张之洞全集》第 10 册,河北人民出版社 1998 年版,第 8065、8069 页。

但驻德公使吕海寰致电刘坤一："德外交部说，中国违背公法，残害德驻华公使，现派兵舰保护使馆及德国人，并要中国赔偿各种损失。中国政府办事既不遵守公法，各国不能以公法相待。至于各督抚以保护外国人为己任，办法与北京不同，务望你们实现诺言，并请上奏，保德国人脱离危险。"

吕海寰不知如何办，忧愤不已，请刘坤一转告总理衙门及李鸿章、张之洞、袁世凯等。六月初八上午，刘坤一将吕海寰来电转告他们。

同一天，刘坤一单独致电张之洞："朝廷已经对各国宣战，我们另议东南互保条约，为变通应对。若上奏必定遭到太后等严厉谴责，势必会全部推翻，东南会有大祸。我认为吕海寰转达德外交部的电文，可分转各省，不可转总理衙门。"

看了他的来电，张之洞神经高度紧张：毫无法治意识的慈禧，凭感情冲动对各国宣战，如果她知道我们与各领事商议东南互保，会异常震怒，斥责我们不与朝廷保持一致。

"我看了吕海寰的电文，感到十分惊骇，千万不可转给总理衙门。正如你所说，会引起慈禧的嫉恨，请你急电李鸿章、王之春、袁世凯、俞廉三等，切勿转告总理衙门，并速电吕海寰勿要对外传播。"六月初八下午，张之洞回电刘坤一[①]。

以上张之洞的行动，在于理解光绪帝发出旨意宣战后，又包含了要各督抚保地方疆土，防止民众与外国人发生纠纷，有理由号召刘坤一等不受宣战影响，放手让余联沅与美等领事订立东南互保协议。

奏请慈禧停战剿匪

与张之洞、刘坤一等保东南和平相比，身为亲王的载漪、刚毅等，仍用仇恨外国人的思维，纵容义和团烧毁教堂，毁坏城内挂外国招牌店铺的货物，或让贫民抢掠一空，并命令住户等不得收藏外国货、点洋油灯。

---

① 以上参见苑书义等编：《张之洞全集》第 10 册，河北人民出版社 1998 年版，第 8071、8074、8082—8083 页。

　　感到恐慌的居民,只得将成箱煤油或铁桶装的油泼在街上。学生听说义和团杀了教徒后,还要除去读外国书的学生,仓皇失措,将家里所有收藏的外文书,点火全部烧毁①。

　　仍不肯停止制造恐怖的脚步,光绪二十六年(1900)六月十一日,端王载漪派义和团的成员,在城内挨家挨户检查,是否藏匿教徒,不给他们提供任何藏身之处。

　　各国军在天津击溃聂士成的官军及义和团后,慈禧感到很没面子,觉察到裕禄只会以空话应付,无任何功绩,必须让他移交职权走人。六月十二日,总理衙门奉她的命令电告李鸿章:"现在天津防务紧迫,由你接任直隶总督。"

　　英、日、德等领事不仅要张之洞防止长江流域发生动乱,还要他劝山东巡抚袁世凯派兵到北京围剿匪徒、营救各国公使。他没有得到慈禧的批准,不敢提议派外省兵入京城。

　　为营救使馆被困人员,六月十一日,德威廉皇帝致电张之洞:"张总督,各国被困在北京的人,如能救出一名送交德国或各国官员,我立即给1 000两银,而且付一切救援费用。我作为国王说出后,决不食言。"

　　"我营救各国公使的心情极为迫切,曾多次电告我政府及有关人士探询,均无确切的回音。我于五月二十九日接到皇上的旨意说,仍竭力保护各使馆,可见此次伤害贵国公使,出乎我朝廷意料之外,也必深为惋惜。"六月十五日,张之洞回电②。

　　以奏请慈禧放弃敌对心理、制止内乱保公使,六月十六日,张之洞联名刘坤一、李鸿章、袁世凯等10省督抚上奏,提出先实施四件事:"一、请发出旨意,命令各省将军、督抚,仍照条约保护各省外商、传教士等,彰显如天高的仁义,而且中国公使、官员、商人等在外国,需要对方保护。二、对德公使被害深表惋惜,并致国书给德皇取得谅解。三、命令顺天府、直隶总督查明除因战争外,此次匪乱被害的外国人、传教士等及财产损失,开具清单,给予

---

① 北京大学历史系、中国近现代史研究室编:《义和团运动史料丛编》第1辑,中华书局1964年版,第11页。

② 苑书义等编:《张之洞全集》第10册,河北人民出版社1998年版,第8110—8111页。

抚恤。四、命令直隶境内的督抚、统兵将官，如有乱匪、乱兵扰害良民、焚杀劫掠，要见机剿灭再奏报。"①

各国不能容忍义和团砸毁使馆、教堂。六月十七日夜，联军集中火力击退自以为刀枪不入的民团、马玉昆率领的官军，让教徒以义和团的装扮叫开西门，将士随即冲进城内发射炮弹，一时城内外火光冲天，大小街市的店铺被焚。

六月十八日，联军占领天津后，溃散的士兵沿途抢劫，难民如乱成一团的蚂蚁。消息传到北京，乡绅、商人、居民慌乱不堪，不能为蛮干引来灾祸的慈禧充当陪葬品，纷纷肩挑背扛财物向城外逃出，街头人流稀少，看不到车马穿行。

天津失守，联军冲进北京后会连累无数平民。张之洞万分焦灼，觉得先救公使才能避免各国报复，保住大清江山。六月十九日，他再次联名李鸿章、刘坤一、袁世凯等督抚上奏："各外国报及上海领事说，若歼灭公使，各国不会以公法对待中国。我们觉得纵容匪徒杀公使无丝毫利益，反而有无穷的危害。恳请皇太后、皇上极力救护各国公使。能否命令四川提督宋庆派兵护送各公使赴天津，这是转危为安的一大关键！"

情况十分危急，张之洞几次上奏未得到慈禧要停战的答复，转变奏请内容，以战乱会切断税收来源。六月二十日，再联名刘坤一、李鸿章、袁世凯等电奏："我国每年应还各项外国款共2000多万两，每年收关税及进口鸦片税共2000多万两，常年厘金税费共2000多万两，两项每年共4000多万两，除还外国款外，剩余2000多万两。若沿江沿海等省到处打仗，会导致关税全部丧失，内地征税、收费会减少一半。"②

这个会奏发挥了效果，慈禧从英、俄、德等军占领天津预感危险来临，不得不由仇视外国人的狂热稍微冷静。六月二十一日，军机处奉旨通告各省："此次引发中外挑衅，源于平民敌视传教士、大沽炮台被占，酿成武力对抗。朝廷重视邦交，不肯轻易决绝，多次发出旨意保护使馆，并令各省保护传教

① 苑书义等编：《张之洞全集》第3册，河北人民出版社1998年版，第2153页。
② 同上，第2154—2155页。

士。现在各将军、督抚，要按照条约认真保护外国人，不得稍有疏忽。

　　"上月，日本参赞杉山彬被害，感到非常骇异。不久，德国公使找总理衙门交涉，被官兵击毙，尤为痛惜，应严令官府捉拿凶手惩办。除因战争以外，无故被害的外国人及财产损失，由顺天府、直隶总督令地方官分别查明核办。各地土匪焚杀劫掠、扰害良民、违背法纪，由当地官府派兵见机围剿，消除引发暴乱的根源。"①

　　六月二十三日，军机处奉旨回电李鸿章、张之洞："皇上已经看到李鸿章、张之洞等呼吁救护各国公使的奏折，现各国公使平安无事。由李鸿章电告驻俄公使杨儒，转告各国外交部不要挂念。"②

　　看到慈禧采纳自己的建议，张之洞稍微放松紧绷的神经，以防朝廷主战的官员，指责自己私自与外国订立东南保护条约，与刘坤一、盛宣怀等商议后，将条约改为章程，便于上奏得到慈禧的认可。

　　"我们为阻止匪徒借口仇恨传教士、任意烧杀、引发各国进入长江，与各领事商议保护外国人，命令江海关道台余联沅与他们订定章程，声明长江一带及苏、杭内地，各国如不侵犯，我照常保护，得到他们赞同。"六月二十五日，张之洞与刘坤一等联名上奏，汇报订章程的原因③。

　　慈禧会接受他们的做法吗？她相信的义和团吹嘘以刀枪不入的身躯抗敌的神话，被联军的枪炮击破了。六月二十八日，直隶总督裕禄等给她呈上奏折："我们曾奉你的命令，联络义和团的成员，招头目张德成、曹福田带人相助。但他们不改狂野的习性、不听从调动，以仇教的名义四处抢掠，不协助官军攻打外国兵。入教的信徒乘机效仿他们，用红黄毛巾包头混进城乡，帮助联军暗自埋地雷炸官军。"

　　他还说："六月十七日，我约张德成、曹福田带团民协助官兵与外国兵交战时，他们借口时机未到、天气不利推脱。到开战时，我军奋勇向前，忽然四处地雷爆炸，数十里的石块、木头被炸得横飞，惊得天地变色。而义和团的人趁居民躲避时，抢劫财物，或夺去士兵的枪械，直至到官府抢、焚烧店铺，

---

① 苑书义等编：《张之洞全集》第 10 册，河北人民出版社 1998 年版，第 8152—8153 页。

② 顾廷龙等编：《李鸿章全集》第 27 册，安徽教育出版社 2008 年版，第 167 页。

③ 苑书义等编：《张之洞全集》第 3 册，河北人民出版社 1998 年版，第 2156 页。

再拿掉头上的红布远走回避。迄今为止，未看到义和团的头领，已经逃得无影无踪，不可能依靠他们歼敌。"①

看了裕禄撕破谎言的奏折，慈禧如梦方醒，对义和团寄托的幻想彻底破灭。而裕禄被联军击退后一筹莫展，根本不可能收复天津，联军即将用枪炮对准北京横扫。

危机迫使慈禧认识到，张之洞主动与各领事达成保护东南、互不侵犯的协议，命令各地官府严防匪徒伤害外国人，劝说各国不调兵进入长江，等于在维护自己的统治地位、树立中国遵守国际公法的形象，应给予肯定与赞赏，也是给自己找台阶下。

"你们保护东南的意见与朝廷相同，除德公使克林德遇害以外，其余平安无事，近来给各使馆送菜蔬、水果、食物，以示体恤。如各国出兵进犯各省，你们自应守护疆土竭力抵御。即使目前相安无事，也应严密防备，以防意外之变。但不得率先挑战，应将坦诚相待之意告诉各国领事，共同补救维持大局。"六月二十八日，总理衙门奉旨电告张之洞与刘坤一等②。

以中央政府赋予自己订立东南互保的合法性，七月初二，张之洞将皇上的旨意电告湖北州县、湖南巡抚俞廉三、河南巡抚裕宽等，要在州县、乡镇、村子散发张贴，广为传播，消除民众仇视传教的情绪，切实保护教堂、外国人等，决不允许聚众闹事。

保东南时，张之洞向北方遥望，天津距离北京只有 100 多公里，各国兵陆续在大沽口登陆，只用一天行军可逼近北京，要再劝慈禧停战和谈，七月初一与刘坤一、袁世凯等联名电奏："李鸿章积累了多年的交涉经验，得到各国信服，现已遵旨到达上海。能否授予他全权代表，在上海与各国领事商议，劝说各国暂缓向北京进兵，有利于保太后、皇上的安全。"③

为慈禧的安危着想时，张之洞未料到自己的学生、太常寺卿袁昶及许景澄，一再要驱散义和团、停止对八国开战，遭到刚毅、载漪、毓贤等权贵有预谋的陷害，成为反对暴力、维护和平的牺牲品。

———————————————

① 故宫博物院明清档案部编：《义和团档案史料》上册，中华书局 1959 年版，第 366—367 页。
② 苑书义等编：《张之洞全集》第 10 册，河北人民出版社 1998 年版，第 8185 页。
③ 苑书义等编：《张之洞全集》第 3 册，河北人民出版社 1998 年版，第 2158—2159 页。

七月初二,步军统领衙门派官兵到袁昶的住宅,谎称总理衙门大臣请你去议事。他听信上车后被送到刑部。刑部捏造他擅自更改旨意,将"诛杀"改为"保护",犯有欺骗君王的罪行应判死罪。

慈禧接到刑部的上报,明知自己放任义和团袭教堂,杀教徒,引发各国军占领天津后要攻占北京,却无力猛咬他们出气,只能将错就错,以袁昶、许景澄要保护外国人与自己唱反调,命令处决他们,发泄出战失败的怒火。

"吏部左侍郎许景澄、太常寺卿袁昶,多次被人弹劾,声名恶劣,平日办理洋务各存私心。每次太后、皇上等召见时,他们任意妄奏,以胡言乱语干扰政务,而且讲话充满挑拨离间,极为不恭敬。若不严厉惩办,何以整肃行政队伍。立即将他们处死,以示警戒。"七月初三,总理衙门奉她的命令,以暴力结束他们的生命①。

即使慈禧心狠手辣,但张之洞忍受失去学生的悲伤,仍心怀忠君爱国,不允许上海、香港以及国外等地报纸发表诽谤慈禧的文章,而是向外传递皇上尊敬太后,不存在内斗,国家不会分裂。

"你即使不是全权代表,也应先电告各领事探询停战情况,有益无损。你作为国家重臣,受皇上特召,与各督抚不同,要劝告各国勿攻北京。请你迅速分别致电驻各国公使,询问如何和谈,不要迟疑。"七月初四,张之洞致电李鸿章等。

但李鸿章坐等观望,不想主动与各国和谈,将灾难降到最小,七月初五回电:"英、美、俄已电告驻我国公使,如大清皇帝允许,可请各政府传令停止进兵北京。我不便先与各公使商议得到应允后再上奏,要等太后同意再协调。"②

不像他私心太重,张之洞以各国增兵分别攻北京,山海关已被俄军占据,大局危险至极,必须向各公使履行东南互保协议,督促各地官府捉拿伤害传教士、教徒的义和团,就地正法。否则,联军攻入北京后,不知要连累多少官、害多少老百姓。

---

① 故宫博物院明清档案部编:《义和团档案史料》上册,中华书局 1959 年版,第 392 页。
② 以上参见苑书义等编:《张之洞全集》第 10 册,河北人民出版社 1998 年版,第 8193 页。

"我国在南阳城外的教堂,被当地人包围,主教不敢开门逃走,而粮食即将用尽,请你设法派官兵救护。"光绪二十六年(1900)七月初五,法国驻汉口领事向张之洞求救。

听了他的诉求,同一天,张之洞致电襄阳朱道台等:"如法国主教不愿逃出,你们酌送食物,好言安慰。如他们愿逃走,你们从襄阳调骑兵会同南阳官兵,妥善护送他们到湖北境内,再由湖北派人派船护送回汉口。"①

与张之洞遵照国际法保护传教士相反,慈禧仍憎恨外国人,没有命令官军解除对北京教堂的围攻以及驱散义和团。七月初八,军机处奉她的命令发布:"现在各兵围困北京西什库教堂,如有传教士、教徒出来抢掠,立即派兵剿灭。如他们死守不出来,另想办法对付,暂时不用枪炮攻打。"②

经张之洞、刘坤一等督抚多次来电劝说保护外国人,以及联军向北京挺进带来的压力,慈禧不得不放下高傲自大的架子。七月初八,军机处奉旨发布:"现在各国向北京云集,各路统兵将领要设法保护外国人,入教的信徒,如有悔悟投诚,地方官不得杀害。发现匪徒假托义和团的名义劫杀,随时惩办。"③

七月十三日,军机处奉旨电告李鸿章:"此次因义和团与传教士冲突,引起各国误会,中国地方官处理此事也有不妥当,引发战祸,终非全球之福。现任命你为全权代表,立即电告各国外交部,先商谈停战。"④

接到旨意,李鸿章不急于动身,各国以清朝皇帝没有采取实际行动救公使剿匪,不会派专人与他会谈停战,要看慈禧下一步有什么指示。

来不及等李鸿章,慈禧看到几次发出旨意,要各督抚调兵、运军械支援北京,他们口头答应却以保地方的借口拖延,无实质行动。慈禧不禁心慌意乱,命令总理衙门于七月十七日发出旨意,由四川提督、在天津带兵抵挡联军的宋庆,向各国在天津的统领发出照会,先商议停战。

---

① 以上参见苑书义等编:《张之洞全集》第 10 册,河北人民出版社 1998 年版,第 8198—8199 页。
② 故宫博物院明清档案部编:《义和团档案史料》上册,中华书局 1959 年版,第 414 页。
③ 苑书义等编:《张之洞全集》第 10 册,河北人民出版社 1998 年版,第 8207—8208 页。
④ 故宫博物院明清档案部编:《义和团档案史料》上册,中华书局 1959 年版,第 446 页。

慈禧与光绪帝弃京出逃

太晚了,慈禧没有及时听取张之洞的劝告,错过了最佳停战时机。各国将领以不能独自作主商谈停战,而且匪徒仍攻击使馆、外国人等为由,指挥军队加速向北京前进,于光绪二十六年(1900)七月十八日抵达通州。

当天,慈禧听到这个消息惊得目瞪口呆,连忙命令总理衙门向联军统帅发出照会:"现在各国公使在北京平安无事,本月十三日,皇上委任李鸿章为全权代表,与各国商议一切,并电告各国外交部先停战。请统帅接到照会后办理此事。"

庆王奕劻受她派遣向各国公使发出公文:"我奉旨遵照各位前次提议,先商议停战。请你们即日回复,我便于前往。"①

联军统帅不会被他们的花言巧语迷惑,要以占领北京让慈禧彻底放弃抵抗。日本兵先用大炮轰炸北京朝阳门与东直门,中午,日俄兵由朝阳门、英美兵由东便门,分别像饿狼涌进城抢夺财物。

李鸿章听到传闻:慈禧、光绪帝等在其他官员的护卫下仓皇出城向西北逃跑,外国军要中途截击,有可能危及他们的生命导致亡国。他不能不表示尽忠,七月十九日,致电张之洞、刘坤一、袁世凯等人,提出联名上奏劝说慈禧以国家为重坚守北京。

张之洞忧虑劝慈禧守北京,会引起她的反感,七月十九日回复李鸿章、盛宣怀、刘坤一、袁世凯:"我不敢劝太后到西北避难,如有义和团的匪首护送,我必劝不能用他们。究竟何人劝太后离开北京?又是何人说外国兵要拦截?请密示,我才能斟酌提意见。"

七月二十日,盛宣怀回电他:"太后不想出北京,但袒护匪徒的刚毅等亲王,力劝她西行并予以护驾,便于维护他们的特权地位。诚如你担忧,外国兵进城必然到处扰乱,太后、皇上岂能忍受惊吓?我阅读各国来电,联军可

---

① 以上参见故宫博物院明清档案部编:《义和团档案史料》上册,中华书局1959年版,第475页。

能在城外驻扎不进皇宫。若再拖延，大祸将到，我们怎能目睹君王遭受大难。你能否请袁世凯联名上奏，劝太后留在宫殿。"

张之洞想起前次接驻德公使吕海寰转德外交部来电说："联军必攻取北京，望奏请皇上等速离。"既然对方说北京有危险，自己怎能劝慈禧留在北京最安全？

他觉得慈禧到西北避难虽非上策，但可以暂避外国兵。各国兵进京城不少于 1 万人，必然占据皇城，发泄愤恨包围太后与皇上，议和约为所欲为，随意开口索要赔偿，怎能立国？

想到这里，张之洞回忆咸丰十年（1860）八月，英法联军攻进北京后，咸丰皇帝逃到承德避暑山庄，命令留京的亲王与他们议定和约。这次太后去西北以后，仍可委派亲王、大臣商谈停战，比较稳妥。

以这个前例，七月二十日晚上，张之洞致电李鸿章、盛宣怀、刘坤一、袁世凯等："太后及皇上不出北京，会万分危险。我惶惑不安，万不敢联名劝阻，请袁世凯务必将我的名字删去，并请回复。各位大帅应与李鸿章再详商，等回电允许，我才能列入。"

"听说外国兵已逼近北京，太后是否去西北躲避，想必早有预定，我们恐怕来不及劝。这个奏请关系太重，没有把握说服太后留北京，因而我也不敢联名。"二十一日，袁世凯回电张之洞，不想引起太后责怪。

李鸿章要证明自己为太后排除困境，七月二十二日回电张之洞、刘坤一及袁世凯等："太后是留皇宫还是向西北迁移，关系国家存亡。危急如此严重，若稍微拘泥形式延误，恐怕国家主权会丧失，东南也不可能保存。你应与各督抚，并劝袁世凯一起联名上奏。"①

慈禧怎能放下居万人之上的尊严，甘愿受联军要挟？七月二十一日黎明，她脱下往日象征自己权力无边的金色绸缎衣，改为普通的蓝布青衫坐上马车，光绪帝脱下龙袍穿黑布长衫骑马一同出西直门，到颐和园休息后，向居庸关方向前行。

---

① 以上参见苑书义等编：《张之洞全集》第 10 册，河北人民出版社 1998 年版，第 8220—8222 页。

后面有端王、庆王、那王、肃王以及刚毅、王文韶、赵舒翘等各部长官及副手跟随，由提督马玉昆率领 1000 多士兵保护，还有八旗兵 1000 多人。

七月二十二日，联军进入北京后，像发现了免费取用的金矿，放开手脚搜刮各王府的钱财。法国兵冲进礼王府抢走 200 万两银子，用大马车拉了几天，运到西什库教堂堆成一个金山，各种金银珠宝也堆满了屋子。其他王府的银子、珍宝、古董等也被外国兵抢掠一空①。

因义和团在北京烧毁教堂、伤害传教士、教徒等，联军枪毙一些义和团头目外，还伤及无辜百姓，并将城区的房子、店铺等毁坏，倒在街头血泊的尸体无人收拾。

张之洞不知太后及皇上已经逃离北京，如联军攻占京城，射出的炮弹会震惊居住在皇宫的太后及皇上。万一发生意外如中弹身亡，会引起国人愤激，不知祸害何时终止。

"我们期望总领事飞电联军将领，千万不要惊扰太后与皇上，急盼在两日内回电，这来自天下人民的急切盼望，并无他意。我们接驻日公使李盛铎来电说，日本政府已答应保护太后及皇上，想必各国珍惜邦交，有相同的用意，万分感慰你们保护太后及皇上平安。我们尽力按东南协约保护外国人。"光绪二十六年（1900）七月二十三日，张之洞与刘坤一致电驻上海英、法、俄、德、美、日领事。

"我奉本国政府指示告诉你们，美国尊敬中国皇太后与皇上，并坚持保中国永远平安、土地及政权完整。"七月二十六日，美驻上海总领事回电。

"我将你们的来电已转告本国外交部，接到回复说，德国在中国发生动乱时，只保护德国人，防止掌握权力的亲王成为义和团的同党。此次他们发起挑衅，犯下罪行。我国不波及平民，南方各督抚若不开战失和，我国与你们保持友好。"七月二十七日，德驻上海总领事回电②。

这显示张之洞的外交公关发挥了作用，美、德、日等不以义和团事件，颠覆太后及皇上掌权、改变中国的王权体制。

---

① 北京大学历史系、中国近现代史研究室编：《义和团运动史料丛编》第 1 辑，中华书局 1964 年版，第 27 页。
② 苑书义等编：《张之洞全集》第 10 册，河北人民出版社 1998 年版，第 8232—8233 页。

一夜之间,慈禧远离豪华的宫殿,坐马车进入乡村灰尘飞扬的小路,忍受一路颠簸逃难,感受从山顶坠落山谷的落差,知道自己能否返回皇宫继续掌权、享受锦衣玉食的生活,取决于联军统帅能否与李鸿章签订和约退出北京,应发布走过场的悔过书,求得他们谅解。

遵照她的命令,七月二十六日,总理衙门以皇上的名义发出表面痛悔、却掩盖她罪过将责任推给各大臣的公文:"近日以来,义和团与传教士、信徒发生冲突,突然演变成大规模的动乱,震动国内外。但祸害萌芽时,匪徒从早到晚烧抢,如果大小官员能公忠体国,无附和纵容、苟且偷安,何以扩大事态。"

公文承认:"前次刘坤一与张之洞奏请,与各领事订立保护沿海沿江的章程,有可取之处,现仍依照协议实行,对外树立诚信。"①

听到慈禧及皇上离京平安逃到太原,张之洞感到惊喜,以各国兵已进入北京,应立即与他们议和。而京城无人协调,要李鸿章以全权代表,迅速电告各国外交部先停战。

作为消灾的救急之策,七月二十六日,张之洞联名袁世凯等督抚,向光绪帝奏请办三件事:"一、特派亲王与全权代表商议赔款等,先议停战,并电告驻各国公使与该国外交部商谈。二、派各军统兵大臣围剿匪徒。他们以邪术迷惑人,故伎重演,并不能避枪炮,却残暴横行、害国殃民。看到难以抵挡外国兵,相继解开红布逃窜到保定一带,不可原谅。若再不自行剿灭,各国必纵兵四处搜杀,会导致北京附近百万良民遭惨祸害。三、命令各省将军、督抚照常办公务、安定人心、守疆土、保护外国人,发现匪徒聚众焚杀,立即派兵扑灭。"②

受联军占领,北京处于无政府状态,而慈禧、奕劻、荣禄对和谈没有主见。张之洞意识到,不能任意联军在京城抢杀,只有全权代表李鸿章向他们求和,并命令各州县剿匪才能挽救大清帝国。否则,灾祸如洪水从北方卷到长江,会连带亿万人受苦难。

---

① 顾廷龙等编:《李鸿章全集》第 27 册,安徽教育出版社 2008 年版,第 258 页。
② 苑书义等编:《张之洞全集》第 3 册,河北人民出版社 1998 年版,第 2162—2163 页。

"八月初三,德驻汉口领事禄理玮给我发来公文说,驻上海总领事通知我转告你,德国不与中国交战,派兵进北京只是防止土匪伤害本国人,不损害两国友谊。"八月初六,张之洞致电李鸿章、刘坤一等,转告德领事的善意。

英驻汉口领事给张之洞发来照会:"我接到英外交部来电说,将来召开和会时,要听取两江与两湖总督的意见。"①

张之洞抓住各领事要平息匪徒保在华商业的心理,向他们表明必须停战议和的原因:自北方发生义和团事件以来,长江各省货物滞销、商人亏损,中外人受伤害。各处哥老会的匪徒纷纷扰乱、焚杀、抢掠。

虽经两江与两湖各省派兵剿办,但一日不确定议和,人心一日不安,愈难振兴商务。英在华扩大商业 50 多年,在沿海沿江开创了繁盛局面。若英国不率先会同各国赶紧调停,一旦有人乘机扰乱各口岸、各城市的商业,如同天津遭受战乱,不经数十年不能复兴。

以这个利害关系,张之洞起草致英驻上海总领事电文:"我向来知英国不夺我土地重商务,美、日与英国相同,其他国来电也不愿决裂。望你电告英外交部,速请美、日两国提议停战,并派代表与李鸿章即日开和议会。"②

写完后,光绪二十六年(1900)八月初七,张之洞将稿子发给刘坤一、李鸿章、盛宣怀,请参考提出修改意见后联名发出,说服英国率先站出来带动其他国参加和会。

劝各国时,张之洞起草奏折需要慈禧为和会排除障碍:命令庆王奕劻、大学士荣禄连夜回京筹办会议。黑龙江将军寿山,辽宁副都统晋昌,不知东三省兵力、枪械,不足以抵抗俄军,竟然纵容匪徒拆毁铁路,被俄军击退占据多城,给我国带来无穷的祸害。若不另派人员前往接替,终究难以停战。应请太后、皇上以大局为重,立即撤销寿山、晋昌的职务并治罪。

他将奏折电传李鸿章、刘坤一阅读修改后,八月初九联名上奏:"李鸿章到天津立即遵照旨意,一面会同委派的亲王尽力筹划和谈,一面尽心办理天津、山东、河北的事务。至于镇守京城,只有庆王奕劻、荣禄才能胜任,李鸿

① 以上参见苑书义等编:《张之洞全集》第 10 册,河北人民出版社 1998 年版,第 8256、8260 页。
② 同上,第 8260—8261 页。

章不敢推诿应尽之责，只是我能力有限。但愿北京局势稍微缓和后，太后及皇上早日回宫，以回应天下臣民的期望、各国公使的尊敬。"①

奏请慈禧为和谈创造条件时，张之洞要游说德国予以配合。八月初九，德驻汉口领事到湖广总督府拜访他说："张总督，我国新任驻京公使穆默已抵达上海，你可直接与他商谈有关和会的事。"

张之洞认识到德国公使在北京遇害，德国产生了抵触情绪，需要穆默公使上体德亨利亲王对华的仁爱，下念中国良民的无辜，带头倡议停战。而八月初十，盛宣怀来电告诉他，初九穆默的翻译说，德国皇帝要清政府更换班子成员，才能商谈各事，而且误以为李鸿章为端王指派的代表，不能接受。

消除对方的误解，八月初十，张之洞以真挚的情意致电穆默："十多年以来，我在湖北办铁厂、练兵、开武备学堂等，聘用德国人最多，深知德国人慷慨仗义，又承蒙德国亨利亲王不弃邦交，可见对我国极为亲切。值此中国遇到危难之际，依赖德国调停一切，请你给予理解与支持！"

要德国率先和谈不那么容易，八月十五日穆默回电："我希望长江流域的各督抚，恪守前次与各国订立的东南互保协约，切实保护各国人，我国皇帝按照英、法两国办法，特命一队德国兵驻上海保护本国人。至于你来电请求北方停战及议和，目前我国政府不能答应。"

说到这里，穆默向张之洞开出条件："如要办理此事，必须等中国政府先严厉惩办有罪的人。我认为有些亲王、大臣成为酿成此次动乱的罪魁祸首，中国皇帝必须发出旨意，声明惩罚犯下罪行的人，保证将来不发生类似的事，才有望坐下来谈判。"②

那么日本能否率先答应和谈？八月十二日，张之洞致电驻日公使李盛铎："各国要皇上返回皇宫才能召开和会，刚离开危险，不可能立即回来。听说某国不承认李鸿章为全权代表，日本是否认可？究竟如何才能开和会？"

"日本外相青木对我说，多国政府不认李鸿章为全权代表，必须再请皇上派大臣才能会谈。李鸿章已上奏，不知能否得到太后允许。德国除增海

① 以上参见苑书义等编：《张之洞全集》第 3 册，河北人民出版社 1998 年版，第 2165 页。
② 苑书义等编：《张之洞全集》第 10 册，河北人民出版社 1998 年版，第 8268、8275 页。

军以外,还调 3 万陆军来华,不只是要占山东。俄、德合谋,恐怕其他国更难制约。"八月十五日,李盛铎回电①。

同一天,日驻上海领事小田切致电张之洞:"我接到日本外务省来电,日本政府按八月十五日,上海各领事议定调兵到上海,未到时,先暂派 600 名海军登岸,与英、法、德的士兵一起保护租界。我国只保全局不发生动荡,防匪徒在北京制造灾祸,务必请你理解我国派兵的用意。"②

从他们来电,张之洞认识到德、日等国以保护租界的名义派兵向清朝示威,必须惩办凶手,才能重归于好。他除请驻各国公使疏通以外,还要联名李鸿章、刘坤一、袁世凯等上奏,弹劾负有责任的亲王及董福祥欺上压下、串通匪徒,在北京及周边纵兵抢掠,要立即撤销他们的职务并治罪。

事关大清王朝存亡,八月二十一日,李鸿章将联名上奏的稿子电告张之洞、刘坤一、袁世凯:"要争取各国开和会,必须请太后与皇上立断,先将统帅义和团的庄王载勋、协办大学士刚毅、右翼总兵载澜、左翼总兵英年及纵容匪徒的端王载漪、查办不实的刑部尚书赵舒翘等先分别撤职,等候惩办,并发出旨意宣布他们有罪,以向天下人悔恨,昭示君王的仁德。"

张之洞认同若不惩办载勋、刚毅等权贵,外国不会商谈,还会向河北、山西进军。八月二十四日,张之洞致电盛宣怀、刘坤一、袁世凯等:"我建议,请俄劝说德国和谈。请李鸿章与庆王奕劻、荣禄酌情抚恤德被害公使,并照会德新任公使及联军。联军准备赴保定,若不及早开和会,恐怕难以阻止外国兵。"

"我赞同迅速与各国会商停战,立即惩办放任匪徒行凶的祸首,若不办此事,灾祸将不可收拾,我焦急万分。仍请袁世凯多致电外国公使探听情报,便于商议一切,再派专人到德国道歉。"八月二十六日,刘坤一回电③。

德新任公使穆默在上海对盛宣怀说:"清朝官兵处死我国公使,德国皇帝说不交出四名凶手,不准停战和谈。"

① 以上参见苑书义等编:《张之洞全集》第 10 册,河北人民出版社 1998 年版,第 8270 页。
② 虞和平主编:《张之洞档》第 81 册,大象出版社 2014 年版,第 245—246 页。
③ 以上参见苑书义等编:《张之洞全集》第 10 册,河北人民出版社 1998 年版,第 8286、8293—8296 页。

他听了盛宣怀再三恳求说："惟有皇上亲自致电德国皇帝，对德公使遇害表示沉痛的哀悼，并给予优厚的抚恤。"

"六月，我国皇帝曾致各国公文，表示对外国人遇害深感惋惜。"盛宣怀回答。

"措辞过于轻飘，而且不是专门向德国表达歉意。现在我与你私谈，直言不讳，按我的提议办才能得体，或许能消除我国皇帝的愤怒，带来转机。"穆默告诉他怎么办。

八月二十七日，盛宣怀将穆默的要求电告张之洞、李鸿章等："按穆默的提示，应请李鸿章起草奏折稿子，会同刘坤一、张之洞等大帅联名上奏。恳请太后及皇上批准，派特使到德国道歉。"

外国人办事讲究实效，不允许清朝的官僚说空话、拖延不办。八月二十八日，英、法驻汉口领事拜访张之洞，追问湖南衡阳发生伤害信徒的教案，地方官府为何不回复，并提出要求："另张贴保护告示，安抚入教的信徒，让他们回家安居乐业，不得逼迫悔过。将当地道台、知府分别撤换。迅速捉拿焚杀的首犯惩办。"

当天，张之洞向他们表示照办后，致电湖南巡抚俞廉三："近来有法国军舰到汉口，为保护教堂而来，若不立即解决衡阳教案，他们也许会开进岳阳，必然会惊扰地方。"

"衡阳的教堂被毁后，我多次严令地方文武官速拿首犯，依法惩办。因人数众多，未抓到主犯。现抓获四名，已处决一名，剩余三名正在供认。现已发出告示安抚信徒，各自回乡村耕种，并禁止匪徒扰累。"八月二十九日，俞廉三回电①。

驻华公使要求惩办"祸首"

各国对惩罚伤害外国公使、传教士的主犯及赔偿损失提出了不同要求，

---

① 以上参见苑书义等编：《张之洞全集》第 10 册，河北人民出版社 1998 年版，第 8296—8301 页。

俄、德、法等倾向对清朝实施军事等制裁。德新上任的公使穆默，以前任公使克林德遇害，坚持在谈判之前，要清朝交出祸首予以惩办。

对各国提出不容置辩的要求，在外逃难的慈禧不具有政治资本拒绝，只有妥协才能返回皇宫再掌王权，否则，会丧失一切。作为一种交易，她迟疑后，不再顾及皇亲国戚。

光绪二十六年（1900）闰八月初二，军机处奉她的命令发出："将庄王载勋、怡王溥静、贝勒载濂、载滢撤职。端王载漪从宽撤去一切差使，交皇家事务府严加议处，并停发俸禄。辅国公载澜、都察院左都御史英年交该衙门严加议处；协办大学士、吏部尚书刚毅、刑部尚书赵舒翘交都察院、吏部议处，以示惩罚。"①

同一天，光绪帝向德国皇帝发出致歉电文，由驻德公使吕海寰转交："我代表大清帝国向您问好，此次中国骤然发生动乱，导致德国公使克林德身亡，与我控制局势不得力有关，伤害了中德友谊。而我追念两国友好关系，倍加珍惜。本日我发出命令，设一个祭祀坛，派大学士昆冈前往祭奠，并令两江总督刘坤一，对克林德的棺木运回国时妥善照料。到德国时再设一个祭祀坛，派公使吕海寰祭拜，以表达我的惋惜之意。中德交往素来密切，务望您以保全中外大局为重，抛弃嫌疑仇怨，早日议定和约，彼此永远相安。"②

德国皇帝不能接受光绪帝以形式主义的哀悼代替惩办主犯，闰八月初七回电："我阅读你的来电，得知你愿对德国公使克林德被害，按照清朝礼仪昭雪，我感到很欣慰。但我作为德国皇帝信奉基督教，不能只以祭奠代替申诉冤屈、主张正义、捍卫公民权益的法治。除克林德被害以外，还有主教、传教士、妇女、儿童等都信这个教，备受凌辱，遭到暴力袭击身亡，仰望我伸冤。你作为大清帝国的皇帝只命令大臣默哀，岂能安慰这些无辜的冤魂？"

德皇发出责问后要求："依照国际公法，这次公使、各国商人、居民、各教徒受辱以及信教的中国人民受欺凌遇害，不仅要追究你这个皇帝的责任，而且要对犯有严重罪行的亲王、各部门长官、各省大小官员判处死罪，以达到警示的作用。你必须严惩各要犯、让无辜受害的人得到赔偿,才能早定和局!"①

可见,德国皇帝认为,光绪皇帝不知国际公法,对载漪、刚毅等危害极大的亲王处理太轻。闰八月初四,德国陆军上将瓦德西到天津后,各国兵归他统管,要求若不严惩有罪行的亲王等不会收兵。

作为一种高傲姿态,瓦德西与德公使穆默在天津,没有与年迈体弱、老眼昏花的李鸿章会面,反而派兵进入静海地区显示军威。

张之洞觉得董福祥以大话欺骗人,一误再误,将流毒散布京城,从未与外国兵开战,遭到民众的痛恨。等联军逼近北京时,他带兵出城沿途抢劫居民的财产。必须先铲除十恶不赦、挟制朝廷的董福祥,换取各国召开和会,收复北京与天津。

为此,张之洞与刘坤一、袁世凯等商议后,闰八月初十联名上奏,先向慈禧列举董福祥的罪过:"此次义和团仇恨教徒等,给国家带来空前未有的危机,董福祥负有不可推卸的责任。他平日自吹能抵挡外国兵,五月下旬残害外国官员,六月以来专攻使馆,军营有一半将士与匪徒勾结焚杀、劫掠,严重扰乱京城的公共秩序。既不听大学士荣禄的调动,也不执行皇上的旨意。

"董福祥罪恶多端,不仅深为各国仇恨,也引起天下臣民共愤。他增兵自卫,谋取私利、欺骗皇上,绝不考虑大清江山,也不为太后及皇上的安危着想,若不及早防备他,恐怕后患难测。我们焦灼急迫,不敢不直接奏请,能否发出旨意,由吏部讨论处分董福祥,并罢免他的军权。"②

慈禧不知李鸿章何时与各国达成议和,担心联军占据保定后要进攻太原报复,短期不可能回北京。而西北风吹过干旱的山西黄土高原,刮起满天尘土,居住及生活条件恶劣,而且不通电报,辗转延误,于闰八月初七发出旨意,要到遥远的西安躲避。

闰八月十八日,李鸿章到达北京,联军派兵出城迎接并放炮致敬。他立

---

① 顾廷龙等编:《李鸿章全集》第 27 册,安徽教育出版社 2008 年版,第 354 页。
② 以上奏折参见苑书义等编:《张之洞全集》第 3 册,河北人民出版社 1998 年版,第 2169—2170 页。

即与庆王奕劻会面，将美国外交部要严惩的祸首、德国要将那些犯罪分子处死的名单给他看，并说若此时自行惩办，可以阻止联军西进。

"我昨天到北京，与各公使商议何时召开和会，惟有俄、德公使在天津没有回来，必须等候。德国皇帝来电要严惩为首的凶手，美外交部有相同的看法。联军开赴保定接传教士，若地方官友善接待，或许能免除受惩治，尚无进入山东的意图。经过暴徒、联军等破坏，京城破败不堪，除宫殿以外，无一幸免。"闰八月二十日，李鸿章致电张之洞①。

因义和团毁坏保定教堂及伤害传教士等 20 多名外国人，闰八月二十日，德、英、法、意共率兵 1 万人，由北京出发攻保定。英国公使对李鸿章说："请电告地方官，如联军到达保定，应当以肉、酒等犒赏大军，在各国看来不为过分，只向城开一炮并烧去门楼。倘若官兵还击，必定开炮摧毁全城。"②

以保障和谈内外一致、减少周折，闰八月二十日，军机处奉旨宣布："庆王奕劻为议和全权大臣，会同李鸿章妥商各事，刘坤一、张之洞仍遵前次旨意会商办理，并准许见机行事。"③

联军要求光绪帝回来代表清朝与各国商谈，并要先惩处首犯，否则不可能撤军。光绪二十六年(1900)闰八月二十三、二十四日，美国特使柔克义到湖广总督府拜访张之洞时说："我劝你们早日完成和谈，你有什么想法？"

"我托美国邀请英、日，劝各国召开和会。"张之洞回答。

"切盼皇上回宫，便于促请各国参加。"柔克义说。

"外国兵未撤走，皇上不免有忧虑，不便于立即回宫。到陕西并非迁都，事后必定回来。陕西发电报快捷，便于商议条约。"张之洞向他解释。

"皇上未惩办包庇义和团匪徒的同党，仍让他们跟随，如何开和会？"柔克义反问。

"朝廷必定惩办同党，但我不知皇上对他们定罪轻重。"张之洞说。

"两江总督刘坤一也有相似的说法，但皇上至今未惩办他们，无进一步

① 顾廷龙等编：《李鸿章全集》第 27 册，安徽教育出版社 2008 年版，第 338 页。
② 北京大学历史系、中国近现代史研究室编：《义和团运动史料丛编》第 1 辑，中华书局 1964 年版，第 33 页。
③ 苑书义等编：《张之洞全集》第 10 册，河北人民出版社 1998 年版，第 8374 页。

行动，我们如何劝各国和谈？"柔克义紧问。

"如何进一步行动？"张之洞请他解答。

"必须令这些同党远离皇上，派人看管他们，不干预政务，不与朝廷的大臣串通一气，如此才能开会。"柔克义向他指出。

"皇上命令他们离开后，自然不能干预通气，但不必派人看管。"张之洞说。

"我将电告美外交部、驻京康公使。"柔克义说。

"各国要哪些人远离皇上？请你们明确告知，我才能联名上奏。不然，我如何揣测？"张之洞向他发出疑问。

"我必定请各国开出姓名。"柔克义回答。

"既然美国愿意迅速开会了结，我非常感谢。只是北京至天津电报要四至五天才能到，岂不迟误？恳请你们将行军电线借我通密电。"张之洞要抢时间。

"可行，我立即电告康公使。美国不改变保持中国主权及领土完整的宗旨，其他国是否有变难料。"柔克义回答。

会谈后，闰八月二十四日晚上，张之洞将柔克义的意见电告刘坤一、盛宣怀、袁世凯①。

如柔克义向张之洞的表述相似，光绪二十六年（1900）八月以来，美代理国务卿希尔先后向俄、德、法等驻美代办表明立场：期待光绪皇帝返回北京，恢复清帝国的政权。应由清政府罢免及惩办伤害美国公民的罪犯并赔偿损失，以和平解决，消除彼此之间的对立。

"美国政府相信，如果各国在最初一致声明，决心维护中国领土完整和行政统一，决心促进中华帝国和全世界之间开放平等的通商利益，那么正如法兰西共和国政府预料，这一步骤将会对中国皇帝及其政府的决心，必进一步产生良好的影响。"闰八月二十六日，美国国务卿希尔致法国驻美代办的备忘录中讲道②。

---

① 以上交谈参见苑书义等编：《张之洞全集》第 10 册，河北人民出版社 1998 年版，第 8348 页。
② 天津社会科学院历史研究所编：《1901 年美国对华外交档案》，刘心显等译，齐鲁书社 1984 年版，第 31 页。

联军不仅要惩办董福祥及刚毅等亲王,还将荣禄与他们相提并论。闰八月二十七日,刘坤一致电张之洞:"我为联军要惩处荣禄感到很惊骇,想致电庆王奕劻,向各国为他澄清,如你联名更有力度。"

张之洞与荣禄素不相识,没有建立私人交情,但荣禄深得慈禧的信赖,对国务决策有一言九鼎的作用。借此保护荣禄不受联军惩处,便于请他说服慈禧议和,再对其他亲王定罪。

于是,张之洞与刘坤一联名致电为荣禄树立正面形象:"当义和团的匪徒烧掠时,荣禄奏请七次剿匪未得到允许,六月初有电报可查,曾经登报,中外共知。董福祥放任匪徒,酿成此次灾祸。董福祥还派兵协助匪徒攻使馆,荣禄奉令禁止,他拒不听从,立刻杀害两名官员。荣禄孤掌难鸣,苦心调护,始终以保使馆为主。

"匪徒与官兵未攻下使馆,要用开花大炮轰炸,被荣禄阻止。荣禄与刚毅、董福祥办事迥然不同,何能一并惩处。荣禄身负重任尚知大体,现在要依赖他与各国斡旋。务请庆王奕劻、李鸿章向各公使及联军如实表白。"①

保荣禄时,张之洞认为前任山西巡抚毓贤,不执行皇上发出保护教堂、教徒的旨意,反而以仇教的心态,派官兵及纵容义和团烧毁教堂、伤害教徒等,必须惩罚他,给各国树立一个遵照国际公法、保护人民安全的形象,有利于劝阻联军不进入山西。

"毓贤已被太后、皇上免除职务,现在不知是否仍驻山西平定县。他任巡抚时招引匪徒,围杀数十名传教士,为各国深恶痛绝,联军必借口剿匪攻山西,能否发出旨意严惩毓贤,命令他远离山西,并令新任巡抚锡良严剿山西匪徒,保护传教士、信徒、教堂等。"光绪二十六年(1900)闰八月二十八日,张之洞与刘坤一致电设在西安的军机处,请转告慈禧②。

联军用行动打破慈禧袒护要犯的幻想,九月初一,他们在保定抓捕曾支持义和团残杀无助的传教士、教徒及烧毁教堂的布政司廷雍等官员,将廷雍、守尉奎恒、参将王占魁等押到大堂,按大清法律审判。九月初六,经联军

---

① 以上参见苑书义等编:《张之洞全集》第 10 册,河北人民出版社 1998 年版,第 8349—8350 页。
② 苑书义等编:《张之洞全集》第 3 册,河北人民出版社 1998 年版,第 2173 页。

司令瓦德西批准，为他们敲响了判决死刑的丧钟。

"据从保定回北京的外国人讲述，河北传教士控告，今年六至七月，匪徒奉廷雍的命令，杀害传教士男女 20 多人，并百般凌辱。联军司令听了极为愤怒，将廷雍等 6 名官员枪决，再把沈家本押到天津审讯，并放火烧毁了保定官府办公楼。"九月十二日，李鸿章电告军机处①。

忍受长途跋涉的艰辛，九月初四，慈禧太后等人逃到西安。但她面对联军要处决要犯，难以下手惩办一路保护自己的董福祥。首犯之一的刚毅，跟随她逃亡时中途病逝。

"此次慈禧与皇上等，仓皇奔向西北，忍受灰尘、饥寒，坐马车在崎岖的泥土路上行驶，备尝艰苦到西安。我每次受召见时，看到太后及皇上刚说话，泪流满面。听说他们讨论公事后，往往长吁短叹，眼泪流到衣襟，或半夜彷徨、深夜起来站立。他们为烽火四起、危难逼近，难以吃饭安心睡觉。"九月初八，陕西巡抚岑春煊致电各总督②。

不容慈禧拖延，九月初四，美国驻华公使康格与其他国公使充分商讨后，要求对 11 名官员处以死刑：端王载漪、庄王载勋、怡王溥静、辅国公载澜、董福祥、毓贤、刚毅、赵舒翘及英年等③。

慈禧以惩处皇亲国戚换取回宫

如何回应各国要严惩的官员？张之洞觉得若自行提出处决罪有应得的端王、庄王等王侯，会激怒慈禧，要促动讨得她欢喜的荣禄劝说：如不重惩祸首，各国不会开和会、联军不会停止进兵，中国断然无雄厚的军力应对。他们多占一天就会多增加赔款，将来会提出更苛刻的条款。

"等荣禄到西安后，我们密电他，请他劝太后处决祸首，有望能取得几分效果。若荣禄不听从，哪有转机？要请荣禄劝慈禧保持忍耐，不可只顾面

① 顾廷龙等编：《李鸿章全集》第 27 册，安徽教育出版社 2008 年版，第 381 页。
② 同上，第 393 页。
③ 天津社会科学院历史研究所编：《1901 年美国对华外交档案》，刘心显等译，齐鲁书社 1984 年版，第 48 页。

子,不可代有罪的大臣受累,不可再琢磨延误时机。"九月十八日,张之洞致电刘坤一、袁世凯、盛宣怀商讨对策①。

得知荣禄到达西安后,光绪二十六年(1900)九月二十日,张之洞致电他:"今日不比寻常讨论条约,可以持久磋商,拖延愈久,将来条款愈对我们不利,会导致中国不能自立。太后及皇上西迁以来,已经备尝艰险,若各国改变和谈宗旨,更难支撑大局。惟望你发挥回天之力,力劝太后息怒忍受,从长计议而保大清帝国。"②

让张之洞等大失所望:荣禄到达西安拜见慈禧、光绪帝后,不敢请求慈禧按联军的要求处决毓贤、自己提拔的董福祥等人,抱着保全自己的官位、回避各国的压力、掩盖慈禧过错的态度应付。

应对各国公使要重惩首祸,慈禧抛出一个只撤职的处分名单,九月二十二日,总理衙门奉她的命令,经盛宣怀转电李鸿章等:"撤销端王载漪的爵位,与庄王载勋交皇家事务府监禁,等平息后发往沈阳永远限制自由。被撤销爵位的怡王溥静、贝勒载滢,交皇家事务府管制。贝勒载濂被革去爵位,在家闭门思过。对辅国公载澜停发俸禄,降一级调用。都察院左都御史英年,降两级调用。前史部尚书刚毅,包庇匪徒,本应严惩,现已病故,免予处罚。刑部尚书赵舒翘查办匪徒,草率从事,上奏掩盖事实,撤职留任。前山西巡抚毓贤,纵容匪徒残害传教士、教徒,情节严重,发往边区充当苦差,永不准返回。"

同一天,军机大臣荣禄、王文韶、鹿传霖致电李鸿章等:"此次挑起祸害的各大臣,朝廷已从重惩办。惟有不能立即撤销董福祥的职务,要延迟处分。请你们婉转告诉各公使,消除他们的疑虑,不让朝廷为难,切记。"③

九月二十七日,李鸿章收到荣禄对以上人员处分的解释:"虽然太后还没有按联军的要求,诛灭一个纵容匪徒的官员,但他们被监禁充军永无释放,与处决没有差别,似乎可以平息外国的愤怒举行和谈。平心而论,太后、皇上为天下忍辱至今,乘坐马车流亡异地,京城附近的人民生活极度困苦,

① 苑书义等编:《张之洞全集》第 10 册,河北人民出版社 1998 年版,第 8385 页。

② 同上,第 8392 页。

③ 以上参见顾廷龙等编:《李鸿章全集》第 27 册,安徽教育出版社 2008 年版,第 405 页。

皇上面容憔悴，不知能否化解国家危难。惟望你手持皇上悔过、惩办凶手的诏书，即刻与各国商议赔款停战，只有早一日和谈，太后及皇上才能早一天获得平安，国家与民众早一日脱离灾难。"①

各国公使不能接受慈禧只发一纸对载漪、载勋、毓贤等人撤职，却不判他们死刑的空文，怀疑荣禄袒护罪行累累的董福祥等，要对清朝采取制裁行动。

法国副提督巴爱美等，德提督盖斯雷、总领事克纳贝等，英领事孙德雅，先后拜访刘坤一问："皇上何时回宫？为何没有严办祸首？毓贤、董福祥的罪行尤为严重，必须诛灭！"

"中国极愿与各国立即召开和会，迅速结束争执。太后及皇上日夜操劳，一时难以返回。"刘坤一请他们谅解。

与他们会谈后，十月初一，刘坤一致电张之洞："英驻南京领事孙德雅对我说：'董福祥为祸首，外国人对他切齿痛恨，各驻京公使已照会全权代表李鸿章，请迅速将董福祥调开严惩，并要两江、湖广总督联名弹劾他，若照办立即开和会。'"②

与之相似的是，英驻汉口领事法磊斯拜见张之洞直接问："皇上何日回北京？"

"联军未撤走，北京及周边没有恢复安宁，皇上如何立即回宫？我断然不敢奏请。你们请皇上回宫有何用意？"张之洞反问他。

"皇上回宫可以离开董福祥，避免他挟制朝廷。"法磊斯说。

"等皇上回宫，为期比较远，不能耽误和议。若将董福祥调离，你们能否立即开和会？"张之洞问。

"你们将董福祥调走后，我立即电告英驻京公使，听取他的意见。"法磊斯回答。

以各国公使的催促向慈禧传递压力，十月初二，张之洞与刘坤一联名致电设在西安的军机处："庆王奕劻、李鸿章与各国公使商谈和会时，他们要求

---

① 以上参见顾廷龙等编：《李鸿章全集》第 27 册，安徽教育出版社 2008 年版，第 408 页。
② 以上参见苑书义等编：《张之洞全集》第 10 册，河北人民出版社 1998 年版，第 8413 页。

先惩办祸首,否则横生枝节。八国战舰云集上海吴淞,若合力进攻,沿江各省不能抵御。目前山穷水尽,无军力可战,和谈不能再犹豫,愈久愈不可收拾,大清几百年的江山,不能因这几个主犯坐等危亡。恳请皇太后、皇上独断,即使暂难严惩董福祥,也要设法收回他的兵权,远离朝廷,以消除各国的怀疑。"①

掂量张之洞奏请的意义,慈禧以调走董福祥回应。十月初五,荣禄致电李鸿章:"各国要求排除董福祥,自应照办。现在他统管的 30 营已减少三分之一,而骄横的将士仍跟随他,立即撤销他的兵权,部下或许发生兵变。采取撤职留用处分,先让他带领部队回甘肃,以表明不追究他的责任,再作其他考虑。在此危急万分之时,我怎能袒护一个将领而妨碍大局,请你体谅我的苦衷。"②

只调走董福祥,张之洞不能宽恕,十月初十,致电刘坤一、袁世凯等:"请各位能否体察详情,遵照旨意酌量上奏,看朝廷有何办法,若肯重惩数人,各国虽不满,可纾缓愤怒。惩办数人后立即发国书,婉转商议,或允许各国会酌减数人。若此时不惩办一人,各国必然要重惩 11 人,无从商议减少人数,也不允许召开和会。"

按张之洞的提议,十月十三日,刘坤一起草奏折稿发给他:"恳请太后、皇上发出旨意,将载澜、赵舒翘、英年撤职,刚毅查办土匪存在包庇,虽已经去世应该撤职;毓贤、董福祥情节最严重,不可宽贷,请立即处决他们。"③

十一月初四,俄公使格尔斯到李鸿章住处密告:"除毓贤、董福祥情节最重,不可赦免以外,庄王、刚毅、英年、载澜曾张贴奖赏告示,杀 1 个外国人赏 50 两,杀 1 个外国妇女赏 40 两,杀 1 个外国孩子赏 30 两,各使馆揭去这个告示,特别痛心,若能将他们诛灭,或许能平息各国公使的怒火。赵舒翘长期在总理衙门,仇视外国人,此次谋国不忠,祸害非常大,不可宽恕他的罪

① 以上参见苑书义等编:《张之洞全集》第 3 册,河北人民出版社 1998 年版,第 2177—2178 页。
② 顾廷龙等编:《李鸿章全集》第 27 册,安徽教育出版社 2008 年版,第 423 页。
③ 以上参见苑书义等编:《张之洞全集》第 10 册,河北人民出版社 1998 年版,第 8433—8434、8441 页。

行，应尽快惩治。"①

李鸿章多次探询俄、日、美三公使，对惩办董福祥等祸首的看法，并付出耐心与各公使商谈几次，十一月二十七日致电军机处："我与各公使再三商议，提出先将董福祥撤职，等候查办应对。"

慈禧要依赖荣禄协助自己掌权，必然要他给面子不能轻易下令处死董福祥。军机处按她的意图，仍以处决董福祥会引起部下叛变为由，十一月二十八日，致电李鸿章等："还望你们深思审慎，极力设法，向各公使说明朝廷万分为难，消除他们的怀疑，以后决不会再发生后患。"②

荣禄编造的谎言只能欺骗自己，十二月十七日，各国公使开会，明确告诉参会的李鸿章："各亲王指使官兵及匪徒，围攻使馆两个月。现查出庄王载勋、端王载漪、辅国公载澜、前山西巡抚毓贤以及董福祥、英年、赵舒翘罪行严重。礼部尚书启秀、刑部左侍郎徐承煜纵容匪徒伤害传教士、教徒，毓贤仇恨外国人及传教，伤害多人，以上除身亡的人应追夺官职以外，其余的人应判死罪。"③

当天，李鸿章将公使的意见电告军机处。他接连几天为减轻处罚与各公使争得口干舌燥。对方丝毫不让步，以处决主要凶犯、赔款，决定联军撤退时间。

寒冬腊月到来，猛烈的西北风吹过黄土高原，带动西安气温急剧下降。慈禧听着窗外怒吼的北风，感到极其难受，不禁痛恨载勋等亲王昏庸无知，听信义和团的邪术，不遵照旨意剿匪，反而纵容他们到处放火抢劫、伤害教徒，带动几万义和团成员涌到北京，酿成危及大清帝国的灾祸。

反思后，慈禧不能再保庄王、毓贤等，必须以加重惩处，换取联军撤出北京，便于尽快回到宫殿享受任意挥霍、应有尽有的奢华生活。

听从她的命令，光绪二十六年（1900）十二月二十五日，军机处奉旨发布："庄王载勋纵容匪徒围攻使馆，擅自发出违背公约、伤害外国人的告示，

① 顾廷龙等编：《李鸿章全集》第 27 册，安徽教育出版社 2008 年版，第 475—476 页。
② 以上参见顾廷龙等编：《李鸿章全集》第 27 册，安徽教育出版社 2008 年版，第 513 页。
③ 同上，第 547 页。

又轻信暴徒的谎言,枉杀多人,实为愚昧残暴、冥顽不化,现勒令他自尽,派左副都御史葛宝华监视执行。端王载漪与其他亲王,听信匪徒的鼓惑,要朝廷对外宣战,难以推卸罪责;辅国公载澜随同载勋发出告示,咎由自取,已经撤销他的爵位。但念他是王室宗亲,给予恩赐,发配新疆永远监禁。山西原巡抚毓贤,放任暴民残害传教士、教徒多人,极为昏庸凶残,为罪魁祸首,已经把他发到新疆,现传令就地处决,派按察使何福堃前往监视执行。

"被撤职留任的甘肃提督董福祥,带兵入北京,纪律涣散,又不懂对外交涉,大意鲁莽,虽受其他亲王指使围攻使馆,难逃责任,本应重惩,但他在甘肃立下功勋,得到当地民众的拥护,现格外从宽,将他撤职调走。都察院左都御史英年,曾阻止载勋私自发出告示,但未能制止,要承担未尽到职责的后果,判为关押等秋后处死。撤职留任的刑部尚书赵舒翘,平时尚无排斥外国人的举动,查义和团暴乱时,也无包庇,但草率从事,定为监禁秋后处死。"

但英公使萨道义觉得监禁等待处决以后会放人,派参赞杰弥逊向李鸿章说:"我们接到英政府来电,不能免除赵舒翘的死罪。"

"是什么原因不能免除赵舒翘的死罪?"李鸿章问他。

"赵舒翘一味附和刚毅,将匪徒当作忠义的人,去年冬天他起草不禁止办义和团的旨意,成为推动义和团的证据。他还迎接到北京的匪徒,并由团民护送家属离开北京,京城大部分人知晓,必须判他死刑。"①

当初,毓贤任山西巡抚到北京向皇上谢恩时,极力吹嘘义和团神通广大。他到山西后向各府州县发出公文,以便于保护的名义诱骗教会人员到太原,并要上交财产,不然遗失不能赔偿。各教会人员信以为真,先后有70多人到太原,将财物交官府收管。他等这些人到齐后,带领亲兵在城西将所有教徒杀害。

恶有恶报,光绪二十七年(1901)正月初四清晨,兰州地方官率兵到毓贤的寓所,宣布皇上处决他的旨意。他听到这个命令先叫两个夫人自杀,再到屋内写永别人世的遗书。

因毓贤曾任巡抚,不能被一般的刽子手处死,而是由一名军官奉命行

---

① 以上参见顾廷龙等编:《李鸿章全集》第27册,安徽教育出版社2008年版,第570—573页。

刑。凌晨5时，毓贤走到门口时，地方官命他跪下，随即行刑，一刀没有砍中。毓贤的一名仆人举刀砍断了他的喉咙，免得主人受痛苦①。

同年正月初三，经兵部左侍郎葛宝华监视，庄王载勋在山西蒲州结束自己充满罪恶的一生。正月初六，在陕西巡抚岑春煊的监视下，英年和赵舒翘以自尽终止生命。

正月初八，在公众的围观下，刑部梁仲衡等将撤职的军机大臣、礼部尚书启秀、刑部左侍郎徐承煜，押到北京珠市口处决。

原来军机处被刚毅、启秀、赵舒翘、端王载漪等操纵，成为代表清朝排斥西方法治、工商、教育等先进制度的腐朽集团。这次，慈禧受到各国逼迫，将他们当作高级垃圾清除，先后委派荣禄、鹿传霖、瞿鸿禨到军机处，这有利于张之洞、刘坤一等推行变法。

张之洞劝告各国降低赔款

运用外交阻止俄国强行订立侵占东北的约章时，张之洞要知道各国议定的和会条款，对中国有哪些限制，光绪二十六年（1900）十月二十八日，致电驻日公使李盛铎等："我奉旨会商条约，渴望与各国永远和睦相处，而长久得不到确切的消息，无从筹划，焦急万分。务请你们与所在国外交部协商，将草拟的条款详细告诉我，不要等各国议定后要我们限期答复，让我们措手不及、办理不当。"

"我询问日本外务省，有无要皇上独立行使最高权的规定？他们说，虽无此款，但各国要太后到深宫颐养，让皇上专心执政，彼此没有猜疑。我说，既然如此，千万不要列入这个条款，有损中国面子。"十一月初一，李盛铎回电②。

十一月初三，李鸿章以感冒不便于外出，让庆王奕劻到日本使馆与各国

① 天津社会科学院历史研究所编：《1901年美国对华外交档案》，刘心显等译，齐鲁书社1984年，第221页。
② 以上参见苑书义等编：《张之洞全集》第10册，河北人民出版社1998年版，第8452—8453页。

公使会面。日本公使将各公使于十月二十九日议定的和约大纲交给他，上面列举了匪徒在北京伤害人员、烧毁房屋、抢劫等残暴行为，并提出了包含惩罚性的十二条要求：

"一、派亲王专程到德国柏林，代表中国皇帝为前任德公使被害表达悔过，在遇害处树立碑文。二、依据各公使提出的祸首名单，必须按罪行轻重严惩，防止再发生。三、因日本使馆参赞杉山彬被害，中国必须用庄重的礼仪向日本政府道歉。四、中国须在各国曾遭污渎发掘的坟墓处树立石碑，以昭示忏悔。五、不准制造军火的材料运往中国。六、各国人及为他国办事的中国人，因暴乱遭受财产损失，中国应筹款公平赔偿。七、各国应自主常驻兵队护卫使馆。八、必须留出北京至天津海边来往畅行的通道，对有阻碍的天津大沽等炮台，要一律削平。九、为防止北京至天津海边的道路被隔断，各国应自主酌定数处留兵驻守。十、中国皇帝要发布通告，在各府、州、县张贴两年，上面载明：永禁军民等仇视各国团体，违者处死。十一、凡通商行船各约以及关于通商事宜，各国可提出修改。十二、总理衙门必须革故更新，各国钦差大臣拜见中国皇帝的礼节应一体更改，如何变通由各国酌定。"①

庆王奕劻、李鸿章阅览这十二条，感觉他们态度坚定，不容更改约款。大清帝国的江山及皇家陵园被八国掌握，稍有抗议，会立即遭到他们压迫。惟有恳请太后、皇上顾及国家安危、民众的困苦，迅速决断遵行。因而他们当天将大纲电告军机处。

慈禧感觉西安生活条件太差，急于要回豪华、舒适的北京宫殿，不能久拖，召集军机处大臣荣禄、王文韶等商量后，以换取外国早日撤兵。十一月初六，军机处奉旨致电庆王奕劻、李鸿章："阅览你们上奏的大纲各条，不胜感慨。以敬念祖宗、国家安危为重，不得不委曲求全，接受大纲十二条。但权衡轻重，有些条款要仔细审阅，你们要依照荣禄等来电列出的要点，与各国委婉协商，争取稍有修正。"②

十一月初五，张之洞接到盛宣怀电告大纲十二条看了后，希望波及各地

① 以上参见苑书义等编：《张之洞全集》第 10 册，河北人民出版社 1998 年版，第 8465—8467 页。

② 顾廷龙等编：《李鸿章全集》第 27 册，安徽教育出版社 2008 年版，第 482 页。

一年多的动荡尽快结束，保大清帝国恢复正常运行，却不能接受有些损害中国权益的条款。

"我看到第五条'各军火材料不准运中国'，感到万分焦灼。若全部答应，中国永无抵抗外国的武器，如何立国？各省枪炮局会关闭，不仅不能走向自强，而且官兵不能威慑土匪，以致内乱四起，不能保护外国商人、教堂。请你与日本政府商议，劝告各国将禁运军火材料这一句删除，只暂时限定几年。"光绪二十六年（1900）十一月初六，张之洞致电驻日公使李盛铎。

为唤起其他督抚站出来反对，十一月初十，张之洞致电刘坤一、袁世凯、盛宣怀等："我特别关注外国禁运军火材料、在北京与天津驻军两件事，必须想办法修改。若中国任由外国人掌权，以后包含强行的条款日益增多，导致主权丧失，军火材料断绝，那大清帝国只能束手待毙，朝廷也难持久，这两条不稍加修正，其他条款不必讨论。"①

慈禧、光绪帝等赞同张之洞指出的第五条，禁运军火会阻碍中国自强，指示军机处于十一月初九，电告庆王奕劻、李鸿章："与各公使再协商，将禁运军火材料这一句删除，并议定暂时禁止年限，比较妥当。"②

张之洞要最大限度地避免各国损害中国主权、增加人民的负担，不断电告李鸿章要降低风险。李鸿章觉得他的电文太长，有许多不切实际的空话，以全权代表身份，不与他商量自作主张，而且自己身体每况愈下，没有精力为修改大纲，与各国展开唇枪舌剑的争论，盼望皇上早日批准订约。

不和谐的背后还有不同的外交路线：张之洞与刘坤一要联合日本制衡俄国，收复东北。李鸿章在中日战争后到俄国签订密约，倾向与俄国建立亲密的情感，带动其他国降低赔偿。

慈禧欣赏张之洞的博学多才与忠诚可靠，将他当作自己的高级参谋，为促成联军撤兵、减少要挟等提出建议，要李鸿章随时与他沟通，找到稳妥的方案，切勿草率订约。李鸿章拥有全权身份，年龄又比张之洞大十几岁，享有老资格，不轻易放下架子接受他的指点。

---

① 以上参见苑书义等编：《张之洞全集》第 10 册，河北人民出版社 1998 年版，第 8470—8471 页。
② 顾廷龙等编：《李鸿章全集》第 27 册，安徽教育出版社 2008 年版，第 488 页。

十一月十四日,李鸿章电告军机处:"张之洞对各国要在北京、天津驻很多兵的判断不正确,他在外任总督多年,虽稍有阅历,但仍有 20 年前在北京翰林院,自我清高的书生习气,仍像局外人随意论事。"

为尽早订约,十一月十六日,李鸿章致电军机处,表明不再与张之洞等商议:"各国正在赶抄条款,预备互换,期限紧迫。倘若他们近日约定会面,我只有遵照旨意办理。我与刘坤一、张之洞等,对大纲改正的意见相距太远,不知他们的想法,若随时电商,恐怕延误时机。"①

听到李鸿章嘲讽自己,十一月二十二日,张之洞电告刘坤一、袁世凯、盛宣怀:"李鸿章挖苦我书生气太重,但我的书生气,胜过他目中无人的坏习惯。英、德领事对我草拟的和约大纲,极愿意详细决议,语气平和,没有流露怨恨,德公使给予道谢。与外国人容易说话,而与中国人反难说话。李鸿章上奏大纲不与我们协商,令人很生气。"

"几个月以来,你为顺利召开和会付出了许多心血,期望找到补救办法,明知不可为而为之,我们不计较李鸿章固执己见。当今能有几个人像你为国分忧?时局如此艰危,太后及皇上日夜操劳,何以忍心耿耿于怀?惟有知无不言,言无不尽,做到尽臣子的义务。"十一月二十三日,刘坤一来电安慰张之洞②。

反复向皇上说明难以改定和约大纲后,十一月二十五日,李鸿章代表清朝以悔过担负责任,保证以后不发生类似武力攻击使馆等事件,与各公使签订了大纲。

达成大纲后,各国公使召开和会,以清朝官兵及义和团攻击使馆、伤害传教士、烧毁房屋,造成人员伤亡、财产损失,提出一笔巨额赔款。

如果不限制各国提出的赔款,会加重清朝财力枯竭,将民众推向水深火热。山西、河北、山东的义和团残害传教士、烧毁教堂、房屋以及逃散的将士抢劫,有些村的农民逃亡后,无人耕种的田地荒芜,几乎看不到人烟。

十二月二十八日,美国公使康格与其他国公使讨论中国如何赔偿,建议

---

① 以上参见顾廷龙等编:《李鸿章全集》第 27 册,安徽教育出版社 2008 年版,第 494—496 页。
② 以上参见苑书义等编:《张之洞全集》第 10 册,河北人民出版社 1998 年版,第 8488—8489 页。

在中国偿付能力范围内要一笔总赔款,缩减其他国不切实的比例,没有获得他们的赞同。德国公使则坚持中国有能力偿付所有要求的全部款项①。

光绪二十七年(1901)三月初五,美国来华特使柔克义应外交团的请求举行会议,讨论美国如何要中国赔偿,提出的原则是:不得以去年六月义和团的动乱,作为获得中国领土或任何其他特权的借口,赔偿只能支付金钱。不应超过中国的支付能力、不应造成严重的财政困难,损害这个国家的行政以及行政改革、所有外国的利益等②。

柔克义向各位表明:不能再增加任何不恰当的要求,要防止排外骚乱重新发生。尽可能避免因清朝赔款对中国老百姓开征新税。否则,会加深和延续他们的敌对情绪,希望各国削减赔款比例。

张之洞的应变策略是:抓住各国扩大对华贸易的心理,要求减少赔款、分年支付、不向外国银行借款,损害中国财政,避免拖累中国几亿贫苦农民及中小商人。

假如各国索取现银,带动中国各地官府加倍征税,吸尽农民、商人的有限资金,并向银行借款增加赔款成本,以常规税、关税、盐税、盐费等抵偿,会导致经济崩溃陷入大萧条,给国家带来不可消化的大灾难。

从驻德公使吕海寰来电,张之洞得知德国对赔款撤兵愿给予道义支持,应顺势推进减少赔款。三月十三日,致电军机处、刘坤一:"我听说各国索取现银共4.5亿两,分3年还,每年还本息3000万两,共要支付9亿多两,感到不胜焦灼。日前德国首相在议院表明,不愿耗尽中国财力,也不准公司借此谋利。若德肯减少赔款带动其他国家,分10年摊还,勿索现银。假如赔款减至4亿两,以加征进口税、土特产税、进口鸦片税等获取4000多万两,分10年可以还清。"③

同一天,他将减少赔款、分年支付、避免外国干预中国财政的对策,电告

① 北京大学历史系、中国近现代史研究室编:《义和团运动史料丛编》第1辑,中华书局1964年版,第95页。
② 天津社会科学院历史研究所编:《1901年美国对华外交档案》,刘心显等译,齐鲁书社1984年版,第178页。
③ 苑书义等编:《张之洞全集》第10册,河北人民出版社1998年版,第8556—8557页。

李鸿章,作为与各国谈判的一个条件。

刘坤一与张之洞的意见相似,三月十八日致电盛宣怀转李鸿章:"前次与美外交部协商,对方支持降低赔款、分年支付,愿意电告来华特使柔克义。柔克义说美国政府认为中国现有的财力,最大能赔3.1亿两。我们要委托柔克义说服其他公使减少赔款。"①

常规的关税、盐税容易收取,加征会引发走私团伙,降低地方办学、练兵支出,过多种鸦片收税会阻碍农民种庄稼,带动更多人抽鸦片。张之洞想按人口摊派,但他知道中国有几亿贫民以耕种糊口,缺少积累资产的机会,房产、股票、债券、汇票等财产极少,摊派会增加老百姓的负担,引起商人、乡绅、民众抗议。

参加北京和会的公使,于光绪二十七年(1901)三月二十二日,开会商议后,计算中国人口、土地、税收及赔款能力,要赔付各国银共4.5亿两,分39年付清,本利合共9.8223亿两,自本年开始偿付②。

偿款已定,张之洞觉得李鸿章成见太深,赔款办法太荒唐,以盐税抵赔款带来的危害是:盐贩子与匪徒等合作走私偷税漏税,危及长江流域的官方食盐销售,造成税源下降,仍需美动员各国减赔款。

"各国索赔4.5亿两,利息4厘,分30年还,每年须还2600万两。官方每年多向民间征收税费还赔款,必然导致商民更穷困,外国货必更滞销,与美振兴商务的宗旨相违背。请你与各国商议减轻赔款,并望将利息略减一厘、半厘。"同年四月初九,张之洞致电美来华特使柔克义③。

美劝各国减少赔款及利息,没有得到他们的积极响应。经历逃难的慈禧不像张之洞,要尽力降低赔款本息、减轻老百姓的负担,她在西安想起往日在皇宫过着随心所欲的生活,对照如今处于危困的境地,无时无刻不感到悲凉、忧伤,急于回到京城重温旧梦。

经她指示,四月初二,军机处奉旨致电盛宣怀转庆王奕劻、李鸿章:"务

---

① 顾廷龙等编:《李鸿章全集》第28册,安徽教育出版社2008年版,第182页。
② 北京大学历史系、中国近现代史研究室编:《义和团运动史料丛编》第1辑,中华书局1964年版,第43页。
③ 苑书义等编:《张之洞全集》第10册,河北人民出版社1998年版,第8578页。

必迅速议定和约，便于外国军早日撤退，决定回北京的日期。"①

处于被动状况的慈禧，没有资本再拖延，也缺乏耐心等待，为争取外国早日撤兵，只能以牺牲亿万人民的利益赔款。四月十二日皇上发布旨意，允许付给各国共 4.5 亿两，年利率 4 厘。

七月二十五日，李鸿章与各国公使签订了和约条款，赔偿本利 9.8 亿两白银，分 39 年支付。各公使代表本国得到应有的利益后，于八月初五，各国军队列队奏乐，举行仪式退出北京。

联军撤退后，张之洞一点也不轻松，为湖北分摊赔款 120 万两苦不堪言：过去借款、拖欠外国银行 40 万元，又新增无着落拨款 40 万元，防务、修铁路、救济等靠什么支付？ 必须向皇上要税收政策。

"湖北办学、制械、练兵、留学等，不能不赶紧举办，且其为各国关注的地区，断不能因循停缓，导致外国轻视。但财力枯竭难以筹款，惟有先加收盐费，较为容易实行，准备对销售到湖北的淮盐、川盐等，一律加抽四文，弥补各项开支。请向皇上代奏。"光绪二十七年（1901）九月十一日，张之洞致电军机处②。

仅靠加倍征收食盐销售费，短期难以凑足湖北应分摊的赔款。张之洞狠下心，增加全省鸦片收费。而内陆省亿万农民维持原始农耕，缺乏资本办工商业，不可能成为纳税大户，地方官府不足以分摊朝廷下达的赔款。一些巡抚呼吁张之洞联名上奏，请皇上降低对各省摊派。

"现依照刘坤一指出，各省分摊赔款量入为出，合计省得三成，请减少极为妥善，要让朝廷知道民众生活艰难，无钱交税，敬请您领衔会奏。"十月十六日，湖南巡抚俞廉三致电张之洞。

"对于会奏减少各省交纳赔款，张总督愿酌改有关内容，极为周密。无论你们何人起草奏稿，我愿意联名奏请。"十月十六日，江西巡抚李兴锐致电张之洞、刘坤一。

"我能够理解你的苦衷，各省税收不够分摊赔款，不妨约举大概数额，前

① 顾廷龙等编：《李鸿章全集》第 28 册，安徽教育出版社 2008 年版，第 203 页。
② 苑书义等编：《张之洞全集》第 3 册，河北人民出版社 1998 年版，第 2225 页。

次我回复刘坤一,他也流露此意,再电告他知道原因。你起草上奏稿子,倘若刘坤一不牵头会奏,请你主持上奏,我不胜期盼。"十月十六日,山西巡抚岑春煊致电张之洞①。

"各省缺乏财政收入来源相同,近来为赔款搞得焦头烂额,迄今无着落。你苦心为天下民众的生存考虑,我深感敬佩,哪有不愿联名会奏之理?"十月十六日,刘坤一致电张之洞②。

"您删除、修改联名上奏的稿子,显得比较周密,我钦佩至极,恳请您带头会奏。"十月十七日,两广总督陶模致电张之洞③。

看了各督抚来电诉说,张之洞深有同感,起草奏折稿子时,向皇上列举减少分摊的理由:"各省难以筹措分派的赔款,与民众穷困潦倒、工商普遍凋敝、无处寻找税源有关。去年发生义和团动乱以来,各省商人、农民元气大伤,历年各地经办筹款,早已竭泽而渔,若再严加搜括,民众不堪承受。

"沿江沿海收取的盐费,货物费,已抵还过去借的外债,上面拨补款大半无着落,近年加拨各款,多为有名无实,无法筹款交纳。自去年以来,南北各省因教案赔款多的省近300万两,少的省数十万两。即使无教案的省,摊派直隶教案赔款30万至数十万两,这来自各正规饷银以外的收费,导致民众对官府积下很深的怨恨。

"总之,无论如何加收税费、派捐,无非取之于民,民心构成评判国家治理优劣的一个标准。在民穷财尽时,倘若官府再尽力搜括民财供外国赔款,必然导致民众抱怨政府残暴无情,并向外国人发泄愤恨,后患不堪设想。

"我们身为享受厚恩的地方大臣,若因筹赔款发生群体事件,罪过深重。若专凑赔款,将办学、练兵、农、工、商等,一切有利民生及自强的政务一概搁置不办,会导致民心涣散、士气背离、国力虚弱、外侮更大、内乱将起,不能支撑国家正常运行。"

讲述只顾交纳赔款的负面性,张之洞向光绪帝指明,既减轻民众负担又

① 以上参见虞和平主编:《张之洞档》第 89 册,大象出版社 2014 年版,第 160—161、166—167 页。

② 苑书义等编:《张之洞全集》第 10 册,河北人民出版社 1998 年版,第 8658 页。

③ 虞和平主编:《张之洞档》第 89 册,大象出版社 2014 年版,第 168 页。

可以筹款的办法:据海关赫德核计,每年从进口货物加税,可增 300 万两税收,能成为赔款的一个重要来源。

"我们恳请皇上开天恩,顾念民众生活十分困苦,难筹巨款,准许将各省分摊的赔款减免三成。或命令户部、盛宣怀及上海道台向汇丰、德华等银行借 540 万两应急,约定明年五月交一半银,一年归还,酌给利息。"光绪二十七年(1901)十月十六日,张之洞与两江总督刘坤一、四川总督奎俊、两广总督陶模、闽浙总督许应骙、云贵总督魏光焘、山东巡抚袁世凯、山西巡抚岑春煊、湖北巡抚端方、湖南巡抚俞廉三、江西巡抚李兴锐、安徽巡抚王之春、江苏巡抚聂缉椝、浙江巡抚任道镕、广东巡抚德寿、广西巡抚丁振铎、云南巡抚李经羲、贵州巡抚邓华熙、商务大臣盛宣怀 6 位总督(大臣)、12 位巡抚,联名致电军机处请转告皇上①。

以张之洞为首带动这些掌握地方大权的高官,形成一股要求皇上减少各省分摊赔款的浩大力量。他们要求尽可能动用中央政府储备资金或以关税还款,避免挤占地方有限的财政收入。

慈禧自知理亏:我垄断国家最高权力,不受制约、不顾风险、滥用权力对外宣战,换来了要赔偿各国 9.8 亿两的账单,开创 2 000 多年以来历代王朝从未有过的最高赔款纪录,相当于 10 多年的财政收入,包含了亿万人民的血汗钱。

现在她没有返回皇宫,仍要张之洞等督抚安抚各国公使,保地方不发生动乱,维持她的统治地位。适当降低各省分摊赔款比例,有利于换取他们的忠诚,继续向中央政府缴纳税收。

十月十八日,军机处奉旨致电张之洞、刘坤一等:"你们来电已转呈太后及皇上。你们请求将户部分派各省赔款减免三成,及明年五月到期如不足以赔款,可向外国银行借款,奉旨允许可行。"②

对一贯忠于自己、挽救危局的张之洞等,慈禧要加官重赏。十月二十八日,总理衙门奉她的命令宣布:"刘坤一、张之洞、袁世凯共保东南疆土,尽心

① 以上参见苑书义等编:《张之洞全集》第 3 册,河北人民出版社 1998 年版,第 2231—2233 页。
② 苑书义等编:《张之洞全集》第 10 册,河北人民出版社 1998 年版,第 8658—8659 页。

筹划,功勋卓著,应当给予奖赏。对湖广总督张之洞,赏加太子少保衔。"

"这是皇太后给民众施以恩德,皇上以信义昭示万国,带动天下人万众一心,恢复太平,国势转危为安的体现!"十一月,张之洞上奏感谢太后及皇上赏赐①。

经历逃亡的慈禧面容憔悴,过的不是称心如意,有一种从未有过的失落,有时偶尔召见大臣时,以如此惨痛的处境,不禁痛哭流泪,觉得无法面对祖宗及天下人民。

痛悔后,光绪二十七年(1901)八月二十四日,慈禧与光绪帝等从西安出发,行程两个多月后,于十一月二十八日回到北京,经永定门、正阳门进入皇宫。仿佛上天让她经历一场流亡的恶梦后,仍让她回到繁花似锦的世界。

从这次义和团事件的起因看,自鸦片战争爆发至 1900 年这 60 年,先后有道光、咸丰、同治、光绪及慈禧执掌政权,面对英、法、俄、日、德等强国入侵,只能以赔款、割地等苟延。

他们虽被迫允许通商、架电线、修铁路、购机器、开办工厂,却未认识西方以法治、经济、科技等有效制度,激发资本家优化配置资源,适应市场竞争机制以最大化创造财富。

他们未出台一个有效的政策,刺激民营企业蒸蒸日上,仍以王权与官僚维持机能已经腐化的帝国,排斥资本阶层的成长与发明创新。因而自强运动 60 年以来,消耗了不计其数的财力,没有实现梦想的富民强国。

终年在黄土地开垦的农民,遭受地主、富农、官僚花样翻新的摊派压榨,丧失土地、房屋,没有机会向知府、巡抚、总督直至皇上反映自己的贫苦,反而承担的税费越来越重,对贪官污吏积累的怨气日益加深。

八卦教、民团、神拳会等趁机由乡村向城市渗透,设立神坛,号称口诵咒语,能避开枪炮、法力无边等,吸引一批愚昧无知、要谋求出路的贫民参加,形成了有组织的势力。

他们不敢反抗有武装力量的官府,为获得自己的生存空间,他们以扶清灭洋为口号,伤害教徒、烧毁教堂,进而拆毁铁路、电线、新式学校。

---

① 以上参见苑书义等编:《张之洞全集》第 3 册,河北人民出版社 1998 年版,第 1853 页。

除了慈禧为酿成波及多个省的动乱开了口子外，端王载漪、庄王载勋、吏部尚书刚毅、礼部尚书启秀、都察院左都御史英年等权贵，也起了推波助澜的作用。

他们成长于小农经济、宗法与王权体制，只在私塾先生的指导下，读了几本强调等级制的经书，从未接受专业的法律、经济、历史、地理等教育，个人道德修养与学识极其低下，又长期生活在一个封闭的环境，不了解西方各国靠什么制度，从农耕文明转向工业强国。

他们对西方输入的民主法治、科技发明以及清朝被迫签订的通商等条约，视为动摇王权统治的洪水猛兽，用朝廷的权力阻止办航运、电报、铁路、开矿、学堂、留学等。

他们面对各国在北京设使馆、西方资本家将机器生产的商品销到各地，中国被卷进条约外交与商品经济时代，仍以王权高于一切、迷信鬼神的思维，排斥平等自由、科学技术。

八国联军击败清军占领北京后，用枪炮加条约勒令慈禧处死罪行深重的亲王、高官，并开出了巨额赔款的账单，给他们上了一堂王权不敌枪炮的课！

第五章
设计新政扭转王朝衰弱

得到慈禧授权，张之洞起草新政纲领时，提出了一系列的救国对策。而他制定学制、大办学堂、废除科举，带来具有划时代意义的变革，但也培养了一个公然反抗王权的学生群体。

张之洞起草新政纲领

逃难到西安后，慈禧像一个沉睡在摇篮的婴儿被惊醒，痛切认识到：近20年以来，各级官吏中故步自封、损公肥私的太多，正直能干的太少，杰出人才受到各种资格的限制，不能施展才能。

受各国提出的议和条件压力，慈禧被迫以冠冕堂皇的空话发出告诫：必须切实整顿一切政务，借鉴外国的长处补中国的短处，革除以谋私误国、以言而无信危害人民、以固守老祖宗的教条滋生祸患。

反思如何求富强，光绪二十六年（1900）十二月初十，军机处按慈禧的命令发布推进新政旨意："要振兴国家，必须更改法令、破除痼习。由军机大臣、大学士、六部长官、驻各国公使、各省督抚，就国家存在的弊端，参考西方的经验，为改革我国政治、司法、民生、学校、军制、财政，如何培养人才等各抒所见，限两个月以内上报详细方案，再由皇上禀报太后，斟酌完善，切实施行。"①

一直为剿匪、劝说各国和谈操心的张之洞,怀疑慈禧是否有诚心实施新政,十二月十六日,致电在西安的易顺鼎道台:"初十,朝廷发出变法旨意,为何人提出的请求? 何人起草? 期盼你立即告诉我。"

"听说这是太后的意愿,荣禄表示赞成。"十二月二十日,易顺鼎回电。

关注此事的安徽巡抚王之春,十二月二十三日致电张之洞:"军机处有关官员发来的密报说,有人上奏变法,勿偏重于引用西方制度,可能是太后及皇上的宗旨,有什么办法改变呢? 沿用大清过去的法,或许不想激起权贵的震怒。"

"变法不吸收西方的优点,能变什么事? 也许太后与皇上等为变法导向,存在互相抵触,而军机大臣掌握了开启变法的大门。近来我患病,等稍微好转后有意见再致电你商议,千万不可急于上奏,必须保东南数省局势大致安稳。"十二月二十四日,张之洞回电②。

以搞清楚慈禧变法的真实意图与重点,光绪二十七年(1901)正月初九,张之洞致电时任户部尚书的鹿传霖:"听说初十发出旨意,叮嘱各省上奏时,千万勿采用西方的制度变法,我感到非常惊骇。我觉得此后要唤起中国一线生机,或自强或自保,必须多改陈旧的规章、多效仿西方体制。"

他在电文中发出疑问:"若不用西法,仍是修改旧规则,有何益处? 不只是各国以中国贫弱轻视,那些顽固自大的人,将来不会平等对待我国,会受到他们的要挟。太后究竟有何用意,荣禄能否透彻理解变法? 各省能否切实上奏,哪几种事可望更改? 我认为第一要力扫六部的痼习,军机大臣能否同意?"③

"我与荣禄建议变法,太后与皇上表示赞同。至于如何变通,以实事求是为准,决无偏见。你提出要扫除六部长官保守平庸、办事效率低下的恶

---

① 陈元晖主编:《中国近代教育史资料汇编——学制演变》,上海教育出版社 2007 年版,第 3—4 页。

② 以上参见苑书义等编:《张之洞全集》第 10 册,河北人民出版社 1998 年版,第 8497—8498 页。

③ 以上均同上,第 8506—8507 页。

习,与我的想法相同,但会受到一些腐迂固执的大臣阻挠。将来必须有权力相当的大臣主持,逐渐变动,而除弊兴利,似不必拘定引用西方的官制,以免被人找到攻击的把柄。在大举变革的转折关头,尤其需要有总揽全局的纲领,才能冲除很久的痼习而施行。除你有这个胆识以外还有谁? 期盼你提出计策。"正月初十,鹿传霖回电①。

受到鹿传霖的鼓励,张之洞深思如何变法:去年腊月,皇上发布变法旨意后,海内外人士莫不欢欣鼓舞,以为中国从此不会衰亡。他想以旨意包含的"采西法补中法"及"消除中外偏见"为切入点。

他担心慈禧等不愿多采用西方体制,只抄袭西法一点皮毛,会造成无实质的变法,终究不能改变中国的衰落。而各国及国内有志之士,希望中国吸收西法,不要泛泛修改旧章。

若仍以老生常谈,怎能指望数年以后中国实现自强? 张之洞受到刺痛的是:外国人指责中国人昏庸懒弱、狡猾失信、顽固虚伪、狂妄自大。甚至他们以敌视的眼光,将中国人当作一种讨人嫌的异物,不平等相待,总想压制剥削,不想让他们享有独立自主权。

若中国不改变兵力日益弱化、财政极其短缺、受西方强国欺压的局面,会如同越南、印度、朝鲜等丧失一切主权,过着永远无翻身的日子。

以切肤之痛,光绪二十七年(1901)二月初五,张之洞致电鹿传霖:"采用西方体制变法,可令中国人不仇视外国人,各国不排斥中国人、攻击朝廷专政。改用西方官制设行政,可消除教案、商约不平等、在中国的外国人不致逞强生事。可扫除各级政府、财政积累的弊端,有利于学校培养人才、练兵取得实际效果等。望你与荣禄、王文韶两位军机大臣密商。若不趁早大胆吸收西方有益的制度,恐怕慈禧回宫后,会发生始料不及的后果。"②

过去10多年,张之洞以练兵、办铁厂、建学堂、派遣学生留学等,完成从吸收西方技术转向制度变革,并得到慈禧及光绪帝采纳,对改变大清帝国的衰弱起到了一定的作用。

---

① 《张之洞电稿》甲 182—209。
② 以上参见苑书义等编:《张之洞全集》第 10 册,河北人民出版社 1998 年版,第 8526—8527 页。

现在水到渠成,张之洞要将自己积累的变法经验,上升为系统的新政纲领,联合两江总督刘坤一等上奏,以群体力量压倒墨守老祖宗的规则、反对变法自强的官僚。

二月十二日,张之洞致电刘坤一、两广总督陶模、山东巡抚袁世凯等:"我总结应从九大事变革:一、亲王到外国考察。二、派遣学生到各国留学。三、改科举考试内容。四、多设学校。五、采用西方军制练兵。六、专业部门的官员任职长久。七、效仿西方设巡捕。八、推广邮政。九、专用银元。实施这九条,可带动天下人振奋精神、改变陋习,引起各国尊重。"

他提出九条后说:"若我们上奏吸收西方体制变法,慈禧等不允许,只能对旧法稍加变通。但国家危难如累卵之际,遇到千载难逢的时机,应先用西法上奏折。如不采纳再用中法,以尽我们渴求国家强大的心愿。但仅修改过去的老规章,以中国多次对外作战失败、人才缺乏,怎能除去2 000多年形成的积弊?"

二月十四日,刘坤一回电:"中国积累的恶习太深,要想变通,必须从容易的事下手,以循序渐进、坚定不移,才能取得实效,不至于中断。你提出九条变革,极为精确,我非常钦佩。如果内外同心采用西方有用的体制,全心实施能够办成。联合数省上奏,比较容易说服慈禧等接受。"①

其他总督、巡抚看了张之洞来电,反响异常积极热烈。二月十四日,闽浙总督许应骙回电:"我看了你宏伟的议论,钦佩至深。我已电告刘坤一联名会奏,若由你起草新政奏稿,仍望你发来过目。"②

二月十五日,两广总督陶模、广东巡抚德寿回电:"我们看了你提出的各条变法,觉得很好。将来上奏,愿意联名,并恳请你转告刘坤一。"③

同一天,刘坤一致电张之洞:"我看了你起草的变法稿子,感觉精理名言,足以挽救时局,除去弊端,令我极其佩服。现在我请你主持起草奏稿,将

---

① 以上参见苑书义等编:《张之洞全集》第10册,河北人民出版社1998年版,第8533—8535页。

② 虞和平主编:《张之洞档》第85册,大象出版社2014年版,第622页。

③ 同上,第583页。

山东巡抚袁世凯的稿子抄录寄给你参考。"①

同一天,安徽巡抚王之春回电:"变通中西行政体制,探寻国家盛衰的原因极为重要。只有联名上奏,才有可能得到采纳。由你主导起草奏折,名副其实。你与刘坤一共同筹划大计,定稿交奏折时,我愿意联名。"②

同一天,山东巡抚袁世凯回电:"你对变法的论述,每一条都切中要害,让我非常敬佩。我前次草拟的稿子,有许多议论与你相同,我已寄给刘坤一,希望你们采择上奏,我愿联名。"③

"你指出外国人鄙视中国人并侵略,必须以变法消除外国人的偏见,保中国自强,见解深刻,让我极为佩服。你的变法九条及其余各事,与我的想法相同。你以修改清朝原有的规章及吸收西方体制,各上一个奏折,以各督抚联名上奏,可以促使慈禧等接纳,带动公众振作有为,扫除痼习,让国家发生面貌一新的改变。请你与刘坤一协商起草奏稿,达到尽善妥当,我愿联名上奏。"二月十六日,四川总督奎俊回电张之洞④。

"对你的宏大论述,我深为佩服。我提出选用人才、官职、财政、武备与你的提法相似。无论你或刘坤一起草奏稿,我都愿意联名上奏。"二月十七日,江西巡抚李兴锐回电⑤。

"这是关系扭转乾坤的大政,只有你能起草奏稿。我提出四条建议,是否可以采纳附奏? 现在共有几省联名? 是否已确定?"二月十八日,浙江巡抚余联沅回电。

"我接刘坤一回电,仍请你主持起草变法奏稿,我愿联名。"二月十八日,湖南巡抚俞廉三回电⑥。

"我读了你来电,九条超出了我预见的范围,让我钦佩莫名。今日时局,中国不急思变法,将无以自存,何以强大。你提出吸收西方有益的制度,弥

---

① 虞和平主编:《张之洞档》第 85 册,大象出版社 2014 年版,第 584 页。
② 同上,第 590—591 页。
③ 同上,第 614 页。
④ 同上,第 657—660 页。
⑤ 同上,第 670 页。
⑥ 同上,第 692—693 页。

补中国现行体制不足,化解中西之间的对立。可全部依照西法,办军政、矿业、工艺制造等,学校、科举、税务、农业等可会通中西。请你酌定与刘坤一等会奏,我愿联名。"二月十八日,代理云贵总督丁振铎回电。

"此折关系重大,请你与刘坤一会商主导奏稿,勿彼此互相谦让。吸取西方的经验应适可而止,去弊端太大可缓行,比如一个人生大病后,体力虚弱,猛攻急补,应缓和而不宜猛烈。"二月十八日,江苏巡抚聂缉椝回电①。

"你的高论足以振聋发聩,与我的提议接近,我想回复,因见识浅陋,无人给我提供建议,草稿未定。你允许我联名上奏,我感到特别荣幸。"二月十八日,漕运总督张人骏回电②。

"刘坤一来电说,推举你主持起草变法奏稿,此事构成国家兴盛的关键,我也认为非你莫属,愿意联名。"二月二十四日,岑春煊致电张之洞③。

各督抚不约而同敬佩张之洞顺应时势,对变法作出了精深的论述,要他不推辞起草奏折。他保持冷静不能轻易答应,在于不知慈禧及军机大臣对变法接纳的程度。

但他愿意成为变法的探索者,二月二十六日,张之洞致电刘坤一等:"我断不敢主持起草奏稿。西方设有上、下议院互相制约。中国还有许多人不识字,对中外时政茫然不知,此时不可设由议员表决的下议院。若设上议院可仿照推行。由司、道、府、县官员,推举总督、巡抚;由府、县官员公推司、道员;由州、县官员,推举知府;由省绅士、居民,推举州、县官员。除不敢轻议选举军机大臣以外,可由各部科员推选部长等。"④

张之洞的用意是:当时的中国,大部分民众不懂法律,暂时不能设由民众选举议员的下议院,而作为勇于突破官制的尝试,先设上议院,由下级官府的官员推选上级政府的领导,打开封闭的官府大门,激发公众的选举与监督意识,消除官场长期存在的贿赂、人情化办事、平庸迂腐,只占官位不为民办事的病毒!

---

① 虞和平主编:《张之洞档》第85册,大象出版社2014年版,第694—698页。
② 同上,第730—736页。
③ 虞和平主编:《张之洞档》第86册,大象出版社2014年版,第137页。
④ 苑书义等编:《张之洞全集》第10册,河北人民出版社1998年版,第8540页。

对张之洞提出设议院,向来守旧缺乏开拓精神的刘坤一,觉得是一个陌生的事物,二月十七日回电:"设议院虽意图良好,但恐怕有许多阻碍,不能实行。此次变法成为中国治乱兴衰的一大转机,关系极大。你博古通今,善于写有关时政的文章,受到国内推崇,你千万勿再客气,请主持起草变法奏稿。"

慈禧需要张之洞等带头设计新政纲领,引领大清帝国走出危机。光绪二十七年(1901)三月初三,军机处奉她的命令发布:设立督办政务处,统筹安排,派庆王奕劻、大学士李鸿章、昆冈、荣禄、王文韶、鹿传霖为督办政务大臣,刘坤一、张之洞作为地方督抚参与变法。

袁世凯接到西安友人来电说,军机处要求各督抚尽快上奏变法,无须联名奏请。三月初五,致电张之洞并致刘坤一:"张总督是否已起草奏稿?若还需要一段时间,我依照原稿酌情修改,首先单独上奏,是否可行,请速回复。"

"既然皇上要求各自提出建议,各省不便联名上奏,你可单独奏请变法。我读了你的稿子极好,有很多与我的意见相同。只是科举每次录取官员要减至五成,虽改考试内容,但并非全部废除传统的经史。"三月初七,张之洞回电。

因慈禧要张之洞与刘坤一参与新政决策,张之洞觉得没有必要再与各督抚联名上奏。三月初七,他致电刘坤一:"我们各遵命起草一个奏稿,如有差异,不妨再更改,做到切实有益。"①

听取张之洞的建议,刘坤一邀请张謇、汤寿潜、沈曾植到南京参与起草奏稿。三月十五日,他致电张之洞:"张謇、汤寿潜起草的奏稿宏深博大,想一劳永逸实施各项变革,只是积习太深,一时恐怕难以办到。沈曾植的稿子斟酌得失,偏重于补救去掉弊病,较为切合实际,将科举与学堂分别考试,不废八股要改科目。似可用沈稿为底本,再请你修改,必然完善可行。你前次提出的九条为救时良策,我将加入到沈稿。我们联名上奏最为得体。"②

① 以上参见苑书义等编:《张之洞全集》第 10 册,河北人民出版社 1998 年版,第 8541、8553—8554 页。
② 以上参见苑书义等编:《张之洞全集》第 10 册,河北人民出版社 1998 年版,第 8562 页。

　　与此同时,张之洞约郑孝胥、梁鼎芬、黄绍箕等幕僚,在总督府商议起草变法奏折,并致电刘坤一交换看法与修改意见,争取适应时代又达到慈禧的变法要求。

　　"我完成了变法奏折稿子,共二十七条,内容太长分为三个奏折:第一折,学堂科举四条。第二折,整顿中法十二条。第三折,采用西法十条。可分三日递送。"五月十七日,张之洞致电刘坤一①。

变革三折,得到慈禧的肯定

　　以办实业、兴学、练兵的亲身体会,张之洞认为中国由农耕立国转向工业强国,最缺乏各类专业人才,在第一道变法奏折中将变通培养人才,作为要办的第一大事,提出设文武学堂,修改文科,停止武科考试,奖励留学。

　　设文武学堂,张之洞要终结自唐朝以来,私塾先生教导学生读经史、写诗文、练习书法等,经不同层级的科举考试获取官位,开启以小学至大学造就人才的时代。其中大学设文、法、农、工、医科。

　　改定文科,张之洞仍以光绪二十四年(1898),奏请变通科举考试科目为依据,分三场考试,头场考中国政治、历史;第二场考外国政治、地理、军事、农工、算术;第三场考四书五经,实现中西结合。

　　停止武科,张之洞见证在中法战争、中日战争中,清军将士的素养及装备不及有多兵种、枪炮的敌军。掌握武术的秀才、举人,不过是逞强斗狠、抗官扰民,无益于强军救国。要从军校录用接受战术、军械、测绘、通信等教育的毕业生,到部队锻炼后择优选拔为将官。

　　改书院设各类学校、引进西方分科教学,张之洞面临经费与师资不足的困难,要命令各省分别派遣学生出国留学。学成回国后,能成为创办小学至大学的精英分子。

　　论证以上四条的作用,光绪二十七年(1901)五月二十七日,张之洞与刘坤一给光绪帝呈递《变通政治人才为先折》:"这四条为求才图治的首要任

---

① 以上参见苑书义等编:《张之洞全集》第10册,河北人民出版社1998年版,第8603页。

务，互相贯通、互相补充。不育才不能自保、不兴学不能育才、不变通文武考试不能兴学、不留学不能弥补国内办学资源不足。当前国家被各种危机包围，不容怀抱侥幸延缓的心理，恳请太后与皇上决意实行。"[1]

呈上第一道奏折后，张之洞在第二道奏折中陈述如何用有效的制度带动国家由贫穷转向富强。他以修改王权体制提出十二条对策：一、崇尚节俭。二、破除常规。三、停止以捐资当官。四、提高官员的学识给予厚禄。五、裁减多余的文员。六、分流杂差人员。七、改进司法。八、以考核选拔官员。九、为旗兵谋求出路。十、撤销驻守官方耕地的军队。十一、裁撤不必要的军营节省军饷。十二、减少无用的公文传送。

八国联军攻入北京，张之洞觉得大清帝国处于危难之际，要对外赔偿巨款时，各地发生灾荒、民众极端穷困，从皇宫到中央政府、地方各级官府，要杜绝奢华浪费，节省一切不必要的开支。

因循守旧，成为官场上行下效、屡教不改的顽症。张之洞打破常规提出，各大臣上奏直接指出存在的问题，不必有许多顾虑，皇上要给予宽容。用人不讲资历、背景，只要有几个人推举，可破格录用，有利于除去行贿受贿、讲人情走后门的邪气。

靠各地人士捐款谋职，户部每年可收 300 万两，导致有人将买官当作发财的工具，造成公职人员素质低下，直接危害民众。张之洞以国家要实现自强，请光绪帝发出旨意，永远禁止花钱买官。

过去各级衙门的官员只开口向民众收取钱粮，到兴办实业时，原有的知识已不适应社会的需要。张之洞建议设教学馆，请品行端正、博学的人，给候补官员讲中外政治、国际公法、军事、地理、农工等课，优先补用通过考核的人为官。

各州、府、县主要官员兼行政、司法、税务等职，各种诉讼过多、经费有限，不能依法办案，以惯用的酷刑对待犯人或株连无辜的人。张之洞吸收西方以证据定罪、不用刑逼供、保护人权的规则，提出禁止衙门的公差向当事人勒索诉讼费，规范办案程序，不准用刑逼供，要重视证据，修建模范监狱，

---

① 以上参见苑书义等编：《张之洞全集》第 2 册，河北人民出版社 1998 年版，第 1393—1406 页。

教导服刑的人学习谋生的工艺,减少命案查验费,按犯罪轻重以罚款赎罪,派专官检查监狱。

列举这十二条,光绪二十七年(1901)六月初四,张之洞与刘坤一给光绪帝呈上第二道奏折:"今日外患日益加剧,一些官员因循欺骗,自以为民众团结,不知近来公众对国家的认同不如 30 年前,羡慕外国富裕而鄙视中国贫穷,看见外国兵强而嫉恨清军懦弱,称赞海关收税公平而埋怨国内收费局刁难,夸奖租界严格执法而厌恶公差扰乱,因而平民加入教会、商人在店铺挂外国旗子、学者入外国籍,造成国家涣散、匪徒四起、邪说传播。必须先将以上弊端一律铲除,才有可能挽回民心、实现自强!"①

挡在中国富强路上的障碍,在于王权与宗族维持小农经济,不适应工业文明的挑战。张之洞在第三道奏折中提出,要吸收西方有用的机制,变成润滑油输送到王权的血管,使大清王朝这台僵化失灵的机器能够正常运行。

犹如一个患重病的人,长期服中药却久治不愈,转而尝试吃西药,也许能驱除病毒,恢复健康的体能。

为此,张之洞在第三道奏折中,借用西方经验给光绪帝开出十一条对策:一、多派人出国考察。二、效仿西方军制练兵。三、造军械增强军力。四、办农校改良农业。五、设工艺学堂学习实用技术。六、制定工矿、交通、商务、刑法等法律。七、把银元作为货币。八、征收印花税。九、推广邮政。十、由官方收进口鸦片税。十一、多翻译外国书。

为何要多派人员出国?张之洞觉得中国对外通商 50 多年,为自强投入了大量人力及无数财力,却没有释放爆发式的能量,反而遇到外国入侵,临近亡国的危险,其原因在于各级官员坐而论道,对西方政治、文化、军事、法律等一无所知。

所以他在奏折中请光绪帝先打开遥望西方的大门,派亲王、军机大臣、王室成员、各部长官、司长、官员子弟等,到外国游历 1 至 3 年,酌情给予奖励,便于他们理解西方为何强大,更换不适应工业强国的思维。以后任用各

① 以上参见苑书义等编:《张之洞全集》第 2 册,河北人民出版社 1998 年版,第 1407、1415—1420、1428 页。

部官员、海关道员、驻外公使等,要选用有出国考察经历的人。

与各国达成北京和会、对外赔款、扩大通商地域后,张之洞知道各国公司,必然会借助条约赋予的特权接踵而至,以开矿、承揽、修铁路或占地,不受地方官约束,任意欺压平民。一旦老百姓不堪忍受欺凌,必定群起反抗株连多人,引发巨额赔款,危害不可估量。

矛盾引发对法治的需求,张之洞在奏折中建议光绪帝,聘请著名律师,博采外国相关法规,制定开矿、修路、商务、刑法等法律,核定外国人开矿范围、投资领域,保障中外商人共同受益、平民不受欺压,不给中国带来无穷的祸害。

起草后,光绪二十七年(1901)六月初五,张之洞在第三道奏折中强调,"我们提出十一条变法,大部分为 30 年以来,已经奉旨陆续举办,这次强力推进,着重考察西方富强的原因、立法的本意。恳请太后及皇上明察,早日决定实施,使外国人看见中国人萌发奋发有为的雄心,逐渐消除对我们轻视。"①

三道奏折是张之洞经历中法战争、中日战争、维新变法,总结办实业、练兵、设学堂的经验,由实业救国转向军事、教育、工商、司法等制度变革,争取慈禧、军机大臣能采纳,成为朝廷的决策推向全国。

发出三道奏折后,张之洞期盼慈禧看到后,先在西安发出命令,让各总督、巡抚执行。如回到北京,会遭到保守的各亲王、军机大臣等,以维护特权反对变法。

"我们起草的变法三折,预计六月二十日以内可到齐,如蒙朝廷采纳,决意实行,应该在西安早日办理,不必等待回北京后,便于安慰海内外人士,消除他们的疑虑,而且避免到北京后遇到阻碍,不知你有什么想法。"六月初七,张之洞致电幕僚、陕西布政使樊增祥。

"您提出的几条变法,将请示皇上发出旨意颁布,必定会推行,而且不违背太后的意愿,可以实行。"六月初八樊增祥回电。

---

① 以上参见苑书义等编:《张之洞全集》第 2 册,河北人民出版社 1998 年版,第 1429—1431、1441、1450 页。

张之洞深知,慈禧的态度决定自己提出的变法能否实现。六月二十三日,致电户部尚书鹿传霖:"我们上奏的变法三折,朝廷可能已收到,太后等是否采纳? 各军机大臣有何想法? 刑部会注意我们提出的司法改革,听说吏部不愿精简多余的职员,还有兵部等来电,发出了不想裁军的意见,惟望你大力支持变法。"①

跟随慈禧的军机大臣荣禄,对变法起着至关重要的影响,如他点头赞同,有利于打破权贵的阻挠。七月初七,张之洞给他写信:"当前要维系亿万人民对朝廷的认同感,全依赖这次变法成功。海内外人士盼望朝廷变革行政、教育、司法等,便于早日实现自强。若朝廷辛苦搜罗钱财,只供对外赔款,一切有利于民生的政务,坐等不实施,天下人必然会失望叹息!"②

对张之洞等发来由表及里、要触动大清帝国制度变革的奏折,慈禧作出了积极的回应,认识到清朝沿用明朝的旧制,以八股文出题录用官员,不觉实行了两百多年,学子等将此当作获取官职的工具,不能理解经史包含的深层意义,更缺乏发明创新精神。现在要讲求实学抛弃旧习,而且近年以来,与各国通商,需要博通中外,能发挥实际作用的人才,因而不得不变通各项考试。

军机处奉她的命令,于光绪二十七年(1901)七月十六日,发出以策论禁用八股文答题的旨意:"从明年开始,乡试与会试,头场考中国政治、历史,写五篇文章。二场考各国政治、工艺学,出五道论述题。三场考四书义写两篇文章,五经义一篇。考官合三场评卷以定取舍,不得只重一场。"③

同一天,军机处发布废除武科的旨意:"考生练习拉弓、刀剑、骑马射箭、跑步等,与能否适应打仗毫无关系。今日这些技能也不能发挥作用,应当设法变通讲求实际。以后一律永远停止武科。"④

八月初二,军机处奉旨发布:"各省将所有的书院改设大学堂,各府及直

---

① 以上参见苑书义等编:《张之洞全集》第 10 册,河北人民出版社 1998 年版,第 8613、8615 页。
② 苑书义等编:《张之洞全集》第 12 册,河北人民出版社 1998 年版,第 10264 页。
③ 陈元晖主编:《中国近代教育史资料汇编——学制演变》,上海教育出版社 2007 年版,第 5—6 页。
④ 中国第一历史档案馆编:《光绪宣统两朝上谕档》第 27 册,广西师范大学出版社 1996 年版,第 152 页。

隶州改设中学堂,各州、县改设小学堂,并多设幼儿园。教学以四书五经为主,设中外政治、工艺、物理、历史等课,务必培养心术纯正、通晓时务、讲求实学的人才,不负朝廷带动国家自强的用意。"

八月初五,军机处奉旨发布支持各省派留学生:"造就人才,为当今最急要的任务。前次据江苏、湖北、四川等省选派留学生,现各省督抚一律仿照办理,挑选品行端正、文理明通的学生前往学习。学成领有毕业证回华,由当地督抚、学政,按他学的专业考查成绩。"①

这是慈禧以流血的暴力残杀谭嗣同等人士、中断变法,品尝一年多流亡、险些丧失最高统治权的痛苦后,采纳张之洞原先奏请改科举、大举设学堂、多派留学生的建议。

慈禧从容易实施的改科举、办学育才变法后,认识到不容回避修复王权体制,接受张之洞吸取西方有益的制度,除去现行体制存在的各种弊端。但改体制涉及各个部门,事务繁重,属于前无古人的创举,要等回宫考虑以后,分别缓急锐意办成。

作为志在必改的表示,八月二十日,军机处奉她的旨意发布:"各级官员,必须深知国难当头,不可能以苟且偷安化解国家面临的危机。惟有变法自强,构成转变国家安危的命脉、民生的转机。我与皇帝同为保江山谋划、为民众的生存着想,舍变法无他策。各大臣深受国恩,务必克服一切困难,力求变通办理各事、破除积习。对刘坤一、张之洞会奏变革行政体制、采用西方有用的机制,我们将随时设法择要实行,力图振兴国家。"②

得到慈禧同意,十月二十五日,光绪帝批准政务处会同礼部奏请核议学堂章程,规定学堂毕业生经考试合格给予贡生、举人、进士身份③。

拥有这个合法身份,学堂毕业的学生,可以与科举考试的举人、进士享有同等当官或其他政治待遇,给书院改为学堂扩大招生提供了制度保障,便

① 陈元晖主编:《中国近代教育史资料汇编——学制演变》,上海教育出版社 2007 年版,第 7—8 页。
② 中国第一历史档案馆编:《光绪宣统两朝上谕档》第 27 册,广西师范大学出版社 1996 年版,第 188—189 页。
③ 同上,第 221—222 页。

于千百万人读书告别文盲。

恢复因维新变法失败、义和团冲击、八国联军占为兵营而停办两年的京师大学堂，光绪二十七年（1901）十二月初一，军机处奉旨发布："北京为政治中心，尤其要重视办学培养人才、树立新风气。应立即切实建大学堂。现派张百熙为管学大臣，责成经办一切学堂事务，务必以造就有品德的通才为趋向，便于取得实效。"①

以上充满渴望图强的旨意，表明慈禧不忘受到八国联军攻占、不得不流亡的耻辱，不再以涂脂抹粉自我欺骗，高度肯定张之洞等以三个奏折设计的新政导向，有限度地吸收英、美等国有益的制度，打破自以为是、盲目排外的固化思维，构建现代行政、司法、军事、财政、交通、通信体系，以挽救大清帝国。

为南京播下大学的种子

要将宏伟的变法变成看得见的成果，光绪二十八年（1902）九月初一，张之洞致电刘坤一等，商讨如何多翻译外国书，适应国内多办学堂，让更多的人吸收西方科技知识，又避免外国索取版权费。

不料，这是他最后一次与刘坤一为挽救大清帝国通电。九月初五，他接到江宁布政使李有棻来电说，刘坤一于今天上午9时病逝。

听到这个消息，张之洞预感慈禧会调自己代理两江总督，而他有不愿去的理由：精力日益衰退，数月以来抱病办公事，在湖北轻车熟路，尚能勉强支持。两江事务最繁忙，人生地不熟，万不能胜任，几个月以后会像刘坤一永远长眠。

他在湖北办学堂、练兵、制械、矿务、警察、堤防等，已完成大部分，很快会取得成效，若前往江苏会前功尽弃，实不甘心。他主持筹建的京汉铁路，明年底竣工，要设护兵、通商、收回路权等，若他人任湖广总督经办这些事，会有许多隔膜。

---

① 陈元晖主编：《中国近代教育史资料汇编——学制演变》，上海教育出版社2007年版，第8页。

找到这些理由,同一天,张之洞致电户部尚书鹿传霖:"你务必向王文韶及军机大臣切实表明并恳请太后,切勿调我赴南京接任两江总督。若让我在湖北再干3年,已经举办的各项事业必能有成效,以报答朝廷。"

为打消太后调自己的想法,九月初六,他再致电鹿传霖:"朝廷若挑选两江总督人选,我推荐两人:张百熙豪爽有为,不沾染官场恶习。李兴锐老练稳重,有丰富的政务经验,长久在江苏,精通洋务。"①

刘坤一去世第二天,江苏巡抚恩寿致信荣禄,找出各种毛病反对张之洞任两江总督:"张之洞在湖北10多年,不是无建树,而未取得实际成效,喜欢搞有名无实,办事不讲后果,用人只讲私人感情而不考虑公共利益。听说他任内借外国债近200万两,不思考补救的办法,仍想不断扩充。"

恩寿还认为:"张之洞任两江总督后,今天提议开航运,明天办学堂,后天办矿产,投其所好,朝令夕改,不顾将来有什么结局,必然会搜刮江南老百姓的钱财,弥补在湖北办各实业造成的亏空,大局不堪设想。"②

恩寿出于个人私心的反对没有得逞,九月初六,军机处奉慈禧的命令电告张之洞:"由你代理两江总督,迅速赴任。湖广总督由端方暂行代理。"

当初慈禧逃到西安时,端方任陕西布政使、代理陕西巡抚,附和湖广总督张之洞倡议实业救国,并与他儿子结交。时任湖北巡抚于荫霖,顽固保守排斥外国人,不满张之洞与刘坤一东南互保。张之洞不能容忍他妨碍,密电在西安的军机处,将于荫霖调任河南巡抚,力保端方继任湖北巡抚。

占有巡抚位子后,端方发挥投机取巧的天赋,巴结深得张之洞信任的梁鼎芬、张彪,以投其所好得到张之洞的喜欢,被视为志同道合的朋友。张之洞代理两江总督时,为有人继承自己的事业,密保端方代理湖广总督。

出发前,张之洞要给江苏各级官员树立厉行节约的榜样,光绪二十八年(1902)九月十四日,致电江宁等县知县:"我于二十五日启程,二十八日到南京,借钟山书院住宿。听说现在改为学堂,如修理未完,但能将就居住即可,不嫌草率、不嫌简陋。器具只用粗木不准用红木。床上铺垫帘幔只用花洋

① 以上参见苑书义等编:《张之洞全集》第10册,河北人民出版社1998年版,第8943—8944页。
② 以上参见杜春和等编:《荣禄存札》,齐鲁书社1986年版,第183—185页。

布、羽毛、洋呢,不准用绸缎。初到备饭上席,只准摆五碗、八碟,不得用燕窝。一切陈设勿得华美,不准以公款支付奢华的费用。我向来不用仆人看门,禁止馈送礼物、收受红包。"①

比预定的日子提前,九月初一,张之洞将总督印交给端方,初二从汉口乘轮船去南京,十月初六到达,初九,正式代理两江总督。张之洞觉得大清朝比过去艰难十倍,应慎重内政与外交,寻访正直有作为的人才,优先提拔廉洁勤俭的官员。

第二次代理两江总督,张之洞提出的施政目标是:创办三江师范学堂,广开财政来源,促成南京至上海铁路开通,带动江苏教育与经济腾飞。

首先,张之洞为筹建三江师范学堂,给南京播下大学的种子。为寻找合适的地皮,他来到鸡鸣寺,发现寺院临近城墙,显得格外幽静空旷,寺内古木参天,不知见证了多少岁月。

回想中日战争,光绪二十年(1894),张之洞代理两江总督时,有一天在风清月明的夜晚,便衣简从,与杨锐同游凤凰台后来到鸡鸣寺,在清幽的月光下饮酒欢谈,纵谈经史百家、古今诗文,不禁兴致勃勃忘记返回住处。直到东方将要露出曙光,才回到总督府。

杨锐以清朝对日作战惨败,时局异常危机,忧愤不已,反复吟诵唐朝诗人杜甫写的《赠秘书监江夏李公邕》后四句:"君臣尚论兵,将帅接燕蓟。朗咏(一作'吟')六公篇,忧来豁蒙蔽。"张之洞听了大为感动②。

维新变法失败后,杨锐与谭嗣同等被慈禧当作叛逆分子残杀。一晃过去了 8 年,张之洞再次代理两江总督,重游鸡鸣寺时徘徊许久,来到当年与杨锐在月夜下饮酒会谈之处,大为伤感,并为纪念杨锐,捐资修建"豁蒙楼"。

楼建成后,张之洞怀念无辜被害的学生杨锐,走进鸡鸣寺触景生情题写诗:雨暗覆舟山,泉响鸡鸣埭。埭流南湖水,僧住南朝寺。当时造宫城,选此陵阿地。朝市皆下临,江山充环卫。白门游冶子,沓拖无生气。心醉秦淮南,不踏钟山背。一朝辟僧楼,雄秀发其秘。城外湖皓白,湖外山苍翠。南

① 苑书义等编:《张之洞全集》第 11 册,河北人民出版社 1998 年版,第 8947 页。
② 刘成禺:《世载堂杂忆》,辽宁教育出版社 1957 年版,第 55—56 页。

岸山如马,饮江驻鞍辔。北岸山如屏,紫青与天际。鹭洲沙出没,浦口塔标识。烟中万楼台,渺若蚁蛭细。素(一作"亦")有杜老忧,今朝豁蒙蔽①。

筹建三江学堂时,光绪二十八年(1902)十一月初四,张之洞为聘请教师,致电在湖北巡抚衙门任职的江苏吴县人邓孝先:"江苏要开办学堂,毫无头绪,已经约江苏士绅来南京商议,务请你惠顾光临。江南为天下人仰望,现在学务尤其重要,你千万勿要推脱。"

同一天,张之洞致电居住在苏州麒麟巷的王同愈:"我出任两江总督,以兴学为最紧要的事,深切盼望你协助,请你早日来南京。即使你有家事,也希望你数日内先来南京,商议如何办学堂,有眉目后,你再回苏州料理家务。你何时出发,请来电告知。"②

"我昨天致电邓孝先,请他赶到南京商谈办学,不料他前往襄阳。请你发电催促他迅速返回,并请善后局送他 200 元,作为从武昌至南京的路费,以后由南京给他回来的旅费。只有与这些贤达的乡绅议定,才能振兴南京教育。"十一月初五,张之洞致电端方③。

同一天,张之洞致电在南通的张謇:"现刚讨论在南京办学堂,只有一些模糊的想法,仍无清晰完善的计划,现正约正直开明的绅士商谈。请你务必于这个月上旬来南京,稍住十多天,以便会商一切,千万不要推辞。"④

"我派人疏通海河及试办榨糖厂后,于本月二十日前后,必定到南京听你指教,桐城吴汝纶是否到来?"十一月十一日,张謇回电⑤。

以这些知识精英为江苏人,张之洞唤起他们关怀家乡的情感,为南京创办学堂,培养人才贡献智慧。

"我想以师范学堂毕业的 40 名学生,给 800 名新生讲课。不知 12 名教师分别讲哪些课,学生是否分科学习? 或兼容? 请外国教师讲课,要配几名翻译,从何处物色,每人给多少报酬? 请来电详细告知。"十一月二十日,张

① 苑书义等编:《张之洞全集》第 12 册,河北人民出版社 1998 年版,第 10573 页。
② 以上参见虞和平主编:《张之洞档》第 36 册,大象出版社 2014 年版,第 95—96 页。
③ 同上,第 101—102 页。
④ 同上,第 105 页。
⑤ 虞和平主编:《张之洞档》第 93 册,大象出版社 2014 年版,第 292 页。

之洞致电袁世凯①。

"师范学堂专门为各小学培养教师,设有经学、文学、教育、公法、财政、历史、地理、算术等 11 门课。除经、文两门由国内教师讲解,其余聘请日本的教师分别授课,翻译每人每月给 50 至 100 两报酬不等。"十二月初一,袁世凯回电②。

请教师给学生开不同的课程,需要有效的章程约束,张之洞想起毕业于两湖书院、曾到日本考察各类学校的胡钧,请他来南京为三江师范,制定一个完备的教学规章。

"上月湖北师范学堂负责人胡钧,回老家仙桃探亲至今尚未回武昌,我怀着焦虑的心情盼他来南京,商谈如何联合江苏、安徽、江西三省,在南京创办师范学堂,并安排他入住钟山书院,停留 5 天后仍回武昌,并不长期留用。此事不能推迟,过年后不能办,请你派专人持我的电文到仙桃,请他赶紧动身。按礼仪我送他 300 两,作为一点菲薄的礼物,准备即日电汇你转交他。"十一月三十日,张之洞致电武昌知府梁鼎芬③。

"昨天上午胡钧到达武昌,我转达您的厚意后,当天晚上,他乘'江永'号轮船去南京。"同年十二月初五,梁鼎芬回电④。

除了诚心邀请江苏的绅士办学,张之洞聘请日本教师,光绪二十八年(1902)十二月二十日,致电日本东亚同文会长近卫公爵、长冈子爵:"现设三江师范学堂,招收学生 900 名。前 3 年教普通师范课,一年后开高等师范课程。想聘请日本师范教员 12 人,必须勤恳端正、有教学经验。其中一人为头领,工资从优,剩余 11 人听从他调动,薪金酌减,明年正月到南京。"

光绪二十九年(1903)正月初五,张之洞再致电近卫公爵:"承蒙你派同文会干事长根津一来南京面商教学,我极为感动。只是师范学堂急待开办,我于初十后,有公务必须出南京,根津应于初十前到南京,才能避免延缓。不知根津是否已到上海?请你立即催促他动身。"

---

① 虞和平主编:《张之洞档》第 36 册,大象出版社 2014 年版,第 165—166 页。
② 骆宝善等编:《袁世凯全集》第 10 册,河南大学出版社 2013 年版,第 564 页。
③ 虞和平主编:《张之洞档》第 51 册,大象出版社 2014 年版,第 476—477 页。
④ 虞和平主编:《张之洞档》第 93 册,大象出版社 2014 年版,第 561 页。

同一天，张之洞致电日本驻上海总领事小田切："根津须于初六、初七到南京，才能不延缓。不知他是否到上海？如已经到，请你催促他迅速来。"①

"张大人您好！根津正在驶往中国的船上，本月初九到上海后，立即转船赶到南京，接受您指导！"同年正月初九，近卫回电张之洞②。

聘请教师时，张之洞命令江宁布政使李有棻在城北昭忠庙，出资购买土地，并派人到上海请技术员估算造价及工匠施工。

以筹集经费，光绪二十八年（1902）十二月二十八日，张之洞致电江苏巡抚恩寿："在南京创建三江师范学堂，想必你早已接到我规定的招生名额等，要投入很多经费建这个学堂，大约每年需 18 万两。除江西、安徽按学生人数出银 4 万两外，尚需 15 万多两，由南京、苏州各出一半。江苏每年能筹款多少？请你迅电复，便于我上奏。"③

"三江师范学堂兼收苏州学生，理应筹款协助，而且按南京招 6 名、苏州招 4 名的比例分配名额，也是对苏州的照顾。只是苏州要分摊对外国赔款，因食盐加价征税，比原来的数额少收 7 万两，尚未找到其他资金补充。对房产加税难以持久，我正为弥补财政收入缺口找不到有效办法，倘若骤增学费款，每年筹款有困难。但办学关系大局，我怎敢推诿？为了筹款，我想设银元局自铸铜元，以一部分盈利及苏州委托南京铸造铜元一半余利划拨三江学堂。"十二月二十九日，恩寿回电④。

"今年三江学堂中外教师的工资、火食、杂支等款，大约需 9 万两，必须在今年正月内开学。开办经费、购地建学堂、购买书器等共需 10 多万两，由南京独自承担。请苏州尽快划拨资金，今年付 1 万至 2 万两也可以。"光绪二十九年（1903）正月初五，张之洞致电恩寿⑤。

正月初七，恩寿回电："依照江宁布政使李有棻建议，以后苏州委托南京银元局附铸铜元应得的盈余，按年全部拨给三江师范学堂，而苏州自铸余利

① 以上参见苑书义等编：《张之洞全集》第 11 册，河北人民出版社 1998 年版，第 8989、8998—8999 页。
② 虞和平主编：《张之洞档》第 94 页，大象出版社 2014 年版，第 198 页。
③ 苑书义等编：《张之洞全集》第 11 册，河北人民出版社 1998 年版，第 8992—8993 页。
④ 虞和平主编：《张之洞档》第 94 册，大象出版社 2014 年版，第 80—81 页。
⑤ 苑书义等编：《张之洞全集》第 11 册，河北人民出版社 1998 年版，第 8999 页。

不再拨付。今年由苏州从铸造铜元的盈利，拨出 1 万两给学堂作经费，共同维持教学大局。"①

到达南京的胡钧，与张之洞会谈筹办三江师范学堂后返回武昌。正月初五，张之洞致电梁鼎芬："胡钧答应回武昌后，草拟三江师范学堂章程，并及时寄到南京，此举意见一致，断然不会中止。我专门等候他的章程，看后立即开办，并向皇上电奏。请你嘱咐他迅速妥订章程赶紧寄来，千万不要拖延。"②

对三江学堂常年各项费用，张之洞与省内有关官员议定，按招生额分摊，今年由江苏财政先拨银 1 万两，以后每年筹银 4 万多两，安徽、江西官方各按每名学生每年给 100 银元，当作一点津贴。剩下的缺口，以南京银元局铸造铜元的盈利补充。

寻找资金与师资时，张之洞以三江学堂为三省培养中小学教师，要合理分配招生名额：省会南京招 250 名，江苏其他县共招 250 名，安徽与江西各招 200 名，共 900 人，再附属一所小学堂共招 200 名。

开学第一年，三江学堂先招师范生 600 名，三年后达到预定的全部招生名额。学制为一至二年速成科，读完三年可取得本科文凭，为小学培养教师。第四年达到高等师范本科程度，为高中及师范学校提供教师，开设教育学、理化、图画、修身、历史、地理、文学、算学、体操各科。

作了周密的筹划，光绪二十九年（1903）正月初八，张之洞给光绪帝呈上创建三江师范学堂奏折："这所学堂构成为三省培养教师的根基，虽江南财力短缺，但我不敢不设法勉强筹办。我专调曾赴日本考察学校，熟悉教育的湖北师范学堂校长胡钧来南京，规划建造学堂、设置课程、详定章程，期望完善合法，并设立两江学务处，派相关官员会同督促兴办，不负朝廷兴学造就人才的美意。"

光绪帝看完他的奏请批示："由管学大臣议论后回复。"③

同年正月二十四日，张之洞致电致安徽巡抚聂缉椝、江西巡抚柯逢时，

---

① 虞和平主编：《张之洞档》第 94 页，大象出版社 2014 年版，第 177—178 页。
② 虞和平主编：《张之洞档》第 36 册，大象出版社 2014 年版，第 287 页。
③ 以上奏折参见苑书义等编：《张之洞全集》第 3 册，河北人民出版社 1998 年版，第 1528 页。

征求出资意见："从明年开始，三江学堂每年各项经费需银 18 万多两。即使前 3 年招 600 名，也约需银 13 万两。安徽与江西各招 200 名，每名仅给津贴学费 100 银元。我担心你们筹款办学困难，极力为你们减少费用又给予相应的名额。你们是否愿照办？请速回电。"

"江西风气未开，办学堂未取得成效。承蒙你大力维持办学，让三省官民同为庆幸，也是振兴中国学务。我前次派汪知府赴南京，向你禀报遵办。等我们开会讨论后，立即向你回复。"正月二十五日，柯逢时回电①。

"兴办三江师范学堂，有益于安徽学生读书成才，每年应努力筹措分摊的经费。但我们无可奈何的是，省缺乏财政收入来源，没有多余的资金办学。现与省财政商定，将来按入学堂学生的籍贯，责令地方官按人筹款，或许能轻而易举解决学费，有望长久维持。"正月二十九日，聂缉椝回电②。

按皇上的吩咐，正月二十八日，军机处把张之洞奏请办三江师范学堂的折子，交给管学大臣张百熙审阅。他细心阅读后认为张之洞办学心切，要用超常规手段培养一批教师，适应中小学的教学需求，而且有筹集经费的渠道，应该予以成全，三月五日上奏，得到皇上批准可办。

经张之洞委托，正月二十九日，江南水师学堂总办兼学务处俞明震，三江师范学堂总办兼学务处杨觐圭及江苏候补道员刘世珩，与根津会商后，签订了《三江师范学堂拟聘日本教习约章》，规定聘请日本教师的数量、聘期、教学科目、课时、工资、路费、医疗费等。

筹备半年后，光绪二十九年（1903）五月二十五日，一阵鞭炮与锣鼓喧天，三江学堂破土动工。经继任两江总督魏光焘筹资继续兴建完工。三年后，后任总督周馥改为两江优级师范学堂。

沉睡在小农摇篮的恩寿，全然不知英、法、日等强国的军舰巡游在上海、江苏附近，随时可用大炮开路侵占中国领土，采取消极态度抵制张之洞创办三江学堂、整顿盐业、训练将士、造船，害怕他的功劳超过自己。

怀着红眼病，恩寿给军机大臣荣禄写信诋毁张之洞："我对张之洞的举

① 以上奏折参见苑书义等编：《张之洞全集》第 11 册，河北人民出版社 1998 年版，第 9011—9012 页。
② 虞和平主编：《张之洞档》第 94 册，大象出版社 2014 年版，第 464 页。

措,惟以息事宁人退让。但民众异常困苦,只治标不治本,会导致元气大伤。张之洞代理两江总督半年,以忠于朝廷办事却脱离实际。比如建三江师范学堂,计划招 900 名学生,聘请日本教师 12 人,中文教师 48 人,摊子铺得太大,仅以铸造铜元的盈利接济费用,断然难以长久维持。"

他还横加指责张之洞:"想将上海制造局移到芜湖大荆山,而以上海制造局改为船厂,举动太轻率,从何筹款? 而且造船未必适用,福建厂为前车之鉴。若以回避敌人进攻的危险,移到内地深山办厂,却不考虑上海对外开放的门户。张总督还将南洋兵舰折价出售改购浅水轮船,导致亏损巨大。"①

代理两江总督近半年,张之洞以前任刘坤一花费巨资供养湖南军,军营将士老弱无力,不能熟悉用枪炮等作战为由,要裁撤节省费用办实业、学校等,引起将官的反对。

军机大臣瞿鸿禨听说后,向慈禧等表明,以防止将士激起祸害,调李兴锐任两江总督,命令张之洞返回湖北。端方不想交权,促动军机大臣召张之洞去北京,接受慈禧及皇上召见。

得知张之洞不代理两江总督,恩寿异常兴奋,可以除去一个老对头,又提醒荣禄,要阻止他到北京后再提出各项变革。

张之洞知道恩寿阴险毒辣,一心要赶自己走,去北京之前给荣禄写信:"我去年冬天到南京,急待办理的政务非常多,不敢以暂时代理两江总督,稍有推诿敷衍应付。我才智平庸又衰老多病,只能选择最紧要的事勉力举办。如兴学、练兵、禁米、造船、分厂制械、留学等,事多期限紧迫,规划的事未能全部完成,感到很惭愧,等待接任的贤臣办完。"②

张之洞要选拔通晓经济的人才

自从光绪十年(1884)张之洞卸任山西巡抚,接任两广总督前回北京向慈禧述职,至今近 20 年没有与她见面。他不断表达回北京汇报公务的愿

---

① 以上参见杜春和等编:《荣禄存札》,齐鲁书社 1986 年版,第 187—188 页。
② 同上,第 257 页。

望,渴望有一天得到太后召见。而慈禧经历逃亡,看到张之洞劝说各国召开
北京和会,争取早日撤军,便于自己安全返回皇宫,深受感动决定召见他。

光绪二十九年(1903)正月初八,张之洞向慈禧发来恳请受召见的奏折:
"我翘首遥望北京,不觉辞旧迎新又迎来春回大地,更加急切前往京城。新
任两江总督魏光焘于二月接任,我交官印后,利用空闲时间收拾行李准备北
上,拜见太后,抒发我20年以来对国家的忧思,当面向太后汇报与外国订商
约、练兵、办军工等。"①

慈禧看了他情感真挚的表白,没有理由再拒绝,作出批示:你可以来北
京受召见。

向魏光焘移交文卷等,二月二十二日,张之洞乘轮船回武昌。三月二十
八日,他带领随从在汉口火车站乘车到河南信阳,再过郑州、安阳、保定等,
行程近一个月,于四月二十日回到阔别20年的北京。

四月二十二日,慈禧在颐和园召见他。往事如烟,同治二年(1863),慈
禧垂帘听政,阅览张之洞在宫殿参加考试的试卷,发现他论述国家治理对
策,恳请皇上奋发决断、集思广益,成就振兴大清帝国的伟业时,不禁连声叫
好并召见他。

岁月如梦,一晃过去了30多年,这次慈禧发现张之洞,从过去一个英姿
焕发的青年人,变成胡须花白的老年人,感叹之后,哽咽流下热泪。而张之
洞也流下眼泪,似有千言万语不知从何说起。慈禧难以控制因流亡涌起的
伤心,叫他退出休息。

召见后,慈禧以他矢志不渝效忠大清帝国,给予他无比崇高的政治荣
耀。四月二十三日,军机处奉她的命令发布:"准许湖广总督张之洞,在紫禁
城内骑马。"

连日以来,慈禧赏赐他御笔扇画,上面画有苍翠的青松,旁边有紫芝环
绕,被祥和的清风吹拂,并叫宫廷厨师为他制作各式各样的菜。他享受丰盛
的酒菜,感觉一扫去保持节俭过日子甚至喝稀饭的寒酸,又希望慈禧经历
仓皇逃难、感受艰难险阻后,能够深切反思,决心实行新政带动国家走向

———————————
① 苑书义等编:《张之洞全集》第3册,河北人民出版社1998年版,第1526页。

强盛。

过了一段时间,慈禧赐给张之洞一盘在颐和园采摘的桃李,让他品尝只有君王才能享用的果子。有一天,她派人给张之洞赏瓜果时,发现外观不美,命人赶到城内,购买三白瓜送给他。

随后,慈禧允许张之洞在颐和园乘舟游览,中午在园内宾馆吃饭休息,并赐给他绸缎、珊瑚等。他享受到许多官员可望而不可即的政治待遇,感觉受宠若惊,更加要不讲条件地挽救大清王朝。

这次张之洞回到北京,发现惨遭八国联军烧掠后,都城还没有恢复往日的繁华景象,到处可见破损的房屋、倒塌的墙壁、脏乱的泥土路。

怀着伤感,张之洞重游往日与知心朋友游览过的积水潭、龙树寺、慈仁寺、崇效寺、琉璃厂等,并仰拜李鸿藻故宅、宝廷墓等,想起往日与他们读书写诗,其乐无穷的情景不可再现,只能掩泪感慨世事沧桑。

过去的同事李鸿藻、张佩纶、黄体芳、宝廷及学生杨锐、袁昶等已经魂飞天外,张之洞无处寻找知己。而军机处及各部长官保守排外,经科举获得官位的青年才识短浅,与他没有共同的救国理想,只能以诗抒发茫然若失的忧愤。

当初义和团在慈仁寺设神坛吸引众人加入,推倒了上面高大庄严的观音菩萨。八国联军攻进北京后放火烧寺,看见大殿粗大的柱子巍然不倒,招几十人套上绳子拉倒,现在只有里面的双松依旧生长。

光绪二十九年(1903)七月,沈曾植告诉樊增祥、左绍佐、于式枚、王彦威等,慈仁寺的双松没有被毁。张之洞得知后立即邀请 10 多名学者赶到现场,搭一个布棚子围坐聚谈。

张之洞哀叹义和团、八国联军给北京带来不可弥补的破坏,也叹惜慈仁寺大厅楠木制作的大梁、窗板、雕刻等一夜之间化为灰尘,屋顶瓦片变成碎片,佛像严重损坏,留下残存的墙壁。

感慨后,张之洞以诗抒发寺内双松保持强劲的生命力,遭受战乱后还能存活,并要为双松画图留作永恒的纪念。樊增祥为满足他的心愿,到集市购买方苞的《看松图》,以松树图题诗赠给他,表明师生情谊[1]。

———————————————

① 樊增祥:《樊樊山诗集》中册,上海古籍出版社 2004 年版,第 1127 页。

由樊增祥陪伴，张之洞来到积水潭，往日湖岸周边有几百棵高大的乔木，绿叶可遮挡阳光。而僧人为生活砍伐出售，湖面莲花越来越稀少，有些开垦变成农田插秧，仿佛沧海桑田。

当年龙树寺树木枯萎后，张之洞花钱补种两棵，曾与张佩纶、心泉和尚一起游玩，从早到晚畅谈。这次他约友人重游，追忆往事写下一诗："此地曾来一百回，荒陂败紫苇花开。当年茶话成今古，谁画山僧两秀才？"①

陈曾寿读《张之洞诗随笔》时，作出如下评价："张之洞博学多才，以诗表达语重心长，绝无炫耀的习气。他强调立身处世，有严格的标准，一般文人不可能与他相比。他写诗用词质朴平实，不是那么轻巧，语气浑重不轻浮；描写景观不虚伪造作，叙事无刻意的夸张；引用典故必精确，不随意多引或乱引，也不拼凑；立意必独出己见，不随世俗放弃自己的立场。"②

这次，慈禧召见张之洞后，委派他评判考生参加经济特科考试的试卷，希望打破条条框框，以适应实业救国为主，发现能够转变国家贫弱的旷世奇才。

为保举懂得财政、办学的考生，张之洞请梁鼎芬转告陈衍速来北京参加经济科考试。同年五月，陈衍赶到北京拜见他，并办理了考试手续。张之洞与另外六位部级官员，组成经济科阅卷团队，由他主持命题。

过去清朝阅卷官员，按规定依次排名座位，张之洞为地方官，应该排在后面，慈禧以他学识特别突出、年龄大，让他居首位。他以考生答题的优劣，将梁士诒排第一位、杨度为第二位、陈衍为第三位，准备录取80人。

按以前的旧格式，考生在试卷的顶格写，自乡会考试首场改为八股文写论述，要空二格写。而陈衍好久没有参加礼部举行的考试，不知更改了规则。那一天，他走进考场，同考的人没有告诉他，惟有陈绎如对他说答题格式发生变化，他已经按旧格式顶格写了两页，来不及改换。

到了揭榜日期，张之洞拆开密封的纸袋，发现没有陈衍的名字，大惊失色，连忙询问商部右侍郎陈璧是什么原因。陈璧告诉他，陈衍答题违反现有

---

① 苑书义等编：《张之洞全集》第 12 册，河北人民出版社 1998 年版，第 10557 页。
② 陈曾寿：《苍虬阁诗集》，湖北教育出版社 2017 年版，第 331 页。

的格式,试卷作废没有列入评判。

听到这话,张之洞如雷轰鸣,大声悲叹说:"用固化的考试选拔经济人才,已经不合适,哪能套用格式评选? 我到文华殿参加阅卷,仅把不合旧格式的考卷放到第三位,而其他考官竟然束之高阁、不屑一顾,这怎么能发现人才? 令人可叹! 可叹!"①

张之洞以财经对策出题,要破格录用最优秀的人才,淘汰不知时务的考生,满以为陈衍有相应的财经知识,能够顺理成章被录用,不料考官以答题不符合格式放弃。他越想越生气,复试时将其他考官按老套录取的人勾出划掉,80 名只留用 27 人。

"我与两江总督保举数十人参加经济特科考试,只录取半数,直隶无一人,此事感到很意外,有太多阻力,让人烦闷。"光绪二十九年(1903)六月初六,张之洞致电梁鼎芬②。

据陈曾寿在北京参加经济特科考试,后来在《读广雅堂诗随笔》回忆:朝廷先是举行经济特科,内外大臣保举的考生不免过滥,已经有人责备。慈禧太后求人才心切,非常重视,在太和殿举行考试。

过去从未有地方总督作为首领参与评卷,张之洞开了一个先例。阅卷时,庆王奕劻对各阅卷大臣说:"张之洞是老前辈,你们要向他请教一切考试。"

按成绩,张之洞指定考生甲乙名次,以及一、二等共 100 多人。揭榜时,第一名为梁士诒,第二名为杨度。有人啧啧称奇,也有人弹劾广东新会人梁士诒,与老乡康有为的同党有来往。樊增祥入北京,受慈禧召见时指责保荐的学生过多。军机大臣瞿鸿禨,也嫉恨梁士诒。慈禧听到这个谣言,最恨与康有为交往的人,复试时,改派荣庆领头阅卷,张之洞虽参与评判优劣,而名次不在前列。

毫无办实业经验的荣庆,不知如何选拔实用的人才,只从形式肯定云南石屏县人袁嘉毅的试卷,要将他作为第一位。张之洞觉得他的答题不过是

---

① 陈衍撰、陈步编:《陈石遗集》下,福建人民出版社 2001 年版,第 1987—1988 页。
② 苑书义等编:《张之洞全集》第 11 册,河北人民出版社 1998 年版,第 9075 页。

圆畅,空洞无物。荣庆听了仍不醒悟,坚持将他列为第一名。试卷送到军机处复核时,瞿鸿禨大加淘汰考生,头场录取的 5 名去掉 4 名只保留 1 位,梁士诒、杨度落选,只选取 27 人[①]。

张之洞不分地域、帮派,要选取才干突出的人,到财政、工商、教育等部门任职。但奕劻、荣庆等以发泄个人私怨,不赞同他选定的考生。他不胜愤慨,又不便于触怒这些如同朽木的权贵。

评价试卷后,慈禧以中秋节即将到来,赐给张之洞月饼、苹果,命令厨师摆上酒席招待他,并且于八月初八、十三、十五 3 次赏给他不同的礼物。他独对一轮明月举杯饮酒,感叹人生短暂,不知能有几个春秋。

制定学制,中西兼容办学

享受慈禧赐予在紫禁城骑马、颐和园坐船游览等特殊待遇,张之洞内心无比感激,又感到受之有愧,日夜苦想如何将自己提出的变法设想,尽快转为国家实现富强的能量。

慈禧召见张之洞后,虽没有让他担任军机大臣参与机密决策,但接受他在变法三折提出练兵、办学堂、留学等实现强国,将淡化科举办学堂,当作推行新政第一件大事,让他与张百熙等人协商制定学堂章程。

自强运动 30 多年以来,北京办学堂无任何成效。京师大学堂只换了一块招牌,以原来书院简陋不堪、几间破旧的平房当教室,占地面积、图书、仪器等,远不及张之洞办的自强学堂、两湖书院。

私塾先生仍然在古老的私塾、书院,教导学生重复诵读可以换来官位的经书,教学气氛显得沉闷,像一潭沉静的湖水,毫无任何变革气息。

自从光绪二十七年(1901)十二月初一,湖南长沙县人张百熙接到光绪帝发出的旨意,以管学大臣筹办大学堂、经办一切学堂事务后,为创办第一所大学日夜苦思。

他认为张之洞创办两湖书院、自强学堂以及小学、中学、师范学堂,积累

---

① 以上参见陈曾寿:《苍虬阁诗集》,湖北教育出版社 2017 年版,第 338 页。

了其他总督不具有的办学经验，且被交口称颂，应该向张之洞虚心请教。

"我奉命管理大学堂，湖北各学校章程最完善，请你寄一份给我参考，有何见教，希望你随时来电指点。"同年十二月初四，张百熙致电张之洞①。

张之洞觉得他胸怀坦荡，应向他介绍湖北设各学堂、仿西方开设不同学科等。但光绪二十八年（1902）正月以来，张之洞气喘吁吁，经常生病，未能及时回复张百熙，深感抱歉。

正月三十日张之洞回电："我向你提出几条办学建议：一、派人到日本考察学制。二、速开小学、中学，除伦理以外，设历史、地理、物理、化学、算学、卫生、体操等课。选派学生到日本接受初级至高等师范教育，回国按层次分别任小学至中学等教师。负责学校的校长等，要去日本学习如何管理校务。"②

同年正月初六，张百熙上奏《筹办大学堂大概情形折》："要借鉴各国从小学到大学的模式，开设历史、政治、法律、通商、理财及声、光、电、化、农、工、医、算等学科。如能实施，10年后可为国家造就更多可用的人才，奠定富强的基础。"

"你筹办学堂的建议，大致比较妥当，由你立即认真举办，切实实行。朝廷渴望兴学储才，以备国家任用，你要殚精竭虑，自主琢磨如何办学。"同一天，光绪帝批示同意张百熙的办学设想③。

执行皇上的旨意，张百熙展现湖南人大胆泼辣的作风，细心筹划，辞退学堂学识低下的私塾先生，以品学兼优的人为主，上奏聘请融通古今、容纳中西的严复等任教。

参考张之洞办两湖书院、自强学堂及吴汝纶从日本带回的教科书，张百熙起草涉及幼儿园、小学、中学、高等、大学章程后，于光绪二十八年七月十二日，呈上办学堂奏折："朝廷以变法求人才，以求才而办学校，不能不采择欧美、日本办学的成功做法，替换中国沿用2000多年的旧制，这是顺应时势

---

① 虞和平主编：《张之洞档》第89册，大象出版社2014年版，第309页。
② 苑书义等编：《张之洞全集》第11册，河北人民出版社1998年版，第8743—8744页。
③ 以上参见陈元晖主编：《中国近代教育史资料汇编——学制演变》，上海教育出版社2007年版，第68、73页。

的必然选择。要吸收西方有益的教学体制,规范国内小学到大学的招生、课程、学制等。"①

同一天光绪帝批复:"你起草的办学章程,比较详细,立即依照你的奏请办理,并通告各省督抚按照规条,妥筹经费、切实执行,期望造就有用的真才,以备国家任用。"

但军机处等官员的大脑只储存了代表君臣、父子等级的经书,不能接受张百熙减少科举的科目,依照欧美大学设政治、法律、地理、物理、化学、电气、机器、医学等课。

他们还担心,各学堂聘请留学毕业生当教师,讲西学课程时,会顺便给学生宣扬西方民主选举取代王权,给会党吸收学生推翻清朝提供舞台。因而要光绪帝停止实施张百熙奏请得到批准的《钦定学堂章程》,等修改可行后再上奏。

遭到权贵们的反对后,张百熙要与占有办学高度、声望卓著的张之洞,一起联手摧毁私塾、书院,为适应大众教育的学堂开辟道路。

张之洞希望以曾起草的变法三折为指导办学堂,推动中国教育体制发生关键性的转变。但有些官员密奏不能只有一名汉人任管学大臣,要增加一名满族官员共事。光绪二十九年(1903)正月十一,军机处奉旨发布:"刑部尚书荣庆,会同张百熙管理大学堂事务,务必和衷商办,认真负责。"

荣庆保守专横,人品与学识低劣,流露出高人一等的特权,将当官当作发财的工具,对教育强国的作用一窍不通,故意挑剔并阻挠张百熙提出的学制、留学等兴学措施。

坚持以学堂普及教育的张百熙,痛恨荣庆,以张之洞得到慈禧给予的政治地位,拥有其他大臣非同一般的影响力,要联合他排除荣庆干扰办各类学堂。

同年闰五月初三,张百熙与荣庆上奏《请派重臣会商学务折》:"学堂为当今第一紧要的大事,张之洞为当今第一通晓学务的人,办湖北各学堂已有成效,深刻了解里面的利弊。我们愿多考究学务,有利于将来多培养人才,近日张总督进京,想请他考察各学科、给予指导。我们担心张之洞以不是专

---

① 以上参见陈元晖主编:《中国近代教育史资料汇编——学制演变》,上海教育出版社 2007 年版,第 75—77、241 页。

门来制定学堂章程,会稍有推让。恳请皇上特派他会同我们商办京师大学堂事务,议定章程。"①

同一天,皇上看后十分爽快批准:"京师大学堂为培养人才的根基,关系重要,派张之洞会同张百熙、荣庆商定大学堂及各章程,再上奏。你们务必做到无弊端,以造就通才,让朝廷取得实效。"②

无意之中,张之洞经张百熙奏请皇上批准,参与设计各类学堂体系。而新式学堂毕业的学生能否得到承认,授予相应的官职? 政治地位能否平等? 这要组建一个专业团队,进行科学论证。

其中,毕业于两湖书院的湖北仙桃人陈毅,曾受张之洞两次派遣到日本考察小学到师范的教学,回来后向张总督提议:动员一切力量修建师范学校、普及义务教育。张之洞表示赞同后,请他负责湖北师范学校运行。

这次,张之洞请陈毅协助起草学堂章程,要关闭与科举紧密联系的书院,以学堂推广大众教育。而军机大臣荣禄、王文韶、鹿传霖、瞿鸿禨,护送慈禧躲避八国联军逃难有功得到重用,行使各项政务审核权,与张之洞为废除科举设学堂,展开了新旧观点的斗争。

当时,俄国不按协议如期从东北撤军,在日本的中国留学生听到消息,组成义勇军要向俄国示威。湖北各学堂学生停课集会声讨,张之洞在北京得知后感受到很大的压力,征求梁鼎芬对监管学生、办学堂的意见。

"湖北学生不安心学习却组团干预政事,恶习可恨,幸亏你以德化解,极其感谢。我现与张百熙婉转商议防止大学发生弊端的办法,你有何良策,请指教。"光绪二十九年(1903)五月初六,张之洞致电梁鼎芬③。

"我提出对参加会党、不上课、违反校规的学生,要停止公费、勒令回国等十一条。其中第九条,考察学生的出身,催促各省迅速筹资建学堂。第十条,请皇上下令废除科举,堵塞他们以读经书、写诗文谋官职,让学堂毕业的学生及留学生有出路。第十一条,请迅速通告各省,将所有书院改为学堂,

---

① 陈元晖主编:《中国近代教育史资料汇编——学制演变》,上海教育出版社 2007 年版,第296—297 页。

② 苑书义等编:《张之洞全集》第 3 册,河北人民出版社 1998 年版,第 1590 页。

③ 虞和平主编:《张之洞档》第 52 册,大象出版社 2014 年版,第 50—51 页。

不给科举提供生存空间。严厉惩办参与谋反的学生，以皇上的旨意安定中外人心。你与鹿传霖、张百熙忠于国家，交情深厚，真心实意振兴教育。如果你们不趁此时会奏，请皇上确定以学堂取代书院的办学体制，那么大清帝国永无走向强盛的日子。"闰五月初五，梁鼎芬回电①。

到了八月初四，梁鼎芬再致电张之洞："你主持制定学务规则，天下人翘首以待，这关系大清帝国万年基业、几亿人的命运。我听说你拟订的章程，只有文科无武科，与你平时练兵强国的理念不合。我认为要挽救大清王朝，必须多设、急设军校，恳请你上奏在北京设立一所军事大学堂。如你愿意奏请，太后等会接受，顷刻间会发生气象万千、焕然一新的变化，发挥的作用比单纯设文学堂，教导学生背诵经书更大。此时你不率先建议无人能说，今日不迅速表明，以后没有机会，请你深思而决断！"②

同一天，梁鼎芬发第二封电报指出："得知学章将定，想采纳我的意见，不禁感到惶恐。我认为北京应急设中学堂，至少创办 4 所，每所大约招 200 名学生，先借大庙开办再建学堂。应设小学堂至少 20 所，多设启蒙小学堂不限数量，如此成为大学堂的根基。要设启蒙小学堂，必须先设讲习所培养教师，从大学堂招收学生读 8 个月毕业给文凭。设立幼儿园办学才能完备。小学堂必须办女子学校，这不太容易。学堂请警察登记学生户口，便于知道年龄等。不废除科举，难以办成学堂，我有一个对策，请你与张百熙、荣庆上奏，给学堂毕业的学生以职位等政治待遇，给教师以实际奖励。学堂要有更多师生，万不可多招后勤人员。学堂用一分钱如命，倘若购买书籍、器材等要不惜万金。"③

同一天，他给张之洞发第三封电报："要各省立马把书院转换成学堂招牌，筹集专项教育经费，不允许地方官员挪用，由过去偏重空洞的经史，向适应工商业需求的工科转变，引进国外教材翻译。"

他在电文中还寄托张之洞："你综览天下大势，为北京筹划学堂时，要兼顾各省推广新式教育的需求，如裁撤翰林院、礼部，设立学部统管一切教学。

---

① 虞和平主编：《张之洞档》第 95 册，大象出版社 2014 年版，第 496—500 页。
② 虞和平主编：《张之洞档》第 96 册，大象出版社 2014 年版，第 417—418 页。
③ 同上，第 420—423 页。

你曾说带动国家强盛需要培养适应多兵种、运用枪炮的军事人才,要改兵部为陆军部,给国家带来耳目一新,以聚集人心,只有你才能完成这个伟大的任务!"[1]

张之洞吸收他的建议,又认识到目前不具有条件取代王权专政,起草各项学堂章程,要中西兼容,保留具有国宝分量的经书课,教导学生遵守忠孝仁义、不背道而驰,又顺应实业救国办学堂,仿照西方开设不同学科培养大批实用人才,此举符合慈禧等人的胃口,利于通过。

对赴日留学生的约束与奖励

经过十多年的培养,留学生群体逐渐形成,特别以日本居多,他们脱离清朝统治的封闭环境,来到以法治保障公民财产权、言论自由的日本,如同一只只飞出笼子的鸟展翅高飞,随意发表对时局的看法。

光绪二十九年(1903),留日学生抗拒俄国侵略东北,得到国内多省学生等团体响应,引起慈禧、军机处大臣的恐惧。四月,慈禧要张之洞筹划限制留学生的办法。

张之洞知道,留学生受到西方议会选举元首治理国家的影响,要推翻清朝专政,而且一些学生靠着官方出资,却三心二意,不专心学习,虚度年华,必须将留学生纳入制约范围。

为此,张之洞与日驻京公使内田商谈:"我们起草学堂章程时,为约束留日学生,必须将不安分的学生驱逐回国。"

"我们尊重清朝留学生的求学权利,不能接受你的提议,将不安分的学生遣送回国。"内田不答应。

"如发现学生违规不悔改,立即命令他们回国,不准稍有逗留。"张之洞转变口气,不用驱逐。

话题转到日本私立学校,张之洞问内田:"现在我国有许多学生,自费到日本私立学校就读,如何对他们约束?"

---

[1] 虞和平主编:《张之洞档》第 96 册,大象出版社 2014 年版,第 426—429 页。

"私立学堂的教育管理必须与官办毫无差别，才能得到认可。既然日本的私立与官办按相同的规则办，若你们的奖励显示区别对待，不能照章认真约束。"内田告诉张之洞，要平等对待。

"请你致电日本政府，协商如何对民办学校留学生实施监督。"张之洞恳请他。

内田顾全他的面子，致电日本询问后对他说："我政府回电说，不能对公立或私立学校的学生以歧视对待，应一视同仁。"

"既然如此，以后我们向日本公立学校多送留学生，私办少送。"张之洞对他说。

"保送学生的权力，在清朝驻日公使、监督。如不相信私立学校，你们可以少送。将来学生毕业回国，请你们考核。如私立学校学生的品行、成绩，确实不如官办，到时中国可斟酌办理，日本不便过问。"内田回答①。

张之洞从内田的表述中得知，日本不愿代清政府监督留日学生，但中国应掌握选派留学权，将来保送学生时，先尽量选择公立，私立不得超过三分之一，至多不得过半。如实在不妥当，尽可不送。

连日以来，张之洞起草约束留学章程的稿子，感到右臂掣痛异常，连带手指肿痛，不能出门办公，特派梁敦彦等代表他与内田，讨论此事的利害关系。

内田以为难的神情对他们说："中日两国法律不同，日本政府要依法办事，违反法律规定，对留日学生实施制约，存在许多障碍，请你们能理解。"

"我国如不妥订约束留学生的规章，听任游荡荒废学业、任性妄为，违反忠君礼教等，会走上犯罪的道路。以后有志之士不敢远赴日本留学，已在日本发奋求学的人，害怕受到连累想返回，如此永不能造就通才，危害极大。"梁敦彦对内田讲明为何要约束。

"如有妥善办法，我愿电告日政府赞成。只是中国必须对安分用功、学成回国的学生，给予实在的奖励，使各学生产生羡慕，愿安心治学成才，有助

---

① 以上参见苑书义等编：《张之洞全集》第 12 册，河北人民出版社 1998 年版，第 10292—
10293 页。

于约束不安分的学生。你们先酌议章程，看了稿子后再商办。"内田要清朝以奖励感召学生。

听了他们的汇报，闰五月二十九日，张之洞受慈禧召见时，当面向她陈述："日本的法律，不允许政府随意对留学采取限制措施，要以奖励鼓舞学生，以读书成才为国效忠感到光荣。"①

张之洞也认识到，一些留日学生年少无知，被异端邪说迷惑，有不少人嚣张。也有讲理守法、潜心求学的学生，应当分别制定约束与奖励章程，以防范歪风邪气，鼓励有真才实学的人。

起草后，光绪二十九年（1903）七月十一日，张之洞致信瞿鸿禨、鹿传霖："请你将我修改的《约束鼓励出洋留学生章程》等，转交庆王奕劻、军机大臣王文韶裁定后，我作为定稿。我一面告诉内田，一面奏请皇上命令外务部，照会日驻华公使，并通告我驻日公使、留学监督遵照办理。"

对留学生持怀疑的奕劻，要求张之洞删除章程"如日本公私立学校，不照章约束，一概不给毕业生奖励"的规定，也不说明给留学生何种政治待遇。

内田看了张之洞删改的稿子说："日本官办学校规矩虽好，但学生出校园后岂能处处防查？而且私立学校比较多，日本政府难以代中国监管。只有奖励毕业生，才能激励学生谋求功名，不至于放纵为非作歹。有利于私立学校的学生，顾全名誉、立志成才，乐于接受约束。若不从优奖励，不足以让学生相信政府，岂能鼓励他们勤学苦读、不污染恶习？"

说到这一点，内田告诉张之洞："我政府此次协助你们惩劝留日学生，已经是格外帮忙，并非必须承担约束学生的责任。将来无论留学生有什么不良行动，中国不能责怪我们。"

"我政府并非不给留学生政治地位，只是要掌握自主权，可自行订立约束学生的规章，无须照会日本，只在章程内说明。"张之洞向他解释。

"既然章程给留学生相应的政治待遇，怎能不告知日本？我将与庆王奕劻当面会谈，取消不适宜的监管。"内田不肯接受他包含压制留学生的规定②。

---

① 以上会谈参见苑书义等编：《张之洞全集》第3册，河北人民出版社1998年版，第1580页。
② 以上会谈参见苑书义等编：《张之洞全集》第12册，河北人民出版社1998年版，第10293—10294页。

张之洞看到他不愿阻止中国留学生举办集会、宣扬民主、反对专政等活动，不好再与他争辩，只好等他与奕劻会商后再定夺，并于七月十五日，致信瞿鸿禨、鹿传霖，说明与内田会谈的经过。

代理湖广总督端方，也在关注如何应对留学生不断发出的政治诉求，六月十四日，致电张之洞："留学生不守规则，只靠监督难以制约，担任湖北军事顾问的日本军官铸方德藏，因父亲去世回国料理丧事。梁鼎芬与他密商，委托他向日本文部省、参谋本部妥商办法，务必一律约束各省学生，清除以前荒诞不经、叛乱的恶习，他当面答应照办。"

端方在电文中还透露："铸方德藏回东京后来电说，与内政部、外务省议定约束中国留学生办法：一、不准议论一切政治并出书。二、恪守本分、遵守校规与老师教诲，不可旷课。三、《湖北学生界》杂志严禁刊载时政。四、严禁集会结党，解散军国民会。五、对屡次触犯法规不改正的学生，责令他回国等。我觉得他拟定的几条深为有益，从此各省学生可望转变学风，不只是湖北的幸运。"①

过了 12 天，七月二十七日，端方再次致电张之洞："我前次给你发的电文，想必早已阅览，好久没有看到你回复，一直惦念不已。铸方草拟各条规定，最为周全妥当，如能实行，受益匪浅，不知你有何想法，极盼来电指示，以便转告铸方返回武昌。留日学生王璟芳的事是否可行？是否与政府有关部门商议？此事有重大意义，就你就近上奏。"②

看了张之洞寄来监管留日学生章程后，八月初一，端方致电他。"你筹划约束留学生章程，附带奖励，如此宽严并用，才能鼓励真才实学，佩服你的良苦用意。日本章程尚未到湖北，不知与你奏请的章程是否相符。"③

因内田坚持法治至上，张之洞只好确定约束与奖励并举，由他将章程转告日本政府及各校校长审阅，既要对中国留学生有利，又不与日本法律发生冲突。如能实施，可带动有些学生改邪归正，并给予毕业生举人、进士政治待遇。回国后，由大臣仔细考核他们，如品德端正，没有犯过错，取得了文

① 以上参见虞和平主编：《张之洞档》第 96 册，大象出版社 2014 年版，第 76—80 页。
② 同上，第 137—138 页。
③ 同上，第 403—404 页。

凭,奏请给予奖励。

为游说慈禧批准,光绪二十九年(1903)八月十六日,张之洞发来约束与鼓励留学生奏折:"我与总理衙门大臣商议核定,又与日本公使内田议定,呈递各章程。如蒙允许,请命令总理衙门照会内田转达日本政府,分别命令各学校一律照办。"①

随同奏折,张之洞附约束与奖励章程各十条。约束章程第一条设定准入限制:以后去日本的留学生,无论官费生、私费生,无论日本公私办学堂,不经清朝驻日公使、留学总监督发公文保送不准入学。

第十条规定,如发现违反纲纪、危害治安却不悔改的学生,立即命令他回国,不准稍有逗留。

奖励章程第一条:留学毕业回国后,选派大臣详细考核,如为人正直、毫无过失、文凭真实,奏请给予奖励。以毕业文凭的等级,给予举人、进士等政治身份②。

当天,皇上批准张之洞起草的留学约束与奖励章程。

设立学部,让国民接受教育

留学生章程通过审批后,张之洞拖着虚弱的身躯起草比较繁杂的学务、实业等章程。两个月以来,他反复修改十多次,不分白天黑夜抄写,感到困倦疲惫之极,而且头痛目眩、咳嗽不止,肩臂疼痛的老毛病又发作,导致饮食减少,无力再拿起笔删改,想请假六天稍作休息。

但光绪二十九年十月二十二日,鹿传霖对他说,太后传令,催他迅速上奏小学至大学等章程,千万不要耽搁。

他听到帝国最高领导人的催促,不胜惶恐,犹如将士听到冲锋号,只得放弃休假冲上前线,先抄写修改的《学务纲要》《管理学堂通则》《实业学堂通则》《请奖学生章程》,请瞿鸿機审阅后转交庆王奕劻、王文韶察阅,应改则

---

① 苑书义等编:《张之洞全集》第3册,河北人民出版社1998年版,第1581页。
② 同上,第1582—1583页。

改,应删则删,免得上奏后要多费周折,若不先确定稿子不敢上奏。

"改章程稿子的事比较繁重,太后召见你时,请代我转达,正在抢时间抄写,避免耽误受指责,并请你今天将我改的《学务纲要》等七件稿子交政府商酌,避免给皇上增加麻烦再催我,切记。"十月二十三日,张之洞致信瞿鸿禨。

为此事,十月二十四日,张之洞致信瞿鸿禨:"惟《学堂章程》,期望庆王奕劻、军机大臣王文韶等核定后立即上奏。《请奖章程》如嫌对学生过于优厚,尽可核减改正,我毫无成见。如有不妥当之处,都可以更改。"

本着实事求是的态度,张之洞在国内师资、财力短缺,局势异常危急,一时不能达到完善时,要以速成科培训一大批教师,满足各省开办学堂的需求,而孙家鼐却固守不切实际的条规。

十一月二十三日,张之洞致信张百熙:"若达到全日制师范毕业,必须读五年,各省小学堂怎能等五年后再开? 章程内设有传习所,又设有旁听生,为缩短时间培养师资。奏折对 30 岁以上至 50 岁以下的举人、秀才等不能入学堂,可入师范学堂速成科学习,这是为他们自谋生计考虑。我本想与孙家鼐详论此事,因时间仓促,若再往返辩论,必须推迟近 3 天。因而依照孙家鼐的意思,改为简易科无妨碍。"[1]

忍受病痛的折磨,张之洞与张百熙、瞿鸿禨、孙家鼐、王文韶等,围绕小学至大学堂的设置互相讨论,吸收外国各学堂有用的机制,并以他在《劝学篇》中提出的"中学为体,西学为用"为基础,要求无论何等学堂要以忠孝为本,以中国经史为基础,又开设经济、法律、理化、电气等实用学科,为国家造就通才。

尤其可贵的是,张之洞认识到国民的文化素养,关系到国家强弱兴衰,必须用有效的制度保障学龄儿童接受义务教育,在《奏定初等小学堂章程》第一节,要求凡国民 7 岁以上,要掌握人生应有的知识,明白伦理,爱国家,保持健康成长,接受五年制小学教育。

---

[1] 以上参见苑书义等编:《张之洞全集》第 12 册,河北人民出版社 1998 年版,第 10302—10313 页。

章程要求每百户以上的村子,应设一所初等小学堂,便于附近半里以内的儿童读书。僻远乡村贫困户多,儿童数量稀少,不具有条件设初等小学堂,地方官要体察实际情况,设法劝告数个乡村联合出资办一所。

对大学堂分八科,除增加经学以外,还有理学、政法、文学、医学、格致、农学、工学、商务,要求政法与医学四年毕业,其他为三年,希望每省设一所。

经过夜以继日的奋战,张之洞带领幕僚修改 10 多次后,光绪二十九年(1903)十一月二十六日,与张百熙、荣庆联名给光绪帝呈上奏折,呈报起草的各学堂章程:"我们将学务纲要、各学堂管理通则、毕业生考试、奖励专章、各学堂章程等,分别抄写成册,恭呈太后及皇上御览。如蒙允许,应由管学大臣通告各省,一律遵照开办。"①

同一天,皇上以办学培养人才为急迫的大事批准:"据你们呈递的各奏折,条分缕析,立法尚属完备,应立即依次推行。如有应斟酌修改之处,仍由管学大臣,会同张之洞随时详核议奏。"②

光绪批示实施《奏定学堂章程》,作为输送有效制度,敦促各督抚命令各府、州县官员,赶紧调动一切资源建学堂,将亿万文盲变成识字、忠于君王、遵纪守法的有识之士。

从张之洞等人制定的小学至大学、师范、实业等学堂章程看,第一次以国家输送有效制度,赋予国民接受教育的权利,填补了没有学制的空白,具有改变历史进程的意义。

学堂章程诞生后,必然设立享有独立行政权的教育主管机构统管全国学校。管学大臣张百熙管京师大学堂,事务异常繁重,不可能有精力再管各省学堂,而且京师大学堂的办学是否合法、教学是否有成效,要由专职官员考核。

顺理成章,张之洞觉得必须特设专员,才能专心致志指导各省筹办大小学堂,光绪二十九年十一月二十六日,给光绪帝呈上设学务大臣公文:"我与军机大臣等商议后,请求在北京专设总理学务大臣,统辖全国学务。京师大

① 苑书义等编:《张之洞全集》第 3 册,河北人民出版社 1998 年版,第 1592 页。
② 陈元晖主编:《中国近代教育史资料汇编——学制演变》,上海教育出版社 2007 年版,第 299 页。

学堂另设一名总监督，专管大学堂事务，避免分散精力，仍受总理学务大臣节制考核。"①

光绪帝看了他的请示，赞同设一个最高行政机构统管全国学校。十一月二十七日，军机处奉旨发布：改管学大臣为学务大臣，命令大学士孙家鼐为首任学务大臣，张百熙与荣庆为班子成员，监管各省学堂、编订学制、考察学规，审定专门、普通、实业教科书，任用教员。

听到这个消息，光绪三十年(1904)正月初三，梁鼎芬致电张之洞："这次日本一举战胜俄国，没有其他特别的长处，在于以教育取胜。此次你在北京居留数月，苦心运筹，专门制定各学校章程，为今日第一大事，得到皇上批准实行，可留名后世，功绩卓著，不是我个人夸赞。湖北各学堂逐渐开办，凝聚了你办学强国的志愿。陈毅起草学务管理章程奏稿时，删除总办、会办、堂长三个职务，而初稿内有堂长，不知是否完全舍弃，请回复。"②

听说皇上要设学部并派孙家鼐任尚书，张之洞怀着焦急，于光绪三十一年(1905)五月初六，致电在北京的余敦康："孙家鼐老成端正，有较好的修养，只是他精力不足，办事显得保守固执，若用他办学务必无很大起色。张百熙公正通达、精力旺盛。若以孙家鼐管学部、张百熙兼任，必能带动各省大办学校。否则，宁可缓设学部较为稳妥。学务构成中国自强的核心，我不敢不表明立场，希望你把我的观点转达瞿鸿機，是否可采，请速回电。"

他在电文中补充说："瞿鸿機秉公办事，听说要调梁鼎芬到学部任参议，千万不可。他在湖北多年办学务有成效，两湖有许多高材生是他的学生，我对他非常信任，如果调他到北京，局面面目全非，能办什么事？会导致两省学务荒废，十分可惜。即使内调，也要等三年两湖学务办妥当再说，望你转告瞿鸿機。"③

同年九月十四日，山西学政宝熙奏请设立学部："要统一全国学制，不可能以修补方式解决，而且急需考核负责各地学务的长官，千头万绪，必须有一个主管部门，才能推动教育日益进步。请命令政务处开会讨论，迅速设立

① 苑书义等编：《张之洞全集》第3册，河北人民出版社1998年版，第1595页。
② 虞和平主编：《张之洞档》第97册，大象出版社2014年版，第224—225页。
③ 苑书义等编：《张之洞全集》第11册，河北人民出版社1998年版，第9329—9330页。

学部。"①

　　既然废除了科举,宝熙觉得礼部、国子监两个衙门的公务越来越少,丧失了继续存在的意义,不能再浪费公款滋养一批无用的职员,应该裁撤并入学部,提高行政效率。

　　光绪帝看了他的奏折,命令政务处与学务大臣商讨,如何设立学部再上奏。

　　张之洞听说后,不知慈禧在孙家鼐、张百熙、荣庆三人之间,会挑选哪一位任尚书,于光绪三十一年(1905)十月二十四日,致电学务处黄仲韬询问:"近来我接到北京来电说,已议定设学部,是否已经上奏? 由何人任学部长官? 望你探听确切回电。"②

　　蒙古人荣庆,似乎得到了上天过多的眷顾,光绪十二年(1886)取得代表做官的进士身份后,光绪十五年(1889)到山东任学政时,结识了山东巡抚袁世凯,双方为办学堂、实业等谈得很投机,像燃烧的炉火变得火热。

　　凭借袁世凯给予的政治跳板,荣庆攀附本家、军机大臣荣禄,获得了向核心权力飞跃的机会。慈禧两次在勤政殿召见他,询问办学、练兵等事③。

　　只凭慈禧一个指令,荣庆的升迁速度像火箭猛升,被破格提拔为刑部尚书。刹那间,他成为掌握重权的高级官员,能参与中央政府决策,然而,惊喜之余又有些惶恐。

　　受皇上调动,光绪二十九年(1903)二月,荣庆与张百熙经办大学堂教务,多次受到慈禧召见,汇报办学进度,拉近了距离与感情。慈禧欣赏他简捷明快的办事能力,在荣禄去世后,安排他接任关系国家命脉的户部尚书,并作为军机大臣接班人培养。

　　政务处与学务大臣会商后,回复光绪帝应设学部。光绪三十一年(1905)十一月初十,军机处奉旨发布:"任命荣庆为学部尚书,学部左侍郎由熙瑛补授,翰林院编修严修,以候补三品官代理学部右侍郎。国子监的事务

① 陈元晖主编:《中国近代教育史资料汇编——教育行政机构》,上海教育出版社 2007 年版,第8—10 页。

② 虞和平主编:《张之洞档》第 37 册,大象出版社 2014 年版,第 368 页。

③ 谢兴尧整理、点校、注释:《荣庆日记》,西北大学出版社 1986 年版,第 55 页。

与大学相同,并入学部。"①

接到皇上的旨意,荣庆一阵惊愕,深感责任重大,不知是否有能力当好学部尚书。当天晚上,他怀着惶惑不安的心情,拜访贪财的亲王奕劻,请这位权贵予以扶助。第二天,他与大贵人、擅长权术的袁世凯会面,请求给予指点②。

对荣庆靠沾亲带故、阿谀奉承获得飞黄腾达,张之洞投来蔑视的眼光,但此事不以个人的意志转移,只好用官场的套话恭贺。十一月十四日致电荣庆:"我昨天听说你任学部尚书,感到欣喜、幸会,非同寻常,对你表示祝贺。喜庆的是,中国不会立即发生内乱,传承千年的忠君礼教不至于沦亡。"③

荣庆既无真才实学又无办学经验,以虚张声势组建学部班子,挑选四川华阳人乔树枏、广州人李家驹、河北永年人孟庆荣、福建闽侯县人林灏深、湖南常德人戴展诚等任参议,协助自己监管各省学务④。

曾任贵州学政的严修,读过张之洞的《劝说篇》,敬佩中体西学的观点。光绪二十八年(1902)他自费赴日本,考察当地各类学校,回来后筹办官立小学、工艺学堂等。光绪三十年(1904)直隶总督袁世凯,聘请他任直隶学校督办。

成立学部后,袁世凯为便于普及中小学教育、兴办工科大学,保举严修为学部侍郎。严修以勤勉务实、开明创新的风格,协助学部尚书荣庆监管各地学校,并调和他与张百熙为办学引发的矛盾。

石破天惊,废除科举

出台学堂章程,张之洞要解决一件悬而未决之大事:只有废除运行千

① 陈元晖主编:《中国近代教育史料汇编——教育行政机构》,上海教育出版社 2007 年版,第10—11 页。
② 谢兴尧整理、点校、注释:《荣庆日记》,西北大学出版社 1986 年版,第 9 页。
③ 苑书义等编:《张之洞全集》第 11 册,河北人民出版社 1998 年版,第 9436 页。
④ 谢兴尧整理、点校、注释:《荣庆日记》,西北大学出版社 1986 年版,第 100 页。

年、阻碍公众进行技术创新的科举,新式学堂才能遍地开花,有益于亿万人民吸收知识。

光绪二十八年(1902)十月,张之洞代理两江总督时,与到南京出差的袁世凯在总督府,探讨如何废除科举。十一月二十一日,袁世凯致电他:"我过南京时,与你商议废除科举有相同的意见,等明年春天会奏,按每科废二、三成移入学堂,十年内可全废。依次递减,免得有些文人反对。"①

端方应皇上召见路过天津时,与袁世凯商谈如何终结科举。袁世凯派幕僚起草一个稿子,由他转交张之洞修改后,于光绪二十九年(1903)二月十二月,联名上奏减科举专注学校:"时局艰难急需人才,科举阻碍了学校扩大招生,必须变通办法,立即减少科举录取名额,以学堂毕业的学生为主,便于有大批适应时势的人才为国家效力。"②

靠中庸保守维持官位的军机大臣王文韶,觉得科举成为维系国家的神圣大典,要征求军机处及各省总督的意见,不能由张之洞与袁世凯两人,随便发出几声议论就废除,故意拖延没有通过。张之洞曾登门拜访,向他解释废除科举设学堂救国的意义。

以学堂战胜科举,同年三月十一日,张之洞致电袁世凯:"科举不改,学堂终无成效。你要与军机处各大臣细商,争取减少科举录取名额,这是一件关系学堂存亡的大事。"③

主导起草学堂章程时,张之洞为减少科举录取名额,游说亲王奕劻予以配合。大脑只装有金钱的奕劻,对改科举没有强烈的抵触情绪,而王文韶的骨子里铭刻了以科举保王权、保不可更改的礼教,不可能让科举消失在茫茫的黑夜。

若不变通或立即停止科举,强调学堂培养人才强国的意义,各省督抚、州县官员怎能安心广办学堂?甚至科举反弹会危及学堂的生存。张之洞想用递减的方式在六年内结束科举的生命。

采取各个击破的策略,光绪二十九年八月初九,张之洞致信瞿鸿禨:"你

---

① 骆宝善等编:《袁世凯全集》第 10 册,河南大学出版社 2013 年版,第 536 页。
② 骆宝善等编:《袁世凯全集》第 11 册,河南大学出版社 2013 年版,第 64 页。
③ 苑书义等编:《张之洞全集》第 11 册,河北人民出版社 1998 年版,第 9035 页。

办事有卓识、深明大局，早已洞察科举的危害。恳请你鼎力支持，劝说亲王奕劻赞成改科举，有利于以后人才成长，我将不胜感激你！"①

刚开始，吏部尚书孙家鼐不同意减少科举考试内容，张之洞请张百熙耐心劝他同意削减。而王文韶的大脑如一块石头不开窍，将经书当作不可更改的神圣教条。

为迅速上奏，十一月十三日，张之洞给瞿鸿禨写信："昨天我委托张百熙再与王文韶商议，等他回信再看。如果他仍然固执己见，那么在奏折只可不提减科举的内容，先呈递学堂章程。"

同月，张之洞给张百熙写信："孙家鼐办事通达爽快，不胜敬佩，但他还没有看到递减科举的稿子，请你转给他阅览，并与王文韶协商。既然孙家鼐以豪放的姿态赞同，军机处八人已经有七人认同，你再与王文韶商量，他看见七位大臣一致，自己一人不可能阻挡，可能会随众人。"

张之洞起草减少科举科目的稿子后，十一月十五日致信张百熙："若你受太后召见，有人阻挠改科举，务必请你说明'将来学堂无成效，仍可复还书院'，与上奏内容无异。但望你向瞿鸿禨、荣庆讲明，这段话为你修改，并转告庆王奕劻，切记。"②

协调之后，张之洞起草奏折，用胜于雄辩的事实，向慈禧表明必须改科举："太后及皇上发出设学堂的旨意有两年多，至今各省仍未能多设，在于难以筹集经费，公款有限，全部依赖民间自筹。不能募集足够的经费，与科举未停止、学者以为朝廷未专重学堂有关。

"若不变通裁减科举，公众不免观望，乡绅、富户不肯捐款建学堂。即使入学堂也只是用科举谋官，不肯专心学习，也不会恪守学规，参加科举考试多以剽窃、模仿答题。学堂要求每个学生修完每门功课，科举只凭个人一时的长短决定取舍；学堂要学生长久钻研，科举只以考生写诗文评价优劣，无从考察他们的品行，学堂注重品学兼顾，两者相比有迥然不同的差别。

"有人忧虑立即停止科举，只重学堂招生上课，学生会只谈西学，无人肯

① 苑书义等编：《张之洞全集》第12册，河北人民出版社1998年版，第10297—10298页。
② 同上，第10306、10309、10311—10312页。

讲中国传统的经史。我们在各学堂规定要开经学、史学、文学、理学。学堂能融通中西学,科举不具备这个功能,以科举录用官员,不如从学堂选拔人才。必须立即停止科举,才能激发各界人士捐资办学堂的积极性!"

找到以上理由,光绪二十九年(1903)十一月二十六日,张之洞呈递递减科举奏折:"恳请太后及皇上开天恩发出旨意,量力变通科举旧规,从下届科考即光绪三十二年(1906)起,每科递减三分之一,经过十年终止科举。"

同一天,太后及皇上看了他的奏折,认同以递减科举科目达到最终停止,当即发出旨意:"各督抚要赶紧敦促各府、厅州县官员,筹资建学堂,善意劝导地方绅士、商人等推广学堂培养人才。无论官立、民立,都要遵守历代传承的仁义忠孝,保持品行端正,不准沾染恶气、误入歧途。"①

这预示张之洞奏请废科举,以学堂育才得到慈禧的采纳,成为朝廷推向全国的决策。

不知不觉,张之洞在北京制定学校章程度过了 9 个月,而奕劻、荣庆、袁世凯等人,不愿他进入军机处掌握大权。慈禧看到长江流域出现了会党、有组织的土匪,让他回任湖广总督毫不放松围剿。

以慰劳张之洞,同年十二月初八,慈禧赐他喝腊八粥。二十日立春,赐给他饼子、在宫廷吃饭及七种蔬菜。

十二月二十二日,张之洞离开北京时,慈禧除赏给他 5 000 两银子以外,命令直隶总督给他送来 4 卷绸缎、8 件貂皮。二十六日,直隶总督奉她的命令,给他送来御笔及写有"融和"二字的条幅、福寿字。二十八日,兵部奉她的命令,给他送来御笔福字一方。

接连受到慈禧的赏赐,张之洞感激涕零,久久难以平静,觉得她的恩情深似海,终生难以报答,只能以毕生精力兴学、练兵、办实业挽救大清王朝。

借这次机会,十二月二十七日,张之洞顺便回河北南皮县老家祭祖扫墓。想起自己多年在外做官,如今身为湖广总督衣锦还乡,为不负乡亲们的期盼,他用慈禧奖赏的 5 000 两及自己的积蓄,办了一所慈恩学堂,为家乡子

---

① 以上奏折参见苑书义等编:《张之洞全集》第 3 册,河北人民出版社 1998 年版,第 1596—1600 页。

弟搭建一个成才的平台。

当天上午，他致电军机大臣鹿传霖："我今日到达南皮县，病情没有消除，行路十分辛苦，想多休息调理数日。两天以来，我与端方保持来电联系，商议办理湖北各事，断然不会延误大事，望你转告庆王奕劻及瞿鸿禨、荣庆。"①

"你回家乡探亲后，不知身体是否恢复健康，我非常挂念。昨天太后向我询问你的病情。瞿鸿禨因病及对德交涉，迟至本月二十三日回长沙，湖北巡抚来电商谈公务，你交待的各事已经上报。"光绪三十年（1904）正月初四，鹿传霖回电②。

"我到达老家后，苦于疥疮发作，还有腿痛疼，直至正月十二日，完成祭祖扫墓，十三日进城到张家宗祠祭拜祖先。现于二十日抱病启程。"正月二十日，他致电鹿传霖。

过了8天，正月二十八日，张之洞致电鹿传霖："我到天津后，疥疮病更重。现请医生调治服药，必须休息两三日才能出发。我与袁世凯及各官会面时，他们目睹了我的病情。"③

同年二月十三日，张之洞抵达武昌，二月十四日端方向他移交总督大权。披着伪装外衣的端方，在张之洞去北京起草学堂章程时，利用统管全省的职权，接受各级官员的贿赂，不分善恶提拔送礼的官员，导致湖北官场像一个腐烂的摊子。

总督与巡抚同在一个城市执政，因各项决策容易发生争执，难以和睦共处。经慈禧批准，张之洞以总督兼任湖北巡抚，端方调到江苏当巡抚。一些学者、文人、官员觉得张之洞严厉苛刻，跟随他干活很辛苦，没有多少回报。

对比端方圆滑变通，能给自己更多的银子，愿追随他到苏州。还有小人说三道四、搬弄是非，引起张之洞火冒三丈，感到自己像干枯的树枝，没有鲜嫩的青草环绕，对端方产生很不好的看法。

"我受命调任江苏巡抚，在湖北与你相处三年，经常得到你的训诲，略知

① 苑书义等编：《张之洞全集》第11册，河北人民出版社1998年版，第9130页。
② 虞和平主编：《张之洞档》第97册，大象出版社2014年版，第228—229页。
③ 以上同苑书义等编：《张之洞全集》第11册，河北人民出版社1998年版，第9131页。

兴学、练兵的办法。一旦分别，我恋恋不舍，以此抒发离别情怀！"光绪三十年(1904)四月十二日，端方动身前致电张之洞①。

回任湖广总督后，张之洞仍挂念为家乡办学堂的事，光绪三十一年(1905)二月初八，给直隶总督袁世凯发来公文："南皮县地处偏僻，风气尚未大开，要广开培养人才的通道，若只依赖地方官筹款兴办，不太可靠。我为南皮县双妙村，购地捐资建造一所中学堂及一所高等小学堂，两学堂相连，由一个大门出入，招本县子弟入学。中学招 30 人，高等小学招 60 人。同族学生及外姓学生两堂各居一半。

"我将光绪二十九年(1903)十一月太后赏银 5 000 两全捐出，并将我历年廉俸陆续凑集 22 000 两，共 27 000 两，以 1 万两存放商号按月取息。包括田租、商息，充作学堂常年经费，永远不准挪作别用。我取名'慈恩学堂'，教导学生不忘记恩情。

"我请直隶总督核明奏请为学堂立案，永垂久远，并想援照独捐巨款作义举的例子，恳请皇上赏给御书'慈恩学堂'匾额，让全县父老、子弟永怀恩德，坚定报国之志。"②

成全张之洞为家乡办学的心愿，同年二月二十五日，袁世凯上奏："湖广总督张之洞，素来公忠体国，殚精竭虑办学。他现回报家乡，深受太后、皇上的奖赏，尽自己的力量育才，体现成为圣贤的用意。倘若承蒙皇上题写，乡民会永远铭记帝王的恩德。恳请皇上开天恩赐予牌匾，以示鼓励。"

二月三十日，袁世凯回电张之洞："张总督，你捐款为家乡建学堂，并请皇上赏御书'慈恩学堂'牌匾，我上奏后，今天皇上批准你的请求。"③

得到皇上赐予的牌匾，张之洞欣喜之后，同年三月二十一日，致电南皮县章绥生："我前年腊月回老家，购买同族张珠树在唐家务庄 17 公顷田，以出租得到的资金补充学堂。现量力扩充，在南皮城外双妙村购地，建造中学与小学各一所。原捐经费不够，我再捐银 1 万两，存放实力雄厚的商号生

① 虞和平主编:《张之洞档》第 97 册，大象出版社 2014 年版，第 732 页。
② 以上参见苑书义等编:《张之洞全集》第 6 册，河北人民出版社 1998 年版，第 4273—4274 页。
③ 以上参见骆宝善等编:《袁世凯全集》第 13 册，河南大学出版社 2013 年版，第 352、371 页。

息。自今年正月起,按月取息,加上出租田的收入,一并给学堂用。"①

　　同年十一月二十四日,张之洞致电在北京吏部任职的侄子张检:"现已确定慈恩学堂,在双妙村住宅西边动工,除自有地以外,西边占地 40 亩,东西横宽二十丈,南北数十丈,应迅速与土地所有人商议购买,或作价或易地都可以。无论价格高低,易地多少,要与对方商谈,这是为同族修建的学堂,不得不讲求完善。"②

　　受张之洞委托建学堂的陈曾荫,以慈恩学堂各项开支超出预算,光绪三十二年(1906)四月十二日来电:"现在增加工人施工、砖瓦等建材上涨,带动费用上升。请你再拨 8000 两,经天津百川通票号汇款。"③

　　同一天,分管湖北学务的高凌蔚代张之洞回电:"张总督原估工程造价22 000 两,已经汇去 2.1 万两,为何又请汇 8000 两,让人特别惊骇,与原来的核算相差很大,万难再汇款,以后务必核实用款,力求节约。究竟还有哪些设施要用钱,为何骤然增加巨款? 请迅速电复。"④

　　"增费主要来自更换屋顶瓦片,除请拨 8000 两加上运费 1600 两,还有缺口约 7000 两。现在材料运到现场,难以变更施工。"四月十四日,陈曾荫回电⑤。

　　听了陈曾荫要钱的理由,张之洞为学堂早日完工,实现回报家乡的愿望,只好再拨款。四月十九日,高凌蔚代他回电:"张总督按你的请求再汇8000 两,由百川通票号转给天津票号,你前往兑取,一切务必极力节省。"⑥

　　"我收到你汇来 8000 两款,将遵照你的指示,保证工程坚固,节省一切开支。"四月二十六日,陈曾荫回电张之洞⑦。

　　为家乡办学堂时,张之洞要尽快废除阻碍学堂的科举。而留恋科举的官员,要修复遭到八国联军拆毁的京师贡院,仍用经书作为试题考试,以延

---

① 苑书义等编:《张之洞全集》第 11 册,河北人民出版社 1998 年版,第 9313—9314 页。
② 虞和平主编:《张之洞档》第 37 册,大象出版社 2014 年版,第 409—410 页。
③ 虞和平主编:《张之洞档》第 106 册,大象出版社 2014 年版,第 149 页。
④ 虞和平主编:《张之洞档》第 52 册,大象出版社 2014 年版,第 264—265 页。
⑤ 虞和平主编:《张之洞档》第 106 册,大象出版社 2014 年版,第 162 页。
⑥ 虞和平主编:《张之洞档》第 52 册,大象出版社 2014 年版,第 278 页。
⑦ 虞和平主编:《张之洞档》第 106 册,大象出版社 2014 年版,第 233 页。

长科举的寿命。

"听说有官员提议修复北京贡院，军机大臣王文韶与鹿传霖等赞同，此事关系太大，你要发挥力量阻止，有利于推动各省大办学堂。如你要上奏，我愿联名。"光绪三十一年(1905)二月初四，湖南巡抚端方致电张之洞①。

将科举当作瘟神的两江总督周馥，于二月十一日致电张之洞："外界传说，军机大臣王文韶、鹿传霖有意恢复科举，此事万不可行，请你采取行动制止。"②

看了他们发来的消息，张之洞焦虑万分：各督抚、州县官员，以贡院存在必然没有动力筹款建学堂，自强永无指望。皇上已经发出旨意，要分年减少科举录用官员名额，再花巨资修贡院没有任何意义。

"若修复贡院，千万不能允许。他们搜刮民众的钱财，浪费数十万两银子修复，阻碍学堂培养人才，这是不明智的举动。你主持学务，深知国家处于危难，请你务必与各军机大臣商谈，费力阻止修复贡院，这会让天下人感到幸运。"三月初八，张之洞致电张百熙③。

三月十一日，张百熙回电："虽然皇上发布了停止科举、减少录取名额的旨意，但王文韶等守旧派，依然以坚定的态度，维护科举选用官员的体制，各军机大臣对此意见不一致。你深知废除科举如此艰难的原因，需要你大力清除障碍。"④

为人如同玻璃球的王文韶，在官场圆滑透顶，遇到有关改变体制的大事，毫无个人主见，只看慈禧的脸色行动，不知与时俱进，只要一天在朝廷做官，一天就要捍卫科举。

经张百熙、荣庆、庆王奕劻暗自劝说，慈禧站到张之洞这一边，打发老眼昏花、思维僵化、上朝要人搀扶的王文韶回家休息，不再让他充当堵塞通向新政路上的废渣。

同年五月二十八日，军机处奉旨宣布："大学士王文韶当差多年，勤劳卓

① 虞和平主编：《张之洞档》第 102 册，大象出版社 2014 年版，第 120 页。
② 虞和平主编：《张之洞档》第 101 册，大象出版社 2014 年版，第 669 页。
③ 苑书义等编：《张之洞全集》第 11 册，河北人民出版社 1998 年版，第 9309—9310 页。
④ 虞和平主编：《张之洞档》第 101 册，大象出版社 2014 年版，第 177—178 页。

著,现年过七十,每日召见时,起跪比较困难,应当给予体贴,免去他的军机大臣职务,减少他不必要的体力消耗。"①

只用简单的几句客气话,坚持不可动摇科举的王文韶,丧失了继续掌握军机大权的位子。慈禧增补得到袁世凯提携、赞成废除科举的徐世昌、铁良到军机处,实现更新换代。

为闯过与王权联系起来的难关,张之洞与袁世凯既有斗争,又为废除科举、普及学堂教学,要互相合作。袁世凯起草一个立停科举的初稿,交给有语言天赋的张之洞修改。

张之洞原想十年后废除科举,但观察国内局势,感觉各种暴露出来的危机如火山喷发。一日不停科举,秀才、举人会心存侥幸心理,消解砥砺求学的志气。民间更是互相观望,捐资办私立学堂的人稀少,各级官府以缺乏财力为由,不会有信心大办学堂。

若等十年以后停科举,学堂会出现停顿之势,不可能造就急需的人才。各国也不会等待中国,以变法实现自强。数年以来,各国盼望中国维新,又看到这个古老的帝国依然沿着旧体制的轨道运行,未改欺侮中华的恶意。

转瞬间,日本以枪炮击败俄军,逼迫俄签订有利于自己的和议。张之洞预感日本会有异常的举动,包括取代俄侵占东北。他觉得一旦毅然与科举决裂,舍旧求新设学堂,作为强国的发动机,会引起各国刮目相看、友好相待。

由此产生的连锁效应是:留学生会返回国内学堂,更加励志潜心探索,不被邪说浮言迷惑,会揭露有些人隐藏的阴谋诡计。设立学堂并非专为储才,而是让更多人享有受教育的权利,掌握谋生的技能,成为有知识、效忠国家的合格国民。那些杰出人才可以协助治理国家,效果胜过日本战胜俄国。

根据以上显而易见的成效,光绪三十一年(1905)八月初二,张之洞与袁世凯、两江总督周馥等联名上奏:"要化解国家面临的危亡,必须推广学校,要推广学校,必先停止科举,才能让亿万人民实现读书成才的梦想,形成良

---

① 中国第一历史档案馆编:《光绪宣统两朝上谕档》第31册,广西师范大学出版社1996年版,第80页。

好的风尚。对内确定富民强国的政策,对外抵挡强敌,转危为安。"①

慈禧有什么反应?自从经历流亡、几乎丧失政权的打击后,她有一个重大的思维转变:不再以敌视的眼光看待西方,将兴学育才当作振兴国家的第一个任务,与维护王权专政不矛盾,通令各督抚广设学堂,开设启发民众求知的实用学科,因而有足够的心理准备,接受张之洞等立即结束科举的奏请。

按她的命令,同年八月初四,军机处奉旨宣布:"自光绪三十二年(1906)开始,停止所有形式的科举考试,以前的秀才、举人等分别给予出路,其余各条依照奏请办理。责成各督抚实力通筹教务,严令府、厅、州、县主要官员,赶紧在城乡遍设小学堂,严格挑选教师,便于广大群众吸收知识。"②

伴随张之洞等奏请及慈禧一声令下,废除科举的声音如滚滚巨雷划过夜空,带动亿万人民发生一场具有裂变的知识更新。

既然停止科举专办学堂,地方政府要承担集资办学堂的责任,为科举服务的学政失去了客户,没有必要存在。张百熙与荣庆围绕是否裁撤、如何定位进行商讨,并请张之洞提出看法。

以慎重的态度,光绪三十一年(1905)十月十五日,张之洞致电黄绍箕:"你对学政的权限,简易师范生给予举人、进士待遇,学堂招收秀才等三件事,觉得什么办法最完善?在京公正的士大夫有什么表示?学务大臣有何意见?望飞电详示。"③

以上述相同的疑问,十月十六日,张之洞致电袁世凯:"听说学务大臣对以上三件事,致电征求你的意见,你有何办法?如何答复?请速示。"④

十月十八日,袁世凯回电:"我思考后建议,学政仿中央视学官,专门考核学校,不涉及地方行政权,不间断派人视察。没有特别紧要的事,不必亲临地方,不知你是否赞同。"⑤

① 苑书义等编:《张之洞全集》第3册,河北人民出版社1998年版,第1660—1661页。
② 同上,第1664页。
③ 虞和平主编:《张之洞档》第37册,大象出版社2014年版,第357—358页。
④ 同上,第362—363页。
⑤ 骆宝善等编:《袁世凯全集》第14册,河南大学出版社2013年版,第250页。

荣庆、严修要探听张之洞对学政的看法，十二月十五日来电："各省向来由总督、巡抚督促学务处办学，停止科举后，学政的职能转为考核学校，究竟如何明确权限，或另有变通维持长久运行的办法。前次来电向你请教，请你务必对学政的职责提出建议。"①

综合他们将学政的职能定为视察学校，张之洞倾向于强化学政对学堂的监督。十二月二十一日，张之洞致电学部荣庆、孙家鼐、张百熙、严修等："我对学部的权限提出几条建议。一、参照外国设视察学校官员的例子，全省文学堂归学政考察，并随时会同总督、巡抚考核省城学堂。二、学政为了公正考察学务，可以聘请明白学务、通晓科学的幕友。三、学政出省巡察学堂，沿途需要马夫等由地方供给。四、以翰林院的官员专任学政，便于发现教员、学生是否有背叛、参与乱党等行为，随时向总督、巡抚提出惩罚或纠正，以端正学风。五、学政对学堂及教员、学生的行为举止，享有监察权②。

光绪三十二年(1906)四月初二，学部会同政务处上奏："我们会同商议后，请裁撤学政，各省改设提学使司，司长享受三品官待遇，统辖全省地方学务，归督抚节制，并在省城设学务公所，撤销各省学务处。"③

同一天，光绪帝批准他们的奏请，各省改设提学使司，裁撤各省学政。

从参与制定学堂章程，张之洞保障民众接受教育的权利，从减少科举考试内容到彻底废除，向我们展示了由农耕社会向工业社会、由王权专政向民主制度变革引发的思想斗争：历代帝王以农耕立国，沿着一种低效率、没有创新力、依赖原始人力支撑的小农经济运行，以征收千百万人的钱粮成为最富有的大地主，并以掌握的巨额财富，修建豪华宫殿、宏大的陵墓。

同时，帝王以科举选拔官员控制了庞大的知识精英。知识分子以标准化的答题换取官位，光耀门庭，成为占有特权地位的优越阶层，却鄙薄、排斥工匠提高生产技术、商人带动商品流通，满足人们的消费需求。

由于帝王只以科举选用官员，协助自己维持统治地位，没有危机感与压

① 虞和平主编：《张之洞档》104册，大象出版社2014年版，第597—598页。
② 虞和平主编：《张之洞档》第37册，大象出版社2014年版，第448—457页。
③ 陈元晖主编：《中国近代教育史资料汇编——教育行政机构》，上海教育出版社2007年版，第40—41页。

力优化配置资金建学校、科研所,让广大民众识字读书,输入一种新的文明引导国家发生变革,历史的车轮几乎是原地打转。

知识更新滞后,造成工匠制造精美的银器、铜器、陶瓷、马车等,只不过是色彩、形状、样式有所不同,供帝王与官员观赏和享用,不能转为先进的生产力。

那些金碧辉煌的壁画、形态各异的佛像、不计其数的经书诗词、飘渺的山水画等,看似代表一种想象力,却不能以开创性的智慧,转为催生蒸汽机、机械、电气、信息等产业的能量。

悲哀的是,中国工匠改进指南针、造纸、活字印刷、火药,未得到历代帝王的重视,没有将先进的技术,转为大规模的生产增强国力,却被西方运用到航海与对外贸易,并以代表对外扩张的大炮轰开了清朝紧闭的国门。

战场对抗显示的优劣,在于西方有各类工科大学培养人才,促进了军事技术的突破。而千百年以来,中国知识分子一直受科举为官的影响,以善于写诗词、散文、杂记、书法为自豪。

历史的车轮前进到清朝晚期,张之洞听从时代的召唤,为清朝废除科举奔走呼号,功勋卓著。科举制的废除,让人民告别运行几千年的私塾、书院,走进以学堂培养专业人才的时代,促进了一个具有里程碑意义的转变!

第六章
救亡图存唤起各界精英行动

　　张之洞做梦也未想到,吴禄贞等起义失败后,转变对策,以组建政治团体,召集学生、军人聚会,并将立志反清的学生送进军营,成为后来内外呼应,推翻清朝统治的积极力量。

吴禄贞等血战大通

　　创造一切条件,张之洞苦心筹措经费,挑选学生去日本留学,深望他们学成报国。然而,做梦也未想到,他们竟然组建会党率先在长江流域,打响了推翻清朝的枪声。

　　出生于湖北云梦县西郊吴家台的吴禄贞,曾祖父吴鼎元,于道光三十年(1850),考取让族人感到无比自豪的进士,曾任常州府知府。祖父吴道亨获得优贡功名,先后在湖北黄陂、公安县担任分管教育的官员。父亲吴利彬取得秀才身份,感到以科举获取官位比较艰难,选择以教书为生。

　　经过三代人的积累,吴禄贞有条件在伯父吴利彤开的家塾及义堂镇私塾读书,后跟随父亲在武昌开设的学馆等读经史、写诗文等,显露了过目成诵、对答如流的天赋,深得父亲的欢心。

　　有一次,吴利彬出上联"春风催柳绿",吴禄贞随口回答"大泽起龙吟"。

吴利彬听了大为惊喜，经常对亲友夸赞："此儿有奇志，如同千里马。"①

不顺利的是，光绪二十一年（1895），作为家庭支柱的吴利彬，因患肺病在武昌去世。吴禄贞因家庭缺乏收入来源，不得不中止以科举谋官之路，进入张之洞创办的湖北织布厂干活，母亲彭梅仙教他人的女儿绣花谋生。

吴禄贞在工厂干了一段时间，看到工头以延长工人的劳动时间、压低工资、减少休息等谋求利润，而且车间灰尘飘浮，劳动环境极其恶劣。

有一天，吴禄贞下班回家，看到一个姓袁的工头守在厂门口，以检查为名，侮辱女工。他怒不可遏，急步走上前，举手猛地给袁工头一个耳光。等袁工头回过头定神一看，发现昂然站在面前怒目而视的竟是一个小童工。

他火冒万丈，一手将吴禄贞抓过来，一手高举棍棒要逞凶毒打。这时一大群下班的男女工人围过来齐声高喊："不准打人！"

袁工头看到大家发怒只好松开手放下棍子，但余怒未息，鼓起一双鹰眼狠狠地盯着吴禄贞高声骂："今天暂时饶了你这个小混蛋，等明天上工，老子再来收拾你。"

因不满工头欺压童工，光绪二十二年（1896），吴禄贞愤然辞职，另谋出路，以岳飞的"还我河山"为感召，前往武昌工兵营报名参军。招考的军官以他只有16岁年龄太小，不予录取。

"历史上不是早就有过执干戈，保卫江山的爱国童子吗？你们怎能因我小2岁，就不让我投军报国呢？"吴禄贞急得涨红了脸，大声争辩说。

这位军官看他人小口气很大，感到很惊奇，又发现他善于写诗文，适合张之洞招识字的青年人当兵的要求，破格收留了他②。

如同一个大杂烩的军营，掩盖了不为外人知晓的黑幕：将官随意克扣军饷、化公为私，要士兵为自己提供义务服务。吴禄贞不愿被军官摆布，要以知识改变命运，于光绪二十二年报考创办不久的湖北武备学堂。主考官觉得他未满18岁，而且身躯矮小，不符合录取标准。

"我祖父是优贡，父亲是秀才，我也是秀才，曾当童工、吃军粮、略识诗

① 吴忠亚：《吴禄贞的一生》，载《云梦文史资料》1985年第1辑，第3页。
② 同上，第4—5页。

文、粗知武术。现虽我年龄不到 18 岁,但志愿投笔从军,为了救国雪耻!"吴禄贞向主考官报出自己的出身。

说完,他随即写了一首诗:"开卷喜读战国策,濡笔爱草从军赋。安得一战定三韩,投笔从戎争先赴。"

武备学堂总办蔡锡勇,发现他的诗充满豪情万丈的报国志愿,如滔滔江水奔流,直抒胸臆,不禁拍案叫好,将他的诗转呈总督张之洞。爱好写诗的张之洞看了他的诗后,大加赞赏,破例准许他入学,并传令嘉奖,通告文武学堂,以示提倡①。

到武备学堂,吴禄贞接受了初级的军事教育,得到了一个起飞的机遇。张之洞挑选聪明有志、性情和谨、文理通畅、30 岁以内的学生出国留学。光绪二十四年(1898)十一月二十三日,张之洞致电总理衙门:"我将派 20 名学生,到日本军校学习,由湖北支付一切费用,分批寄到日本。"②

从学生名单、籍贯、年龄看,湖北占 12 名,时年 18 岁,骨子里洋溢着楚文化刚烈血液的吴禄贞,时年 24 岁的傅慈祥、时年 19 岁的吴茂节等,有幸被张之洞这个大贵人列入公费留学。

此外,名单上有一个引人注目的特殊人物:河北南皮县人、时年 18 岁、张之洞的长孙张厚琨。

由于清朝对日作战惨败,武备学堂的学生觉得战败是有损国威的耻辱,对日本充满敌视,甚至发出抵制,不愿去遥远的日本留学,相约拜见张之洞,陈述不去的理由:"文官怕战,武官怕死,才把台湾送掉。日本是我国的死敌,我们不去日本!"

"不去不行。"张之洞听了勃然大怒③。

厉声斥责他们后,张之洞又冷静地说:"你们不是学过孙子兵法吗? 知己知彼,才能百战不殆。去日本正是为了知彼,以便最后战胜他们。你们 20

---

① 以上参见傅光培:《一代英杰吴禄贞先烈的主要业绩》,载《云梦文史资料》1985 年第 1 辑,第 60 页。
② 苑书义等编:《张之洞全集》第 5 册,河北人民出版社 1998 年版,第 3728、3729 页。
③ 以上参见万群:《回忆先父万廷献在辛亥革命前后》,载《鄂州文史资料》2001 年第 14 辑,第 67 页。

人都是我的好学生,听我的话去吧!"①

听了他的开导,万廷献与吴禄贞等同学有所领悟:只喊空洞的爱国口号不起任何作用,只有积极向日本学习,并以个人的智慧与勇气,推动国家增强军备,才能有效战胜敌人。

从求学强国的角度,吴禄贞对被入选的留日同学说:"临阵用兵,必须知己知彼,才能百战不殆。要雪洗被日本打败的耻辱,惟有先了解和学习日本人的长处,才有益于我国转弱为强,决不能丧失这个留学机会。"②

傅慈祥的父亲曾参加太平军,失败后受到地方官与绅士监管,不堪忍受欺侮与夫人自缢身亡,给傅慈祥带来无法愈合的心灵创伤。他悲愤之后发愤习文武,做到文武兼备,得到老师杨保秦的赏识。

他参加潜江举行的秀才考试名列第一名,但官绅控告他有叛逆行为被除名,他更加愤恨王权专政③。

光绪十六年(1890),两湖书院开办后,经杨保秦保举,傅慈祥到武昌报考,有幸被录取。学习一段时间后,他不满只为获取官位熟读经书,看到张之洞于光绪二十二年(1896)创办武备学堂,转到这个学堂读军事,想报仇雪耻。

这是张之洞担任湖广总督以来,第一次派遣学生到日本学习军事,分外重视,委派副知县邝国华带领他们前往东京,交给在日本观看军操的候补道员张斯枸暂时照料。

怀着求学报国的理想,光绪二十四年(1898)十二月初三,吴禄贞与傅慈祥等同学从上海乘船去日本。到达后,他们先在东京成城学校,读一年半的日语及中学课程,便于克服语言障碍,掌握历史、几何、代数、物理等基础知识。

吴禄贞等学生来日本前,也就是中日甲午战争发生后,曾任宜昌知府的裕庚任驻日公使,光绪二十一年(1895)七月二十日经上海乘船去日本,以对

---

① 傅光培:《悼念先父傅慈祥烈士》,载《武汉文史资料》1986 年第 23 辑,第 137 页。
② 吴忠亚:《吴禄贞的一生》,载《云梦文史资料》1985 年第 1 辑,第 6 页。
③ 以上参见傅光培:《悼念先父傅慈祥烈士》,载《武汉文史资料》1986 年第 23 辑,第 136 页。

日交涉事务增多,急需精通日文的翻译,派横滨领事吕贤笙到上海、湖北等地招考。

湖北房山县人戢翼翚参加考试被录取,光绪二十二年(1896)三月,与一同考取的吕烈辉、吕烈煌、唐宝锷、朱忠光、冯阅谟、胡宗瀛、金维新、韩筹南、李清澄、刘麟等13人前往日本。

裕庚请日本外务大臣兼文部大臣西园寺公望协调教学。西园寺公望委托东京高等师范校长嘉纳治五郎,请教师给他们讲日语、历史、地理等课①。

初步掌握日语,戢翼翚转入专门学校,除学习正常功课以外,与雷奋、杨廷栋、杨荫杭等学生于光绪二十六年(1900)开办《译书汇编》,介绍欧美的法律、政治、经济、历史等著作及学说。

以联络情感、激励志向,吴禄贞与傅慈祥、戢翼翚、秦力山、黎科、蔡丞煜、郑葆晟等留日学生参加励志会,交往圈子由日本陆军士官学校,扩展到帝国大学、早稻田大学、高等商业学校、东京法学院、东京高等大同学校等留日生,并结识了孙中山。

“中华一蹶不振,与慈禧等权贵卖国有关。我炎黄子孙要推翻清朝,必须广泛联系有志的汉人。但必须有共同拥戴的领袖,领导我们行动。”傅慈祥对孙中山说②。

不只是傅慈祥敬仰孙中山,出生于湖南浏阳的唐才常,曾在长沙校经书院、岳麓书院,与其他同学读内容相同的经书,想用知识改变民众与贫困抗争的命运,后去两湖书院深造。

对日作战失败后,唐才常被席卷中华大地的救国呼声震醒,光绪二十三年(1897),返回长沙参与创办《湘学报》、时务学堂、南学会等,为维新变法摇旗呐喊。

如火如荼的变法被慈禧扑灭,在既是老乡也是知心的友人谭嗣同,为构建民主中国献出宝贵的生命后,唐才常怀着满腔激愤东渡日本,想从中探寻可供中国转为富强的经验。

---

① 以上参见[日]实藤惠秀:《中国人留学日本史》,谭汝谦等译,生活·读书·新知三联书店1983年版,第1页。
② 傅光培:《悼念先父傅慈祥烈士》,载《武汉文史资料》1986年第23辑,第137页。

　　光绪二十五年（1899）秋天，唐才常经湖南老乡毕永年介绍，与在国外奔走多年的孙中山相识，双方一见如故，探讨国内时局、如何终结专政体制，研究能否在广州、武汉等地发动起义等。

　　围绕推翻清朝政府的目标，唐才常在东京与吴禄贞、湖南善化县人秦力山、湘阴县人林圭、广东南海县人冯自由等，商讨联合长江沿岸城市的会党起义，以夺取汉口为基地。因毕业于东京高等大同学校的林圭与哥老会有联系，推举他为驻汉首领。

　　同年，唐才常回到上海，与沈荩、林圭、毕永年等，在上海虹口武昌路仁德里552号创办东文译社，聘请通晓军事的日本人申斐靖主持，并组建正气会，名义上翻译日文书，实际是抱着与清朝权贵有不共戴天之仇的意志，动员反对清朝专政的人士参加。后觉得含义狭窄又改为自立会。

　　义和团在北方点燃仇恨洋人之火后，光绪二十六年（1900）正月，唐才常请自立会驻汉口分会首领林圭、湖南慈利县人李炳寰等人到上海，商谈应付时局的办法。他们认为义和团有反对英、法等侵略中国的倾向，北方陷于无政府状态，如能趁此时机扬起起义的旗帜，颠覆清朝扫除专政，振奋民心，中国有复兴的机会①。

　　会商结果：唐才常等决心放弃改良主义的误国主张，详细制定军事对策，愿与孙中山及其他要打倒清王朝的团体携手，为中国开辟通向民主自由的大道奋斗。

　　孙中山以八国联军攻进北京，策划广东惠州起义，派郑士良与湖北的自立会联系，约定同时并举，互相策应。按这个设想，林圭邀请与唐才常有师生情谊的李炳寰、慈利县人田邦璇、常德县人蔡钟汉、浏阳县人唐才质及秦力山、吴禄贞、傅慈祥、黎科、郑葆晟、蔡丞煜等人回国配合在长江中部起义。

　　从成城学校毕业的吴禄贞，到日本陆军联队实习后，光绪二十六年，进入日本陆军士官学校骑兵科攻读。

　　同年四月，吴禄贞趁放暑假回到上海，与负责自立军外交、南洋公学的数学教师陈锦涛、给天津海关道员当翻译的温宗尧，去虹口隆庆里、在南洋

_____
① 杜迈之等编：《自立会史料集》，岳麓书社1983年版，第68—69页。

公学译书院任职的张元济住处,交谈义和团事件的走向。

展现湖北人激进的个性,吴禄贞敞开上衣,挥着手势以意气风发、悲壮的语气表明对时局的看法,讲到难以控制自己的情绪时,禁不住用手拍桌子,给张元济等人留下难忘的印象①。

同年七月初一,张元济等80多人,参加唐才常在上海张园南新厅召开的"中国国会"。叶瀚以大会主席身份,宣读今日开会的意图:一、不认通匪的伪政府。二、联络外交。三、平内。四、保全中国自主。五、推动中国未来的文明进化,定名中国议会。

说完,他请各位举手表决,有过半数的人举手通过。经投票推选,容闳为会长,严复为副会长,唐才常为总干事。容闳向大家讲明本会的宗旨,引起掌声雷动②。

对筹划在长江中部起义,吴禄贞觉得观察中国地形:长江与汉江交汇的汉口,为军事必夺的要地,联结周边的九江、合肥、长沙、襄阳、汉中等地,一旦发生战争,会切断南北交通。

另外,吴禄贞在湖北拥有人际关系,利用湖北武备学堂的同学沈翔云、刘熙青、朱敦武、艾忠琦、孙武等联系洪山统领黄忠浩、汉阳门巡防统领方友升、草湖门驻军督标吴元凯,以及驻田家镇的安徽大通新军统领、会党头目朱楚香等,帮助自立军攻打清军。

奉命后,吴禄贞感到缺乏经费招兵、购买枪支。留日学生毕永年告诉他,保皇派首领康有为得到新加坡华商邱菽园10万元捐款,答应给唐才常3万元率兵保皇上。经毕永年反复劝说,唐才常受感动决意脱离保皇派,将3万元当作起义费用。

受孙中山委派,戢翼翚到武昌找到毕业于两湖书院的刘成禺说:"吴禄贞叫我到武昌后,与你商谈召集有共同志向的友人策动起义。"

"唐才常在上海开国会,究竟有何目标?虽对外标榜保皇上,实际保国,又宣言保中国不保大清。既然以保皇上为主,为何孙中山与唐才常结合派

① 张人凤等编:《张元济年谱长编》上,上海交通大学出版社2011年版,第93页。
② 同上,第96页。

你来?"刘成禺问他。

"唐才常已与孙中山先生秘密结盟,以保皇会的名义,争取康有为等资助起义经费。秦力山、蔡丞煜、黎科、傅良弼、吴禄贞追随孙中山推翻清朝,哪能主张保皇?"戢翼翚告诉他以保皇的招牌起义①。

唐才常将自立军分别布置:秦力山、吴禄贞统领前军,驻安徽大通;田邦璇统带后军,驻安徽安庆;陈犹龙统左军,驻湖南常德;沈荩统右军,驻湖北新堤;林圭、傅慈祥统中军,驻汉口。唐才常亲自率领总会亲军和先锋军,并督办各军作战②。

为何选择安徽铜陵大通镇动手?秦力山与担任安徽统署卫队管带的孙道毅有交情,由他暗中协助供给军械,带动水上军营将官投效,不致让官方怀疑。安徽哥老会头目符焕章在大通、芜湖、太平等地散发富有票,吸引大量人员参会。

原定七月十五日,吴禄贞与唐才常同时起义,但唐才常在上海等待海外汇款,不得不多次延期。十三日,大通保甲局委员许鼎霖听说后,派人抓获会党7人,铜陵魏知县电告安徽巡抚王之春派兵镇压。

事情紧急,吴禄贞与秦力山以军情泄露、清军加强铜陵防守,没有时间再等待,七月十五日,与吴得胜、谢青山、古得标、徐得生、景志魁、夏得祥、周士长等率领自立军攻打大通。

负责江上巡逻的大通营参将张华照,派四艘炮艇渡江堵截自立军。他不知手下的将士早已与秦力山串通,等船到大通后立即与自立军联合。张参将无法向上级领导交代,最终畏罪投江身亡。

于是,秦力山率军以炮艇攻击,夺取8艘官军船只,击沉大通督销局平差轮船,攻占药局、盐局、收费局,抢走钱店5 000两银③。

占领大通后,秦力山、吴禄贞立即派人张贴公告,证明武力推翻清朝的

① 以上参见刘成禺:《世载堂杂记》,辽宁教育出版社1997年版,第132页。
② 吴忠亚:《吴禄贞的一生》,载《云梦文史资料》1985年第1辑,第8页。
③ 以上参见赵春晨等点校:《王之春集》(一),岳麓书社2010年版,第61页。苑书义等编:《张之洞全集》第10册,河北人民出版社1998年版,第8217页。杜迈之等编:《自立会史料集》,岳麓书社1983年版,第15页。

正当性:"自维新政变以来,权贵把持政务,慈禧掌握朝廷最高权,灾祸发生,惨无天日,至今有一年多。义和团以扶清灭洋的名义,经贼臣载漪、刚毅、荣禄等给予军械,妄想篡权夺位,未得逞攻击外国人。我们招集有相同志愿的人士,在大通起义。"

他们为避免居民逃避,发布《大通合埠商人出名布告》:"七月十五日八时,自立会义兵在大通悦洲起义时,沿河两岸居民,秋毫无犯。主要讨伐危害国家的权贵,不比寻常土匪滋事。"①

要对各国兑现东南互保承诺的张之洞,对此事反应异常迅速,光绪二十六年(1900)七月十七日,致电两江总督刘坤一、安徽巡抚王之春:"我接盛宣怀来电说,大通有匪焚抢,你们想已派兵剿办,能否不蔓延? 此地位于江边,派兵轮一至两艘迅速前往,可容易扑灭。

"十四日傍晚,我接到大通发来电报,土匪突然发起进攻。十五日早晨,立即派两营官兵分别坐民船、商轮,赶到大通已击散他们。现教堂、税司无事,只毁坏了盐、厘两局,抢去 8 只船、5 000 两银,有 8 名匪徒窜入青阳。我命令大通援军跟踪追剿,再由池州分路并进。"七月十九日,王之春回电②。

苦战七昼夜,吴禄贞等率领起义军在内无粮草,外无救兵,遇到来自芜湖的官军增援时,手下将士伤亡惨重无力再战,只得撤退。他一路慌乱逃到上海,又急中生智躲避官兵围捕,到张元济家遇见唐才常等人。

"你为何背信弃义,不去汉口联络各会党起义,反而延误军机?"吴禄贞拍桌子痛斥唐才常。

"钱已经用完,我无法招兵购枪械,按预定的时间行动。"唐才常推辞说。

"不去不行,如今皇上、慈禧已向西安逃亡,正是大好时机。你不是散发富有票吸收会员吗? 有票就行,快去!"吴禄贞怒气不息地说③。

吴禄贞觉得义和团事件波及华北,八国联军攻入北京,慈禧等向西北逃难,不顾同胞遭受暴虐、国家处于危难,需要留日学生收拾残局。若袖手旁

① 以上参见杜迈之等编:《自立会史料集》,岳麓书社 1983 年版,第 351—352 页。
② 苑书义等编:《张之洞全集》第 10 册,河北人民出版社 1998 年版,第 8217 页。
③ 以上参见傅光培:《一代英杰吴禄贞先烈的主要业绩》,载《云梦文史资料》1985 年第 1 辑,第 63 页。

观,放弃约定的时间起义,万里山河会被他国占领,4亿人民变为牛马被压榨,愈难摆脱苦难,感到惊恐痛心!

为此,吴禄贞催促唐才常、林圭去汉口时,将一封信交他们转给傅慈祥、刘百刚、万廷献、吴祖荫、吴元泽:"我们要遵守海誓山盟及孙中山的谆谆教诲,我独自去大通两手空空,靠会党和军营的将士,转战铜陵、青阳、南陵、芜湖七昼夜,终被官军封锁无援而失败。你们有几十个带兵的同学,而且遍布四面八方,条件比我优越得多,望你们立即发动起义,一误不可,再误贻害万代子孙,望迅促孙武返回汉口,会商起义。"①

另外,吴禄贞请他们将一封信转交湖北武备学堂同学、时任岳阳武威营管带孙武:"我们作为炎黄子孙,怎能坐视国家面临危险,特地在东京组织富有票会,吸纳会员多人,回国联络有志之士,期望发动起义,帮助民众摆脱水火、光复汉族。你素来对国仇有深切的感知,发誓要为祖宗雪耻,借此机会,必能同仇敌忾,付出精力参与谋划。希望你到汉口与唐才常、傅慈祥商量大计,迅速组成部队击溃当地清军。时机不再,稍纵即逝,勿疑虑自误,以误苍生,并要保密,慎重行事,不胜期盼!"②

受吴禄贞的敦促,唐才常不得不与林圭、李炳寰、田邦璇、黄忠浩、王天曙、师襄、辜鸿恩、李和生等,从上海乘船出发,于七月二十六日到汉口,住江汉路宝顺里前花楼街现中药公司,李炳寰等住天津路英租界李慎德堂。

到汉口时,唐才常没有收到海外捐款又无兵力,寄望于带有江湖色彩、只贪图钱财的哥老会听从自己的调动,决定于七月二十九日在武昌、汉口、汉阳起义,先夺汉阳兵工厂获取军械,再率军渡江攻武昌,击溃张彪、吴元恺等将官及抓捕督抚取代他们。

然而,他们低估了张之洞的防御能力:自从义和团在北方引发动乱以来,张之洞将防范湖北匪患当作头等大事对待。到七月,先后接到巴东、沙市、仙桃、嘉鱼、麻城、蒲圻等县官府,发来有匪首纠集众人举旗谋乱的报告,当即命令地方官捉拿。

---

① 傅光培:《一代英杰吴禄贞先烈的主要业绩》,载《云梦文史资料》1985年第1辑,第63页。
② 皮明麻等编:《吴禄贞集》,华中师范大学出版社1989年版,第257页。

从抓获土匪搜出的富有票,张之洞发现他们的运作形式:在上海以进口的机器印刷精美的票证,运到湖北等地散发,持有此票可领取 1 000 文钱,以后坐怡和、太古公司轮船不用花钱买票,而中国即将发生大乱,有这个票可保全家平安,吸引各地无业游民蜂拥加入,如星星之火迅速形成会党。

陈士恒带兵跟踪抓捕了自立会的邓永村、向联甲,经审问,张之洞得知,唐才常召集两湖地区哥老会的同党,约定七月二十九日在汉口起义,带动岳阳、沙市等县的匪徒支援。

张之洞觉得唐才常既然不顾师生交情,在自己管辖的省份暴动,会危及自己的官位,不能再对他讲情面,必须先下手。七月二十七日,他向英驻汉口领事发出抓捕他们的照会。

对英国来说,以不平等条约在华获得了通商、航运、税务、开矿、驻军、租界等特权,维持一个软弱无能听从自己控制的清朝,有利于无所顾虑地掠夺中国的资源,而且张之洞以东南互保协议,保护这一地区外国人的安全,不能违背承诺,支持唐才常的自立军暴动。因而英驻汉口领事接到张之洞的照会后,立即签字,同意派巡捕协助官方到英租界逮捕唐才常等人。

看到英等领事不阻挠并给予配合,七月二十八日凌晨,张之洞派官兵包围设在英租界李慎德堂的自立军总部及附近活动的唐才常,住在宝顺里的傅慈祥及林圭、李炳寰、田邦璇、黎科、蔡丞煜等 20 人。

巡防营兵包围译文馆,将傅慈祥与唐才常、林圭、黎科、黄自福、蔡成煜、郑保晟、安庆澜等 11 人关押武昌监狱,逼傅慈祥等人交待运送枪炮人的姓名。傅慈祥一概承认自己负责,不供出别人,受滚钉板酷刑,也拒不招认,保全了很多人[1]。

据郑孝胥于七月二十八日在日记中记载,与其他官员到营务处会审唐才常等人,虽没有表明同情他们,却还是伸出援手请求张之洞从宽处理。

唐才常知道光绪二十四年(1898),郑孝胥受皇上召见,被派到总理衙门参与变法,唐才常站起来对他说:"既然如此,原来我们是同志,我可以把我们到湖北起义讨伐的情况向你宣布,你一定会对我们表示同情。我们的举

---

① 傅光培:《悼念先父傅慈祥烈士》,载《武汉文史资料》1986 年第 23 辑,第 140 页。

动,张之洞以为是造反,实际是讨伐,讨哪一个? 就是慈禧。她不但是我们中国的罪人,也是大清列祖列宗的罪人。维新变法那一年,她制造了许多罪恶,危害国家,难道张之洞还不明白吗?"

听唐才常这么一说,满堂的差员鸦雀无声,好像都被麻醉了。十分钟后,郑孝胥忽然觉察不对,把手一摆,叫唐才常坐下从容地说:"唐先生你说的很对,我先是你们的同志,若说你是罪人,我也不免有罪人的嫌疑。我今天没有审问你的资格,现在只有报告张总督,申请回避。"①

说完以后,郑孝胥吩咐退堂。

抓到唐才常等人后,张之洞从查获的票据、经费、刀枪及供词中,看到他们公开宣言不是皇上的臣民,带动沿海沿江的会党向内陆渗透,以取代清朝统治建立民主政权,是处死他们还是继续关押?

犹豫一阵后,张之洞受到湖北巡抚于荫霖等官员夸大如不处决唐才常等人,会有不可测的后患,若从轻处罚或放过他们经舆论发酵后,会引起慈禧怀疑自己不忠。出于保官,七月二十八日夜,他下令杀死唐才常、傅慈祥等20人。

据井上雅二于七月二十九日在日记里说,那天早晨,赵仲宣过来与沈翔云商量营救唐才常等,致电驻东京的钱恂:"唐才常及留日学生30多人,在汉口被捕。望你顾全大局保志士,速电告张之洞大帅,并在日本请当局设法营救。"②

可惜,不等他们采取行动,唐才常等英雄已倒在官兵的屠刀下。

为证明他们狠毒可恶必须除掉,光绪二十六年(1900)八月三十日,张之洞给慈禧与光绪帝呈上一个很长的奏折:"这些匪徒供认开设自立会,勾结哥老会,散发富有票,同伙也承认谋反。我当即将匪首唐才常等20人就地正法,以警告其他会党分子。"

处于流亡状态的慈禧,看了他的奏折赞同采取暴力摧毁唐才常等会党,以维护自己的统治,因而立即批示:"你会同沿江沿海各督抚,一起查办自立

---

① 以上参见杜迈之等编:《自立会史料集》,岳麓书社1983年版,第77页。

② 《井上雅二日记》,载中南地区辛亥革命史研究会武昌辛亥革命研究中心编:《辛亥革命史丛刊》第9辑,中华书局1997年版,第194页。

会的匪徒,依法惩治,务必切断根源。对抓获匪徒的人员从优奖励,以示
鼓励。"①

此次,吴禄贞、傅慈祥、秦力山、唐才常等留日学生,在长江中游地区攻
打地方官军夺权宣告失败,在于他们年轻缺乏政治斗争经验,过于天真轻
率,未周密科学评估国内政治局势,不知慈禧流亡后,各省督抚依然听从她
的命令坚守岗位,而各国也没有终结大清专政的想法。

他们单纯依托无信仰、无纪律、花钱雇用的哥老会仓促上阵,却不知张
之洞将效忠皇帝当作最高职责,而且拥有经过外国军官编练的新军、充足的
军械供给,可以轻而易举击毁他们。

制裁华商邱菽园

处决唐才常等人后,张之洞要切断香港、新加坡等地华商,给康有为的
保皇会、自立军等会党输送资金的管道。

出生于福建省漳州澄海的邱菽园,依托父亲邱笃信在新加坡经商积累
的财产,过着衣食无忧的生活,并经私塾先生指导背诵古老的经书、写诗
文等。

以资本换取官位,光绪二十年(1894),邱菽园通过考试获得举人身份。
第2年,他到北京参加进士考试,没有出现在中榜名单上,无缘得到光绪帝
赐予官职,却在光绪二十三年(1897)因父亲去世,到新加坡继承巨额遗产,
成为当地知名的富商。

借皇上刮起维新强国的风暴,光绪二十四年(1898)四月初七,邱菽园散
发钱财、广交朋友,聘请曾获爱丁堡大学医学系外科硕士、老乡林文庆为总
校,有办报纸经验的秀才、福建闽清人徐季钧为主笔,创办了《天南新报》,以
介绍西方时政、工商等唤醒民众摆脱无知。

应邱菽园邀请,光绪二十六年(1900)正月初二,康有为乘船到达新加
坡。初三,邱菽园在新加坡主持欢迎仪式,面对各位来宾,聘请康有为任保

---

① 以上参见苑书义等编:《张之洞全集》第2册,河北人民出版社1998年版,第1374、1378页。

皇会新加坡分会会长。

像侦探一样注视康有为行动的张之洞，二月初七，命令江汉关道员："康有为及同党在新加坡办《天南新报》、在日本开《清议报》，以外国人不知中国内情、不能辨别虚实，任意诬捏，掩盖自己背叛朝廷的罪行。他以忠义的名义，在报上发表文章诋毁清朝体制及慈禧太后，如狗狂吠，毫无顾虑，不过是造谣惑众，让中国无一日安宁。要通知税务司严密稽查，不管何省寄来的报纸，如有言语违背公理、任意煽动作乱，断然不准进口销售。"①

唐才常等人密谋在汉口起义时，邱菽园巨资捐助自立军，招募勇士、发军饷、购买武器。但大部分资金被康有为以保皇、不赞成以武力推翻清朝装进自己的口袋。

同年八月，湖南巡抚俞廉三命令官兵，在浏阳抓获唐才常的弟弟唐才中。据唐才中供认：邱菽园在新加坡经商，积累了巨额资产，康有为经常到他家居住，唐才常与康有为的信由他转交。此次唐才常以自立军起义，邱菽园曾捐5万多银元。

看到这个情报，张之洞一阵惊讶后，九月十二日，致电驻英国公使罗丰禄："邱菽园在国外多年，不知中国真实情况，误信康有为及同党造谣，以为他们真能保中国、保皇上，慷慨赞助，却不知他们此次勾结匪首叛乱，以不同寻常的举动，搅坏东南商务大局。"

他要求罗丰禄："你要迅速请英驻新加坡总领事召见邱菽园，告诉他康有为及同党狡诈欺人，千万勿被他们愚弄，以好义之心受误导做错事，特别可惜。并请领事转告各华商，以后勿再容留康有为等，接济巨资，扰乱中国。"②

一个星期后，九月二十日，张之洞再致电罗丰禄："虽然康有为及党徒组织的起义败露，被处决了多名头目，但同党非常多，以香港、澳门及各租界等地为藏身之地。若非中外合力拘捕，势必死灰复燃，再搅乱大局，还会波及各省，华商受到连累，危害无穷。请你与英政府协商，让他们转告新加坡领

① 苑书义等编：《张之洞全集》第5册，河北人民出版社1998年版，第3972—3973页。
② 以上参见苑书义等编：《张之洞全集》第10册，河北人民出版社1998年版，第8375—8376页。

事、香港总督等认真查办,以及各口岸城市领事不得容留康有为及党徒,要协助密查捕捉。"①

九月二十八日,罗丰禄回电:"来电收到,对邱菽园如何改过自新,我据新加坡领事来电说,再三劝告,他仍执迷不悟,而且竟敢造谣、诽谤你,可恶至极。"②

清朝驻新加坡领事罗忠尧,按张之洞在电文中提出的要求,劝说邱菽园不要再与康有为同伙交往,并提供活动经费。

邱菽园与康有为等如何保持密切联系? 提供了多少资金? 能否听从劝告与康有为分手? 张之洞想起清同治六年(1867),自己任浙江学政时选拔的学生,现任两广总督陶模。

"福建人邱菽园、林文庆,在新加坡与康有为往来诡秘。既然你对他们的行踪有所了解,请密查严防。"光绪二十七年(1901)二月初二,张之洞致电陶模③。

陶模接到张之洞的电报后,以不同的方式劝说邱菽园,并给新加坡总领事罗忠尧发来公文,请协助查明邱菽园、林文庆在新加坡经商,是否与会党来往或有非法行为。

不知为什么,罗忠尧接到陶模发来的公文后,没有告诉邱菽园、林文庆。过了半个月,广东、香港报社的记者为抢到独家新闻,自行抄录陶模原公文稿子,在报刊发表。

"陶总督,我近来读香港《华字报》,发表您致新加坡领事罗忠尧查明我们情况的公文。您开明宽恕,以仁德爱人,又公正履行职责,让我们无比钦佩。我虽读书比较少,但知道如何安分守己,对偶尔发生的毁誉漠不关心,而且吸取失言失人的教训,平生不随意发出议论,急于证明自己的清白。"同年二月十九日,邱菽园从新加坡致电陶模,感谢他的理解与关爱④。

过了几天,邱菽园给陶模写了一封很长的信解释:"我不知唐才常有兄

---

① 苑书义等编:《张之洞全集》第 6 册,河北人民出版社 1998 年版,第 4065—4066 页。
② 虞和平主编:《张之洞档》第 82 册,大象出版社 2014 年版,第 394 页。
③ 虞和平主编:《张之洞档》第 51 册,大象出版社 2014 年版,第 312—313 页。
④ 邱炜菱编:《菽园赘谈》,厦门大学出版社 2018 年版,第 484 页。

弟几人，还有一个弟弟唐才中，自从唐才常在汉口谋划起义以来，湖广总督张之洞电告驻英公使，转告新加坡领事罗忠尧，以唐才中的供词，质问我是否给予资助。我觉得这个波澜太远，有如天外飞来的横祸，又如一部十七史，不知从何说起。我恳请罗忠尧，代我陈述事件的原委，我将他当作过去的同学，约他在我住宅会面，而他召我到领事馆会谈，仿佛像一个领导要我听命。忽然，我听到一个消息，官府派人到我老家围捕族人、毁焚祠堂，让我痛不欲生，接连给家人发电三问无人应答。"[1]

看到上海报纸发表邱菽园上书陶模，同年三月二十八日，张之洞致电陶模："我昨天阅读上海报纸载邱菽园给你上书，态度虽坚定，措词却婉转，似有悔悟之意。他作为新加坡的华商领袖，如不资助康有为，同党会自动消散。此事关系很大，请你乘机开导他，不再被会党迷惑，那沿江、沿海匪患可消除。"

同年三月二十九日，陶模回电："邱菽园与康有为只有诗酒应酬，偶尔资助钱财，似非同谋。邱菽园志大难酬，暂且置之不理。当今青年不是全信康有为保皇，或追随会党以武力对抗清朝。若朝廷不变法，他们必会越来越多，不可能靠屠杀阻止，请您勿再捉拿。"[2]

这显示，陶模不同于个性刚强的张之洞，以不留情的手段打压会党，他讲究调和中庸、不株连家属，与维新人士有共识，需要心怀爱国情怀的精英，共同救国。

任两广总督时，陶模对孙中山发动起义、康有为发起保皇会，以安抚对待，不追究与康有为有往来及牵连到新加坡的人士，只要他们悔过自新，还有得到朝廷录用、绽放人生光彩的机会。

张之洞不轻信邱菽园会放弃扶助康有为，要通告广东、福建等沿海各巡抚，以及驻新加坡等领事追捕康有为。邱菽园知道继续援助康有为，会破坏家族商业，还会连累福建老家的人受官方监视。因而他否认与康有为有来往，并向陶模表达以捐资合作。

① 邱炜菱编：《菽园赘谈》，厦门大学出版社 2018 年版，第 491—492 页。
② 以上参见苑书义等编：《张之洞全集》第 10 册，河北人民出版社 1998 年版，第 8574 页。

　　同年五月十一日，陶模致电张之洞："张总督，举人邱菽园说，受冤枉被株连，愿捐银2万两办慈善。他是福建人，此款应归当地用。我想请闽浙总督许应骙上奏，表明康有为在新加坡的同党已经散去。听说您密拿沈翔云、章炳麟、吴彦复、邱公恪，不知确否？朝廷不能变法，下面不满的议论会多，不能靠严刑逼供，以防酿成会党起义，请格外宽容。"①

　　陶模的意思是：邱菽园捐款后，张之洞应奏请皇上，撤销对他的通缉，感召其他会党人士不反清。

　　同年五月二十四，张之洞回电："请你电告邱菽园，写一个保证书交给我，声明以后不资助康有为及同党，表明真心悔改。或将捐款寄给我，为陕西、山西旱灾购粮救济灾民，比较体面，不限定数额。我将奏请皇上赦免他，并电告福建及各省，以后不追查他。"②

　　既然邱菽园已悔悟，不为康有为保皇及会党提供资助，张之洞不再追究，光绪二十七年（1901）七月十六日，给皇上呈上为他免责的长篇奏折："据匪首唐才中供认，邱菽园资助康有为及自立军起义，被我列入通缉名单，分别通告各省查拿。我派人调查得知，邱菽园为福建海澄人，拥有举人身份，在新加坡开设恒春公司，家产百万以上，而且文理兼优，以才气与声誉得到各华商推崇。

　　"现据邱菽园说，长期居住在新加坡，孤陋寡闻，前次康有为等逃避官方抓捕过新加坡，偶尔与他们谈论。听说他以保皇敛钱、煽动同党对抗朝廷，立即深为痛恨与他绝交，不料被冤枉受株连，列入通匪名单。

　　"他不想背负叛乱的罪名，愿改过自新，以捐银1万两为陕西、山西救灾，恳请我上奏结案，避免受到拖累、玷污自己的名声，以后即使有刀枪威胁，也不敢再向康有为等捐钱财。他把悔过书托福建老乡厦门同安人、现任古巴总领事陈纲，呈交两广督臣陶模，转寄武昌。

　　"我查阅他的悔过书，以实心实意反思悔悟。我屡次电询陶模，得知情可原，可相信他愿痛改前非。近来我阅读上海《新闻报》等，他在上面发表文

---

① 虞和平主编：《张之洞档》第88册，大象出版社2014年版，第70页。
② 虞和平主编：《张之洞档》第35册，大象出版社2014年版，第311—312页。

章,不留余地痛斥康有为阴险狠毒、陷害异己的狡谋,足见他确是与康有为绝交。

"他的举动可带动各华商醒悟,从此不再资助康有为及同党,导致康有为无财力聚集同伙谋反,追随他的人必然会离心溃散,达到釜底抽薪,坐以待毙。如此邱菽园不但深明大义,而且足以挽回人心,具有极为重大的意义。

"邱菽园因福建发生水灾,已捐银 2 万两,另由闽浙总督上奏。他为陕西、山西灾荒又捐银 1 万两,有利于救济灾民,可见他急公好义、不忘报效祖国,尤其值得嘉奖。恳请太后、皇上开天恩发出旨意,将他捐资及与康有为绝交等,给予褒奖,以劝更多人自新而消除祸患。"①

逃亡到西安的慈禧,经历从未有过的惊吓后,认识到因自己的过错引发八国联军攻入北京,给人民带来深重的灾难及无法弥补的损失,赞同张之洞以安抚邱菽园等为朝廷效忠。

"举人邱菽园悔悟并捐款救济灾民,可见他还有良知,特别值得赞赏。给他赏加主事及四品官衔,准许结案,以劝说其他同党忠于朝廷。"同年八月初四,慈禧以皇上的名义发出旨意②。

看到张之洞奏请皇上批准结案并通告各省,邱菽园兑现承诺,以身体患病、不舒服需要调养,要闭门谢客,静心读书,不能处理报社事务,辞去《天南新报》社长职务。

用形式主义应付,同年九月十一日,邱菽园在《天南新报》发表与康有为断绝关系的声明,批评他以当年得到皇上召见参与新政决策、积累的名气、人际关系,招揽不明真相的人结党营私等。

这意味着张之洞以劝说与制裁结合,迫使富商邱菽园不再向康有为供给资金,让他没有资本号召知识精英像唐才常那样组建会党,形成改变王权体制的力量,达到了一举多得的效果。

----

① 以上奏折参见虞和平主编:《张之洞档》第 161 册,大象出版社 2014 年版,第 56—68 页。
② 中国第一历史档案馆编:《光绪宣统两朝上谕档》第 27 册,广西师范大学出版社 1996 年版,第 177—178 页。

沈翔云等声讨张之洞

发生自立军起义后,张之洞感到极为紧张、焦虑,对外绝不提吴贞禄、傅慈祥、唐才常等人的名字,避免朝廷怀疑自己不忠,并要钱恂在日本严密监管留日学生。

但受吴禄贞、唐才常起义的感召,留日学生利用日本的民主政治环境,组成了跨省的反清团体。

戢翼翚得知张之洞派官兵抓捕唐才常等人后,连夜赶到湖南会馆梁焕彝住处躲藏。经友人帮助,他与秦力山一起坐船到日本避难。

光绪二十九年(1903),戢翼翚以日文版译出卢梭的《民约论》、孟德斯鸠的《法的精神》、斯宾塞的《代议政体论》,为结束清朝专政、构建依宪法运行的国家提供理论准备。

同样,光绪二十六年(1900)四月二十六日,浙江湖州人沈翔云,少有大志,在武昌武备学堂求学时,被张之洞以违反学校纪律等开除。

同年五月,沈翔云以自费留日像一只飞出封闭屋子的燕子,到东京后拥有广阔飞翔的空间,与湖北留日的戢翼翚、傅慈祥、仙桃县人刘赓云、蒲圻县人吴祖荫、湖南善化县人秦力山、湘阴人林圭、慈利县人李炳寰、邵阳县人蔡锷、安徽黟县人金邦平、休宁人程家柽、浙江湖州人章宗祥、广东人黎科等留学生相识,追随孙中山以武力摧毁清朝。

对沈翔云保持防范的张之洞,光绪二十六年五月十一日,致电钱恂:“沈翔云为学堂最不安分守纪的学生,滋生事端、举止荒唐,已被公布开除。此次,他虽自备经费留学,断不可与湖北学生一起上课,防止他像病毒传染坏败群体,必须给他另派一个学校。梁鼎芬院长多次嘱咐我阻止他,请你速照办,并回复。”①

电文告诉我们:分管各学堂的梁鼎芬,已经觉察到沈翔云萌发了民主取代王权的意识,多次对他发出必须悔改的训诫,却没能让他俯首听命,进而

---

① 虞和平主编:《张之洞档》第33册,大象出版社2014年版,第466页。

对他产生厌恶,要张之洞将他除名。

对张之洞要驱除沈翔云等人,钱恂难以接受,同年致信上海《时务报》的汪康年:"我想辞去湖北留学生监督,张之洞迟疑不定,没有回复,显得有些后悔,曾来电几乎对我要认错。他忠于朝廷,手下有些人很顽固,我怎能与他们共事?湖北发来公文要撤回沈翔云等两名学生,日本政府听从我的决定,我一定不将他们遣送回国。"①

享受张之洞给予高工资的钱恂,为何不执行张总督的意志?留日学生受到风起云涌的自由民主影响,认识到西方议会选举国家领导人,并以法治保护公民人身与财产权,只有结束清朝统治,才能为4亿中国人带来自由平等。所以钱恂觉得学生的反清行动,有益于建立法治文明的国家。

沈翔云到日本有什么表现?同年六月二十八日,光绪帝31岁生日,参加励志会等团体的学生,受到康有为等保皇派的鼓动,公开举办了维护光绪皇帝执政的演讲。

这一天,沈翔云在恭祝皇上万寿会上演讲:"我们若立志按皇上的旨意去办事,那皇上的寿命绵延千秋而永远长久""我们作为皇上的臣民,要报答皇上的恩情,惟有忘生死、入水火,才能实现救民,完成皇上要达到的执政目标"。

他不点名批评张之洞等保官位:"在南方的督抚应上念大清江山,下念人民,居中权衡,非自立不足以保中国。但他们拱手对西方各国让步,怎能对得起皇上托付的重任?他们或徘徊观望、或脚踏两只船,西人称他们最有才能,不过是匪首,只顾保全自己的高官厚禄。"②

为防留沈翔云等留日学生发生类似自立军的叛乱,同年闰八月初八,张之洞致电钱恂:"听说湖北学生受到康有为同党及南洋学生的煽惑,私设励志会,发出背离朝廷的议论,与唐才常的宗旨大略相同,特别让人惊骇。务望你训令各学生,猛然悔悟,勿要损害自己的前途及连累父母。"

发出这个电报后,张之洞担心钱恂不能约束学生,同一时刻再致电他:

① 上海图书馆编:《汪康年师友书札》第3册,上海古籍出版社1986年版,第3010页。
② 沈翔云:《恭祝皇上万寿演说即中国学生会第二集》,载《清议报》第53册,光绪二十六年七月十一日,第13—14页。

"你在东京对各学生谈要顺应时势变通,会让他们产生误会,违背忠于朝廷的宗旨。近来学生受你的影响发出这种议论,傅慈祥临刑时说,他被钱监督误导。务望你格外谨慎,勿发表好奇之谈、充满愤激的言论。万一被人指责,会连累你,断绝学生出国留学之路,请你千万采纳。"

同一时刻,他致电驻日本公使李盛铎:"听说湖北留学生大部分被康有为同党煽惑,创办励志会,带动其他省学生参加,刚开始数日一会,近来每天一会,上台演讲,议论多荒唐,大约效仿唐才常勾结党谋反作乱,让人极为惊骇,请你务必训诫各学生,晓以利害,促使他们猛然醒悟,勤学报国,不要被异端邪说迷蒙。"①

张之洞不知钱恂能否照办,过了8天,闰八月十六日致电他询问:"我两次给你发电,你有何办法训诫学生?《清议报》以唐才常被处死,发表文章编造三件事极力诬诋我:一、朝廷来电询问废除皇上,我应允。二、湖北电请诛灭维新变法的谭嗣同等六人。三、梁鼎芬及湖北五十多名官员力阻另立皇上,被我阻之。可骇、可怪!请你告诉学生不要相信谣言。"②

九月二十三日,李盛铎回电:"我接您来电后,立即陆续传集各学生询问。据他们说,自去年秋天,专为研究学问及译书设励志会,每月聚一次探讨学问,未谈国事。惟有今年六月,沈翔云赴会演说,将违背忠君等演讲内容发表在《清议报》。我按您来电严厉训斥他,要停办该会,安心学习。他们情愿遵守,尚无不同意见。"③

从唐才常事件,张之洞知道沈翔云等留日学生,受康有为等宣扬保光绪皇帝健康长寿、继续掌权,以君主立宪排除慈禧、荣禄等,并在上海设国会总会,在汉口等地设分会,会掀起一股传播民主、瓦解清朝统治的浪潮,必须揭穿康有为借保皇上的名义,欺骗民众的勾当。

"我惟愿从今以后,国会各位人士以及各省留学生,有过改之,无过加

① 以上参见苑书义等编:《张之洞全集》第 10 册,河北人民出版社 1998 年版,第 8316—8317 页。
② 同上,第 8341 页。
③ 陈旭麓等编:《义和团运动——盛宣怀档案资料选辑之七》,上海人民出版社 2001 年版,第 381 页。

勉,自爱其身、自重名声,勿被康党愚弄、勿蓄谋妄想,浪费自己的才华。勿帮助恶人,残害我同胞。"同年八月,张之洞发布《劝戒上海国会及出洋学生文》①。

受留日学生推举,光绪二十六年(1900)十二月七日,沈翔云代表上海国会及出国学生,发表文章反驳张之洞发布的劝学生文。"张总督阁下:接到你发来的劝戒公文,我反复细读,感觉你语重心长,谆谆相告。呜呼!这是你狼狈不堪的表现。你既畏惧成为亡国大夫,受他人讥讽,又不想为杀唐才常等人士蒙羞,内心感到愧疚,害怕外界指责,只能发无聊的劝戒文自解,我们能理解你的苦衷。

"你平日读数千年以来名家写的文章、诗赋,傲然自负精通学问,知一点西方事却不全面,又自以为深通西学,不肯虚心深入研究西方国家积累的文明成果、世界公理,这构成你肤浅无知的病根。

"你不知国家与朝廷的区别、不知欧美成为文明国家的原因,凭主观臆断世界公理,怀疑为康党的学说。你不知有志向的人士,舍弃做官以外无保国救民的办法,视天下人都不如你有计谋而获成功。读了你发来的劝告文,觉得极其愚昧浅陋,以坐井观天的小人之心,度君子之腹!"②

以欧美宪法赋予人民言论自由的权利,沈翔云像一个导师,给张之洞上了一堂法治课:你要学会如何保护人权、打破特权,以后不要依仗权势,凭空捏造会党,株连无辜的人。

读了沈翔云如同重磅炸弹的文章,张之洞脸色发青,神态极不自然,想立即提笔回复,却不知从何下笔,只得命令两湖、经心、江汉书院的学生,各写一篇文章反驳。

多数学生接受了沈翔云宣扬的自由平等,要打破王权专政,以各种理由回避驳斥。有些学生遵命附和:采取暴力行动会亡国。张之洞看了他们的观点拍掌赞赏,派人印刷万份,分别寄给东京留学生传阅。

张之洞的理由是:我苦心筹措经费,派遣学生到日本留学,深望你们学

---

① 苑书义等编:《张之洞全集》第6册,河北人民出版社1998年版,第4062页。

② 以上参见上海文物保管委员会编:《康有为与保皇会》,上海人民出版社1982年版,第52—53、57页。

成后为国家效力，怎能听信康有为等同党的宣传倒戈谋反？道义与法律不容忍，若不立即制止，会让专心学习的学生感到恐惧。

受张之洞指示，光绪二十六年（1900）十一月十二日，江汉关道员岑春蓂向日本驻汉口领事濑川发出照会："有些学生如刘赓云、吴祖荫、程家柽、王璟芳、卢静远到东京后，竟然被康党煽惑，不知自爱，附和乱党，勾通会匪。

"其中，刘赓云、吴祖荫尤为狂妄，查出他们与湖北会党有书信来往，发出各种骇人听闻的言论。暂时对他们格外从宽，给予改正自新的机会，应请日本学校校长、教师、各军队长严加管束，切实训诫。

"如他们真能醒悟改悔，涤去沾染的旧习，不与乱党往来，痛戒邪说，不再发表妄论，确有改悔的实绩，才能准许留东京毕业。若屡教不改，应立即予以驱逐，不稍有姑容。

"听说吴禄贞秘密回华，并未回到湖北，曾在安徽铜陵大通镇滋事，现又潜回日本学校。沈翔云为湖北武备学生，因不遵守校规被开除，随即自备经费，前往日本学校入读，带头发出谋乱的言论，尤为险恶狡诈。这两名学生万不可留校，应请日本学校查明立即开除。"①

相对开明的时任两广总督陶模，以为恩师张之洞经历唐才常事件后，会撤回对留日学生的处罚，光绪二十七年（1901）正月二十一日致电他劝阻："听说您将调回出国学生，他们年少气盛，不可采用高压遏制，也未必尽信康有为同党的鼓吹。将他们召回恐怕无处谋生，转而铤而走险，乞求您斟酌行事。"

"我并无将出国学生全部调回的举措。有很多学生帮助会党分子制造动乱，要让他们改过自新。只有最恶劣的三人不送入学校，不代出学费，并声明此三人将来善恶成败与湖北无关，可谓极其宽大。"正月二十六日，张之洞回电②。

对张之洞用外交手段施加压力，沈翔云等留日学生没有被吓倒，1901年1月1日，励志会在上野精养轩庆祝新年时，有戢翼翬、唐才质、金邦平、吕烈

① 以上照会引自孔祥吉、［日］村田雄二郎：《孙中山友人沈翔云史实考略》，载林家有主编：《孙中山研究》，中山大学出版社2008年版，第179—180页。
② 以上参见苑书义等编：《张之洞全集》第10册，河北人民出版社1998年版，第8513页。

煌、曹汝霖、章宗祥、冯阅模、王宠惠、陆世芬、吴振麟、薛锦标、张奎、雷奋、张廷栋等 30 多人参加。

依托励志会联络各省学生，光绪二十七年（1901）五月初十，沈翔云与戢翼翚、秦力山、冯自由；江苏无锡人杨荫杭、吴江县人杨廷栋、松江县人雷奋等，为避免清驻日公使干涉，以英国人经塞尔的名义，在东京小石川区创办《国民报》①。

他们推选秦力山任总编，发表时政、杂谈、纪事、翻译等文章，要让捍卫人权的风暴吹过太平洋，吹进古老的中华大地，呼唤全体国民站起来为推翻清朝，创建一个没有压迫、充满民主富强的国家奋斗！

"《国民报》出版的前日，孙中山先生特嘱咐尤列自横滨送来 500 元资助报刊出版。孙先生支持各组织推翻清王朝，爱护同志，即以此事而论，可谓关怀备至。报纸出版以后，经上海输入内地，每月有 2 000 多份，对于传播西方思潮、召唤东南各省青年以武力终结清朝，起了很大的影响作用。"唐才质回忆说②。

相对应的是，杨廷栋、杨荫杭、雷奋等主办《译书汇编》，专门翻译欧美法政名著，如卢梭的《社会契约论》、孟德斯鸠的《法的精神》、约翰·穆勒的《自由原论》、斯宾塞的《代议政体论》，分期连载。文章以优美典雅的语言，受到留日学生欢迎，带动后来其他学生办报刊、传播西方民主思想、倡导议会政治等。

张之洞看到留日学生愈来愈多，有些人不可避免地受到西方天赋人权的影响，要更换古老不变的王权专政。而原派监督钱恂过于软弱，未能阻止学生办报、集会、组建团体等活动，必须增派官员强化监督，敦促他们不忘君王、不忘亲人、不忘圣人，勿参加匪党、勿误听邪说。

"不论学生在哪所学校，务必服从驻日公使、赴日本的留学监督约束，不得稍有违反纪律、轻视或抗拒监督。"光绪二十八年（1902）五月初三，张之洞指示双寿前往日本协助钱恂监管学生③。

---

① 冯自由：《革命逸史》上，金城出版社 2014 年版，第 72—73 页。
② 杜迈之等编：《自立会史料集》，岳麓书社 1983 年版，第 70 页。
③ 苑书义等编：《张之洞全集》第 6 册，河北人民出版社 1998 年版，第 4200 页。

花园山聚会，酝酿反清

起义失败后，光绪二十六年（1900）九月，吴禄贞秘密重返东京，继续在士官学校读军事课程，学校未对他采取制约措施。而张之洞担心他们在日本积累力量后会卷土重来，要日本外务省、文部、参谋本部严厉约束学生，并立即驱逐吴禄贞等学生，不能稍有姑息。

天高任鸟飞，吴禄贞不怕张之洞以停发学费等制裁，光绪二十七年（1901）春，致信上海《中外时报》的汪康年："张之洞对我怀恨在心，致电监督湖北留日学生的钱恂，将来我学成归国，湖北不保举我到军队当官，继续留学也不给经费。保举对我有何用？差事对我有何益？不过是名利如过往云烟，我不在意他能否给我一个差事，决不为名利动摇。明年我回国，筹经费自备生计。"①

完成学业，光绪二十八年（1902）三月，吴禄贞等 19 人包括张之洞的孙子张厚琨，从日本陆军士官学校毕业回国。张之洞指示在武昌汉阳门孔明灯下召开欢迎会。张厚琨为体现像一个凯旋的军官，手执指挥刀骑马神气十足，未料到马受到礼炮的惊吓将他摔下，刀刺中他的咽喉身亡。

喜事变成伤心事，张之洞悲伤不已，立即命令人痛打这匹马，在黄鹤楼前杀马祭孙，并写了一副挽联抒发哀伤，觉得将孙子送到日本学军事，期望他心怀乘长风破万里浪的志向，不料坠马丧生，叹息他不能手持枪械保卫大清帝国。张之洞为其写了挽联："宗悫坠马竟戕生，虚予期望乘长风破巨浪之志；汪锜虽殇亦何恨，怜汝未能执干戈卫社稷而亡。"

过后，张之洞接见毕业回国的留学生，以为吴禄贞参加大通起义，不敢与自己见面。哪知吴禄贞敢于藐视权威，昂首挺胸跟随其他学生到总督府。张之洞看见他涌起仇怨，既不能轻易处决他，又不甘心留用，只得指示总营处总办姚锡光，将吴禄贞押往将官学堂等候处理。

家人害怕张之洞清算吴禄贞参与大通起义的旧账，用对傅慈祥毒辣手

---

① 上海图书馆编：《汪康年师友书札》，上海书店出版社 2017 年版，第 330 页。

段对付他，而朝廷内无人，找不到营救他的门路，焦急不安。他的弟弟设法打通关节，到将官学堂探望，却见他独坐在禁闭室手捧书凝神静看，神情坦然、若无其事。

听到弟弟喊时，吴禄贞回答："我现在一切都很好，你不用害怕，也不用再来看我。你回去告诉家人，都不用为我担心，没有什么了不起，过几天我就回来。"

关押吴禄贞后没有任何动静，各学堂的师生感到奇怪，不由得议论，向梁鼎芬说："过去说于荫霖巡抚请皇上下令杀傅慈祥，现在吴禄贞被拘押三个月，又是为什么呢？难道张总督爱护学生吗？"

听了梁鼎芬的汇报，张之洞为显示总督的权威，要在总督府大堂审讯吴禄贞，以为他会痛悔认罪，恳请自己宽恕。但吴禄贞以正义凛然的形象，走在他面前喊了一声："老师。"

"我派你去日本留学，你却胆大干的好事！"张之洞以冷漠的语气厉声问他。

"俄、日、德等国以军事优势，迫使清朝签订不平等条约，便于瓜分中国，我们不变法自强会有亡国的危险。而每个公民有责任站出来，为消除内乱外患贡献力量。"吴禄贞神态自若地回答。

听了他精深有理的分析，张之洞越听越出神，不住点头称是，最后不禁失声连说："你是一个奇才！奇才！"

奉命坐在他一旁的梁鼎芬高声附和连赞："吴禄贞真是奇才！真是奇才！"

说完，梁鼎芬站起来拱手对张之洞大献殷勤说："张大帅，您平日提倡兴学育才，煞费苦心，今日得此奇才，请受卑职一贺。"①

吴禄贞看到张之洞听得很专注，递上写的岳飞《满江红》词，将靖康耻改为甲午耻，臣子恨改为庚子恨。还有一副挽联，上联："开卷喜读战国策，立乘长风破海浪之志。"下联："濡毫爱草从军赋，为执干戈卫社稷而亡。"横幅："魂兮归来。"

---

① 以上参见吴忠亚：《吴禄贞的一生》，载《云梦文史资料》1985 年第 1 辑，第 10—11 页。

上下联的后两句,吴禄贞借用张之洞给长孙张厚琨写的挽联,触动了他的神经,不禁两眼发愣,脸色苍白,手有些发抖,几乎昏过去。

经张彪呼喊"老帅!老帅!",张之洞醒过来,觉得现在急需接受西方军校教育的将官,扩大编练新军的规模。而吴禄贞是一个不可多得的将才,先后委任他为将官学堂总教习、全军训练总教习、武备学堂会办、学务处会办、总警处帮办五大要职,从过去被官府追捕的要犯,一跃成为座上宾得到重用,轰动了湖北[①]。

恢复人身自由后,吴禄贞搬到武昌水陆街 13 号居住,光绪二十八年(1902),时年 22 岁,吴禄贞与云梦北乡楼子景村的名门淑女景静淑结婚。

他吸取大通起义的教训:清朝还有强大的军事实力,依靠哥老会或会党,花钱临时招募无训练、无纪律、不识字的游民、勇士冒险,不可能战胜装备齐全的官军,必须从两湖书院、自强学堂、武备学堂、留日学生等寻找合适的对象,输送到军营转为有凝聚力的武装力量。

湖北建始人朱和中,曾就读张之洞创办的武备学堂,目睹八国联军攻占北京后,清朝以巨额赔款换取各国撤退,而俄国却不归还东北,涌起一股莫大的悲愤,动员 100 多人在曾公祠堂集会,以激烈的语气痛斥清政府丧权辱国。

"你秉性朴诚刚烈,成事不在会场,不在用口说,能否与我一起畅谈?"散会后,吴禄贞握着他的手说。

"可以。"朱和中说。

随即,朱和中与同学吕大森到武昌水陆街拜访吴禄贞。他提出筹议三事:一、在武昌设立秘密机关,便于与各地同志联络。二、介绍接受一定教育包括秀才进入军营当兵。三、与孙中山保持联系,互相配合[②]。

谈论很久,三人发表不同看法,尽量缩小分歧,决定仍以改换新军将士的思维、联络会党扩大势力,作为办成事的根本。他们谈得痛快淋漓,直至天亮分手。

---

① 以上参见傅光培:《悼念先父傅慈祥烈士》,载《武汉文史资料》1986 年第 23 辑,第 141 页。
② 朱和中:《革命思想在湖北的传播与党人活动》,载武汉大学历史系中国近代史教研室编:《辛亥革命在湖北史料选辑》,湖北人民出版社 1981 年版,第 531 页。

　　确定扎根军营策略,吴禄贞以湖北新军总教习的独特身份掩护,光绪二十九年(1903)四月十七日,与湖北大冶人、毕业于两湖书院的曹亚伯,安陆人、就学经心书院、后自费入日本陆军士官学校的耿伯钊,枝江人时功玖,潜江人、曾就读两湖书院的胡秉柯,仙桃人、就学两湖书院、官费留学日本陆军士官学校的刘道仁等,在武昌花园山牧师孙茂森的住宅,以及山上的教堂建立聚会团体。

　　同年,湖北京山人、就学经心书院的李廉方,潜江人、就学经心书院的李书城,枝江人、就学自强学堂的时功璧,湖北黄陂人万声扬,保康人、就学经心书院周维桢等留日学生,因在日本创办《湖北学生界》,被张之洞勒令先后回国,到花园山与吴禄贞会合。

　　他们介绍各新式学堂的学生、留日同学及有志气的青年、获得秀才等功名的知识分子,放下笔杆子入营当兵拿起枪杆子,或入军校学习,建立一个紧密、有共同信仰、文化水平高的团体。一旦时机成熟,可将敌人的军营变成自己的军事力量。

　　"我们要靠真拼实干,绝不是空喊几句口号,或者写几篇文章能成功,也就是说,要推翻清王朝专制,绝对不是单凭口号、发表文章能推翻,坐而言不如起而行!"吴禄贞在演讲会上鼓动他们。

　　如何做到这一点? 吴禄贞改变他们好男不当兵、重文轻武的思维:"我更加希望大家,都要奋身跃起入营当兵,把敌人手里的枪接过来,牢牢掌握在自己的手里。如果我们的秀才,都能下决心这样干,那我们推翻清朝的事业,决不会三年不成,而定会三年有成,甚至成功的时间,不要等到三年!"①

　　参会的人听了他的演讲十分激动,也是第一次听他介绍,孙中山在国外冒着生命危险,号召国内外华人为终结清朝专政、建立民主国家奋战,对孙先生产生了由衷的敬意。

　　有些积极分子如刘静庵、胡瑛等,当场脱下长衫扯成碎片,显示入营当兵的决心。李书城、耿伯钊、孔庚等人,将吴禄贞当作启蒙老师、武力推翻清

---

① 《云梦文史资料》1991年第7辑,第9页。

朝的引路人，相继弃文从武，有些人到日本陆军士官学校读军事。

潜江人刘静庵，经私塾先生指导，读历代经书，显露了聪颖、沉稳刚毅的特点，不满足于读几本经史。光绪二十九年（1903），来到张之洞创办的新式学堂，接触到历史、地理等书，带来前所未有的知识冲击，进而不能接受清朝专政。

经吴禄贞介绍，刘静庵为黎元洪担任文员，以勤奋操练、遵守军营纪律、刻苦耐劳得到信任，业余时间到武昌基督教圣公会办的日知会阅览书报，并与胡兰亭牧师相识，双方一见如故，结下了亲密的友情。

来自江汉平原的湖北仙桃人张难先，出生于一个耕读、经商的家庭，占有先天的物质条件，后在乡村教私塾。光绪三十年（1904），他到武昌结识胡瑛，认识到保皇上不是救国之策，必须促动军队瓦解专政，因而与胡瑛一起进入工程营当兵。

湖南桃源人胡瑛，光绪二十九年（1903）十一月，在长沙经正学校读书时，受黄兴武力排除清朝统治的影响，组织会党要暗杀品德低劣的绅士王先谦，被国文教员陆咏霓开除。经黄兴介绍，他到武昌拜会吴禄贞，进入工程营当兵，乘机散发《猛回头》《孙逸仙》《革命军》等书。

吴禄贞推荐刘静庵、胡瑛、熊十力、朱子龙等到湖北新军各营任职，像一个宣传队，把秘密印刷的《猛回头》《警世钟》等送给各官兵，互相借阅，带动他们由效忠清朝转为反清。

李书城的弟弟李汉俊在武昌读小学，年仅12岁，却想赴日本留学。吴禄贞知道他的志向后，自掏腰包给路费，并帮他申请公费，到日本从小学一直读到帝国工科毕业，并阅读了马列著作。后来他成为中共一大代表①。

独木难支，黄兴将两湖知识精英形成一个团体，光绪二十九年（1903）十一月初四，邀请吴禄贞与李书城、耿伯钊等，到长沙保甲局巷参加会议，商议如何成立华兴会密谋起义。

经黄忠浩统领介绍，吴禄贞等拜访湖南巡抚赵尔巽，毫不掩饰地说："军机处等掌握中央政府大权的官员腐败无能，除割地赔款、苟延残喘外，无良

---

① 以上参见李书城：《我对吴禄贞的片断回忆》，载《云梦文史资料》1991年第7辑，第25页。

策挽救国家危亡。你作为巡抚，应将湖南作为一个救亡图存的基地！"

说到这里，他向赵尔巽建议以湖南的人力及自然资源，造就一个富强的省："湖南的绅士一向热心办工业、农业、交通及普及教育。只要官方督促，地方自主办，不到 10 年，可成为物产丰富、民众富裕、兵强马壮的强省。湖南将成为中国复兴的一个堡垒，也是你及湖南人民的最大光荣！"

听了他精准的分析，赵尔巽不断点头赞同，脸上流露出兴奋的神色。吴禄贞几次站起来要告辞时，赵巡抚一再挽留他坐下来再谈，一直谈了近 4 个小时才告别。赵巡抚将他送到大门外面说："与君一席话，胜读十年书。"①

到光绪三十年（1904）二月十五日，吴禄贞在长沙明德学堂校董龙璋西园住宅，参加由黄兴主持召开的华兴会成立大会，谋划在两湖起义。

只过几天，他接到毕业于日本陆军士官学校、交情深厚的同学良弼来电，请他到北京师练兵处任职。他不知这个调动吉凶多少，迟疑不决。

"北京享有重要的政治地位，势在必争，机不可失。今后我在湖南与湖北筹划，你在北方运筹，将来形成南北呼应，有望成功起义夺取政权。你此次决然投身虎穴的壮举，必将永为不朽！"黄兴等人鼓励他放心去北京②。

听了黄兴感人至深的劝说，吴禄贞为之心动想入京。第二天他对二哥说："这两天，大家对我说的这些话，想必你已听到。为了正义，不容畏缩，我已决定独自去北京，请你就近照顾武昌的家！"

"北京未必不知你参与大通起义，他们召你入京，未必全是好意。你应慎重考虑，三思而行！"二哥担心他的安全。

"我早已为推翻清朝献身，将个人生死置之度外。大家说得好，不入虎穴，焉得虎子？我今天就是明知山有虎，偏向虎山行。我觉得应当义无反顾投身虎穴，你不用为我担心害怕！"吴禄贞以不回头的意志说③。

返回武昌，吴禄贞将刘静庵、胡瑛请到家里说："你们要埋头苦干，不要浮躁，要与各省同志一致行动，才有可能取得成功！"④

---

① 以上参见李书城：《我对吴禄贞的片断回忆》，载《云梦文史资料》1991 年第 7 辑，第 24 页。
② 吴忠亚：《吴禄贞的一生》，载《云梦文史资料》1985 年第 1 辑，第 15 页。
③ 同上，第 16 页。
④ 李书城：《我对吴禄贞的片断回忆》，载《云梦文史资料》1991 年第 7 辑，第 11 页。

看似风吹云散,但吴禄贞以花园山聚会,培养了几个百折不挠、发挥引领作用的核心骨干:湖北建始人、武备学堂的学生吕大森,光绪二十九年(1903)六月,与老乡朱和中、张荣楣等集资,创办乐群印刷社,翻印《猛回头》《革命军》《警世钟》等。

他因病请假返回建始休养一段时间后,光绪三十年(1904)四月,返回武昌经恩施人康秉钧介绍,与在湖北新军工程营的胡瑛、刘静庵、张难先、朱子龙、何季达、欧阳瑞骅等聚会,觉得经历中日战争、维新变法两次失败,加上八国索取赔款,掌握朝廷大权的慈禧及亲王,只能给人民带来无穷的灾难,只有替换清朝的专政才能救国。

他们看到《警世钟》等书输送到军营大受兵士的欢迎,有人能背诵,不能群龙无首,应组建一个团体联络各界有作为的人士,实现改换清朝的目标。但招集人参加会党容易,要办成一件事比较难。若以个人行动暗杀官员,不足以动摇清朝的统治地位,仍主张与军队的将官建立密切的联系,不轻易采取武力行动。

怀着这个目标,吕大森率先捐开办费50元,加上刘静庵、曹伯亚、朱子龙、冯特民等赞助,同年五月二十日,与胡瑛、宋教仁、易本羲、欧阳振声、唐碧、刘彦、曾唯等12人,在武昌阅马场东厂口附近的多宝寺街,发起设立科学补习所。

会议推选为人豪放、具有胆识、武备学堂的学生吕大森担任所长,新军第八镇工程营士兵胡瑛任总干事,文普通学堂学生宋教仁为文书,时功璧当会计,两湖书院毕业的曹亚伯负责宣传,刘静庵为前锋营代表,朱子龙、李胜美为工程营代表等。补习所后迁至武昌魏家巷1号办公。

每逢星期日,补习所派教员轮流给学生讲授史地、数学、外语、理化、卫生等课,表面上互相交流、取长补短、促进学习,实际是介绍各学校的学生、各军营的军官加入科补所,向他们灌输必须推翻清朝的理由。

以遥相呼应,同年六月十一日,胡瑛与易本羲、吕大森到长沙与黄兴商谈合并。黄兴听说后大喜,要与湖北的会党联成一体行动,于十七日开会,定名华兴公司,公举黄兴为总理,刘揆一、秦小鲁、徐应奎、任旨成、彭某等为干事,推举胡瑛为湖北分部总理,吕大森为四川省及恩施分部总理。他们以长沙为本部,期望本年十月,趁慈禧太后过 70 岁大寿时起义[①]。

六月十九日,吕大森与胡瑛携款回武昌后,以事机急迫,刻不容缓,要到宜昌、重庆等地,秘密联系各会党首领,由胡瑛、刘静庵主持科补所运行。

经刘静庵与王怒涛等人协助,胡瑛在科学补习所印制军用票 30 万张,准备起义时发给两省。

同年八月,黄兴由上海回长沙路过武昌时,给他们分来一些炸弹、手枪,约定听到长沙发出起义的信号,由王怒涛刺杀张之洞、易本羲刺杀张彪、李胜美率工程营的将士占火药库、刘静庵督率前锋营接应,部署极为周密。

正当吕大森、刘静庵、胡瑛等人惨淡奔波,联络武昌、荆州、宜昌、重庆等地会党,日夜筹划起义时,十月下旬,湖南巡抚觉察黄兴等人以华兴会密谋起义,命令官兵追捕他们。

长沙起义流产后,黄吉亭牧师密电在汉口的胡瑛,停止科学补习所的活动,他接到密报与王汉等将枪支转移到汉阳鹦鹉洲。刘静庵销毁所内的文件,张难先通知成员躲避。

光绪三十年(1904)九月二十日,湖广总督张之洞接到湖南巡抚陆元鼎来电,得知武昌科学补习所有人参加华兴会,立即命令湖北巡抚半夜派兵搜查,却没有查到有关证据。

官兵再找出租房子的主人盘问,房主只知文普通学堂的学生欧阳瑞骅租房子居住,至于他在里面办什么事,一概不知。

分管湖北学务的武昌知府梁鼎芬获悉,各学堂有学生参加科学补习所,担心连累自己的官位,请求张之洞从轻发落学生。

家丑不可外扬,张之洞忧虑不怀好意的人向朝廷密告,损害自己的政治地位,采取大事化小,开除欧阳瑞骅、宋教仁等人的学籍,查封科学补习所。

经密探汇报,张之洞得知吴禄贞在武昌花园山,不定期聚会吸引军人、学生等参加,像一台不需要胶带的放映机,传播西方民主自由。出于一种本能的警觉,以及忠于君王至上的责任感,张之洞不容许他们生根壮大变成危

[①] 中国人民政治协商会议湖北省暨武汉市委员会等编:《武昌起义档案资料选编》上,湖北人民出版社 1981 年版,第 4 页。

及专政的力量。

　　他采取调离、不予安排岗位的手段，同时又给好学上进的青年人提供成才的舞台，消解花园山聚会。

秘密成立日知会

　　事件发生后，黎元洪截获黄兴寄给刘静庵包含暗语的信，怀疑他与会党有来往，为保住自己的官位，要他以患病为由离开军营。刘静庵、曹亚伯等人为避开官府搜捕，一起到武昌教堂躲避。

　　"我们以教堂的日知会作机关，吸引各学堂、各军营等人士加入，重振旗鼓，再现科学补习所蓬勃的气象。"刘静庵对主教胡兰亭说[①]。

　　胡兰亭牧师以公理战胜强权、争取自由的博爱胸怀，为刘静庵举行入教接受洗礼的仪式后，光绪三十一年（1905）六月，聘请他到教堂日知会书报阅览室当管理员，以及文华学院中文教师。

　　利用这个场所，刘静庵敞开大门，以热情周到的态度接待各位读者，把日知会变成一个反清政治舞台，不分地域、阶层，只要接受本会的宗旨就吸纳为会员，并自愿捐款。

　　他机敏沉着，与日知会的同志经常开会，或以放电影、或以演讲揭露清朝的权贵卖国危害人民。每到夜晚或兵士出勤时，军营有人将《猛回头》《警世钟》等书，放到各士兵的床上。士兵将这些书奉为至宝，秘藏不露，渐渐改变原先对清朝的效忠思想。

　　扩大队伍后，刘静庵向胡兰亭提议："国家岌岌可危，我们身为中国人，怎能眼看江山沦陷。恕我直言，我愿以武力推翻清朝救国，你能协助吗？"

　　"国难至此，我没有什么顾忌，愿与你共同行动，挽救危局。"胡兰亭慨然应允[②]。

　　以共同的救世情怀，刘静庵起草规约，不以空话延误实事，仍以日知会

---

① 章开沅主编：《张难先文集》，华中师范大学出版社 2005 年版，第 495 页。
② 同上，第 88—89 页。

的名义，不论形式地广泛吸收会员，向他们公开灌输：大势所趋，人心所向，只有武力推翻清王朝才能救国。

等曹亚伯从长沙回来后，光绪三十二年（1906）正月，刘静庵、胡兰亭与他们商议改组日知会，制定推翻清王朝的章程，设干事会和评议会，刘静庵自任总干事，请李亚东、潘善伯等为干事。远在北京的吴禄贞听说后，捐50两作为开办费。

"我汉人有4亿同胞，长期被清朝帝王压迫愚弄，应该醒来，应该觉悟，以免永远成为奴隶、牛马，不胜迫切。目前曹亚伯同志由长沙回武昌，与胡兰亭先生及我，商议扩充日知会。我们日知会重新成立，一切章程宣言都已完备，以开导民智、救中国危亡、成立一个新中国为宗旨，便于炎黄子孙不当亡国奴，这是4亿中国人的期盼！"刘静庵在成立仪式上，对100多人疾呼中国人觉醒①。

听从刘静庵发出的召唤，有各校师生、军营的将官，如工程营吴兆麟、李亚东、辜天保、范腾霄、孙武、熊秉坤、王宪章、冯特民、卢保三、徐竹平、黄家麟、陆费逵、潘善伯、李胜美、黄警亚、蔡达生等加入日知会。

同年春天，在九江的胡厚斋牧师来武昌，看到刘静庵以日知会演讲，深受感动，返回九江后，在教堂特设一个"开导民众的阅书报室"，邀请李献彬、查冠英、陈义山、杨器之、刘庆云相助。

扩大阵地，刘静庵暗自印刷宣扬反清的书报，派人秘密送到九江这个教堂阅书报室，当地将士、学生、绅士、商人等有志之士与海关人员，受书报影响组建会党，并附设平民学校，日夜授课开风气②。

湖北浠水县人熊十力，跟随何昆阁先生读了半年私塾，搭张之洞创办各类学堂给予补贴的便车，进入武昌陆军小学堂，得到了一个吸收知识、结交各界人士的平台。毕业后，在混成协统领黎元洪手下供职，并加入日知会。

利用这个舞台，光绪三十二年二月，熊十力与熊飞宇、钟大声、邱介甫、冯群先、张海涛、张其亚等，联合在两湖学堂、文普通学堂、武普通学堂、陆军

---

① 曹亚伯：《革命真史：辛亥风云现场实录》上，中国长安出版社2011年版，第12—13页。
② 同上，第111页。

特别学堂及四所高等小学堂、各军营服役的黄冈人，组成黄冈军学界讲习社，每星期日聚会一次，以补习课的名义，演讲议会选举、公民平等自由、地方自治等，并发送《民报》《警世钟》《猛回头》等，埋下摧毁清朝的思想炸弹。

同年四月，熊十力用统一战线聚集军界、学校的精英分子后，想趁当年秋天湖北新军与北洋军在河南安阳举行演习的时机，联络武昌、荆州、襄阳、四川及河南的会党起义。

陆军小学堂监督刘邦骥，向总兵张彪报告熊十力在各学校、军营的行踪可疑。张彪立即命令协统领黎元洪派兵抓捕。经日知会的会员、时任黎元洪部下督队官季雨霖通风报信，熊十力像一阵旋风飘过武昌逃到江西。

经孙中山介绍，法国友人欧吉罗为调查中国内陆会党兴起状况，游历北京、天津、山东后，光绪三十二年（1906）五月初四，在烟台致电武昌日知会刘静庵："我定于五月初八到达武昌，届时到贵会参观。"①

那一天，刘静庵约请殷子衡、朱子龙、吴昆、季雨霖、冯特民、李亚东等乘船过长江到汉口码头欢迎。虽然双方相隔万里，素未谋面，但一握手尽兴欢谈，仿佛亲如兄弟。

到达武昌高家巷日知会后，欧吉罗发表即兴演说，由朱作梅翻译："法国以武力推翻皇权后，以议会选举国家最高领导人，赋予公民人身、财产权等自由，这成为世界其他国家结束专政的一种趋势，中国不能不以武力终结王权统治。"

台下各军营的军官、各学校的学生近千人，听了他条理分明、极富感召力、要取代皇帝建立民主国家的演讲，无不热血沸腾、兴奋不已，齐声欢呼鼓掌。

可他们似乎没有看到，湖北候补知府、负责巡警的冯启钧，委派侦探混进会场，特别注意刘静庵、殷子衡、朱子龙等人的一举一动，并记下他们发表与清朝统治相违背的言论。

同年十月，刘道一、蔡绍南与会党首领李金奇、龚春台等，以长江发生旱灾，人心浮动，于十月十九日，在萍乡、浏阳、醴陵等地，带领几万人以白旗起

---

① 曹亚伯：《革命真史：辛亥风云现场实录》上，中国长安出版社 2011 年版，第 117 页。

义,如同汹涌澎湃的潮水席卷到湖北。

消息传到东京,孙中山等人事先没有听说,但不能不派人引导,委派朱子龙、胡瑛、梁钟汉从日本回国到武昌,与刘静庵等商议,动员湖北会党及军营的将士响应。

身为湖广总督,张之洞不能等日知会与湖南里应外合,必须抢先下手,发出通缉朱子龙等公文:"我多次接直隶总督袁世凯、湖南巡抚来电,会匪潜伏在长江一带,意图勾结会党起义。近来有大头目王胜、陈金等匪徒,由湖南进入湖北,请严防密捕等。他们纠党叛乱罪不容诛,应立即严拿重办,以彰显国法。如有人将真正的匪首擒获送来,立即破格奖赏。有人报信而拿获,可发一半奖金,我决不违背诺言。"①

也许是信息不对称,张之洞尚未知悉湖北会党的具体行动,重点抓捕从湖南潜入湖北的万飞、陈绍庄等,如拿获以上匪徒,各奖赏 1 000 两,对朱子龙等,各奖赏 500 两,无刘静庵、胡瑛等人。

为此,刘静庵放松防备,同年十一月十一日,召集日知会的同志与胡瑛、朱子龙、梁钟汉等在汉阳伯牙台开会,觉得缺乏资金难以购买军火、组织军力支持浏阳等地起义。

曾留学日本的日知会会员郭尧阶,是一个背负债务遭到债主追索、无计可施的无赖,贪图高额赏金及官位,对刘静庵等人撒谎:六合锑矿公司经理刘小霖,愿捐献 10 万元协助反清。

取得他们的信任后,郭尧阶向冯启钧告密。光绪三十二年(1906)十一月二十三日晚,郭尧阶指引士兵像几条凶恶的狼,在汉口苗家码头假设留学生招待所诱捕朱子龙,再扑向汉阳青莲寺捉拿梁钟汉。二十四日包围汉口名利栈抓走胡瑛,同日到第 31 标军营逮捕李亚东、季雨霖②。

当时,余文卿任武昌高家巷圣公会堂会长,他的儿子、日知会的会员余日章,一直与冯启钧的同事朱通保持密切交往,听到要抓捕刘静庵的消息后,立即回家告诉父亲。

---

① 章开沅主编:《张难先文集》,华中师范大学出版社 2005 年版,第 90 页。
② 同上,第 91 页。

听了余文卿的转告,刘静庵转身行色匆匆找武昌圣公会原会长胡兰亭的夫人商议。胡夫人意识到冯启钧的密探分布到全城,在武昌难以躲避,叫外甥引领他到黄陂一个乡村、胡兰亭大姐家躲藏。

冯启钧派侦探到高家巷武昌圣公会小学堂,审问小学生得知刘静庵隐藏的准确位置后,十一月二十九日,郭尧阶指引巡警在黄陂一个村子抓捕他。

"你上次来电说,湖北会党首领为刘家运,昨天据匪党朱子龙等说,负责武昌日知会机关的只有刘静庵,并无刘家运这个人,而抓获刘静庵审问时,只称他一人,在武昌圣公会当教师,经办日知会,聚众演讲多次,今年夏天还有法国人到场演说。但他不承认自己为刘家运,请你核查湖北匪首刘家运与刘静庵是否为一人。"十二月初六,张之洞致电袁世凯询问①。

此事传到东京,同年十二月十一日,留日学生会馆干事曾昭文、杜定成,湖南干事宋运清、湖北干事李宁藩致电张之洞:"湖南留日学生胡瑛,湖北梁钟汉回当地后,听说在武昌被捉拿。他们素来勤奋学习,不负众望,决无不法行为,留日全体学生可保他们,请予以释放。"②

官兵搜查日知会时,张难先在仙桃镇说服乡绅,舍弃只教儿童读经书的私塾,办集城学校。他从报纸发表的新闻,得知萍醴起义后,官方抓获胡瑛、朱子龙、梁钟汉。友人出资促他立即远走躲避,他愤慨欲死,不愿背弃信义逃难吐血不止。

几天后,见利忘义的郭尧阶受冯启钧指使,与刘小霖带领军警坐轮船赶到仙桃镇,来到集城学校拘捕自己的表兄张难先。张难先满脸怒气,斥责郭尧阶不讲义气,出卖日知会的人员。

10多个巡警将张难先押上轮船,回到武昌后用轿子将他送到巡警衙门。他用手指着郭尧阶的鼻子痛骂:"你这个卑鄙无耻、丧尽天良的小人,如同一个拦路抢劫的强盗,十恶不赦!"③

骂完后,张难先仍不解心中的痛恨,对郭尧阶一顿拳打脚踢,打得他在地爬行翻滚、惊恐万状、吐血不止。受到这个惊吓,他得了赏金没过上安稳

① 苑书义等编:《张之洞全集》第11册,河北人民出版社1998年版,第9568页。
② 虞和平主编:《张之洞档》第109册,大象出版社2014年版,第341页。
③ 章开沅主编:《张难先文集》,华中师范大学出版社2005年版,第496页。

日子,反而患病身亡。

巡警看到张难先如此暴怒,用铁链锁住他的手。冯启钧、梁鼎芬等几次严厉讯问他,他坚贞不屈,否认刘静庵、胡瑛等以日知会聚集会党起义,只认与胡瑛、朱子龙等在军营相识,后在家乡办学,未通音信。

张难先知道,冯启钧逼迫自己供认刘静庵、胡瑛等密谋推翻清朝,便于找到证据定他们的死罪。而他一口否认,不提供任何与本案有关的线索,以减轻对他们的惩处,同甘共苦共患难。

有一天,一个素昧平生的人到监狱拜见张难先,行一鞠躬礼,以敬意的语气告诉他:"你为总督张之洞的表亲,冯启钧持你的供状去,他阅毕沉默许久,又再阅。"

张之洞看完询问冯启钧:"张难先有初次供状吗?"

"他还没有供认。"冯启钧回答。

"你不是说他犯有危害朝廷安全罪吗?怎么说他没有供词?"张之洞质问他。

冯启钧一时不知如何回答,找借口说要取他的供状。

"张难先在乡村办学校,你们是否听信传闻给他罗织罪名?这是逼迫他供认!"张之洞大怒。

看到张之洞声色俱厉,冯启钧惊骇万状,等他气稍平息才告辞。这个人转告上述经过后对张难先说:"张之洞觉得你是国家第一流的人物,我钦佩之至,特来向你请教。"①

因受风寒发热,张难先头痛不已,吃药不见好转,病情越来越重,同狱的人告诉看守监狱的官员。狱官熊家真以忠孝为做人的原则,看到他在狱面无愧色,而且朝夕勤学,萌发了对他的敬重之意。

为此,熊家真向梁鼎芬、冯启钧禀报张难先患病,请给予特殊照顾。仙桃的乡绅王慎庵、刘熙卿、傅楚材、黄福、王劭恂等,出于纯真的乡情与维护道义,也拜访梁鼎芬、冯启钧,请允许张难先出狱就医。他们为迎合张之洞

---

① 章开沅主编:《张难先文集》,华中师范大学出版社 2005 年版,第 498 页。

欣赏张难先的才气,准许保释。因而张难先被关押四个月后恢复自由①。

其他八位却没有这样幸运,光绪三十二年(1906)十二月十三日,何季达花钱连夜乘船,第二天清晨到达黄冈团风镇,急速奔向团风高等小学,将教地理的殷子衡叫到一个僻静的角落说:"武昌日知会机关已被官兵封闭,刘静庵、朱子龙等被捕。昔日我们与法国人欧吉罗,谋划从越南运输军火起义,不可能实现,现在应逃避官府搜捕。"

原先殷子衡与刘静庵取得联系,在黄冈印刷《猛回头》《做新民》《警世钟》《嘉定屠城记》《扬州十日记》等书,密运到武昌日知会交给刘静庵,散发军营、学校,发挥了宣传反清的作用。

这次,他听了何季达的密报感到不安,想及早逃到远方,又恐怕被捕的同志无人照顾,湖北无人负责会党运作。如不逃走被拘后,于事无济,显得进退两难,犹豫不决中错过逃跑的时机。

受张之洞命令,同年十二月十八日,一艘兵轮开到黄冈拘捕殷子衡的舅父吴贡三,再前往团风镇。殷子衡不知危险临近,在团风镇紫荆山庙,与霍雄飞、秦少溪商筹如何应对。

"殷先生是否在此?"官兵赶到庙问他。

"他已回乡下。"殷子衡知道他们要抓自己。

说完,殷子衡与秦少溪离开庙门走了100多步,看见学校操场站立多名士兵,加快脚步行走。突然有两名士兵抢步上前大声呼喊:"前面有一位是殷先生吗?请先生站着,我有话与你说。"

他看见士兵跑步来追,只好示意秦少溪赶快跑走。士兵上前对他说:"张之洞总督命令我们开轮船来,请先生去武昌。"有一个士兵飞步过来拉他的长辫,防止他逃跑。

"你们为何如此无礼?我谋求救国,怎能只顾自己的生命!"殷子衡大声斥责士兵②。

---

① 以上参见章开沅主编:《张难先文集》,华中师范大学出版社2005年版,第499页。

② 以上参见《殷子衡的日记》,载曹亚伯:《革命真史·辛亥风云现场实录》上,中国长安出版社2011年版,第136页。

他被士兵押到兵轮,看见舅父吴贡三已坐在舱内。此时黄昏来临,夕阳西下,飘浮几片云彩。他坐在船舱听鼓浪声不绝于耳,百感交集。学生看见他被逮捕,蜂拥到江边,望船痛哭。

仰望苍天,殷子衡长叹:"我们若死,皇帝能知是什么原因? 有谁能救援我最亲爱的父老、兄弟、姊妹? 我若不死,以如此虚弱的身躯,怎能承受专政制造的酷刑?"

思前想后,殷子衡在兵船过白浒山时,纵身跳进长江,想效仿楚国保持崇高气节的屈原,投向岳阳汨罗江,以一死了结毕生要办的事。

谁知,上天以他背负了救民的重任,不让他随便丧生,似有浮物支撑他不下沉。他头脑更清醒,想起老母、弱弟及学生等,翘首对天说:"我已不能再在人世间办事!"

忽然,兵轮转舵反行,有人将他钩起,脱去他身上湿透的衣服,让他在船舱火炉取暖。他感到有些温暖,不觉如醉如梦,直至睡到东方发白。

十二月十九日早晨,轮船到达武昌汉阳门码头,官兵押送殷子衡坐轿子到巡警衙门。他步行入大门,看见两名站立刀斧手,神情异常威严,再过一花厅,转入后花园小客房。

一个面白无胡须的人,上身穿裘皮衣及绸缎马褂,口衔烟管,戴金丝眼镜,走到殷子衡等人面前以引诱的口气说:"你们原来不要紧,不过是要你们证实刘静庵是否为日知会匪首。你们说出他的罪状,立即可以放你们回去,此案与你们无干。"①

听了他的利诱,殷子衡觉得,我与刘静庵有共同的理想,怎能将反清的千钧重担推到他一人身上,让他承受巡警的毒打、残害? 我既然被抓,应当与他同生死,无所忧惧。因而对他们的威胁,以答非所问不透露真情应对。

冯启钧、梁鼎芬、陈树屏等官员几次审问殷子衡,要他招认刘静庵是否为参与谋划起义的首领。看到他一口否认,派人对他严刑拷打,打得他血肉横飞,四肢失去知觉,气息奄奄,仍没有看到他招认。

---

① 以上参见《殷子衡的日记》,载曹亚伯:《革命真史:辛亥风云现场实录》上,中国长安出版社2011年版,第138—139页。

受到巡警毒打后,殷子衡等 9 人被分别关进监狱。他们知道会被判罪,或永远监禁,或被剥夺生命。他们在静待最后决断时,各自处理后事,以写诗抒发与专政抗争的斗志,或发家书准备与世永别。

美公使反对官方逼迫刘静庵认罪

因刘静庵在日知会负责管理书报阅览室,成为教堂的神职人员,张之洞命令巡警抓捕他,并以谋反罪对他判重刑甚至要剥夺他的生命,引起教会及驻美公使等抗议,由此变成一个国际交涉事件。

黄吉亭牧师与孟良佐牧师等,以刘静庵为基督教徒,官府怎能诬蔑他为匪首?这会损害教会的名誉。吴德施主教致电美驻汉总领事、美驻京公使,请求向清外务部质询,争取释放刘静庵等人。

美驻汉口总领事马墩应主教吴德施的请求,与张之洞会面说:"地方官以教徒、文华书院教师刘静庵叛乱将他抓获,这毫无凭证。我派人到公堂旁听审理,地方官不允许。"

看到张之洞断然拒绝,马墩致电美驻京公使柔克义,给清政府施加外交压力。光绪三十二年(1906)十二月二十五日,柔克义向清外务部发出照会抗议:"你们命令湖北地方官,再开庭审理此案,并准许美驻汉领事派人到堂听审,美政府有权提出这个要求。"

同一天,外务部致电张之洞:"美公使向我们发来质疑刘静庵案的照会,此案究竟由什么原因引起,希望你查明,妥善办理,并速回电。"①

以回应外务部的疑问,张之洞命令冯启钧等加紧审讯刘静庵,要以供词及证据应对美公使的质问。冯启钧等为完成任务,严刑拷打刘静庵,逼迫他承认涉及 7 个犯罪行为并签字,其中第一条:设日知会注重联络军营、学校的人,为颠覆清朝作预备②。

看了刘静庵的供认,张之洞不问冯启钧审判刘静庵的程序是否合法、是

---

① 以上参见虞和平主编:《张之洞档》第 109 册,大象出版社 2014 年版,第 467—468 页。
② 广西师范大学出版社编:《中美往来照会集:1846—1931》第 11 册,广西师范大学出版社 2006 年版,第 97 页。

否有逼供等非法行为,以官兵拿获朱元成(又名朱子龙)时搜得一本日记,里面记载了去年二月至十一月,与刘静庵往来的秘密。朱元成接受审问时,供认与刘同谋颠覆朝廷,此次朱元成受孙中山指使,来湖北联络军队。官兵捉拿胡瑛时搜到几封信,有一封是黄兴密告他,如湖南起义,请他在湖北主持一切等。

以刘静庵的供词及以上人证、物证,张之洞告诉美驻汉领事,对刘静庵定罪的理由充足。美领事将张之洞送来刘静庵供认的七条,电告美公使柔克义。

注重公平审判的柔克义不能接受,光绪三十三年(1907)正月初七,给清朝外务部发来照会:"张之洞指出刘静庵承认有 7 条犯罪并附有供词,我认为这是审判官刑讯逼迫他供认,不能作为确切的证据。请清政府命令湖北地方官复审此案,准许美驻汉总领事派人前往观察审判。再请你们不可稍有延缓,嘱咐地方官立即照办。因刘静庵受刑最重,恐怕有生命之虞。"①

接到照会,军机大臣、总管外务部的奕劻,看到柔克义指责湖北地方官以暴力逼供,推翻对此案的结论,不敢直接反驳,当即电告张之洞,询问对刘静庵审办的情况。

正月十四日,张之洞仍以刘静庵的供认回复,并说审判官毫无逼供,而且条约没有规定华人在内地犯罪,领事可派人听审,传证人到堂质证,因而难以答应柔克义重审此案的请求。

漠视人权的庆王奕劻,不可能有意愿派人到湖北,核查办案官员是否用重刑逼供,只相信张之洞扭曲真相的汇报,并派人抄录他的来电交给柔克义,以为可以交差。

大脑储存了法律知识的柔克义,怎能轻易被他糊弄? 正月二十七日给外务部发来照会:"承审官预先逼迫刘静庵供认,以此类推,诬陷美国教堂人员犯有重罪。我接到教堂主教来信,附有许多凭证抗辩。请庆王奕劻嘱咐

---

① 广西师范大学出版社编:《中美往来照会集:1846—1931》第 11 册,广西师范大学出版社 2006 年版,第 87—88 页。

经办此案的官员,必须暂时停止审讯。如已定罪,也请暂缓结案,等我将所来的凭证依次抄录,转送你们查阅后,再决定如何处理。"①

摆出特权高于一切的架子,奕劻仍采纳张之洞对此案的定论,二月初七以空话照会柔克义:"我查询张之洞发来刘静庵的供词,已将涉及教会的内容全部删除,符合教会劝人为善的本意,无发公文指控教堂。此案证据确凿,经张总督特派相应的官员会审,定罪足以让人信服,不便于缓办。"②

奕劻回避主审官以逼供获取证据定罪,柔克义岂能放过?以收到武昌主教寄来的多件证据,二月初八给外务部发来照会:"请你们在未看见我提交的证据前,不可办理此案。"③

柔克义以刘静庵受到主审官的拷打被迫供认、美驻汉口领事与张之洞交涉的意见、主教发来辩驳此案的抄件、法国人到日知会演讲、刘静庵代教会办日知会的事、日知会的历史与章程、日本人在日知会演说节略、中西新报论日知会告示、朱元成与刘静庵、郭尧阶往来节略等证据,指出官方以预定的意图,逼迫刘静庵供认,张之洞以逼供获取的证词给刘静庵定反叛罪,没有合法依据应撤销。

用这些证据,二月初十,柔克义照会清外务部:"承办审理的官员,以逼供等非法手段获取证据,诬陷教会人员参与谋反,这败坏了教会的声誉,为非常重要的事,教会有权维护自己的名誉。若不允他们到公堂剖析、辩护,会妨碍教会行使正当权利。请庆王奕劻叮嘱张之洞详细审理此案,准许教会带律师代为辩护,并准邀请证人到堂作证、美政府派人观察审判。"④

对柔克义以严谨的态度列出的证据,没有读一天法律课的奕劻,找不到有力的理由反驳,只好以官僚主义惯用的拖延对待,不立即回复,以消磨对方坚持正义的积极性。

成长于美国自由民主环境的柔克义,看到过去了两个月,庆王奕劻没有

---

① 广西师范大学出版社编:《中美往来照会集:1846—1931》第 11 册,广西师范大学出版社 2006
　年版,第 92 页。
② 同上,第 13—14 页。
③ 同上,第 95 页。
④ 同上,第 95—101 页。

回复,不能让他继续表演权大于法的把戏,必须明确向他指出,刘静庵被人诬告受冤枉,承审官不按法定程序公正审理,只以严刑逼供,损害了教会的名声。

为此,光绪三十三年(1907)四月二十日,柔克义照会清外务部:"我不能容许你们以拖延应付,现提出两个解决办法,或将刘静庵立即释放,并声明他与教会人员无罪;或公正裁判此案,准许教会聘请律师辩护及美国政府派人会审。如再延迟,我难以谅解。"①

对柔克义代表美国政府,如此执着以法律维护刘静庵及教会的权利,平时无比傲慢、不关心民众疾苦的奕劻,像一根软皮条不敢吭声,只得将柔克义的主张转告张之洞。

同年五月初一,张之洞致电外务部:"刘静庵图谋不轨,证据确凿,与教堂并不相关。现长江一带土匪很多,会党又暗运军火,此案审办引起中外关注。我与分管司法的官员核议案件,想对刘静庵判永远监禁罪,并非要治他死罪,请告知美公使。"②

坚守王权高于人权的张之洞,不接受柔克义提出的证据,五月十二日仍以上次相同的答复回电:官兵抓捕刘静庵、朱元成、胡瑛、吴贡三等人,搜查到日记、来往书信加上口供等,证明他们参与谋反应定罪,又以此案与教会无关、保全教会的名誉,与承办案件官员商议,对刘静庵判永远监禁罪,确是做到了人情高于法。

奕劻与张之洞采取相同的口径,避而不谈办案的官员如何用酷刑逼刘静庵供认,以赞同他的结论,五月十六日照会柔克义:"张总督极力维护教会的名誉,据朱元成等人供认,刘静庵确是参与了谋反活动,证据充分,将判他永远监禁,不能再为他开脱。"③

柔克义看到张之洞搜查到涉案人员的日记、书信等,以判刘静庵永远监

---

① 广西师范大学出版社编:《中美往来照会集:1846—1931》第 11 册,广西师范大学出版社 2006 年版,第 115—116 页。

② 苑书义等编:《张之洞全集》第 11 册,河北人民出版社 1998 年版,第 9626 页。

③ 以上参见广西师范大学出版社编:《中美往来照会集:1846—1931》第 11 册,广西师范大学出版社 2006 年版,第 34—35 页。

禁不处死,接近了自己交涉的愿望,应向他们传递依法办案的理念,六月初
一照会清外务部:"我们并非想证明刘静庵无谋反罪,只是张之洞总督手下
办案的官员或无法律知识,或素来无教养,预先设定几条供词,用刑逼迫刘
静庵供认签字。我多次照会庆王,请他设法为教会恢复名誉。美国政府与
我并非要干涉清政府的审讯权,因张总督委派的官员审理不公平,牵涉到教
会人员,我国政府理所当然希望清政府,采取切实可行的办法为教会洗清不
白之冤。"①

看到奕劻没有及时回复,柔克义感到很不满意,八月初五,向他发出照
会:"你与我经常为公事见面,你说愿照约办理。现在你对此案如此耽误,我
不明白是什么原因,我国政府必定怀疑清政府,对我们应办的事采取舍弃不
办对待。"②

对他发出的严厉质问,奕劻感到六神无主,只好叫外务部的人催促张之
洞回答。八月十三日,张之洞选择性回电:"我向来优待教会,刘静庵犯罪,
不会损害教会的名誉。我已命令分管司法的官员发告示,声明刘静庵平时
密谋叛乱,教会不知。湖北地方官办理居民与教会案件,一向公平处理。教
会在湖北名誉极好,我深感欣悦。审办刘静庵案后,教会不干预,足见各自
和睦相处。"

经奕劻批准,八月十六日,外务部将张之洞的回复照会柔克义:"张之洞
对教会平时在湖北的名誉极力推崇,而刘静庵犯罪与教会无关。这个十分
完全的办法,可以满足你维护教会声誉的要求。"③

八月十九日,柔克义回复外务部:"我将你们发的照会转告美国外长,请
我国政府核定此办法,能否足以让武昌教会受污后恢复名誉及能否消除教
会与此案的牵连、抵制中国政府。"④

听到刘静庵、胡瑛、朱元成、梁钟汉、李亚东、张难先、季雨霖、吴贡三、殷

---

① 广西师范大学出版社编:《中美往来照会集:1846—1931》第11册,广西师范大学出版社2006
年版,第124—125页。
② 同上,第140页。
③ 同上,第56—57页。
④ 同上,第143页。

子衡九人被抓的消息，吴禄贞、程家柽等暗中给庆王、肃王送钱财，请他们给张之洞打招呼，不能处决这些人。

为争取官方早日恢复刘静庵的自由，不再受折磨，吴德施主教给冯启钧写信："请问阁下，刘静庵已被捉拿，他的父亲、兄弟被关押，是什么原因不肯释放？他的母亲在家受大苦，多次到教堂恳请我们帮助他。如此迟迟不对他审判，让人疑惑，甚至有谣言，对你及教会都不方便。"①

来自美国的青年会总干事穆德博士到武昌演讲，得知教徒刘静庵被关押在监狱受酷刑，携带余日章、孟良佐写的辩护书到北京，请美驻京公使向清朝外务部交涉。

吴德施主教因有事返回美国后，雷德礼代理武昌教会事务，为刘静庵争取自由，1907 年 9 月 21 日致电柔克义："张之洞奉旨进京任军机大臣，期望你到外务部与他商谈，如何释放刘静庵。刘静庵被关押在江夏监狱受苦，导致患很重的病，对他与教会都不公平，不知你对此案有什么办法。"

此外，10 月 20 日，雷德礼致电美使馆头等参赞、代理公使费利乔，请求与清外务部交涉，让刘静庵不再被监禁。

10 月 22 日、24 日，费利乔两次回电雷德礼："根据咸丰八年（1858）五月初八，签订的《中美天津条约》有关规定，传教士无权干涉地方官，我恐怕不便再干涉刘静庵案。现在不知地方官如何处理此案。"②

从以上交涉看，刘静庵利用日知会掩护秘密组建反清团体，被官方抓捕后，吴德施主教以他作为信徒，请求驻京公使柔克义营救。张之洞以审判官严刑逼刘静庵供认对他定罪，并电告外务部转告柔克义。

柔克义从取证程序必须合法，指出张之洞手下办案官，以威逼获得刘静庵的供认，为非法取证，不具有合法的证明效力，而且损害了教会的声誉，应公开审理此案，准许美驻汉领事派人参加会审及律师辩护，并将这个要求照会清外务部。

庆王奕劻对西方以证据定罪的司法理念一无所知，仍未改变用重刑逼

---

① 参见《殷子衡的日记》，载曹亚伯：《革命真史·辛亥风云现场实录》上，中国长安出版社 2011 年版，第 129 页。

② 同上，第 156、158—160 页。

迫犯人招供的思维,根本不核查张之洞发来刘静庵的供认是否为逼供,直接转交柔克义。柔克义不能接受以刑讯取得的供词,多次发来照会驳斥。

受到柔克义代表美国施加的外交压力,以及吴禄贞、程家柽的求情,奕劻没有表态要处死刘静庵等,暗示张之洞要妥善处理此案。张之洞有责任打击反清分子,又要看奕劻的脸色及柔克义的抗议,在多种力量的博弈下,采取折中办法监禁刘静庵,让柔克义放弃重审此案。

免除死罪,巡警将伤痕累累的殷子衡等关进臭气熏天、地面潮湿、暗淡无光、简陋不堪的监狱,每天发的食物不够他维持正常生活。他忍受饥寒交迫,感到痛不可耐、极其烦闷、夜不能寐,他觉得监牢里的臭虫害人,如同慈禧及各亲王、官僚害国,不除去他们不可能安宁。

对殷子衡等人来说,在江夏县监狱受尽痛苦,无异于地狱,若不改良,如同活埋生命。他将内部恶劣环境详细上书湖广总督张之洞。张之洞听说后立即训斥江夏知县,要他迅速改进监狱环境,后撤销他的职务另委一人。

同年,殷子衡等由江夏县狱转入湖北模范监狱。过监门时,卫兵脱去他破烂的外衣另换狱衣。他暗自惊喜:仿照西式高楼修建的监狱,如同宏大的宫殿,各个房间安装了电灯,入夜一片明亮,还配备了自来水、浴室、病室①。

然而噩耗传来,宣统三年(1911)五月十六日,殷子衡得知受尽严刑且患病的刘静庵,在武昌模范监狱去世。痛心的是,自己与他同处一个监狱,近在眼前,而牢门被锁,无法前往探视。

为救国付出生命的刘静庵,未能看见起义军高举旗帜,推翻如同鬼怪在中华大地飘荡了2000多年的王权专制,建立一个民主国家,哪能安息瞑目?

武昌教堂的牧师怀着哀痛,立即赶到监狱,为刘静庵清尸殓葬。担心残暴的狱警会将尸体扔到荒野,争得狱官允许后,将他的遗体运到武昌教堂厚殓,发现他骨瘦如柴,年仅30岁头发全白,可见他为国遭受难以想象的磨难。入棺时,刘静庵的母亲抚棺痛哭不已,几乎晕死过去,却不知儿子受难的真相。

---

① 曹亚伯:《革命真史:辛亥风云现场实录》上,中国长安出版社2011年版,第145页。

直到湖北新军起义占据武昌，打开清军驻守的监狱，同年八月二十一日，殷子衡等人恢复自由，奔走相告，悲喜交集。

科补所、日知会吸收各学堂的学生，再输送到各军营，接受教育的青年军官占多数，与后来设立的军队同盟会、群治学社、振武学社、文学社、共进会等团体结合，形成连续性、稳定性、再接再厉的团队，直至打响武昌起义。

第七章
留学生与清朝决裂

　　张之洞花费银子,选派学生出国留学,幻想以他们的才智强国。而留学生与他的设想背道而驰,接受西方宣扬的自由平等后,义无反顾地抛弃王权至上,与孙中山策划成立同盟会,要用政党释放的能量成为清朝的掘墓人。

勒令停止湖北留日学生办报

　　为满足小学、中学、师范等对教师的需求,张之洞从经心、两湖、汉江书院选派 30 名学生,于光绪二十八年(1902)五月初一,远赴日本东京弘文学院读速成师范。

　　张之洞将 30 名读师范的学生分成三班,分别有湖北武昌人、时年 24 岁的万声扬,京山县人、时年 24 岁的李廉方,湖北潜江人、时年 21 岁的李书城等。

　　到达日本的湖北留学生李书城、刘成禺、但焘、张继煦、李廉方、金华祝、蓝天蔚等,看到国内危机四伏、八国联军攻占北京、太后与皇上等逃亡、俄不从东北撤兵等,而且灾祸愈演愈烈,处于强者获胜、弱者败退的险恶状况。

　　他们感到悲愤的是:外国人诋毁中国人没有维护公共利益的意识,如河滩一堆乱石、一盘散沙,无论是商战还是兵战,遇到外国强敌,如热汤浇到雪球,立即融化不留痕迹。难道我炎黄子孙因不能合群,惨遭上天最严酷的淘汰?必须以群策群力结成一个大团体,才能有立足之地。

"我们于去年创立湖北同乡会,大约每月聚会一次,探讨各学科、自治及互相磨砺。每次相会时,遥望远隔千里的中国,痛感外敌威胁剧增,国内官场腐败不堪设想。惟有尽兴饮酒后,仰天长叹而已。虽不知亡国的祸患,但知道不思考如何挽救,是造成亡国的祸首。我们邀集同乡留学生,以改变国家危难为天职,创办这个杂志。"光绪二十九年(1903)正月初一,湖北留日学生在东京创办《湖北学生界》杂志①。

他们的愿望是:留学生负有向国内输入西方文明的责任,回国的人要承担消除痼习的任务,唤起国民奋发有为的精神。日本人口不过4000万,湖北有3500万人,双方的民德、民智、民力却有天壤之别,难道中华民族不如日本?必须发扬精卫填海、愚公移山的志气共克国难!

创办《湖北学生界》后,毕业于两湖书院的刘成禺任主编,主要对时政、司法、教育、军事、经济、工业等发表评论,介绍西方发达国家的政局、科技发明,物质文明与精神文明,便于国内官员、学者等认识国外变化。

代理湖广总督端方接到他们办杂志的资助请求后,光绪二十八年(1902)十一月二十九日,致电代理两江总督张之洞:"湖北留学生在东京开办《湖北学生界》,以唤起国民精神,湖北为总发行。我查阅大致尚无违反朝廷的规定。但学生私办杂志,发表西方学说,随意摘编,不可不防负面影响。是否阻止,或令监督卞绥昌分别裁定,规范学生的论议,请你议定。"②

不同于端方让学生试一下,张之洞要紧闭这个大门,十二月初一,回电端方、武昌知府梁鼎芬:"留学生的任务在于潜心学习、刻苦用功,期望学成后回国发挥专长。若私设报馆、发表文章,流弊无穷,千万不能允许。湖北留学生竟然不守本分办杂志,特别让人感到失望。如果这些学生有业余时间,尽可以翻译政治、教育各门有用的书寄回国内,何以开办报纸。你们要

---

① 武汉大学历史系中国近代史教研室编:《辛亥革命在湖北史料选辑》,湖北人民出版社1981年版,第514—515页。
② 虞和平主编:《张之洞档》第93册,大象出版社2014年版,第501—502页。

电告驻日公使、留学监督严厉禁止办报，要学生安分用功，切勿做这种荒废学业的事。如学生继续违反、不劝告，要停给学费、立即撤回。"①

同一天，张之洞电告驻日公使蔡钧、留学总监督汪大燮、湖北监督卞綍昌："我接到端方来电说，湖北留学生在日本创办报纸，为何不请求本省最高领导，擅自出版报纸、在外国做奔走操劳的荒唐事？你们必须郑重告诫湖北各学生，立即停止办报。对拒不服从的学生，要马上停止发学费，并告诉日本这所学校的校长，将违反命令的学生撤回。"②

端方看了张之洞说一不二的来电，不好多作解释只得口头答应执行，十二月初一回电："我已经致电蔡钧公使，阻止湖北学生办杂志，并托他令各学生讲求实学、安分用功，有业余时间可翻译有用的书，馈赠给国内学者，并请武昌知府梁鼎芬致信，勉励他们坚守忠爱，勿染浮华，不负你的栽培。"③

梁鼎芬理解留学生的爱国热情，将他们引向官方可控制的范围，请张之洞变通对待："我想令学生将杂志寄回湖北，选择纯粹探讨学说、无危害的发售。"

对他提出的办法，张之洞有限度吸取，光绪二十九年（1903）正月初六，致电端方："必须责令学生将稿子寄回，由官方选定刊印发售，或每篇稿子酌情给稿费，或除纸张工本以外，剩余的收益归学生，作为他们的劳动报酬。若听他们自行刊印再寄湖北，难免会私自销售，仍难以监控，万万不可。此事关系很大，你要通知梁鼎芬，迅速草拟监管办法，我们再仔细商讨。"④

按他的指示，端方连日以来与梁鼎芬等商议，确定几条规定：留学生办报不能发表揭露朝廷阴暗面的文章，不得涉及政府的时事及湖北行政，要对大清王朝效忠，否则撤回不听劝告的学生。

正月十三日，端方回电张之洞："我与梁鼎芬商讨后，想派一名学生专门校改稿子，发现不合适的言论不得发表，如违反要追究学生的责任。近来，一些报纸发表不符合官方要求的文章，得到读者喜欢而在市场畅销，评论、

① 虞和平主编：《张之洞档》第36册，大象出版社2014年版，第191—192页。
② 苑书义等编：《张之洞全集》第11册，河北人民出版社1998年版，第8970—8971页。
③ 虞和平主编：《张之洞档》第93册，大象出版社2014年版，第530页。
④ 虞和平主编：《张之洞档》第36册，大象出版社2014年版，第300—301页。

编书,足以迷惑人心。各学生如不犯报规,词正义深,似可允许他们办报,请你指示。"①

张之洞觉得端方的规定过于宽松,正月十四日凌晨,致电他与梁鼎芬:"你们对留学生办刊,究竟作何种处理? 此事关系很重,现在学生流弊百出,不可不防,万不可由湖北学生开端。否则,中外人士会将过失归咎于湖北,请你们迅速商议办法回复。"

当天下午 5 时多,张之洞再致电端方与梁鼎芬:"学生办报的事,前两条扼要,惟有第三条需要商妥,稿子要寄回湖北,由官员选择印刷,断不可让学生自编自印发行,造成无穷的不良影响。如果这些学生专心治学,将翻译的书赠给本国人员:寄回湖北印刷发行,有什么不可? 倘若在东京派一个学生专门校对,恐怕不足以制约。总之,学生在日本办报,我万不敢开这个口子。"②

卞綍昌不像张之洞异常敏感,不想为关闭杂志引起学生仇视,正月十八日以模棱两可的语气回复他:"湖北留日学生出版了杂志,禁止与劝说都很难。"③

张之洞意识到,学生在日本阅读宣扬西方民主自由的书后,会以天赋人权取代王权至上的教条,参加会党反抗大清王朝的统治,必须控制《湖北学生界》。

带着这种防范,正月二十四日,张之洞致电端方:"我对学生办报的要求是,无论他们发表何种观点、评论,不可自印自售,产生不可估量的危害。不堵塞涓涓细流,会成为汹涌澎湃的江河。我推动学生去日本留学,不敢承担引发的不良后果,请你深思见谅,盼回复。"④

应对张之洞不容回避的催促,端方与梁鼎芬商议后,正月二十六日,回电提出如下对策:

"一、电告留学监督汪大燮,告知学生停止办杂志,以官方给予你们学

---

① 虞和平主编:《张之洞档》第 94 册,大象出版社 2014 年版,第 247—248 页。
② 以上参见虞和平主编:《张之洞档》第 36 册,大象出版社 2014 年版,第 333、337—338 页。
③ 虞和平主编:《张之洞档》第 94 册,大象出版社 2014 年版,第 305 页。
④ 虞和平主编:《张之洞档》第 36 册,大象出版社 2014 年版,第 362—363 页。

费,应听从官方的命令,不得擅自出报。

"二、电告汪监督照会日外务省转文部省,依照国际规则管束学生,在学习之外,不得轻易出报刊,违者照例封禁。

"三、留学生以专心向学为本,无暇涉及办报。可仿湖南学生出版的《游学译编》,将所学的功课编译成书,分期寄回湖北印发,赠给湖北人民。

"四、《湖北学生界》第一期发表的评论,不是专门讨论各学科,涉及时政等事,表明他们不专心学习。想先撤回办报最出力的张继煦、金华祝,不让他们继续留学。

"五、多数学生出身贫寒,此次办报用款,想以官方供给,体现对他们格外宽容。

"六、有些学生发表介绍外国农、工、商动态的文章,切实有用无流弊。若范鸿泰等在实业学校译的书,要令他们寄回湖北发刻,另给费用,劝说与警戒兼用不可少。但此事尚有难度,报内有日本人与不知名的湖北自费生,不容易管束,内有刘成禺,曾在自强学堂滋事,被通报驱逐。他素来不安分,凭借家庭财力支持,此次自费来东京留学,带头提议创办报,难以将他撤回。

"七、若金华祝、张继煦抗拒不遵从调回的命令,后面的事如何料理?

"八、官派学生即使遵命回湖北,我听说湖北人已凑足数万两,专门供译书出版用。若官方禁止出报,他们将接办后,会发表更加不利于朝廷的文章,不知如何料理?

"九、对学生出报,我们以为多事,有人认为他们爱国,用过于激进的行动禁止,恐怕会有阻力。请你考虑周全,拿出稳妥的应对办法。"[1]

对端方既允许学生办杂志,又采取必要的制约,张之洞觉得不够严厉,与回来的学生交谈,听说端方出资支持创办《湖北学生界》,担心报刊寄到北京后,遭到有些保守官员的指责,要端方严令留学生以求学为主。

端方认为张之洞听信学生的传闻,对自己产生了误解,光绪二十九年(1903)二月二十二日,致电分管湖北学务的黄绍箕:"我致电张之洞汇报禁

---

[1] 以上参见虞和平主编:《张之洞档》第94册,大象出版社2014年版,第425—430页。

止留学生办报的事,过去了一个月没有听到他回音。后来他来电说,学生告诉我,你批准给他们寄钱办报,将来报纸送到北京,遭到他人指责,会造成很不好的影响。我对学生停止办报与张之洞相符,忽然说我资助经费办报,如果有此事,无异于给盗贼接济军人、粮草。而他误认为我不作为,我深信学生万不敢胡言乱语。"

端方觉得:"张之洞将未能阻止学生办报的责任推到我头上,却不知他大办学堂,催生了湖北学生群体,此事天下人共知。我不敢居功,受过也必较轻。"①

受到张之洞的误解,端方想辞去代理湖广总督的职务。后来驻东京监督留学生的卞綍昌来电向张之洞解释,端方并未给学生寄钱办杂志,为有些学生发出的谣传,没有来得及复核。

消除误会后,端方以缓和关系,二月二十六日致电张之洞:"我得知这是学生找的借口,不必计较,应消除疑虑。对于你一直以来的深情关照,我长久铭记。前次我的电报表述不妥当,有幸得到你俯察,再次向你表示感谢。"②

湖北留日学生不理会端方与张之洞是否允许办杂志,如同一声春雷惊醒世人,李书城以唤醒中国人不当亡国奴,在《湖北学生界》第 2 期,发表《学生之竞争》:"今日中国,不是被推进了世界竞争最剧烈的漩涡吗? 俄、英、法、德、日等如同虎狼露出爪牙,逼近有 4 000 多年历史像雄狮却患病的中国,要割地、租军港,扼住我国咽喉;开矿山、修铁路,阻断我国交通。"

面对空前未有的劫难,李书城感到悲哀的是:"挟持政权的官僚,大多数愚顽不化、腐败无能,除考据、写诗文以外无学问,奔走竞相钻营无阅历,只顾捞取高收入的职权却无见识。数十年以来他们陶醉于吃皇粮,养成一种油滑狡诈、麻木不知痛痒的惰性,对内压迫老百姓,对外只知顺从,任由西方列强掌控,茫然不知祸害,岂能适应今日世界最激烈的竞争而不沉沦?"

他在文章中发出悲叹后,觉得处于下层社会的民众,许多人不识字,从

---

① 以上参见虞和平主编:《张之洞档》第 95 册,大象出版社 2014 年版,第 35—38 页。
② 同上,第 46—47 页。

童年到青年,直至老年,不知各个朝代的历史、不清楚各省地理位置,何以萌发爱国意识?怎能与高度文明国家的国民竞争?

发现社会结构存在的弱点,李书城认为:"学生介于上层与下层社会之间,为中国由贫弱向富强过渡不可缺少的阶层。处于上等社会的王侯与官僚,因决策失误,给国家酿成将要崩溃的危机,期待学生参政收拾残局。因而,当今学生要成为革新的健将,将来大放光彩照耀亚洲,不能一误再误,继续引发亡国的灾祸,让中华历史蒙羞!"

既然学生处于上下之间,要担负避免中国亡国的重任,李书城要学生主动更新认知:"只知朝廷不知国家,则无爱国心;沾染千年以来的趋炎附势之风,只重个人名利不团结群众,则无博爱心;拘泥于迂腐保守之见,只知崇古而不知当今时势,则无进取心;甘愿成为懦夫依赖他人,只知蹈常袭故而不能自树旗帜,则无独立创新的雄心!"

完成思维更新,李书城要学生:"以英武强健的身躯、坚毅果敢的气概、披肝沥胆的热诚,与王权展开竞争。外国人一直认为,中国自秦始皇统治后,进入了一个漫长的专政黑暗时代。呜呼!放眼五洲,昂然阔步于世界的民族,无不享有参政议政的权利,而中国人却遥不可及。西方民众得到的权利,是有志之士以肝脑涂地、流下无数鲜血换来。"

为此,他希望中国学生以外国学生破除专政争民权为榜样,趁世界竞争的潮流,敢于摆脱受专政压榨的劣根性、抛弃愚昧的忠孝,以龙腾虎跃的气势,为同胞争取独立参政的权利。

"今日中国的学生,岂能甘为奴隶,供外国人驱使?怎能成为牛马,等待外国人用鞭子驱赶?我们愿登上昆仑山顶,大声疾呼:中国学生应觉醒!中国学生应站起来!"李书城在文章最后,呼吁学生成为救国的主力军。

同一期,万声扬以国民不从属于家长、皇上,应成为自主支配权利的主体,发表《中国当重国民教育》:"国民作为国家的一份子,不放弃应有的责任。若无独立的精神、合群的性格、自主的品格、进取的能力、为公众谋利的思想、不受外界抑制的气魄,不足以成为国民。"

由此可见,李书城、万声扬等突破了张之洞、端方只谈学术、不问国事的防线,在上层掌权的官僚如腐烂的渣子,下层民众无知无权时,唤起受过西方教育、最活跃敏锐的学生,学习英、美等终结世袭的王权政治,以不同党派竞争选举国家最高领导人。

留学总监督汪大燮召集几个湖北官费生询问:"你们与办《湖北学生界》的人有来往吗? 对上面发表的文章有何看法?"

"我们没有与他们接触,不晓得杂志发表了哪些文章,无法作出评论。"官费生装作不知回答。

"他们是否将杂志改名为《楚魂》?"汪大燮再问。

"我们没有看到他们改名,不清楚内部的运作。"官费生不向他提供内情。

看了汪大燮招官费生探询《湖北学生界》的来电后,光绪二十九年(1903)五月十六日,端方将此事电告张之洞①。

对返回湖北的留日学生,梁鼎芬找个别人询问得知,多数学生被《湖北学生界》发表的文章吸引,争相传阅。即使官费生不办,会有自费生接手。总监督汪大燮害怕刘成禺办杂志带动更多学生反清,给他 2000 元打发他离开日本赴美考察。他得到这笔银元并未动身,而将钱充作办杂志的经费。

五月二十九日,梁鼎芬致电张之洞:"由于端方等人在湖北屡次严禁《湖北学生界》杂志,带动杂志声价顿增,畅销赚钱后又重印前三期,根基更稳固。从日本回来的学生,不听端方及你的劝说放弃办报刊,也不听从皇上禁办的旨意。总监督汪大燮等人害怕学生闹事剪辫,每日保辫无闲暇时间,幸好湖北学生较他省安静,有一半学生保留辫子,其他省全部剪掉。"②

到了第 6 期,他们将刊物更名为《汉声》,公开发出以民主取代王权的呼声:"当今以共和立宪的国家几乎遍及全球,专制国家的国民不能与他们相比,中国应迅速确定民主,代替满清的专制政府,而建立民主政府。"

得知留学生一反常态的举动,在北京参与制定学制的张之洞心急如火。有一天,他在宫廷供官员休息的房间遇见军机大臣王文韶闲谈时,提出将派学生东渡日本留学、开办文武高等堂等,当作一个有效的强国措施。

---

① 以上参见虞和平主编:《张之洞档》第 95 册,大象出版社 2014 年版,第 407 页。
② 同上,第 453—457 页。

王文韶听了冷笑一声,从袖子抽出一本《湖北学生界》给张之洞。他阅读数页后默默无语。回去后,张之洞立即电告端方等,以后少派学生出国,并请撤回刘成禺、张继煦等,否则停止官费,勒令他们归国①。

受到官方压力及缺乏资金,刘成禺、张继煦等在《湖北学生界》共出版 8 期后,于光绪二十九年(1903)八月停办。

但《湖北学生界》,邹容出版的《革命军》,陈天华的《猛回头》《警世钟》,杨笃生的《新湖南》以及《浙江潮》《江苏》等书刊大量输入国内,对宣扬自由平等,灌输国家主权意识,唤醒亿万人民认识到清朝丧失了继续统治的合法性必须摧毁,起到了不可估量的作用。

反感愚昧的忠君,决定推倒清朝

与湖北留日学生相似,湖南留日学生黄兴等,在唐才常等人倒在血泊后,吹响了用民主战胜王权专政的号角!

"我觉得湖南的书院僵化,科举危害无穷,光绪二十四年(1898),接到两湖书院友人来信,说书院招生,我立即赴武昌求学。可教师开的课程也很平常,宗旨是教导学生忠君。我读书数月,阅读报纸发表的文章以及朋友的议论,始知世界变化的趋势,中国不可能靠专制政体变得强大,也不是怀着忧愤在课堂读几本经史能解决。"1912 年 11 月 8 日,黄兴在湖南学界欢迎会上发表演说,回顾在两湖书院读书②。

但黄兴依然正常上课,未曾旷一天课,将求学当作打仗,必须勇于争先冲上去,在两湖书院参加 12 次考试,有 6 次名列第一,与求胜心切有关。求胜之心并非卑鄙,只是求学不可落后他人,无论读何种学科,必须争当第一。

因黄兴好胜心强,功课必须超越其他人,成绩总占第一位。他既善于写文章,又会吟诗,以宋朝著名文学家苏轼等为榜样,得到院长梁鼎芬及张之

---

① 参见朱峙三:《辛亥武昌起义前后记》,载中国人民政治协商会议湖北省委员会编:《辛亥首义回忆录》第 3 辑,湖北人民出版社 1980 年版,第 151 页。

② 中国社会科学院近代史研究所近代史资料编辑组编:《近代史资料》总 64 号,中国社会科学院出版社 1986 年版,第 33 页。

洞的器重,即使他有用武力推翻清朝的倾向,也未给予斥责等①。

据湖北荆州人张知本回忆:"我与黄兴为两湖书院同学,喜欢听杨守敬、邹代钧讲地理。黄兴认为不通地理,无以知天下大势;不习体操,无以强身而有作为。当时风气初开,每到上体操课,有1至2名同学顽劣懦弱、掉以轻心,甚至害怕受到侮辱,不敢轻易脱下蓝布长衫。以行动不便,搂起上半截布衫束于腰际。

"但黄兴先生特立独行,上体操如同亲临战场,只穿短装及布鞋,显得精神抖擞,听教师发出口令,动作迅速敏捷,绝无草率应付。久而久之,这股风气畅行全校,胆小的同学对他肃然起敬。"②

效仿日本军校的做法,张之洞请武备学堂的教官,给两湖书院的学生上体操、踏步、射击等军事课,培养体格健全的文武双全人才。

"开始军操时,一些年纪较大的学生表示反对,认为穿短衣有失文人体面,书院也允许他们不操练。改为上午到讲堂,下午上操场时,参加军操的只有几十个年轻学生,以后逐渐增多。黄兴是年龄比较大的学生,他不仅带头参加军操,而且鼓动大家参加。由于他平时受到学生的尊敬,汉族同学都愿意和他接近。他上军操特别积极,很多年岁较大的学生受他的影响也参加了军操。"陈英才回忆说③。

借助两湖书院的舞台,黄兴发挥广泛交游的优点,结识了曹亚伯、陈方度、周维桢、张继熙、何成浚、但焘、张知本、金华祝、李步青、万声扬等,经常一起阅读报刊,探讨世界潮流和发展大势,觉得中国依靠王权专制绝不可能自强。

湖北天门人白逾桓,到两湖书院结识黄兴后,发现他心怀大志,为人刚毅坚强,其他同学不可比,结为志同道合的挚友,并将自己怀抱的志向告诉他:"我们求学岂能为满人效忠。要造成有用之才,以备他日为我汉人扬眉

---

① 姚大慈:《黄克强与梁鼎芬》,载田伏隆主编:《忆黄兴》,岳麓书社1997年版,第176页。
② 以上参见张知本:《黄克强先生二三事》,载田伏隆主编:《忆黄兴》,岳麓书社1997年版,第183页。
③ 陈英才:《回忆两湖书院》,载文史资料委员会编:《文史资料选辑》第99辑,文史资料出版社1984年版,第92页。

吐气。那些占据高位无所作为的官僚,自知我们要打倒他们。"黄兴听了不断点头,表示同意①。

每到寒暑假,两湖书院的监督、武昌知府梁鼎芬,都要召集学生训话,反复告诫要"忠君爱国"。黄兴十分反感他们的说教:"忠君与爱国不能相提并论,忠君,只忠于一人,极为狭窄;国家,为我四亿同胞集合而成,具有广泛的意义。若混合忠爱依附君主,他发出法令却不利于国家,要同胞俯首听命,而导致不思补救而改革。若提倡单纯爱国,怎能只强调忠君?"②

梁鼎芬看到黄兴不顾自己的尊严,竟敢直言不讳违背忠君教导,脸上流露出怒气。

为了挽救国家危亡,黄兴决心弃文习武,以《笔铭》表示:"朝作书,暮作书,雕虫篆刻胡为乎? 投笔方为大丈夫! 为救国,墨磨日短,人磨日老。寸阴是竞,尺璧勿宝。"③

光绪二十六年(1900)六月,俄国以保护铁路等名义进兵东北。九月十八日,俄驻军司令阿列克谢耶夫与增祺等达成协定,取得掌握辽宁的军政大权,消息传出震惊全国。两湖书院生听说后立即群起集议,要求对俄宣战,甚至在书院黑板起草宣言书。

时任书院监督王同愈要求学生冷静:"你们爱国应去虚骄之气,否则爱会换来危害。此次事件,应先知晓中俄疆界。若俄国人有侵占行为,应当据理力争,如不成再宣战。爱国行为需要做好学问准备,应趁此时机将两国疆界弄个清楚。"④

同年四月初四,张之洞指示两湖书院给湖北学生陈问咸、李熙、卢弼;湖南学生左全孝、尹集馨、黄兴等8名学生发放路费,湖北善后局给吴元恺、张彪等9名营官发放路费,工艺局给1名学生发放路费。共计18人前往日本游历及考察兵农工商4个月⑤。

---

① 参见黄蔡二公事略编辑处:《黄克强先生荣哀录》第一章,1918年长沙出版,第21—22页。
② 参见黄蔡二公事略编辑处:《黄克强先生荣哀录》第一章,1918年长沙出版,第22页。
③ 湖南省社会科学院编:《黄兴集》,中华书局1981年版,第1页。
④ 胡耀恒主编:《辛亥革命及国民党的分裂:国民党湖北省主席口述历史》,九州出版社2011年版,第11页。
⑤ 苑书义等编:《张之洞全集》第5册,河北人民出版社1998年版,第4004—4005页。

起初,书院监督黄绍箕觉得黄兴是一名高材生,保送他出国留学,张之洞觉得他有反清意识未允许派遣。黄绍箕不敢再恳请,催促书院的汪谦向张总督求情放行。

"黄绍箕肯以全家性命担保黄兴留学吗?"张之洞笑着问。

听了他的疑问,汪谦深为惊讶,找黄绍箕商议后,以爱才联名担保他,得到张总督的同意①。

来日本不到两个月,黄兴得知光绪二十六年(1900)五月二十一日八国联军攻占天津。五月二十三日,他给汪谦写信:"义和团的匪徒发动变乱后,竟然牵动全局,让人不可理解而意料不及!近来外国人指责端王载漪、协办大学士刚毅借口抵御外国人,纵容匪徒滋生事端。即使处决这二人,也不足以平息各国的怒气。

"天津大沽港失守,长江各省难防,八国联军不断增派兵力,传闻会瓜分我国领土。回首西望,惟有张之洞与刘坤一能保东南半壁江山。刘坤一的精力恐怕不及张总督。近来,我在留学监督钱恂先生的住处,听说张总督来电,急召张彪等武官回国增添兵械,足见他老成深算。

"我认为长江一带,一直有匪徒潜伏的踪迹,往日官方任由他们出没,此时必会群起响应,要严惩祸首,解散胁从的人员,否则有不可想象的祸患。只有联络各省督抚肃清内匪,力保外商利益,才能让各国军队不入长江一步,转变危局。想必你与张之洞早有防备行动,无须我多言。"②

对波及华北的义和团事件,黄兴担心会演变成全国内乱,引发各国借保护本国人员、驱除野蛮的匪帮侵占中国领土,特别忧虑国家安危,力图如何补救。他在日本与有关同学开会数次,而响应的同志太少,感到孤掌难鸣,想回国观察形势。

"我回到湖北,适逢唐才常密谋起义,并有友人相告。我认为北方虽发生暴乱,而南方官方势力还很强大,自立军未与其他武装团体联络,不可冒险起义。谈论时,彼此意见不合,我随即回湖南举办团练。没过多

① 以上参见田伏隆主编:《忆黄兴》,岳麓书社1997年版,第178页。
② 同上,第178—179页。

久,传来唐才常不幸牺牲的消息。我更加认识到专制恶毒,必须以暴力推翻。"1912 年 11 月 8 日,黄兴在湖南学界欢迎会上,回顾为何对清朝丧失认同①。

回到两湖书院,黄兴继续读了一年多,于光绪二十七年(1901)毕业,赶上了一个留学机会:张之洞从经心、两湖、汉江书院选派 30 名学生,分成三班,时年 28 岁的黄兴在二班,于光绪二十八年(1902)五月初一,由双寿带领去日本东京弘文学院读速成师范。

到东京后,黄兴看到日本自明治维新以来,实施对外开放、工业强国战略后,带动国力空前强大,成为与欧美并驾齐驱的强国。而大清帝国经历中日战争、八国联军等冲击,仍未找到有效的救国方略。

黄兴与宋教仁等在东京几次秘密开会,痛斥慈禧及亲王卖国求荣时,意识到只靠激情四射的演讲,不可能实现救亡图存,必须组织武装力量,以焦急的语气说:"中国大局,已被破坏到极点,今后惟有用武力取代清朝,才能挽救中国。"②

与黄兴同来日本读师范的李书城回忆说:"我们回溯中国从鸦片战争到义和团暴动以来,遭受外国人的侵侮日甚一日,将有亡国灭种的惨祸,都是由于清朝的腐败无能、压抑汉族民气所致。我们觉得清朝是中国复兴的障碍,爱国志士要救亡图存,必须首先推倒这个王朝,因而都认为孙先生主张以武力排满正确。弘文学院的同学每晚都在自习室,讨论立宪和武力反清,以后主张排满的人占了多数。"

李书城发现,黄兴先生一向笃实厚重、不多发言,但他把问题看清楚、决定自己应走的道路后,意志异常坚决。他曾说:我的远祖在清初曾写过遗书,要黄氏子孙永不在清朝当官。

有一天晚上,黄兴与一些同学争论很激烈,气急得说不出话来,竟将手中的小茶壶掷地摔碎,表示他已下定决心以武力推翻清朝,任何力量也不能

---

① 中国社会科学院近代史研究所近代史资料编辑组编:《近代史资料》总 64 号,中国社会科学院出版社 1986 年版,第 33 页。
② 黄蔡二公事略编辑处:《黄克强先生荣哀录》1918 年长沙出版,第 25—26 页。

动摇①。

为此,黄兴以输入西方文明、开启民智,与同乡新化县人陈天华、长沙人杨毓麟、邵阳县人樊锥、蔡锷等,于光绪二十八年(1902)十月十五日,以湖南留日同乡会的名义,创办《游学译编》,主编为杨毓麟。除翻译教育、军事、工商、时政、历史、地理等外,还以激烈的言词,抨击清王朝压制民众正当自由、对外敌退让、要脱离清朝统治等。

结束学习后,光绪二十九年(1903)五月初五,黄兴怀着对内图强、对外御敌、振兴中华的强烈愿望,与李书城、万声扬、李廉方、金华祝等回国。

执掌湖北教育大权的梁鼎芬,知道黄兴等在东京参加义勇队拒俄,并发放宣传册煽动学生反清,大加申斥后,担心他们在湖北结成会党,连累自己的政治前途,不按他们学的专业分配到学堂、军营等。

但他不知:李廉方、金华祝分别赴天津、长沙以教学掩护,暗中联系留日回来的学生、军官等反清。万声扬到上海开办昌明公司,表面上经营一家普通的书店,实际上销售以民主体制取代清朝专制统治的书籍,并作为联络国内外反清同志的机关。

当时,湖北随县(今随州)人何成浚进入两湖书院,经常听黄兴先生在书院对同学宣扬以武力摧毁清王朝。一次,一个同学对他说:"清廷对老百姓还不错嘛,比过去有些朝代还好哩。"

"你丧尽天良,认贼作父!"黄兴听了火气上冒,大骂这个同学②。

留日学生点燃抗俄怒火

以停学费逼迫湖北留日学生放弃办报、不参加政治团体时,张之洞听到他们发出了反对清朝对俄国退让、要求收回东北维护主权的呼声。

光绪二十八年三月初一,分管清朝外交的亲王奕劻、会办大臣王文韶与

---

① 以上参见李书城:《辛亥前后黄克强先生的革命活动》,载田伏隆主编:《忆黄兴》,岳麓书社1997年版,第77页。
② 以上参见《何成浚谈先烈黄兴》,载田伏隆主编:《忆黄兴》岳麓书社1997年版,第163页。

俄国驻华公使雷萨尔,在北京签订中俄《交收东三省条约》共四条。其中第二条规定:如果再无变乱,也无他国牵制,俄军在一年半之内分三期全部撤离东北。

订约后,光绪二十九年(1903)三月,俄军第一期先撤走了在辽西的部队。三月二十五日第二期撤兵到期,沙皇没有发出撤军命令,反而重新占领营口,并向清朝提出七条无理撤兵要求,想以管理的名义变相侵占东北。

四月初一,上海各界1000多人在张园再次集会,数十人发表抗俄演说,并致电清政府外务部与各国外交部交涉,还倡议成立四民总会议事厅。四月初四,四民总会在张园集会,定名为"国民总会"。

据《大公报》报道,消息传到京师大学堂,速成科、仕学馆、师范馆的师生"鸣钟上堂",举行全校大会发表演讲声讨俄国。大会决定办四件事:一、各省在京官绅告电该省督抚电奏力争。二、全班学生电致各省督抚,请各省督抚电奏力争。三、全班学生电致各省学堂,请各省学堂察请该省督抚电奏力争。四、大学堂全班学生请管学大臣代奏力争。

同年四月十七日,两湖师范等学生接到京师大学堂来电说,俄国不按期撤兵要强占东北,朝廷有意退让,想联合各省学堂及留学生致电阻止。湖北学生听说后,敲钟停课召集200多人聚会,致电各总督、巡抚、上海各学堂,要求俄国必须归还东北。

当天下午,武昌知府梁鼎芬到学堂对照花名册清查人数,发现有39人没有到,在三佛阁会议室大声斥责学生:"你们致电政府,指责政府对俄国占东北置之不理,这怎能行? 国家大事自有朝廷处理,学生不必干预。"[1]

受到拒俄鼓动,武昌各学堂的学生义愤填膺,先后站出来发表抗俄收东北的演讲。五月初四,梁鼎芬致电张之洞:"两湖师范等学堂的学生情绪高涨,上台演说,出入自由,晚上又在武庙举行会议。我到各学堂以口干舌渴反复劝说他们,两湖书院等学生才勉强上课,没有发生意外。但《汉报》等报纸诋毁我,我一笑了之。"[2]

---

① 杨天石等编:《拒俄运动》,中国社会科学院出版社1979年版,第162页。
② 虞和平主编:《张之洞档》第95册,大象出版社2014年版,第352—355页。

五月初十,端方致电张之洞:"近来在日本不安分的留学生借拒俄保东北的名义,煽动200人组成义勇队,想进入长江一带,恐怕与康有为、孙中山等人在背后指使,与自立军发富有票相同,现已作好应对并密电沿江沿海各省,加强防范。"①

据光绪二十九年(1903)五月初四日《大公报》报道:"近日张之洞与政务处一名官员会面说,目前风气浮嚣,无论士商、军民,都想上书谈国事。以捕风捉影,带动众人附和,甚至电告军机处,提议封疆。这些举动会扰乱人心,无益于治国,以后应当设法禁止,以免重蹈各国主张民权引发的弊端。"

同年五月十八日《大公报》记载,张之洞视察京师大学堂时,反复叮嘱各学生:"各位已经取得了功名,仍然虚心学习,足以让我钦佩,而且开学未久,居然各有心得,能记住一切制度,为中国可喜可庆的第一事。"

他还劝告:"学生应有自己的界限,不要过问学堂以外的事。你们将来有很多时间做事,现在当学生,不要损害学堂的名誉。朝廷设学堂极不容易,你们在国家求才若渴的时期,将来大才必有大用,前途不可限量!"②

正在北京主持制定学制的张之洞,受到慈禧召见时,陈述办学堂及留学对培养人才、吸收西方技术强国的作用,应继续扩大出国规模,并告诉军机处大臣:学堂毕业的学生及留学生,应该比考取的进士优先录用,才能鼓舞人才成长。

他们正商议广开学校时,留日及上海学生在张园集会抗拒俄占东北,像巨石击起万丈浪涛,带动京城大学堂的学生发出抗俄的怒吼,引起军机处等部门的官员,异口同声指责留学生,想停止派遣。张之洞竭力与他们辩论,不可因噎废食阻挠留学。

"务望你恳切劝告学生守法遵从教导,专心学习,千万勿为传闻所动,恪守本分,体现学堂育才的作用,保全湖北学生的名声,我才有理由说服阻碍办学堂的高官。若各学生稍有不谨慎,负面事件传开后,顽固派的阻力会更大,恐怕天下学堂永无振兴的希望,中国永无自强的机会,岂不让人痛心?"

----

① 虞和平主编:《张之洞档》第95册,大象出版社2014年版,第389页。
② 杨天石等编:《拒俄运动》,中国社会科学院出版社1979年版,第268、271—272页。

五月十三日,张之洞致电梁鼎芬①。

梁鼎芬知道要稳住学生的情绪,为张之洞制定学制、扩大新式学堂、排除他人的非议创造条件,立即赶到现场告诫停课的学生五条:"一、应当忠于朝廷,感恩戴德,人人安分读书,学成报国。二、应当体会张总督历年兴学育才的公德、筹款办事的苦心。三、应当理解端方代理总督以来,优待厚望你们的诚意。四、应当认识张百熙办京师大学堂,为国家储备人才的用意。这必定是有些人打着爱国的招牌,假借京师大学堂的名义发电罢课,你们不能被谣言迷惑。五、我管理湖北学务多年,希望各位学生坚守忠爱,倘若在学堂不率先遵守,将来为官必然不尽忠。若所有学生不上课,全部开除一人不留。"

五月二十七日,梁鼎芬回电张之洞:"我给各学生讲了五条后,又补充三条:一、各报多次诋毁张总督及我。二、痛斥上海、浙江及留日动机不纯的学生,劝湖北学生叛乱。三、痛斥留美女生薛锦琴演讲时,发表妖言惑众的言论,让人惊骇可恨。10多天前,我收到一封信,说我半年之内必定不在人世,狠毒至此。后接到来自上海相同的电文。我不介意以身殉道,但承蒙你委任我治理湖北各学堂,面对学生的恶毒攻击,感到愧惧万分,心灰意冷,一夜之间气得数根胡须发白。"②

与武昌、上海各学堂的抗俄运动相似,光绪二十九年(1903)四月初二,日本东京《朝日新闻》披露了俄国要占东北提出七项新要求,引起留日学生愤慨,各自与同乡会寻找对策。

闰五月初二,梁鼎芬致电张之洞:"日本成城学堂,向来严肃认真,近来有学生退学,闹得不堪设想,上海开往日本的船,每次有爱国学生往来鼓动。汪康年刚开口说东三省是我祖宗发祥之地时,立刻被学生拉下台群殴,不准他提清廷。我想撤回全部官费生,可能做不到。"③

曾就读湖北武备学堂的江苏松江人钮永建突发奇想,告诉留学生会馆

---

① 苑书义等编:《张之洞全集》第11册,河北人民出版社1998年版,第9061—9062页。
② 以上参见虞和平主编:《张之洞档》第95册,大象出版社2014年版,第444—447页。
③ 同上,第474—476页。

干事陆宗祥、曹汝霖："我们以会馆的名义,召集全体学生组成拒俄义勇队,组织学生军拒俄侵略。"

"学生手无寸铁,抗俄不可能成功,而且容易引起清廷的怀疑,不能成立义勇队。"章宗祥等拒绝了他的请求①。

有一天,钮永建拜访青年会的秦毓鎏,滔滔不绝主张设义勇队。秦毓鎏及杭州人叶澜等愿意联名发起,组建一个大团体,向学生灌输民主主义。

获知他们赞成,钮永建大喜,立即在秦毓鎏的寓所起草传单,决定在神田锦辉馆开大会。那天各省学生有 500 多人到场,钮永建、叶澜、林长民、王璟芳等先后上台,以慷慨激昂的演说,引发如雷掌声。

当天,全体学生通过组织拒俄义勇队,推举湖北黄陂人、日本陆军士官学校学生蓝天蔚为队长,每日操练,准备奔赴疆场。然后致电北洋大臣袁世凯,请他拒绝俄国提出的要求,否则与之决绝,并将学生军归他领导,请给予援助。

但驻日公使蔡钧,将留学生声讨俄侵占东北的罪行,诬蔑为谋反,致电两江总督端方:"东京留学生组成义勇队,大约有 200 人,名义为拒俄,实为暴动,现已奔赴内地,务必命令各州县严密查拿。"②

慈禧及军机各大臣,看了蔡钧的密电,神经高度紧张:联想前年唐才常以保光绪皇帝掌权的借口起义,现在留日学生组成义勇队训练,以拒俄分奔各地,用意与唐才常相似。

听从蔡钧的奏请,军机处奉旨向各总督、巡抚发出命令:"既然这些学生反叛朝廷,朝廷就不能再姑息,由蔡钧、汪大燮随时侦探在东京留学生的动静。地方督抚发现回来的学生行踪诡秘,有暴动的倾向,立即随时抓获,就地正法。"③

执行朝廷的命令,蔡钧请日本政府勒令留日学生解散义勇队,制止他们练习兵操。学生感到报国无路,莫不痛恨,痛哭流泪。青年会的秦毓鎏等不再指望慈禧、军机处会拒俄救国,反而将他们当作媚外害民的凶手,向各省

---

① 冯自由:《革命逸史》上,金城出版社 2014 年版,第 77 页。

② 同上,第 78 页。

③ 同上,第 79 页。

同乡会发出了武力推翻清朝的倡议,带动叶澜、董鸿祎、程家柽等义勇团的成员,秘密改组为军国民教育会。

张之洞对学生不专心上课,荒废学业,参加各种结社、集会,甚至组成团体要推翻清朝,深感忧虑不安,致电梁鼎芬、端方询问如何治理学堂、树立优良学风。

闰五月初五,梁鼎芬致电张之洞:"先电告两江总督魏光焘,驱逐上海爱国会的学生,最好能抓获数人,只是需要上海道台配合。电告魏光焘设法禁止《苏报》鼓动,但禁止会扩大报纸发行量,应以金钱收买。请外务部与日驻华公使协商,说明中国学生仰慕日本教学条件,留日学生剧增,但有些学生每个星期只上一至两天课,或不到学校,在外办报、结社,荒废学业谋乱,校长不禁止会损害日本学校声誉及中日友谊,请采取切实可行的措施阻止。只是公使蔡钧卑劣、汪大燮监督胆小怕事,不敢采取行动。电告各省暂停派留学生,查清自费生的来历,统归本省监督。现在放暑假,各省电告学生回乡接受训示,期满再返回。如有学生不服从,视为会党分子停发学费撤回。"①

闰五月二十九日,端方致电张之洞:"我接到汪大燮总监督从日本发回的密件,这次留学生以抗俄的名义成立义勇队,后改为学生军,再改军国民教育会,若隐若现两个月,其中稍有自爱的学生不参会,大约有 300 人到会。本月初钮永建从天津回日本,将在初十开会,我密告日本政府防范。那一天有十多名成绩差的学生,写了一份排斥满清统治的意见书散发,我请日本外务省查办。蓝天蔚想参加排满会,经劝告及校长福岛告诫没有到场。"②

端方继续搜集留日学生在东京的行动后,六月十四日致电张之洞:"汪总监督来电说,闰五月初九,钮永建等学生返回东京,十一日开会,他对云集的学生军演讲,中国不能维护一个腐败的清政府,如不以流血摧毁清朝,不可能化解国家的危难,并将倡议书发给参会的学生。

"你前次选派的湖北恩施人、两湖书院学生王璟芳挺身而出,厉声痛骂

① 虞和平主编:《张之洞档》第 95 册,大象出版社 2014 年版,第 496—498 页。
② 虞和平主编:《张之洞档》第 96 册,大象出版社 2014 年版,第 1—2 页。

钮永建:你不可背叛大清国,不可随意诋毁政府,说完他当即将倡议书呈递给汪监督。当时有很多学生赞同王璟芳的意见,有 200 多人退出会场,只剩下 20 多人,党羽如流星散去,无能为力,为王璟芳一人的功劳。

"现在众人叛逆,势难压制,而王璟芳以一人之力挽回千人对清朝的忠义,这是你平日劝学育才收到的效果。我电调王璟芳回武昌,询问在日本留学现状,情况属实,考察他的学问,发现实有长进。两年以后,他攻读工商学毕业,应回武昌给予重用,对这些效忠守正派的学生,倘若特地赏赐举人身份,有利于挽回大局,请你向政府推荐,如可行我立即上奏。"①

七月初三,端方致电张之洞成功拉拢王璟芳倒戈:"我这次奏请得到皇上允许,奖励王璟芳,与你大力支持国内学生到日本留学,培养效忠朝廷的正派学生有关,从此人心、士气为之转变,尽忠报国,让人感到无比欣慰!"②

返回湖北的留日学生,眼看外患日益加剧、国内矛盾愈加尖锐、日俄已经开战、各国军舰纷纷驶向中国沿海等,担心一国找借口,列强会像分享豪华宴席上的美餐瓜分中国,必须找到挽救中国的方针。

"我敢于向你剖明心愿:我在东京参加了义勇队,原因是外患可怕,俄国不退出东北,恐怕会引起其他国立即效仿瓜分,而且东三省为清朝发祥之地,俄侵占怎能顾虑而不占据? 我以明天地、告鬼神的志愿,向你坦诚相告。"光绪二十九年(1903)十月初六,李书城致信湖北巡抚端方,消除他的误会③。

同年十一月二十六日,蓝天蔚致信端方,以军人的眼光请他改建学堂、政务:"两湖书院房屋宏大,但学生稀少、费用过多、功课复杂、教室脏乱,武备学堂的环境更是不堪过问。警察呆立在街上,不知执行治安任务,却以权谋私。"④

每到暑假,陈英才等留学生归国时,梁鼎芬必找他们谈话,并转告张之洞定期引见。他曾由梁鼎芬三次带领去张之洞的办公室,张总督叫手下人

---

① 以上参见虞和平主编:《张之洞档》第 96 册,大象出版社 2014 年版,第 76—80 页。

② 同上,第 185 页。

③ 故宫博物院明清档案部编:《清代档案史料丛编》第 14 辑,中华书局 1990 年版,第 247 页。

④ 同上,第 251—252 页。

退出后与他密谈,询问日本办学情况,问留学生对清政府有哪些议论①。

留日学生罢课回国

发生拒俄风波后,有官员上奏要撤回留学生,张之洞觉得如其对出国后的学生采取约束,不如在派遣之前慎重考察,光绪三十一年(1905)三月十二日,指示湖北学务处:"通告全省府、州、县,自费生出国留学,必须有地方官详加考核学生的品行、学识,等候我召见该生亲自查验。确是有才再发给允许留学的公文,以防流弊而严肃学规。如县级地方官没有担保,学务处无切实评价,断不准送学生出国。"②

留日学生是否继续忠于清廷?会像吴禄贞等站到清朝的对立面吗?同年三月十七日,驻东京监督湖北留学生的李宝巽致电张之洞:"高等商业学校的权量、王璟芳、张鸿藻即将毕业,校长想让他们跟随日本的毕业生赴美国考察一年,便于深造。他们志向远大,倘若能前往美国,将来有利于振兴中国商务,恭候您电复。"③

张之洞要了解他们的思想变化,三月二十五日回电:"权量、王璟芳、张鸿藻三名学生学业有成,志向远大,我感到特别欣慰。他们想去美国考察一年,可准许办理。只是我觉得他们出国很久,非常惦念,等毕业回武昌与我面谈后,再赴美国。"④

六月十一日,李宝巽致电张之洞:"本月权量、王璟芳等毕业,到日本商场、工厂、银行等考察后立即回国。昨天我与商业学校的校长会面,他称赞权量等学习成绩优秀,不负您的期望。"⑤

作为对留学生的监督,同年五月初二,张之洞指示湖北试用知府金鼎,前往日本及美、德、法等国,考察湖北留学生的品行、学习优劣。"你们务必

① 陈英才:《两湖书院忆闻》,载《文史资料选辑》第99辑,文史资料出版社1984年版,第96页。
② 苑书义等编:《张之洞全集》第6册,河北人民出版社1998年版,第4279页。
③ 虞和平主编:《张之洞档》第102册,大象出版社2014年版,第216—217页。
④ 虞和平主编:《张之洞档》第51册,大象出版社2014年版,第527页。
⑤ 虞和平主编:《张之洞档》第103册,大象出版社2014年版,第151页。

将我勤勉告诫、期望深厚之意转告学生。期望他们勤奋好学、恪守礼法、勿越范围,以备学成回国,每个人能发挥专长,避免浪费资金而取得实效。"①

为敦促中国留学生安心读书、遵守纪律,改变涣散行为,提高学校声誉,同年十月初六,日本文部省以第十九号令,颁布了《关于准许清国人入学之公私立学校之规程》共十五条,提出了学生入学的条件及限制。

"第九条:选定的公立或私立学校,必须使清朝的学生住宿舍或指定的旅馆,便于监督。

"第十条:凡选定的公立或私立学校,发现经其他学校以品行不端清退的清朝留学生,不得准许他们入学。"

留日的中国学生看到这个带有限制入学的规定,觉得太恶毒,阻碍了自己居住等自由,有损学生的人格,必须毫不妥协地拒绝。

几次开会讨论后,同年十一月初一,留学生总会干事长杨度、副干事长范源濂等各省代表,联名向驻日公使杨枢提出:"第九、第十两条,规定的范围极广、界限未明,将来施行,我国学生必受不利影响。或因畏惧受约束,难以久留。

"我们觉得第九条,限定学生住学校宿舍或指定旅馆,会给中国留学生带来不利影响。留日学生现有数千人,官费生少私费多。有许多私费学生来自贫困家庭,不能不以低廉的价格支付衣服、住宿、饮食等费用,甚至以数人租房合居节省开支。若到学校规定的宿舍或旅馆居住,会被动接受指定的价格。

"我们认为第十条,对学生'品行不良'的划分范围太广。品行不良的学生并非不可悔改,若被清退后而改正却不能进入其他学校,造成一次过失而断绝终身求学之路。请求杨枢照会日本外务省,转告文部取消规程第九、第十两条。"②

前驻日本公使蔡钧于光绪二十七年至光绪二十九年(1901—1903)任期届满后回国,朝廷派杨枢接任,到光绪三十三年(1907)结束。张之洞任两广

---

① 苑书义等编:《张之洞全集》第6册,河北人民出版社1998年版,第4289—4290页。
② 以上参见张篁溪编:《1905年留日学生罢课运动始末》,载中国人民政治协商会议北京市委员会文史资料研究委员会编:《文史资料选编》第33辑,北京出版社1988年版,第88、92页。

总督时,请他协助管理广州造船,后经办湖北织布局。

杨枢希望与日本教育部门、学校校长合作,整治荒弃学业、堕落、玩乐的学生,造就掌握精深专业知识的人才,接到留学总会的申请后,答应向日本外务省反映,要等两个星期才能正式答复。

有些学生心急,不等回复就采取超常规行动,同年十一月初七下午,贵州同乡会干事韩汝庚联合八名学生代表,指使路矿学堂学生散发传单:"日本文部省颁布的《规程》,有辱我国学生,我们要团结起来誓死力争,达到全部废除为止。于初九前,各学校一律罢课。"

初八,路矿学堂率先罢课,带动实务学校、经纬学校全班学生响应,并散发传单说:"总会总干事杨度奴颜媚骨,想博取奴隶头衔,何曾有决心反抗《规程》?与杨枢商议对日交涉办法,不过是掩人耳目。"①

停课的学生奔走相告、四处联系,带动有中国学生的同文书院、弘文学院、早稻田大学、法政大学速成科、明治大学等17所先后罢课,分赴各学校把持门外,不许他人上课,甚至用威吓手段,要其他学校参与停课。

未停课的学生,心情浮动,感到慌张。经有人提议,十一月初九,组织各校设立联合会,推举弘文学院毕业的胡瑛为总代表,会同总会与杨枢公使及各学校联系。

十一月初十下午,联合会总代表胡瑛会同总会干事等在会馆召开大会。韩汝庚首先发言:"日本设特别法侮辱我们,绝不能忍受!应罢课直到取消第九、第十两条,立即通过取消全部《规程》的决议。

"我们虽为求学而来,但日本侮辱我们,如同侮辱我国。固然急需钻研学问,但保国体尤为重要。我们宁可弃学问,也要保全国体。若日本不答应,我们全部退学归国,以示破釜沉舟之志。"

到会的人,多数赞成以罢课反对日本出台的这个规定,也有不少人心存观望,但出于义愤激发的冲动,不问是否赞成,莫不鼓掌呼喊:"不达到全部取消规定的目标,我们决不罢休!"

---

① 以上参见张篁溪编:《1905年留日学生罢课运动始末》,载中国人民政治协商会议北京市委员会文史资料研究委员会编:《文史资料选编》第33辑,北京出版社1988年版,第93—94页。

"如目的不能达到,我们如何应对?"胡瑛询问众人。

"全体退学归国,义无反顾!"众人回答。

"如有学生不愿归国,对他怎样?"胡瑛又问。

"对胆小怕事的人,应将他处死,不得留害群之马!"浙江代表秋瑾女士大声说①。

经代表决议,取消全部《规程》的决定顺利通过后,光绪三十一年(1905)十一月十一日,联合会总代表胡瑛会同总会总干事杨度,恳请公使杨枢与日本外务省交涉,转告文部省取消《规程》,以维护中国留日学生的尊严。

对众多学生罢课抵制日本管治,驻日本公使杨枢缺乏消除群体事件的经验与能力,光绪三十一年十一月十四日,致电张之洞求援:"日本文部省颁布的规程,以整顿学校不良风气,并非要取缔中国留学生。各报纸发表不确切的消息,引起学生误会,演变成罢课风潮,带头有300多人,剩余的学生被胁从。我无权力解散他们,又不可能靠口舌劝告他们恢复上课,恳请您协助我消除学生的误解,以防发生不利后果。"②

"学生如何发起罢课? 由何人主持? 湖北学生有多少人到场? 请速来电告知。"十一月十四日,张之洞回电③。

从杨枢发来的电文中,张之洞得知留学生情绪高度波动,强烈反对日本出台限制学生正当自由的规定。如学生继续罢课甚至大规模回国,朝廷有些官员,会乘机攻击他实施的新式学堂及留学、废除科举等政策,而且会破坏自己对日合作。

"得知日本文部省发布命令,引起中国学生误会,引发愤激之举,我深为悬念。湖北虽不知详情,但以和平商办,而且关系两国邦交、将来学生留学,万不可鲁莽从事。即使他省生事,湖北学生素明礼仪,能知大体,名誉最佳,向来中外同声佩服,断不可随众闹事,如此会受日本人敬重,中国学生尤敬

---

① 以上参见张篁溪编:《1905年留日学生罢课运动始末》,载中国人民政治协商会议北京市委员会文史资料研究委员会编:《文史资料选编》第33辑,北京出版社1988年版,第96—97页。

② 虞和平主编:《张之洞档》第104册,大象出版社2014年版,第424—425页。

③ 虞和平主编:《张之洞档》第37册,大象出版社2014年版,第390页。

重湖北学生。若有万难忍受的情况,可详细电告湖北,以便设法维持。特地竭诚劝诫,千万勿生事端,妨碍留学大局。"十一月十五日,张之洞致电监督湖北留日学生的李宝巽并转学生①。

"我密探这次学生罢课,为孙中山指使同伙煽动,借抵制日本文部省的命令为名义,纠集300多人手持凶器,胁迫学生回上海,以租界为掩护,聚集众人发动起义,上海有人接应,长江一带的会党也被他们动员联合。我为防患于未然起见,向您密告我探听到的消息,请您转告两江总督刘坤一,严密防备。"十一月十五日,杨枢致电张之洞,夸大学生罢课包含政治色彩。

听说学生要回国与会党联合起义,张之洞反应敏感,必须敦促朝廷、直隶、两江总督及日本出面弹压,十一月十六日上午致电李宝巽:"你收到我昨天的来电吗? 近来情况如何? 已有学生回上海吗? 湖北有学生参加乱党吗? 速回复。"

同一时刻,他密电军机处:"当前最紧要的是,你们要电告杨枢请日外务省,阻止学生及会党分子乘船回国,才能从容应对,请代向皇上奏请。"

当天中午,他回电杨枢:"你速电军机处、学部及直隶、两江总督、有关省巡抚等干预此事。学生是否乘船返回? 日本能否阻止? 请你迅速与日本外务省商议对策。"

同一时刻,他致电四川总督锡良:"你应设法劝告四川留日学生,切勿受会党煽动回国,便于孤立会党,也许有益。"②

两江总督周馥接到李宝巽来电说学生退学后,觉得文部省的十五条并不苛刻,十一月十六日下午致电张之洞:"若学生示威立即给路费返回,将来难以避免类似的学潮,恐怕会成为国际交涉事件,必须谨慎对待。数千人回国无岗位安排,学生半途而废,特别可惜。我已电告杨枢公使,耐心劝导学生安心读书,勿参加罢课,以保全自己的名誉,不知你如何处理。"③

十一月十七日,李宝巽回电张之洞:"各省学生要日本文部省取消规程,不得不决议停课归国,湖北留学生也有人相约一起返回,有不得不从众的势

---

① 苑书义等编:《张之洞全集》第11册,河北人民出版社1998年版,第9436页。
② 虞和平主编:《张之洞档》第37册,大象出版社2014年版,第391—396页。
③ 虞和平主编:《张之洞档》第104册,大象出版社2014年版,第437—438页。

头。我请求您设法扭转学生退学的不利局面。"①

李宝巽进一步细查发现:学生请日本废除带有限制的规则,会党分子乘机盅惑,强迫学生罢课,呈现燎原之势。日本文部省答应更改两条并告知各学生,但返校与继续罢课各占一半,而被胁从的学生占三四成,保持中立占六七成,前者求归,后者回避罢课。

观察学生罢课的心态,十一月十七日,李宝巽再致电张之洞:"湖北1000多名留学生要求归国,纷纷向我索取路费,为不引起冲突,按每人40元计算,大约需5万元,加上已经毕业的学生,所需更多,非7万元不足以支付。我与驻日本公使商议,也没有找到良策,而且会党在背后推动,万难排解。各学生性格容易浮动,在日本居住很久,必会发生不可预料的事。惟有恳请您迅速汇款,使罢课的学生迅速回国,愿意求学的学生暂且避开威胁,便于区别善恶好坏,容易实施惩罚劝阻,这是与学生商量后,以解燃眉之急发出的声明。"②

采取安抚应对,十一月十六日,杨枢通告全体学生:"你们到日本留学,原为吸取有用的知识,归我国共享,深愿你们勿互相排挤,被外国人取笑。务望各校学生立即上课、安心学习。我接到各省巡抚来电,叮嘱你们各保前途,否则延误时机后悔。希望你们互相勉励、各自珍重,不要荒废学业!"③

学生听不见杨枢代表清朝发出的专政论调,先后赴神户、横滨搭船回国,带动其他学生接踵而来,至同年十一月十九日,已有2000多人归国,运送行李的车络绎不绝。后来一部分返回的学生,在上海创办中国公学,取得了良好的声誉。

湖北到底有多少学生回来? 张之洞要从内部策反,十一月十九日凌晨致电杨枢:"你密召湖北留学生胡国臣、袁荣叟到使馆,将我的密电交给他们,协助查询,为首滋事的学生是谁? 回来后如何防范他们? 湖北学生跟随或不听从会党的学生各有多少人? 湖南是否有学生不听信? 有何办法可以

---

① 虞和平主编:《张之洞档》第104册,大象出版社2014年版,第447页。

② 同上,第452—454页。

③ 张篁溪:《1905年留日学生罢课始末》,载中国人民政治协商会议北京市委员会文史资料研究委员会编:《文史资料选编》第33辑,北京出版社1988年版,第113页。

禁止他们回来或解散？请速电复。"①

同一天，湖北留学生代表致电张之洞："我们看到韩国留学生遭到日本类似的限制后，受到各种侮辱，如此刻不抗争，恐怕会重演他们相似的遭遇。欧美高校对待我国留学生，未设置苛刻的限定。我们与日本的意见不合、互相抵触，有些学生退学归国。我们素来遵守您的训令，从未轻举妄动，事已至此，恳请您无论如何维持留学，不至于学生失学、妨碍中日邦交。"②

看了他们来电，张之洞觉得中国留学生不愿像韩国学生受到日本凌辱，是真正爱国的表现，令人肃然起敬，值得鼓励。若学生跟随会党叛乱，那是谋反不爱国，而且湖北官费生由梁鼎芬推荐经他选派，有许多学生毕业回来，在某一岗位取得了成就，必须维护这种良好的声誉。

"你向学生传达，我们将尽力争取日本公平对待我国留学生，不会像韩国学生受到欺压。你切实叮嘱他们回校上课，勿受他人诱惑，连累父母遭殃。现各校长、学生家属，为各学生识大局感到可喜，为不遵守教导忧虑。各学生应体谅教师、家长的期盼，勿要附和会党。今年自费学生毕业回湖北，我给予优待。你劝告田桐、时功玖两名学生，切勿带头暴动，已告诉他们家长约束。"十一月二十日凌晨，张之洞致电李宝巽，劝说学生恪守忠君爱国的教诲③。

但李宝巽仍没有理解张之洞劝告学生上课的策略，作出一个错误的决定，以多数人提议归国，也有人畏祸退避，借此度过一段时间，暂时允许他们请假两至三个月，并付这几个月的生活费。

十一月二十四日，李宝巽致电张之洞："我只限于学生请假，未批准退学。但他们此次急于归国，出于我意料之外，不免浪费学费，这是迫不得已，只求不阻碍大局。我已对学生发放了 6 760 元路费，现在存款已经发完，恳求您尽快汇款。"④

看了他来电，张之洞大感诧异：李宝巽竟然允许学生暂且请假回国，并

---

① 虞和平主编：《张之洞档》第 37 册，大象出版社 2014 年版，第 401—402 页。

② 虞和平主编：《张之洞档》第 104 册，大象出版社 2014 年版，第 472—473 页。

③ 虞和平主编：《张之洞档》第 37 册，大象出版社 2014 年版，第 403—404 页。

④ 虞和平主编：《张之洞档》第 104 册，大象出版社 2014 年版，第 512—513 页。

给每人支付二至三月生活费,已经用完全部资金,加上已毕业的学生,要 7 万元应付,要我再汇款,为什么他不等我批准擅自发钱? 无比荒唐糊涂!

"各学生不听官方、教师、父兄训戒,借机索费回国,置学业不顾,有负我的期望。凡已经动身回国的人,以后永不准再请留学。尚未动身的人,应立即命令他们归还学费,静候杨枢公使与日本文部省妥商办法,勿要擅自归国。若不遵从,我断然不会稍加姑息。"十一月二十五日,张之洞致电李宝巽①。

发出这个电报时,张之洞阅览各报发表学生抵制日本文部省发布的规则,发现并未损害学生正当权利,只对品行不良的人,那么他们究竟为何集体罢课? 是另有图谋?

同一天,他再致电李宝巽:"若文部省的规则会损害学生权益,应当请杨枢公使迅速与日本协商改正,劝告学生等待和平商办,切勿轻举妄动。如有品行不良的学生,随时查明劝退,不给日本人提供借口。"②

迫于学生抗议带来压力,杨枢与日本外务省磋商后,对方允许对规则第九、第十条变通对待,并请文部省详细解释每条内容,表明只整顿学校的风气,并非约束中国留学生。

得到文部省的解答后,光绪三十一年(1905)十一月二十七日,杨枢致电张之洞:"各学生对文部省的解释不满意,要全部取消规则,我多方劝说不存在苛刻,但他们反应更激烈,不知有何意图。文部省整顿学校为内政,与我国政体无关。我若反复与文部省争论,对方会怀疑我们干涉内政。"③

既然文部省解释规则不妨碍学生正常出行,张之洞觉得学生以抵抗文部省的命令维护自身权益,不过是自我掩饰、不愿受学校约束、不愿受公使管束,背后有什么企图?

想到孙中山以同盟会吸收学生入会,张之洞马上有一种本能的防备,十一月二十九日,致电四川总督锡良、河南巡抚陈夔龙、贵州巡抚林绍年等:"此次中国留日学生 8 000 多人,要全部退学,为会党煽惑威逼。其中被胁从

---

① 苑书义等编:《张之洞全集》第 11 册,河北人民出版社 1998 年版,第 9442 页。
② 虞和平主编:《张之洞档》第 37 册,大象出版社 2014 年版,第 414—416 页。
③ 虞和平主编:《张之洞档》第 104 册,大象出版社 2014 年版,第 548—549 页。

有十分之九、滋事不过十分之一。表明乱党极为凶焰,善良的学生不能与他们对抗,公使、监督为避祸无从干预。"

张之洞还向他们说:"湖北省现派官员及在日本毕业、品德端正的学生多人,前往东京安慰安分的学生,妥筹解散之法。让被胁从未回国的学生,先离开东京避居各处,静候事平息仍然入学,不令回国。另派人驻上海照料已回国的学生,劝他们迅速回本省,不准在上海逗留。一面令学生的亲友分电劝导,一面嘱公使、监督,自定约束学生的规则,并与日本文部省商议监管办法。"①

各校学生代表,对采用罢课要求日本取消限制性的规定,出现意见不一致。有人不赞成停课、归国,要校长及教员动员各学生回校上课,引起联合会不满。

重庆人江庸,在早稻田大学读法律,用理性思维分析:留学生凭一时感情冲动,没有分清是非,全体空手回去,会失信于国民,给学界声誉造成负面影响。而文部省已经对《规程》作了解释,不损害学生的权益。应成立一个独立团体,维护学生继续求学的权益,避免联合会干涉。

十一月二十八日,林长民、古应芬、李文范、蒋方震、何燏时、周树人等147人,成立维持留学会,推选江庸、蹇念益等4人为代表,姚华、胡汉民、朱执信、汪精卫、许寿裳等20人为理事。

组成班子后,他们致信联合会提出三点主张:"我们要和衷一致,消除学界面临的危险,恢复教学秩序。既然文部省对第十九号令作了解释,仍支持留学生求学,我们不能滋生其他问题,引发新的纠纷。"

"若你们不肯接受,只能各行其是,只是留学生是归国或上课,听其自由选择,互不干涉。"②

只有少数学生听信传闻要回国,大部分要在日本完成学业,便于回去谋求一个金饭碗。十二月初三晚上,联合会代表胡瑛、韩汝庚、漆运钧、吴景鸿、康宝忠5人莅临维持会,与江庸、蹇念益等会谈,让维持会的人感到很

① 苑书义等编:《张之洞全集》第11册,河北人民出版社1998年版,第9443—9444页。
② 以上参见张篁溪:《1905年留日学生罢课始末》,载中国人民政治协商会议北京市委员会文史资料研究委员会编:《文史资料选编》第33辑,北京出版社1988年版,第120页。

意外。

"我们赞成和衷共济,只是解铃仍须系铃人,不应以文部省的解释了结。现在的趋势是,虽取消与延期规则无从达到目的,但要寻找另外的办法化解,可免我们一鼓作气罢课后,无力反抗。"胡瑛等对他们说。

"既然文部省已经详细解释,对留学生有益无损,可谓求仁得仁,目的已达到,没有理由继续罢课,不让各学生回校上课。"维持会回答。

双方互相讨论,各有主张,虽观点不一致,但气氛变得平和,不再剑拔弩张,并相约不伤感情,以后多加联络并随时协商。

十二月初四,以这个契机,维持会通告会员:"请重新组织各省同乡会及各校的校友会,恢复旧日的教学秩序。并相约同学,立即到学校报名,准备恢复上课。"①

目睹大部分学生愿返校,联合会觉得孤掌难鸣,只得默认不再强行阻拦。总会看到文部省对规定作了解释,不妨碍学生行使正当权益,十二月十八日通告全体同学,于十二月二十一日各校开学,学生到校上课。

经张之洞派遣,知府双寿、知县罗庆昌、江夏县教官刘鸿烈、举人何均、高等实业毕业的权量、张鸿藻、俞明清去日本调查罢课原因,以安抚劝说学生回校上课。

"我们到东京后,与监督李宝巽、湖北学生代表交谈,得知本省只有少数学生要回去。各学校寒假将届满,将于本月十七日开学。因日本文部省允许修改规程两条,有学生愿意返回学校,仍有人坚持及观望,从中阻碍。既然我们于开学前赶到东京,将竭力劝导湖北学生按时上课,有何情况将随时向您禀报。"光绪三十一年(1905)十二月十二日,双寿等人到东京后,向张之洞电告学生动态②。

双寿等人到各学校观察后,十二月十八日,再致电张之洞汇报:"我们连日以来,接见湖北学生近 400 人,都显得比较安分,凡是与日本学生同校的学生已经上课,专门给中国学生开设的学校,于本月二十一日上课。各省学

---

① 以上参见张篁溪:《1905 年留日学生罢课始末》,载中国人民政治协商会议北京市委员会文史资料研究委员会编:《文史资料选编》第 33 辑,北京出版社 1988 年版,第 122 页。

② 虞和平主编:《张之洞档》第 104 册,大象出版社 2014 年版,第 566—567 页。

生没有异议,不至于再发生波折。"①

"得知学生罢课渐渐平息,回学校上学,非常欣慰,希望你再切实劝导,以名誉至关重要。出国留学十分不容易,要以完成学业为主,千万不要再生枝节。"十二月二十日,张之洞回电双寿等②。

双寿等人向学生转达张之洞的殷切期盼,和颜悦色陈述放弃求学回国的危害。他们正视现状、为自己的前途着想,于十二月二十一日,陆续背起书包回学校听教师讲课。

看到多数学生消除对文部省整顿学风的误解,十二月二十二日,双寿等人致电张之洞:"我们分别剖析、劝告,各学校学生于十二月二十一日返校。我们再静观数日,没有什么波动,立即启程回国。"③

"各学校学生一律回校上课,足见你们劝导有方,取得了很好的成效,值得夸奖。你们素来重视培养政法人才,此次游历日本不容易,必须多留两个月,详细考察当地行政、学校、工商、矿务、交通等情况,也可留心观察留学生是否勤奋、懒散、优劣等,以便不虚此行,千万不要急急忙忙回国。"十二月二十五日,张之洞回电④。

"各校学生上课后,如平常安静,没有异常的举动,我们决定即日启程回国。"十二月二十六日,双寿等人致电张之洞⑤。

此次学生罢课虽已结束,一律返校照常上课,风波已经渐渐平静,但公使杨枢觉得,要惩治那些带头号召学生的首要分子,以警告其他人不要成为会党的成员。

"我查询有韩汝庚、胡瑛倡议停课,煽惑众人,又有吕复、樊种、保衡、曾运檄、冯壮猷、龚国煌、龚国辉、王克家、向佐周、朱剑凡、凌盛仪、刘棣英、龙凌骧、田桐、宋教仁、冯世骧、蓝永藩 17 名,喜欢滋事、随声附和。经我通知日本各学校概不收留外,应请皇上命令学部通告各督抚,通令内地各学堂不

① 虞和平主编:《张之洞档》第 104 册,大象出版社 2014 年版,第 617 页。
② 苑书义等编:《张之洞全集》第 11 册,河北人民出版社 1998 年版,第 9446 页。
③ 虞和平主编:《张之洞档》第 104 册,大象出版社 2014 年版,第 645—647 页。
④ 虞和平主编:《张之洞档》第 37 册,大象出版社 2014 年版,第 467—468 页。
⑤ 虞和平主编:《张之洞档》第 104 册,大象出版社 2014 年版,第 685 页。

准录用这些人,断绝他们进入政府等部门的道路。"光绪三十一年(1905)十二月二十三日,杨枢向光绪帝呈递奏折,汇报要惩处的留日学生[1]。

与他采取高压手段有所差别,张之洞特别爱才,对有些才学突出的学生网开一面。清朝改官制、制定法律等要聘用留日学生。经孙中山赞同,与留日结识的陆宗舆、曹汝霖、章宗祥、金邦平相继来北京。戢翼翚到外务部任主事,想策动更多人形成一个团体,从内部攻破专政的堡垒。

哪知,袁世凯进入军机处兼外务部尚书,经亲信曹汝霖等密告,识破了戢翼翚的用意,光绪三十三年(1907)上奏:指责戢翼翚结交会党,危害朝廷。

光绪帝批示:撤销他的职务,押回湖北老家交地方官管束[2]。

湖北学生知道后展开营救,致电时任军机大臣张之洞:"戢翼翚家境贫寒,他学问深厚,擅长翻译外国书。请您特别通融,恳请将他留在武昌译书,便于以微薄的工资养活家人及改过自新。"

张之洞被学生纯真的情感打动,光绪三十三年九月初三,致电湖广总督赵尔巽:"我不熟悉戢翼翚的性情及近年以来的经历,只知他在外务部任职3年多,虽交游不慎,却无劣迹。你在北京任职时,想必知道他的为人,能否格外保全他。"[3]

黄兴以华兴会策划起义

即使张之洞以安抚留日学生停止罢课回校上课,但他不知学生将忠君抛弃后,一去不回头踏上了武力摧毁清朝的道路。

湘潭人胡元倓,出生于一个以读书谋取功名的家庭,光绪二十八年(1902),与朱剑凡、陈夙荒等,进入日本东京弘文学院速成师范班。学习之余,他深感日本打败中国、八国联军索取巨额赔款,给百姓带来不知何时才能摆脱的负担,立志以教育输送能量,改变这个虚弱的国家。

毕业回国后,胡元倓将志向变成行动,与时任泰兴知县的表兄龙璋商谈

---

① 郭慧:《光绪三十一年留日学生风潮史料》,载《历史档案》2001年第9期,第63—67页。

② 以上参见刘成禺:《世载堂杂忆》,辽宁教育出版社1997年版,第134页。

③ 以上参见虞和平主编:《张之洞档》第53册,大象出版社2014年版,第23—24页。

办学。龙璋为湖南攸县人,父亲龙汝霖做过直隶知州,三叔龙湛霖进士出身,曾任刑部右侍郎,享受从二品官待遇。

回到长沙后,胡元倓除自筹以外,请龙璋与弟弟龙绂瑞,共捐献 2 000元,租用左宗棠祠堂创办明德学堂,并请龙湛霖担任学堂总理,以排除守旧的劣绅反对,于光绪二十九年(1903)三月初一,举行开学典礼。

同年四月,胡元倓到上海聘请教师时,邀请学成归国、刚到上海的黄兴回明德学堂执教。

同年四月,黄兴乘船沿长江到达武昌,拜会代理湖广总督端方,建议开办学校引进西式课程。对方与他的背景及知识结构存在不可调和的差异,没有给予积极回应。

同年闰五月,黄兴居住在武昌花园山李廉方家,在军营及学校宣传和串联,并在两湖书院演说,以清朝极度腐败无能,要改革国家政体,才能挽救国家,与顽固派激烈辩论,全场听众一致叹服。张之洞听说后,责成武昌知府梁鼎芬拿办。

梁鼎芬发布告示,将黄兴驱逐出境。黄兴仍在武昌停留 8 日,将携带邹容的《革命军》、陈天华的《猛回头》共 4 000 多册,陆续赠给各军营、学校等,才登上回长沙的轮船①。

回到长沙后,黄兴到明德学堂担任历史及体操课教师,课余时间与留日回来的刘揆一、谭人凤、章士钊、周震鳞、刘霖生等会谈,以争取各界支持创办各类学校扩大反清力量。

酝酿 4 个多月,光绪二十九年九月十六日,彭渊恂、章士钊、周震鳞、张继、柳聘农、陈方度、徐佛苏、吴禄贞、陈天华、柳继忠、秦毓鎏、翁巩等 20 多人,在长沙西区保甲局巷彭渊恂的家,以庆祝黄兴 30 岁生日的名义,办了两桌酒菜,决定成立华兴会,推举黄兴为会长,刘揆一、宋教仁为副会长,对外以"华兴公司"开矿的名义,从事反清活动②。

以统一大家的认识,同年十二月三十日除夕,黄兴在明德学堂龙璋西

---

① 章开沅主编:《张难先文集》,华中师范大学出版社 2005 年版,第 332 页。
② 黄一欧:《回忆先君克强先生》,载田伏隆主编:《忆黄兴》,岳麓书社 1997 年版,第 55 页。

园住宅,主持成立华兴会并发表演讲:"我们应先占据一省,带动各省响应。目前湖南军营、学界反清意识日益强烈,市民也受到潜移默化,而且洪会党排满久已,只是各自观望无人敢先行动。必须有人点燃导火线,才能引爆炸药。审时度势,会党、军营、学界要互为声援,才能夺取湖南作为根据地。而湖南首先起义,其他省无响应,很难推倒清王朝,各省应分别行动。"①

落实自己在会上提出的设想,光绪三十年(1904)二月,黄兴在寒冬留下的冰雪没有消融时,与刘揆一头戴斗笠在雪夜行走 30 里,来到湘潭县谭家山煤矿一个岩洞,与醴陵县人、回龙山首领、工头马福益会面。

他们席地而坐,面对熊熊燃烧的柴火,以肝胆相照,共谋推翻清朝。想于本年十月初二,趁湖南各级官员在长沙皇殿,为慈禧太后庆贺 70 岁生日时,在下面预埋炸药炸死这些官员,便于乘机起义②。

畅所欲言后,马福益命令党徒在雪地掘一个土坑,架一口铁锅放几只鸡,下面以柴火煨烹,顿时香味飘散,各自举杯痛饮猛吃。直至天亮,黄兴等人返回长沙。

采取分头运作,宋教仁、胡瑛在武昌设华兴会支部,吸引军营、学校的人员参加。陈天华、姚宏业游说江西防营统领廖名缙,到时响应。周维桢、张荣楣与四川会党洽谈。杨守仁、章士钊动员江苏、上海策应。

为筹措经费,黄兴与柳大任、彭渊恂各出卖耕地共得近万元,刘揆一借贷约 1000 两,用于各项开支。后来黄兴与龙璋、杨守仁等筹集 23 000 两购枪械,以龙璋创办航运的 2 艘轮船,将军械悄悄运到长沙。

"我认为,经过一系列的秘密活动,湖南的军营、学校两界已经联成一体,可以发动起义。你觉得可行吗?"黄兴问周震鳞。

"我觉得时机尚未成熟,学生还很幼稚。新军既未成立,旧军也没有完全安排妥当,如果轻举妄动失败,徒然损害军、学两界的基础。"周震鳞说。

但黄兴以宋教仁、刘揆一、谭人凤已经分别联络会党首领马福益、游得

---

① 刘揆一:《黄兴传记》,载田伏隆主编:《忆黄兴》,第 21—22 页。
② 同上,第 22 页。

胜,没有时间再拖延,只得加紧筹措经费、储备武器,准备起义①。

他们筹划起义取得进展时,缺乏严密的保密措施,放松了对官府的防备。光绪三十年(1904)六月,陆元鼎代理湖南巡抚时,得知湖南的会党以发放会票的形式吸收会员,渗透到各县、乡镇,形成了一个异常活跃的群体,当即严令巡警、团练,与各地军营一起巡察。

泄密的人来自内部:华兴会会员、武备学堂的学生朱某,无意之中向绅士王先谦泄露起义计划,王先谦立即向陆元鼎告密。陆元鼎命令官兵搜捕黄兴、刘揆一及有关系的会党。

武官熊得寿将官府抓捕黄兴的公文,向中学堂校长汪德植出示,汪德植通知黄兴不要来学校。黄兴在住宅被官兵包围时,走进明德学堂附近龙璋的家躲避②。

到底是谁向官府报信? 张继、周震鳞外出打听,知道马福益的部下肖贵生、晏荣询,在醴陵车站被捕,供出黄兴为策划起义的首领及机密。长沙知县派兵抓获游得胜,并悬赏缉捕黄兴、刘霖生、宋教仁等。

会党何少卿、郭鹤卿未能谨慎行事,在湘潭被官兵逮捕。官府搜出他们携带的印章、令旗、华兴会发的会票等,飞报湖南巡抚陆元鼎批准后,将他们押送长沙受审。

陆元鼎从他们的供认得知,马福益与华兴会组建东、西、南、北、中五路总办,以发放会票吸引会员加入,并出资派人在外国购买武器运到长沙,约定十月起义。

当时,湖北阳新人曹亚伯正在宁乡中学教员宿舍,编写博物学课程,忽见金封三派人送信来,说有急事商议,轿子已在校外等候。他看完信知道,黄兴谋划起义被官方发觉。

当即,曹亚伯走出房门坐轿子,门卫看见他穿西服又无辫子,以为是一个外国人不敢阻挡,开街道栅门让他通过。他走进有警卫守护的龙璋家,直

---

① 以上参见全国政协文史资料委员会编:《中华文史资料文库》第 1 册,中国文史出版社 1996 年版,第 177 页。

② 曹亚伯:《黄克强长沙革命之失败》,载田伏隆主编:《忆黄兴》,岳麓书社 1997 年版,第 199 页。

接来到花厅。

"我们起义的事被人告密,现在军警到处搜捕,感到无可奈何,你看怎么办?"黄兴在书房站起来与他握手说。

"勿要惊慌,我想办法让你脱险。"曹亚伯安慰他。

说完,曹亚伯乘轿子来到长沙吉祥巷教会,对曾在武昌结识、日知会创始人、会长黄吉亭牧师说:"黄兴遇到危险,请你设法搭救。"[①]

华兴公司成立前,黄兴曾经以教会掩护,召集相识的同仁开过几次重要会议,并将机密文件寄存教堂。黄吉亭利用自己的身份,竭尽全力为他们的活动提供方便。

县衙的捕差到黄兴的住宅,没有查得任何证据,怀疑他跑进刑部侍郎龙湛霖的官宅躲避。但他们没有足够的证据,不敢贸然进去搜捕,而且湖广总督张之洞、湖南巡抚陈元鼎,正依赖龙湛霖动员乡绅集资修建湖广铁路、开矿,双方电报来往密切,官府怎能擅自派兵搜查?

湖南学务处长张鹤龄,兵备处总办俞明颐,与龙湛霖的儿子龙绂瑞交情深厚,爱护有志气的人士,不想抓捕他们,以缓解紧张气氛。

为安全保密,黄兴在龙家宅院隐藏3天后,黄吉亭牧师精心筹划,派人用轿子将他送到长沙北正街教会楼上,与时任长沙邮局高级职员的袁礼彬同住。

其间,黄吉亭牧师苦心筹划,委派袁礼彬的弟弟,搭轮船送信至武昌西厂口科学补习所,通知胡瑛、刘静庵速将机关取消,还派人告诉安庆、九江、南京、上海、杭州各处机关停止活动。由袁礼彬、李廉方在长沙邮政局检查邮件,接收明德学堂转交黄兴的信札。因而官方未查到有关黄兴的只言片语证据[②]。

躲藏将一个月,黄兴感到行动不自由想离开长沙。黄吉亭派人剃去他的胡须,化装成海关人员,于光绪三十年(1904)九月十八日黄昏,乘轿子出长沙,由黄吉亭牧师护送,张继、曹亚伯持手枪跟随。

---

① 以上参见曹亚伯:《黄克强长沙革命之失败》,载田伏隆主编:《忆黄兴》,岳麓书社1997年版,第200页。

② 同上,第202页。

先坐一条小船到靖港，过靖港，黄兴坐日本"沅江丸"轮船去汉口。船上遇到留学日本陆军士官学校的蓝天蔚，奉张之洞的命令去萍乡查看地势。蓝天蔚听说官府要抓捕黄兴，愿利用自己的职权，保他安全经过汉口。

十月初二，张之洞致电湖南巡抚陆元鼎："我得知你们派官兵抓获会党何少卿，为华兴会的同伙，回龙山、同仇会中路统领，分前后五路，正副统领共三人，首领为马福益。现据何少卿供认，有刘揆一、黄兴、陈天华、徐策球、苏沪陆等，还有许多学生参加，此事关系极大，我早有耳闻，现正严密查拿。这些匪徒购有小洋枪、炸药，意图谋反，不知是否还有其他军火，他们究竟为哪个县的人？在湖北有多少人？叫什么名字？居住在哪里？请多派得力人审讯，摘要先电告我。"[1]

"我们严密捉拿湖南会党，近来侦破了三起，在醴陵抓到萧贵生、晏荣询、陈玉亭，并有华兴会发的会票。在长沙抓获游得胜，在株州逮捕何少卿、郭鹤卿，没有发现他们携带军火。我命令当地官府审讯，据萧贵生供认，岳麓山忠义堂正龙头，为同仇会、华兴会匪徒马福益设立，我批准于十月二十八日将他与游得胜处决。另据他们供认，同仇会在东京召集多名学生，购买洋枪，于九月运到武昌转运长沙，约定日期起义等，我立即分别命令各县军营，在各关卡周密巡查拿办。我请你及两江总督协查并命令各海关稽查。"十月初三，陆元鼎回电[2]。

"何少卿多次与马福益来往，必然比一般人掌握更多会党活动情况，要暂留他以备再审问。对他供认在东京的中国留学生 500 人，参与反清行动，要详加考核，或许能搞清事件的来龙去脉。"十月初五，张之洞致电陆元鼎[3]。

"我已经命令当地官府，暂时不处决何少卿以便再讯问。他比较狡猾，一直强调马福益告诉他，在东京动员 500 人组成会党，并让他领《猛回头》《警世钟》等书发给周围民众，带动更多人不再忠于朝廷。黄兴、刘揆一等曾在明德学堂任教师，侦破此案后，他们会逃到日本躲藏，你已经电告密查，我

① 虞和平主编：《张之洞档》第 37 册，大象出版社 2014 年版，第 2—3 页。
② 虞和平主编：《张之洞档》第 100 册，大象出版社 2014 年版，第 395—398 页。
③ 虞和平主编：《张之洞档》第 37 册，大象出版社 2014 年版，第 9—10 页。

等候你的指示。"十月初六,陆元鼎回电①。

"据湖南巡抚派人抓捕的匪徒何少卿供认,马福益现与华兴会、同仇会500人,在东京纠集多名学生,发誓要发动大规模的起义,给成员散发布质凭证,不知首领为何人。请你密查是否确实,立即回复。"十月初五,张之洞致电驻日本公使杨枢②。

十月初六,杨枢回电:"我已经督促负责监督湖北留学生的李宝巽,秘密到各学校查访,等有确切的消息再回复。"③

"我听说湖南有匪徒煽动民众谋反,华兴会与同仇会约定十月初十起义,想必你听到这个消息。现在如何对付他们,请来电告诉详情。"十月初四,代理两江总督端方致电张之洞询问④。

"我昨天接到湖南巡抚回电,湖南有许多会党的匪徒,破获了三起,在醴陵抓到萧贵生、晏荣询;在长沙抓获游得胜;在彬州逮捕何少卿、郭鹤卿。据萧贵生、游得胜供认,他们是同仇会、华兴会马福益会党的人,审讯后要将这两人就地正法。又据他们供认,同仇会在东京纠集多名学生,购买洋枪,于九月运到武昌转长沙,约定日期起义。如有确切的消息,我随时电告你。"十月初五,张之洞回电端方⑤。

到汉口,黄兴等人乘坐招商局轮船去上海。他没有被官军搜捕、悬赏的公告吓倒,光绪三十年(1904)十月初一,邀集杨守仁、仇亮、陈天华、张继、黄炎培、章士钊、陈去病、刘季平、徐佛苏、林螭、赵世暄、杨度、徐敬吾、周素铿、柳弃疾、赵缭、万声扬、余焕东、何靡施、金天翮、彭渊恂、王慕陶、苏鹏、陶赓熊、仇鳌、陈嘉会、蔡寅、曾广轼、苏元瑛、盛时、卢和生、陈竞全、周云轩、陈家鼎、石润全、方表、周范九、罗良铎等,在英租界新闸新马路余庆里启明译书局聚会,想带动大江南北的学界、军队再次起义⑥。

---

① 虞和平主编:《张之洞档》第100册,大象出版社2014年版,第416—417页。
② 虞和平主编:《张之洞档》第37册,大象出版社2014年版,第11—12页。
③ 虞和平主编:《张之洞档》第100册,大象出版社2014年版,第409页。
④ 同上,第394页。
⑤ 虞和平主编:《张之洞档》第37册,大象出版社2014年版,第6—8页。
⑥ 刘揆一:《黄兴传记》,载田伏隆主编:《忆黄兴》,岳麓书社1997年版,第24页。

不料,广西巡抚王之春出让采矿权给法国,换取对方给予资金及兵力协助镇压地方武装势力,遭到民众抗议后,光绪帝害怕变成群体事件,撤销他的职务。安徽人万福华,在上海四马路金谷香西菜馆,因不会扣动手枪扳机暗杀他未成,被租界巡警拘捕。

巡警盘问万福华后,赶到余庆里八号启明译书局,将居住在这里的黄兴、曹亚伯、周来苏、苏凤初、薛大可、徐佛苏、张继、章陶严、朱淬淘及江西统兵大员郭人漳(字葆生)等20多人押到巡捕房。

幸好,郭葆生任江西巡防统领、江南候补道员,到上海采办军火、服装,去启明译书局拜访朋友被误捕。他致电江西巡抚夏时,夏时致电地方官消除对他的误会。

出来时,郭葆生对巡警说,黄兴等4人为我来上海聘请的教师,决不是官方追捕的会党。他们被释放后,一起居住法租界湖北留学生招待所。

因官方发出通缉令,黄兴与刘揆一不便于在上海长久停留,乘三菱公司轮船去日本东京避难。

跑到广西的马福益,躲避一段时间后,光绪三十一年(1905)二月返回湖南,利用湘西山峦地形,远离长沙官军,召集原来洪会的成员,准备在洪江起义,并派人赴上海与刘揆一联系,希望给予军饷、枪支援助。

同年正月,端方接任湖南巡抚,不会给马福益卷土重来的机会,密令各营重金买卖会党内部人员侦探他的行踪,发现他隐藏在江西萍乡后,命令水师将领杨明远调集勇猛的士兵,会同当地文武官员,在峰山将马福益抓捕,于三月初五押到长沙。

他委派兵备处俞明颐总办,督导长沙知府王寯生审理马福益。三月初七,他将这个消息电告张之洞①。

接受王知府等官员审问时,马福益以坚守不连累黄兴等人的道义,只说曾在有关矿山当工头,后来设立回龙山帮会,被成员推举为统领,有五路人马,准备在长沙起义,而自己一字不识,对明德学堂的情况、何人带头设立华兴会、有多少人、叫什么名字等一概不知。

---

① 以上参见虞和平主编:《张之洞档》第102册,大象出版社2014年版,第136—137页。

"匪首马福益创立回龙山会派,招集五路匪徒,又到处散发华兴会会票,诱惑更多人参加,实为背叛朝廷的不法分子。只是他向来不识字,不知学堂的详细情况,似乎可相信。现在长沙居民对华兴会起义有很多谣传,似将马福益就地正法,以威慑其他匪徒、遏制叛乱,是否妥当,请你指示。"同年三月初七,端方致电张之洞。

三月十三日,端方再致电张之洞:"匪首马福益已经供认各项谋反,我上次已经向你详细陈述情况。现在长沙居民流传各种谣言,应立即处决他,以安定人心,请你迅速来电明示。"①

向来张之洞以毫不含糊的态度,打击各种反叛势力,维护大清帝国,这次对马福益与黄兴等人结成同盟,招兵买马预定起义,却没有立即要剥夺马福益的生命。三月十四日,以回避的语气回电端方:"来电知悉,此等大事,应请你自行斟酌办理。"②

看到张之洞将惩办权交给自己,端方要继续占有大清帝国给予的荣华富贵,必然要死心塌地巩固王权专政。因而他露出了人性的残酷,下令杀害马福益。

"今日我将匪首马福益就地处死,并通告湘潭、醴陵官府,警告其他企图背叛朝廷的匪徒。"三月十六日,端方致电张之洞③。

远在东京的黄兴等人,听说马福益已经遇难,怀着无比悲痛的心情,召集留日的中国学生,为这位患难与共、讲义气的兄弟举行隆重的悼念大会,以激发更多青年投入反清运动。

留学生劝孙中山设立同盟会

让张之洞应接不暇的是,刚驱散了黄兴等发起的华兴会,湖北留欧学生贺之才、朱和中等,与孙中山一见如故,在比利时、法国、德国等国,成立联络各省、声势更大的同盟会。

---

① 以上参见虞和平主编:《张之洞档》第 102 册,大象出版社 2014 年版,第 140—142、182 页。
② 虞和平主编:《张之洞档》第 51 册,大象出版社 2014 年版,第 513 页。
③ 虞和平主编:《张之洞档》第 102 册,大象出版社 2014 年版,第 210 页。

张之洞去北京参与修订学制后，代理湖广总督端方，看到修铁路、开矿、造机器等，缺乏受过专业技术教育的人才，只能聘请外国技术员指导。而比利时设有商业、制造、矿业等高校，学费比较低廉，于光绪二十九年（1903）二月，奏请派遣学生到比利时学习深造。

更深层的用意是，为防止湖北各学堂的学生释放反清的爆炸力，采取调虎离山之计，将激进的学生派往欧美，比较稳重的学生送到日本。

端方与梁鼎芬密商，选送湖北蒲圻县人、曾就读湖北经心书院的贺之才，江夏人、曾就读两湖书院的魏宸组，潜江县人、曾就读两湖书院的胡秉柯，安陆县人史青等24人去布鲁塞尔留学。

端方还选派建始县人、曾就读于湖北武备学堂的朱和中以及周泽春等到德国留学。

然后，端方不等他们做好留学的思想准备，在半夜发出公文，要求学生在清晨到总督府拜见，于下午4时上船出发。那天早晨，朱和中向端方行礼后，乘机回武昌花园山与其他人会商，大家不同意他离开湖北。

"事已至此，岂能由我们决定？我们至今群龙无首，如此伟大的种族革命，怎能等我们领导？如今官方派我们到外国留学，正好可以乘机联合孙中山，有利于我们为反清开辟一个美好的前途！"①

各位听了他的分析觉得有理，不再反对。光绪二十九年十一月，朱和中、贺之才等到上海等候轮船时，与湖北江夏人刘成禺相识。请他向孙中山转达仰慕的情意，并请随时来信告诉孙先生的行动。刘成禺曾就读两湖书院，后去日本留学，因发表反清演讲被开除，得到汪大燮资助去美国考察。

贺之才、朱和中、魏宸组、史青、周泽春等到欧洲后，不间断致信在旧金山任《大同日报》主笔的刘成禺，询问孙中山的动向。他们曾手持刘成禺发来的介绍信，到伦敦拜访摩根及康德黎，约请孙中山到欧洲。

当时，孙中山看到各省以秀才、举人等为代表的绅士，萌发了取代专政的倾向，但无一个明确的纲领组建会党，只吸收一无所有的平民、生活困难

---

① 以上参见朱和中遗稿：《欧洲同盟会纪实》，载中国人民政治协商会议全国委员会文史资料研究委员会编：《辛亥革命回忆录》第6册，文史资料出版社1982年版，第4—5页。

的手工业者,不足以办成大事,而且经历几次起义失败,缺乏人力、财力继续斗争,处境愈来愈危困。

处于迷茫之际的孙中山,听了刘成禺的转告,觉得贺之才等留欧学生,是具有崇高志向的好同志,应该与他们携手共进,以同盟会吸纳志趣相投的人士参加,才能扭转孤立无援的现状。

确定行程后,光绪三十年(1904)十一月初八,孙中山离开纽约,坐轮船前往英国伦敦,先寄住友人摩根家,一起度过了一个难忘的圣诞节。但让他苦恼的是,在旧金山筹集的经费即将用完,只好致信留欧学生贺之才等,表明想来比利时游览,只是缺少路费。

刘成禺估计孙中山已经到达伦敦,分别给在布鲁塞尔的贺之才、柏林的朱和中写信说:"孙先生到伦敦后,住老师慕尔干家,他囊空如洗,面临缺钱维持生活的困境,希望留欧同学竭力接济等。"

当即,贺之才给孙中山电汇3 000法郎,朱和中电汇1 200马克,并请孙中山到欧洲大陆,来比利时会谈。孙中山收到贺之才等湖北留欧学生的汇款,犹如寒冬遇到炉火,感到格外温暖,立即回电表示将到布鲁塞尔会面①。

约定日期后,光绪三十一年(1905)春,孙中山坐船抵达比利时北海俄斯敦港。朱和中、贺之才、李蕃昌等留欧学生在港口迎候,双方握手互致问候后,分别乘2辆马车到旅店稍微休息,再乘车进入布鲁塞尔,有20多名留比学生到车站迎接。

当天晚上,孙中山在胡秉柯的住处住宿。

其间,孙中山与贺之才、朱和中、魏宸组、史青等留欧学生,商讨如何组建政治团体,摧毁清朝,恢复中华,创立民国,并提出疑问:"你们主张以武力终结清朝统治,有哪些可操作的办法?"

朱和中、贺之才等以吴禄贞在武昌花园山,与学生、将士等聚会的经验说:"我们要通过各种宣传,更换新军脑筋、更新学生的知识,形成反抗清王朝专政的力量!"

---

① 以上参见朱和中遗稿:《欧洲同盟会纪实》,载全国人民政治协商会议全国委员会文史资料研究委员会编:《辛亥革命回忆录》第6册,文史资料出版社1982年版,第5页。

孙中山听了不以为然说："秀才不能造反，军队不能革命，要利用会党发动起义。"

朱和中、贺之才等以血的教训对他说："吴禄贞等带领会党成员，在安徽铜陵大通镇，打响攻打官府的战斗，但人少力弱，缺乏严密的组织，很快被官军击溃。"

孙中山仍自信："我觉得会党比较可靠，应借助他们的力量攻打清军。"

朱和中、贺之才等不同意他的看法："唐才常招募一批无纪律、无素养的会党分子，组成自立军到湖北后，未开一枪即告失败，表明不能再依靠会党。为什么？张之洞率先编练湖北新军，带动湖南、江西、安徽、江苏等训练新军，并配备了新式枪炮，会党无论是人力还是枪械，根本不能与他们相比，在长江流域难以扩大势力。"

"我正在改良会党章程，能够改变会党存在的缺点。"孙中山说。

"会党分子动机不良，想乘机抢劫，若起义成功，反而会被他们挟制。"朱和中、贺之才等提醒他。

双方争论不休，有所认同的是，会党与接受新式教育的学生，在政治团体应各占一半。而朱和中、贺之才等以慎重的态度对孙中山说："我们组成的党有最高理论指导，会党分子为不识字的文盲，岂能作为骨干？孙先生以前在广州、惠州发起暴动，之所以不成功，在于没有得到知识分子的支持。"

孙中山向他们列举："广东番禺人史坚如，曾在广州格致书院，接受了西学教育，反专政崇尚自由，关心国家危亡，后加入我创办的兴中会。为配合我于光绪二十六年（1900）发起惠州起义，他在广州暗杀两广总督德寿被捕壮烈殉难。广东香山县人、我的同乡陆皓东，出生于一个商人家庭，好学不倦，在上海电报学堂毕业后任译员，后与我一起筹建兴中会。我们趁李鸿章与日本签订丧权的《马关条约》之际，议定于光绪二十一年（1895）重阳节那天起义，以武力夺取广州。而陆皓东为保护会党成员，不幸被捕英勇就义。这些有学问的人，与我誓死推翻清朝统治！"

朱和中、贺之才等对他说："只靠几个人追随您，人数太少，单打独斗，无济于事，必须有大多数志向坚定的知识分子，赞成我们的行动，并密切配合，才能起到事半功倍的效果。"

孙中山听后有所醒悟：只依赖少数会党成员，仓促上阵，洒下热血后，仍不能让大清帝国垮台。到第三天辩论时他说："今后我们要从留学界，动员积极分子加入反清队伍，让那些立志献身于推翻专政的留学生，分别担任不同的领导人。"

朱和中、贺之才等看到孙中山，认识到留学生反清的作用，由衷欣喜道："这是我们愿意跟随孙先生，致力于打倒清王朝，建立一个平等国家的重要原因。"

当天晚上，众人摆下酒席招待孙中山，纷纷举杯畅饮香槟酒，显得热烈豪放。到深夜，孙中山乘着酒兴站起来说："既然我们确定了暴动的方略，要制定建国纲领。已经讨论了三天三夜，应该作一个总结。为了完成我们的目标，我请各位宣誓。"

各留学生听了他的话感到疑惑："我们既然真心武装暴动，为何要宣誓?"

孙中山反复向他们解释宣誓的意义，大家听了更加不能理解。朱和中向来发言最多，对这件事却保持沉默。孙中山看到各位议而不决，转身问朱和中："你有什么意见?"

"我们既然决心暴动，为任何事可以牺牲，怎能畏惧一个宣誓?"朱和中说。

"你愿意宣誓吗?"孙中山紧问他。

"我愿意!"朱和中爽快回答。

"那好，先由你开始宣誓。"孙中山鼓动他。

其他学生看到朱和中率先承诺宣誓，不再发出疑问。孙中山当即提笔写下"驱除鞑虏，恢复中华，创立民国，平均地权"的誓词。朱和中、贺之才、胡秉柯、史青、魏宸组、陈宽沆、王治辉、刘荫莆、李蕃昌、李崇武、程培鑫、李鱼门、李标、杨荫渠、刘庠云、喻毓西、黄大伟、姚业经等 30 多人依次宣誓加入同盟会①。

得到贺之才等留欧学生的响应，孙中山第一次在布鲁塞尔举行同盟会，

---

① 以上参见全国人民政治协商会议全国委员会文史资料研究委员会编:《辛亥革命回忆录》第 6 集，文史资料出版社 1982 年版，第 5—7 页。

有 30 多人参加；第二次在柏林召开，有 20 多人参会；第三次在巴黎召开，有 10 多人宣誓加盟①。

由此，孙中山与朱和中、贺之才等连续辩论 3 天，充分听取他们的建议后，反清策略发生了一个至关重要的转变：从过去单纯依靠散漫狂热、带有江湖义气的会党分子，转而认识到留学生在西方接受了平等观，具有旗帜鲜明反对专政、构建民主国家的强烈意识，应将他们作为瓦解清朝的主导力量。

为争取比利时社会党的支持，光绪三十一年（1905）四月，孙中山再次到布鲁塞尔，经贺之才介绍与陪同，拜会社会党国际执行局（第二国际常设机构）主席王德威尔得、书记胡斯曼，提出构建中国社会主义的目标："第一，排除清朝统治，从而使中国成为中国人的中国。第二，土地全部或大部分为公共所有，就是说很少或没有大地主，但土地按一定的章程租给农民。"②

贺之才等在欧洲成立同盟会后，致信湖北留日学生李书城、但焘、时功玖、耿觐文等，劝他们加入同盟会，并募集 1 万多法郎，作为孙中山去日本的路费。孙中山深受鼓舞：留日学生众多，十有八九要以武力结束清朝统治，应该与他们结成同盟军，而且日本以政治等变革成为亚洲一个强国，因而决意赴东京。

同年五月初九，孙中山在法国马赛港口乘"东京"号邮船，于六月十七日到达日本横滨。他的到来犹如照亮夜空的火焰，经程家柽先发出消息后，带动曹亚伯、田桐、但焘、时功玖、黄兴、宋教仁、陈天华、冯自由等 17 省留学生，欢声雷动、奔走相告，派 100 多名代表，将他迎接到东京。

孙中山与留日学生代表推心置腹交换看法，形成了推翻昏庸腐朽清朝的共识，于七月二十日，在东京召开大会，将兴中会、华兴会、科学补习所、光复会等团体合并，组建中国同盟会。大会推举孙中山为总理，以"驱除鞑虏，恢复中华，创立民国，平均地权"为政治纲领，开启了以政党敲响清王朝灭亡

---

① 参见广东省社会科学院历史研究室等编：《孙中山全集》第 6 册，中华书局 1981 年版，第 237 页。
② 广东省社会科学院历史研究室等编：《孙中山全集》第 1 册，中华书局 1981 年版，第 272—273 页。

的丧钟!

对留学生的功劳,1913 年 2 月 22 日,孙中山在日本日华学生团欢迎会上评价:"东京学生实为中华民国建国最有功之人!"[1]

以上史实告诉我们,作为实业救国催生的产物,张之洞不惜重金派遣留学生,寄托他们吸收西方技术后转为强国的能量。但学生走出封闭的笼子到日本、欧洲,呼吸到充满民主气息的空气,吸收了宣扬个性解放、自由平等的知识后,很快置换了由四书五经塑造的君臣、父子等级观念,成为不同于科举为官,具有多元价值观,倾向以选举取代世袭王权,构建民主国家的精英群体。

张之洞采取"中学为体,西学为用"应对,向他们灌输忠君为本,力求利用他们的才能局部更换大清帝国僵化的零件,实现救国的目标,必然与留学生取代王权、主张人权的观念发生冲突。

慈禧、军机处大臣等不顺应留学生的爱国运动,以害怕他们动摇王权加以限制,不将毕业的学生调到行政、军事、司法等部门担任负责人,不将他们当作构建现代国家的支柱。

受到排斥的学生感到报国无门,必然对清朝没有归属感、认同感,不可能与腐朽落后的专政和平共处,像打破外壳坚硬的核桃,加速了清王朝的灰飞烟灭!

---

[1] 参见广东省社会科学院历史研究室等编:《孙中山全集》第 3 册,中华书局 1981 年版,第 20 页。

第八章
立法废除野蛮的酷刑

以适应对外开放,张之洞提出吸收西方有益的立法经验,修改过时的法律,废除沿用几千年的野蛮酷刑。而他的举动带来了前所未有的反响:唤起亿万人民主张权利平等,否定王权专政。

维护公众安全,创立警察局

沿海与内陆口岸城市,已经有许多外国人经商、居住、传教,府、州、县有限的职员,不能满足国内外人民对保护权益的需求,需要配备专业警察,调解因宗教、习俗、通商、财产等引发的纠纷。

张之洞设计新政呈递三个变法奏折后,其中有一个举措是:率先创办警察局。这源于他看到一群地痞无赖在各衙门打杂,传唤当事人开庭要勒索,凌辱看管的嫌疑犯,到案发现场查验或搜捕人犯大逞威风。

虽然知府、知县被调走,但在衙门打杂的人没有更换,像师傅带徒弟将吃拿卡要的恶习传承,形成盘根错节、不断膨胀的黑恶势力,被平民视为无比凶恶的虎狼。

从衙门转向城区,张之洞发现英、法在汉口租界,选派警察在街道日夜巡逻,抓捕抢劫、偷盗犯,及时处理打架斗殴,维持一个服从规则的公共秩序。租界以外的街道、巷子,居民因无警察强有力的制约,随意扔生活垃圾、倒污水、摆摊设点,毫无遵守交通规则、讲卫生的意识。到了夜晚,小偷、强盗趁夜色掩护作案,导致各类刑案层出不穷,危及居民的安全。

同时,汉口街道狭窄,大部分居民的房屋为土木结构,只要一家发生火灾,会连带烧毁其他人的房子,且不容易迅速灭火。张之洞要效仿外国设警察局,负责巡逻、查户口、清道路、防火患、抓强盗等。

"应当在繁荣的城镇,采用外国现成的做法,依据本地实际情况,先行试办警察局,依次推行。若设警察,可以永远根除衙门打杂人的危害,成为带动各级政府转向公共服务、树立清正廉洁的风气、除暴安良的长远之策。"光绪二十七年(1901)六月初四,张之洞与刘坤一在第二个变法奏折中向皇上提出建议①。

主动试验,张之洞在分摊朝廷下达的对八国赔款,东挪西借的情况下,为保障民生,缉捕盗贼,保持街道整洁,防范火灾,对外展示湖北开放、吸引中外商人投资的美誉度,决定增加公共服务,设警察局。

"我准备先开办警察局,已雇用熟悉侦探的外国警员来湖北担任头目,派人开办警备学堂,有一定的头绪。只是编译教科书需要一段时间,正在请人经办,如不统筹全局,全部改换过去的旧规章,会有名无实,因而一时尚未草草从事。"光绪二十八年(1902)二月二十九日,张之洞致电军机大臣鹿传霖②。

裁撤保甲后,五月初一,张之洞参考外国警务设置,设立武昌警察总局,按城内人口居住分中、东、西、南、北五局,城外分设东西水陆四局,先从军营挑选550人,另选30名骑警共580人,再招募202名民工清理街道垃圾。由武昌知府梁鼎芬、试用知府金鼎任警察局正、副总办,按察使李岷琛任督理,聘请英国人、曾任上海巡警头领的珀蓝斯,到武昌任警察总目。

对警察队伍,张之洞给予他们综合执法权:负责巡逻、站岗、处理刑事案件及婚姻、房产、土地、债务等民事纠纷,担负改建城内道路、排水、卫生等

---

① 苑书义等编:《张之洞全集》第2册,河北人民出版社1998年版,第1415页。
② 苑书义等编:《张之洞全集》第12册,河北人民出版社1998年版,第10236页。

事务。

从何处寻找资金维持警察局开支？张之洞不想给百姓增加负担，要求官员、绅士、商人等，出租房子或开店铺时，按房租抽取十分之一，如每月租金20元即捐2元，以此类推，业主与租客各付一半。至于住屋不及三间及空闲的草房暂无人租免捐。省文武衙门、书院、学堂、局所、祠庙、会馆要捐钱。

"等武昌开办警察局取得成效，我立即依次在汉口、沙市、宜昌等工商繁荣的城市设立，再向各府、州、县推进，便于保护民众的生命与财产安全。"六月初二，张之洞给光绪帝呈上创办警察局奏折①。

运行后，张之洞看到警察上街巡逻、维护治安，城内外的官员、平民、大小户都受益，应一律收捐款才显示公平。但大户宅院有坚固的围墙，还雇请众多保卫，遇到水火灾、盗贼等比较容易防护。小户家产有限，一旦遭到意外的灾祸，会立即倾家荡产，更加依赖警察的帮助。

近年来，湖北物价不断上涨，平民感到难以维持生活。小户自住或租给贫民居住，获得的租金极其微薄。若令他们按月缴一点捐资，会让他们觉得吃亏。而张之洞办学校等带动各项开支急剧攀升，不能一概免除所有房捐。

本着体现实质性公平的原则，光绪三十年（1904）七月二十九日，张之洞给警察局发来指示："我深切体念民生，要按贫富不均区别对待，分别规定捐款标准，过去富户出租房子每月抽捐300文以上，以后仍令他们踊跃捐资。不及300文以下的小户，从本年八月开始，一律免除捐钱，显示特地照顾。"②

依靠警察维护武昌的公共秩序后，张之洞以汉口位于长江中部、南北交通枢纽，各地商人争先恐后开店铺，使得务工人员增加，人口越来越稠密。而会党行踪不定，私运军火到处隐藏，要在汉口设警察分局严密巡查。

那么资金从何而来？张之洞看到两江总督推广上海巡警的办法，上奏每月从上海海关税收中提取1万两用于警务费，按年向财政部核销，得到光绪帝允许。而中外商人云集的汉口，通商地位与上海相当，成为内陆最大的工商城市，仅靠商人、大户出租房子捐钱，不能长久维持警员巡逻、填土修

① 苑书义等编：《张之洞全集》第2册，河北人民出版社1998年版，第1475页。
② 苑书义等编：《张之洞全集》第6册，河北人民出版社1998年版，第4250页。

路、排水等公共开支,要纳入财政预算,才能供养一支适应城市化、工业化的警察队伍。

为此,光绪三十三年(1907)六月初四,张之洞给慈禧及光绪帝呈上奏折:"警察对维护汉口正常运转,有不可替代的重要作用。恳请太后及皇上开天恩,允许援引上海的例子,每月从江汉关税款项下,拨款4000两作为汉口警务经费,按年上报财政部核销,不致中断巡防。"

慈禧及光绪帝看了他的奏折批示:依照你的请求,拨税款维持警务开支①。

设警察局是一个全新的事物,湖北既无警校,又无积累破案经验的警察。张之洞将警察当作推广新政的根基,命令护军营统带张彪,挑选级别低的20名军官,送往日本读警察专业。

"由双寿委员带领这20人,迅速收拾行李前往日本,每人给服装费20元及路费,学费已汇给驻日本公使,随时发给他们。到日本后要洁身自爱,听从警校长官的指挥,悉心考究各项警务,将来回国能够很好履行这个职责。"光绪二十八年(1902)五月初一,张之洞发出指示②。

这20名留学生进入嘉纳治五郎创办的日本弘文书院,在速成警务科学习6个月至1年。如要深入探究警察的职能、运行、立法等,需要潜心攻读2至3年。

从军营选派这20人后,张之洞还委派年轻、有志向、接受经史教育的湖北补用知县廷启、浙江补用知事石沅,赴日本学习警政。希望他们在课堂之外,细心考察日本政治、法律、工艺、商务,并作笔记寄回来供其他人阅读。

"廷启每月给工资100元,公用费80元。石沅每月发工资80元,公用费80元,由湖北盐务道员在练兵军饷外项下支发,先给两个月,以后随时汇寄,并另给服装、路费100元。"同年五月十三日,张之洞给廷启、石沅发出指示③。

穿制服的警察出现大街小巷后,成为盗贼的天然克星。强盗觉得总有

---

① 以上参见虞和平主编:《张之洞档》第172册,大象出版社2014年版,第259—265页。
② 苑书义等编:《张之洞全集》第6册,河北人民出版社1998年版,第4195页。
③ 同上,第4205页。

一双保持高昂警惕的眼睛紧盯自己,不便于顺手牵羊窃取居民的财物,将他们当作冤家路窄的仇人对待,故意选择距离岗哨比较近的棚户区入室盗窃。被盗的户主痛骂在附近站岗的警察不起作用。

"由于一般市民缺乏知识,当巡警身穿青色服装,两袖上各加缀一道白边,手执短棍在街上巡逻时,引起行人围观,以少见多怪发出嘲笑,让巡警感到难为情,动作很不自然,表现含羞和害怕熟人。"曹策前回忆说[①]。

从负责警备的官员汇报,张之洞知道刚到岗位的警察,未经系统的培训,专业知识不足,而且警员数量有限,难以高效处理突发的刑事等案件,引起公众的怀疑,必须设警校培养更多掌握专业技能的警察。

光绪二十九年(1903)正月初五,在阅马厂设立武昌警察学堂,委任湖北京山县人邓贤才等首批留日警校学生当教官,给学生开设法律、刑事、侦察等课程,指导他们遵守各项操作规范。

到光绪三十年(1904),张之洞选派文武官员47名,到日本警厅及警察学校学习。仿照日本警校的招生,光绪三十一年(1905),他批准扩建警察学校教室、宿舍,增加招生名额,招考出身于清白家庭、接受文理教育的学生入学堂,分4个班每班100名上课,从日本高等警学聘请教师,分别讲解各门课,读两年半考试合格准许毕业。

适应改官制的需求,光绪三十三年(1907)五月二十七日,军机处奉旨发布:准许增设巡警道员,撤销分巡各道,酌情保留兵备道并分设审判厅等。

接到这个旨意,张之洞觉得巡警承担了消防、查户、捉拿强盗、侦破案件等,与民生息息相关,必须请一个资历相当的人担任湖北巡警道员,才有利于保障全省人民的安全。

比较湖北各道员的优劣,张之洞发现湖北候补知府、时年38岁的冯启钧,以捐献银子买官,于光绪二十三年(1897)被朝廷派到湖北作为候补副知府试用,期满后经考核留在本省补用。

因冯启钧要以政绩换取正式官职,为湖北筹款救济灾民特别出力,受张之洞的赏识,以候补知府代理汉阳通判,在抓捕自立军首领唐才常及同伙的

---

① 曹策前:《清末武汉的警察机构》,载《武汉文史资料》1986年第23辑,第100页。

过程中立下功劳,得到张总督的提携,占有捞取外快的肥差:拥有湖北盐运使官衔,并于光绪二十八年(1902)代理夏口厅副知府。

一年试用期满,张之洞以冯启钧政绩突出,光绪二十九年(1903)将他转为正式副知府。同年闰五月十一日,冯启钧致电张之洞表示感谢:"我跟随您多年,承蒙您顾念旧日的情谊,不断教诲,一再保举我,让我有所成就,将感激终身。我将谨慎从事,不负您的知遇之恩!"①

打破常规用人才,光绪三十三年(1907)七月二十日,张之洞以冯启钧才思敏捷、不辞辛苦履行职责,向光绪帝呈上保举他的奏折:"候补知府冯启钧办理追捕盗贼、土匪等近10年,对武昌城内外、长江及汉江流域治安保持密切关注,历年抓获匪首多人。现湖北设巡警道,必须由阅历深厚、坚强能干的人担任。我恳请太后及皇上开天恩,准许冯启钧代理本省巡警道员,一年后查看他如有可观的成绩,再奏请将他转正。"

慈禧及光绪帝看后批示:"依照你的奏请,允许冯启钧代理湖北巡警道员。"②

以张之洞带头创办警察局、设警校、派遣留学生学习西方警务,带动其他省设相同的学堂培养警察时,促使清政府认识到,警察构成维系国家安全运行的重要组成部分,必须转为朝廷调控。光绪三十四年(1908)九月,以统一办学章程、招生、经费、教学等出台了《各省巡警学堂章程》《各省巡警道章程》。

遵照朝廷的规定,宣统元年(1909)正月、四月,湖北巡抚将原来警校改为武昌高等巡警学堂、武昌巡警教练所,规范学科、学制、教学等,并确定警察局科室设置、警察的权限等,以制度化构建警察队伍。

张之洞推荐伍廷芳等立法

与警察局对应的是,张之洞深知大清帝国对外开放,办铁路、矿产、商

① 虞和平主编:《张之洞档》第95册,大象出版社2014年版,第553页。
② 以上参见虞和平主编:《张之洞档》第172册,大象出版社2014年版,第416—423页。

务、外交等，会有更多对外交涉，需要吸收西方先进的司法理念，修改或废除损害公民权益的法律，制定刑事、民事、工商等法律，既能约束中国人和外国人，又可以维护国家主权。

追寻张之洞接任两广总督时，看到盗贼、斗殴、拐卖、凶杀等案几乎每天发生。官府依靠民团抓获犯人后，交由没有受过专业教育的法官审理，由于不能立即结案，人犯被延长关押一年或几年。而公差乘机不断勒索，甚至任意折磨，导致嫌疑犯丧命数不胜数。

对百般狡辩的盗犯，官府一时不能审出实情，听从经办的民团、绅士的禀报，以为事实确凿，用锁链监禁人犯；对形迹可疑、供认含糊其辞的人，以没有人力、经费，去寻找证据证明是否有罪，以监禁了事，或长久关押待查，导致被押的人愈积愈多有增无减，监狱拥挤不堪。到了夏天气温上升，里面潮湿闷热，如热气蒸发，造成许多人染病身亡。

不忍心无辜的人毙命，光绪十五年(1889)四月十六日，张之洞指示分管广东司法的长官，命令各县清理超期关押："你们要立即查明各犯原案，分别情节，除凶狡的盗匪及作恶不改仍锁押。其他因案牵连、等候审讯的人，务必迅速审断，分别释放。如传唤证人一时不能到，要分别情况取保候传，断不可拖累无辜。盗贼各犯，如有形迹可疑的人，应立即设法查清，分别虚实办理，不得长年关押，不查不审。"①

各州县官员能听从张之洞的命令吗？怎样改善监狱的环境？张之洞派委员遍查全省各监狱，发现普遍存在延长关押犯人、监狱拥挤、虐待犯人、患病丧生等现象。

当即，他与分管省司法、财政等官员商议，除省司法、广州府衙门自行筹资修理监狱以外，要对惠州府、顺德等25处的监狱加以扩建，仿照南海、番禺两县的办法，设立犯人学习所。

南海犯人众多，原有的监狱非常狭窄，到城内购地价格昂贵，预计需要25 000多两工程费。代理南海知县王存善，为树立政绩得到张之洞的赏识早日转为正式县官，自愿捐银1 000两，就地筹银7 000两改建监狱。代理番禺

① 苑书义等编:《张之洞全集》第4册，河北人民出版社1998年版，第2580—2581页。

知县杨文骏,自愿捐银 1500 多两,不够再筹捐补足①。

中央及广东财政对其他县没有给予拨款,如何筹集经费扩大监狱? 张之洞发挥表率作用,先捐出朝廷奖励的廉俸银,再从盐商陆续捐款项下提取 2 万多两,省财库尚存历年罚款、追缴的赃款凑集 2 万多两,保甲经费项下拨银 2 万两等,补充监狱修造以及常年运行费。

到推行新政时,张之洞为改进监狱指出:州县官员以政务过多,缺乏办案经费,不能集中精力依法审理案件,给差役滥用酷刑逼犯人招供,打开了方便之门。外国人来华到监狱旁观,看到被关押的人受凌辱,讥讽为轻视人的尊严。

将审理纳入法治化,光绪二十七年(1901)六月初四,张之洞与刘坤一在变法第二折中提出禁止刑讯:"以后除盗案、命案犯面对证据仍不肯供认,准许以刑威慑以外,初次讯问及牵连人证,断不准轻易刑责,若判以笞杖等责打罪,应由地方官体察情形,酌量改为监禁数日或几个月,不得凌虐。"②

要便于老百姓维护正当权益,适应对外开放,兴办各类实业,由小农经济走向工业强国,张之洞以多年办军工等实践,促动朝廷构建保护人权的法律体系。

光绪二十八年(1902)正月初九,他致电外务部等:"要聘请律师编纂法律,一律平等审办中外人士的诉讼,这是挽救国家危难、寻求自强最紧要的对策。以后会有越来越多的外国人侨居中国,必然有各种各样的矛盾,若不早定立法对策,行使政权会受到外国人阻挠,无从杜绝。"③

因为外国商人、传教士、轮船进入中国内地,若不改清朝以王权至上的法律,平等保护各国公民的合法权益,会遭到对方抵制、丧失合法性,没有理由要他们遵守大清法律。

为此,张之洞将立法与维护主权紧密联系:中国要掌握江河水道管辖权,英、法等国船进入要遵守我国章程。各国大小轮船以及悬挂外国旗子的

① 苑书义等编:《张之洞全集》第 1 册,河北人民出版社 1998 年版,第 746 页。
② 苑书义等编:《张之洞全集》第 2 册,河北人民出版社 1998 年版,第 1417 页。
③ 苑书义等编:《张之洞全集》第 11 册,河北人民出版社 1998 年版,第 8739 页。

船进入内河很多,若地方官员无法规依据不能管束、将士无力阻止,必然会发生冲突。因而不能单独给予某国特权,应不分厚薄轻重,以统一的法律公平对待。

修订法律的一个动力在于,能否废除侵犯中国司法与行政权的"治外法权""领事裁判权"。光绪二十八年(1902)六月十三日,张之洞等人在武昌纱厂,与英国代表马凯举行中英商约谈判提出:"我们想修订国内法律,指派委员研究如何取代治外法权。你是否同意,在我们修改法律以后,外国人一律受中国法律管辖。"

"你们是否可以用书面提出呢?"马凯问他。

"几年以内,中国也许要聘请外国法官,修订各项法律。"张之洞说。

经过谈判他们达成协议,马凯电请英国政府授权在条约内增加一款:"中国修改法律与各国相同,英国允许尽力协助,等中国制定的法律及审断办法,达到妥当完善,英国立即准许废弃治外法权。"①

但军机大臣瞿鸿禨、鹿传霖、王文韶及分管外务部、大脑只装有金钱概念的庆王奕劻,没有接受专业的法律教育,不知如何制定民事、刑事等法律,需要积累了办实业经验的张之洞,为修定与西方接轨的法律出谋划策。

光绪二十八年二月初二,军机处奉旨发布修订法律:"自汉唐以来,不断增改法律。《大清律例》折中适用、极为精详。只是治国之道应时制宜,如今时势不同,应参考外国的经验,制定开矿、铁路、商务等法律。驻外公使要查询各国律例报送外务部。责成袁世凯、刘坤一、张之洞审慎挑选精通中西法律的人,保送数人来京听候任用,开馆编纂,请旨审定颁发。"②

接到光绪帝的旨意,直隶总督袁世凯觉得变法改例,事务极其繁重,要3至5年才能办成。要先请相关人员依次编译,随订随实行,才能有条不紊、贯彻到底。如三省分别保举,会造成认知差异,势必各执意见不统一。

"我建议共同推荐熟悉中西法律的人,如请沈家本、伍廷芳会同承办。

① 以上参见中华人民共和国海关总署研究室编译:《辛丑和约订立以后的商约谈判》,中华书局1994年版,第137、139页。
② 中国第一历史档案馆编:《光绪宣统两朝上谕档》第28册,广西师范大学出版社1996年版,第36—37页。

伍廷芳现在美国,让他带回数名了解西方法律的人,也可以聘请一至两名美国人。沈家本熟知刑法,透彻精深。倘若这两位找的人不胜任,我们再陆续保举,不知你们有何想法?"同年二月初五,袁世凯致电刘坤一、张之洞①。

"时势逼迫,不修改法律,推行新政会遇到很多阻碍,固然要聘请各国精通法律的人参与修订,但主要人员必须由朝廷官员担任,沈家本在刑部任职很久,享有很高的威望。伍廷芳素来精于西方法律,曾在北洋供职,目前无人超过他们。应由沈、伍选聘各国熟知西方法律的人,参与起草。"二月初六,两江总督刘坤一来电,赞同袁世凯的提议②。

不改大清律法,许多官员办事只知表面不知方向。张之洞觉得,将来必定难以阻止各国人到内陆居住,而且散居内地的传教士、外国人不少,已经打开了大门,不修订法律,无法与外国交涉。

"我们应当联名上奏,推荐伍廷芳、沈家本。应令伍廷芳聘请一至两名美国人来华。我认为刑部郎中沈曾植,学问广博,深入研究汉、隋、唐、明朝的法律,当代无人与他相比。当今要找到贯通古今,融合中外的人编纂法律、改律,变法又不失中国的传统,不可缺少沈曾植参与。"二月十三日,张之洞致电刘坤一、袁世凯③。

"沈曾植学问博通,为首屈一指,若派他任修律参议,必能愉快胜任。我请袁世凯主持起草奏稿,由我们联名上奏。"二月十四日,刘坤一回电④。

"你们的来电,我已收到,沈曾植学博思精,推举他极其恰当。我素来不喜欢写文章,任直隶总督时杂事多,无闲暇时间静心思考。既然你们委托我起草,我勉强大略起草一个稿子,电请你们讨论。"二月十五日,袁世凯回电⑤。

张之洞办军工、练兵、学堂,聘请了一批日本相关教师,他们愿请日本法学专家参与立法。二月十四日,张之洞致电刘坤一、袁世凯:"日本民法得到

① 骆宝善等编:《袁世凯全集》第 10 册,河南大学出版社 2013 年版,第 131 页。
② 虞和平主编:《张之洞档》第 89 册,大象出版社 2014 年版,第 600—601 页。
③ 苑书义等编:《张之洞全集》第 11 册,河北人民出版社 1998 年版,第 8750 页。
④ 虞和平主编:《张之洞档》第 89 册,大象出版社 2014 年版,第 628 页。
⑤ 骆宝善等编:《袁世凯全集》第 10 册,河南大学出版社 2013 年版,第 163 页。

西方人称赞,会通东方风土民情,值得你们借鉴。日本法学博士曾读《大清律例》说,中国法律含义很深,但大多有名无实,不适应当今需求。应由外务部电告驻日公使蔡钧,寻访获得法学博士学位一至两位,来华助我们考订编纂,尤为有益。望在会奏内添入这个请求。"

二月十七日,袁世凯将会奏保举熟悉中西法律人的稿子电告刘坤一、张之洞,征求修改意见。二月二十日,张之洞回电提出应增加:"我们奉命翻译修订法律,先选择总负责人,草拟提纲避免不必要的争议,此外如有熟悉中西法律的人才,我们随时保举,请朝廷聘用。"①

融合各自的意见后,二月二十三日,张之洞、刘坤一、袁世凯联名上奏:"近年以来,对外交涉日益增多,愈来愈难以应付,传教士纷至沓来,修路开矿交织,来华游历的外国人足迹踏遍中国。如果我国拘泥于不适用的旧制,不急切思考变通,会与外国的法规发生抵触,引发层出不穷的冲突,受到他国侮辱,丧失主权,何以立国? 必须改订法律。"②

他们推举储备了法律知识的沈家本与伍廷芳,在北京先开修律馆,并担任总纂,再选用其他人员参与修订,包括聘请学问深厚的沈曾植充当帮办、参议等职。

四月初六,光绪帝发出旨意,批准他们奏请修订法律:"现在通商交涉事务日益繁多,现派沈家本、伍廷芳将一切现行律例,按照交涉情形,参考各国法律悉心考订,妥善制定,务必适应中外通行,有利于治理国家,起草后呈送皇上御览,等待发旨意颁布。"③

聘请日本人松平康国当法律顾问

对张之洞来说,废除或修改沿用几千年的重刑,制定不准逼供、以证据定罪,引入律师辩护、保护人权的法律,涉及刑法、民法及宪法等,是一个综

① 以上参见苑书义等编:《张之洞全集》第 11 册,河北人民出版社 1998 年版,第 8752、8754 页。
② 骆宝善等编:《袁世凯全集》第 10 册,河南大学出版社 2013 年版,第 180—181 页。
③ 中国第一历史档案馆编:《光绪宣统两朝上谕档》第 28 册,广西师范大学出版社 1996 年版,第 95 页。

合复杂的体系,超出自己原有的知识储备,必须借助他人力量提升认知。

为此,张之洞要找一个有法律教育经历、兼通汉文、符合自己需求的顾问,详细讲解宪法的作用,如何规定国家元首、各部、各级机构及民众的权利,才能更好说服慈禧及军机处等官员接受立法。

"日本法学博士松平康国,是否愿意来湖北?迄今我未接到他的回音,特别盼望。如松平不愿来,你物色其他人。"光绪二十八年(1902)五月十一日,张之洞致电日本驻上海总领事小田切①。

"我国外务省来电说,改变财政困境为清朝最紧要的事。我建议你聘请研究财政与法律的人,协助你制定有关政策,每月工资 400 日元,往返路费各 200 元。如你答应,外务省将代你请学问深厚、作风端正的人。"五月十二日,小田切回电②。

张之要洞要请的松平康国,出身于日本长崎一个名门家庭,1885 年进入美国密歇根大学,攻读法律、政治,1888 年在东京专门学校担任讲师,后任早稻田大学教师。他将讲课积累的思想转为著作,先后出版了《英国宪法史》《世界近世史》《英国史》等。光绪二十八年(1902)九月,他应袁世凯邀请,在直隶学校司编译处当翻译,聘期 2 年。

因松平康国与直隶编译处的合同未到期,小田切向日本外相小村寿太郎,汇报张之洞要请法律顾问。小村为应急,请他转告张之洞,介绍法律学士岛村孝三郎。

"我接到外务省来电说,现有法学学士岛村孝三郎,曾研究财政、法律,适合为你当顾问,每月工资需 300 日元,来往路费各 300 元,可聘用三年,如你需要,我立即致电他商议。外务省对我说,寻找很久只找到这一人愿应聘。你一旦聘用他,他必定用心办事,请你电复。"同年八月十二日,小田切致电张之洞③。

看到日本外务省及小田切如此热心,张之洞答应聘请岛村孝三郎为顾问。但小田切以他去南京代理两江总督后,湖北官方没有发来订合同的消

---

① 虞和平主编:《张之洞档》第 51 册,大象出版社 2014 年版,第 373 页。
② 虞和平主编:《张之洞档》第 90 册,大象出版社 2014 年版,第 685—686 页。
③ 虞和平主编:《张之洞档》第 92 册,大象出版社 2014 年版,第 407—408 页。

息,同年十二月十六日,以急切心情致电张之洞:"湖北官绅学院聘请岛村讲法律课,他整装待发过去两个月,能否恳请你电告代理湖广总督,迅速将合同寄来商定。"①

"你先将聘用岛村的合同寄到南京,我看后转交小田切商定,免得岛村来武昌后还要费口舌,将来仍在武昌与他签订合同。有教师才能开学培养人才,不宜计较这点小费。"光绪二十九年(1903)正月十五日,张之洞致电武昌知府梁鼎芬②。

正月二十八日,小田切致电张之洞:"我帮你在日本聘请接受法律教育的岛村,今天已经到达上海。是让他直接坐船到武昌,还是先去南京拜见你,望你来电指示。"③

合同到期,松平康国与直隶解除聘任关系后,光绪三十年(1904)八月初一,小田切致电张之洞:"松平曾在美国学法律,兼修政治、历史等学,能说一口流利的汉文,为人温厚明达,令人佩服。目前他在北洋任翻译,月薪250两。你聘用他时,应酌情增加工资。"④

"松平康国如愿意接受湖北聘请修订法律,第一年想照北洋的工资标准发放,如果他能接受,第二年报酬必然酌情增加,期盼你电告他。"⑤八月初三,张之洞回电。

八月二十四日,张之洞再致电小田切:"前次承蒙你推荐松平康国,请你代我邀请他来湖北,迄今未接到他再来电,我极为挂念。松平会说汉文,我急于见到他,请你告诉他速来,可以给他酌加工资。"

过了近两个月,十月二十一日,张之洞以迫切的心情致电小田切:"与松平康国约四条,一、明年三月到湖北,可允许;二、由我裁定是否写聘用信;三、每月工资给350两,期内不再加,可允许;四、来湖北路费给100元,将来回国给200元,住屋只能租民房,家具由湖北酌备。希望你转告他。"⑥

① 虞和平主编:《张之洞档》第94册,大象出版社2014年版,第3页。
② 虞和平主编:《张之洞档》第36册,大象出版社2014年版,第343页。
③ 虞和平主编:《张之洞档》第94册,大象出版社2014年版,第457页。
④ 虞和平主编:《张之洞档》第99册,大象出版社2014年版,第659页。
⑤ 苑书义等编:《张之洞全集》第11册,河北人民出版社1998年版,第9198页。
⑥ 同上,第9234页。

"松平康国已经到达上海,昨天晚上登船赴武昌,请你给予接待。"光绪三十一年(1905)二月三十日,小田切致电张之洞[①]。

同年四月,张之洞在总督府见到了期盼已久的松平康国,会谈后与他签订聘用两年当法律顾问的合同,主要向他咨询日本等国法律、政治、工商等,并翻译相关书籍等。

借这个难得的时机,张之洞向他提出积压在自己心中很久、一直找不到解答的疑问:"立宪能带来什么好处? 日本立宪有什么效果?"

"立宪后,国民享有参政权利,必然将国家当作自己的家看待,并以坦诚相待,树立天下为公的信念。在君主专制国家,民众的祸福取决于君王。但自古以来,为民谋利的君王少而残暴的比较多,正直的官员少而害民的很多,不知有多少人遭到战乱及压迫身亡。立宪国家选举有才能的首相或总理辅助君王执政,议员享有弹劾官员的权力。日本立宪以来,皇室与政府迥然有别。即使决策失误,也不连累天皇。"松平康国回答。

"立宪会带来哪些负面影响? 日本怎样?"张之洞问。

"依宪法运行的国家,在选举国家最高领导人、议员表决、政党竞争时会出现斗争。但我认为这是运用不得当的表现,并非立宪造成,应以强化法律制约与教育改正。不能因发生不正当现象,排斥立宪。"松平康国回答。

"我国如何以立宪划分行政、议会等?"张之洞问。

"清朝可设上下两议院,便于监督中央政府运行。但贵国慈禧太后决定国务,若她不退出交权,虽立宪却无法实施,皇上难以行使权力。天下无两个太阳,一个国家不可能有两个君王,必须确定一个合法的最高领导人,否则争夺权力会引发祸患。"松平康国回答。

"清朝立宪能否效仿日本?"张之洞问。

"清朝参照日本立宪,有可取与不可取之处。可取在于,应确定宪法在各法律之上,依据宪法设议会。不可取在于,日本天皇为一脉相承,不同于清朝会被其他政治势力更换。"松平康国回答。

"中国官制应从何改起? 是否要全改?"

① 虞和平主编:《张之洞档》第102册,大象出版社2014年版,第72页。

松平康国先向他指出为何要改官制："自唐宋以来,中国官僚体系积累了很深的弊病,犹如一个人病入膏肓。繁文缛节过多,大损元气,经常出现动乱,难以治理。你们现在推行新政,要以开天辟地的勇气,不能畏首畏尾、瞻前顾后。因而改官制,小改不如大改,半改不如全改。"

讲完原因,他指出如何改："我认为清朝立法或改官制,好比一个人办事三心二意,屋上架屋、新旧并立,互相抵触禁止,导致事务繁杂消耗很大精力,官员之间无休止争执,民众感到困惑。现在要将军机处、政务处撤销,设总理负责制,便于简单容易执行政令。"①

松平康国和颜悦色、耐心向他解答,展现立宪救国的灿烂迷人风景:中国应立宪,设行政、司法、议院,形成三权分立、互相制约的政体。有利于维护民众权益,制约君王,有效行使中央政府权力,日本维新以来实行君主立宪,取得强国富民的成效是最好的证明。

"日本法政学校的学生编译讲义16种,经我检阅后,立法宗旨保护权益,没有违背朝廷的言论,有采用的价值。但他们无钱印刷,恳请你资助出版,版权归公,需要4 000元,如蒙你允许请电汇。"同年四月十五日,驻日监督湖北留学生的李宝巽致电张之洞②。

张之洞聘请松平担任法律顾问,还要大力翻译日本法政书籍,为立法作参考,便答应李宝巽的请求,给法政学生汇印刷费。

为吸引更多法律人才,光绪三十一年(1905)六月初四,张之洞分别致电李宝巽及驻日公使杨枢:"听说贵州遵义人黎渊在日本法政学校毕业,不知是否在东京。江苏人稽镜将在早稻田大学法科毕业,这两名学生对法治有何倾向?如品行端正,想优先录用。请你详细考察,如能用,速向他们询问能否来湖北任职。"③

"我与黎渊早已相识,他品学兼优,深入研究法律、政治等,如能发挥他的长处,可取得好的效果,不知你给他安排什么职位。他为四川官费生,应

---

① 以上会谈参见《张总督松平顾问立宪回答》,载邓红:《日本的阳明学与中国研究》,广西师范大学出版社2018年版,第288—295页。
② 虞和平主编:《张之洞档》第102册,大象出版社2014年版,第389页。
③ 虞和平主编:《张之洞档》第37册,大象出版社2014年版,第279—280页。

与四川总督商议调他。稽镜是一个很有学问的人，去向未定。"六月初十，李
宝巽回电①。

废除沿用 2000 多年的酷刑

　　接到光绪帝的任命后，沈家本从刑部挑选有法务经验的职员，修改《大
清律例》等，聘请研究外国法律的学者、律师作为顾问，并邀请留学毕业生翻
译英、法、德、日等国的刑法、民法等著作，为立法参考。

　　驻美公使伍廷芳回国后，在上海与美、英等代表商谈订立商约。办完这
些事，光绪二十九年(1903)七月，他来到北京，十一月二十七日，奉旨任外务
部右侍郎，参与修订法律。

　　选派人员、申请经费、翻译法律时，光绪三十年(1904)四月初一，沈家本
与伍廷芳等人，在法律馆召开会议，商讨如何制定刑法、民法、诉讼法等。

　　立法导向决定法律能否适应时代的变革，虽然"法无明文规定不能定
罪"，但在王权专政时代，皇上及刑部、总督、巡抚、知府、知县等官员，没有接
受法律教育，漠视人权，将个人的命令当作法律，发生特别犯罪案件时，没有
相关的法律惩处时，刑部临时奏请皇上批准定罪，以后变成一个惯例。

　　总督、巡抚、知府、知县的职能没有分工，要分管行政、司法、税务等，而
他们曾在私塾只读了几本经书，不具有专业知识办案，素来无警察配合他们
侦探、抓捕、讯问等，又无专业的法官审理，只好以没有条件取证为借口，习
惯用刑逼人犯招供结案。

　　若人犯不供认，办案的官员用酷刑逼迫，惨无人道。如夹棍等，一旦使
用，会导致人犯骨断筋折，终身成为废人，而逼供往往引发大量冤假错案。

　　沈家本与伍廷芳等人，要借鉴西方法律，从体现王权至上转向保护人
权，从一人犯法连累全家的重刑主义，转向西方的人道主义，删除《大清律
例》凌迟、枭首、戮尸、刺字等充满暴力、恐怖、野蛮的酷刑。

　　"若废除刑讯，人犯狡猾拒不认罪，或任意翻供，必然导致案件久审不

① 虞和平主编：《张之洞档》第 103 册，大象出版社 2014 年版，第 155—156 页。

决,成为难以了结的悬案。"会上,保守派不想改变酷刑思维。

"古来有名的官员审案时,大都注重搜集证据,洞悉案中的隐情,问时旁敲侧击,往往使人犯不知不觉中自认有罪,不能抵赖。当今审判官,不能再以刑逼供。我们今天开会提出废弃逼供的建议,可以保全很多人的生命,愿各位仔细考虑。"沈家本说①。

向守旧派灌输保人权理念时,伍廷芳与沈家本构思奏折,如何说服太后、皇上、军机大臣赞同删除旧律规定的酷刑。近百年以来,西方法学家几经讨论,逐渐改重刑为轻罚,带动政治日益完善。旅居中国的外国人,借口大清帝国用刑逼供人犯,不愿受中国法律约束。

当今改订商约,英、美、日、葡四国以中国修订法律后,允许收回治外法权,成为变法自强的核心。如果继续墨守旧章,会被外国人抓住中国法治没有进步的把柄,因而应酌加修改,可取得长远的效果。

思考后,光绪三十一年(1905)三月二十日,伍廷芳与沈家本给光绪帝呈上奏折:"我们认为应删除如下几条,一、凌迟、枭首、戮尸,查询唐朝以前,无凌迟刑等名目,宋神宗以后,渐渐沿用这种野蛮的手段惩处犯人,元、明至今没有改变。现在请一概删除这三项,以处决执行死罪。"

他们还补充:"废除连坐罪,不牵连不知情的人及家属,将犯人刺字刑一概删除。将盗窃犯送进工艺所,按罪名轻重确定劳动年限,让他们掌握一个技能,便于谋生糊口。日本明治维新以来,改法律先后废止枭首、家产充公、在犯人脸上刺字的墨刑。带动民风转变,国力如同奔跑的骏马日益强盛,成为东亚的强国。恳请皇太后、皇上深念时局艰难,修订法律通告中外,有助于收回法权。"

当天,光绪帝看了伍廷芳、沈家本奏请废除酷刑后批准:"我朝入关建立政权后,对死刑犯以处斩为止,顺治年间修订法律,沿用明朝的旧制,实行凌迟等极刑,虽以惩处凶顽的罪犯,但不是国家法外体现仁义的本意。现在改订法律,以后对死罪以斩决为止,永远删除凌迟、枭首、戮尸三项及刺字,并

① 以上参见章宗祥:《新刑律颁布之经过》,载中国人民政治协商会议全国委员会文史资料研究委员会编:《文史资料存稿选编》上,中国文史出版社2002年版,第36页。

通令全国遵行。"①

　　看到光绪帝接受自己的奏请,当天发出旨意废除沿用2 000多年的酷刑,伍廷芳等十分欣慰。他们吸取张之洞等改变办案官滥用刑讯的建议,上奏变法第二折:以后除证据确凿、应判死罪的犯人,不肯供认准刑讯外,初次讯问及判流放罪以下的犯人,一概不准刑讯,避免造成冤案。

　　与禁止用酷刑相对应的是,伍廷芳与沈家本要以文明执法取代暴力,同年三月二十一日,给光绪帝呈上改变刑责的奏折:"我们建议仿照外国罚金,对判责打50杖以下的犯人,改为罚银五钱以上,二两五钱以下。打60杖改罚5两,依次递加,至打100杖改罚15两为止。如无力交纳,应工作4天抵1两罚银,依次递加至15两折工作60天为止。"②

　　除以罚款代替责打犯人,伍廷芳等告诉皇上:要通告各级政府,以重证据、修监狱、派专官稽查监狱,便于促进执政公正与教导罪犯去恶从善。

　　同一天,光绪帝看了伍廷芳、沈家本的奏折后,期望立法达到完善,而法律能不能自动发挥效力,在于大小官员能否形成依法办事的意识,各省、州、县差役以草率用刑,导致一个案件株连多人,传当事人到堂却不审讯,任由丁差蒙蔽勒索、拖延审理、引发超期关押,特别令人痛恨。

　　所以,同一天光绪帝批示:"禁止对犯人刑讯及连累他人,以罚款或劳动代替责打,体现公道顺应民意。各督抚等要严令下级官员认真清理、切实遵行,随时详加考查。倘若有人阳奉阴违、重蹈前辙,立即从严参办。"③

　　看到皇上如此果断批准对犯人以罚代替责打并整治监狱,伍廷芳等暗自敬佩,继续奏请,他们指出要对盗贼犯感化与教养并重:各省盗窃案居多,盗窃犯大多游荡无业,难以按期缴纳罚金,体罚也难以让他们改正,释放后继续以盗窃为生,甚至结成团伙抢劫,与地方不知教导、感化有关。

　　为督促各级政府官员,执行皇上废弃酷刑的命令,伍廷芳等人吸收英、法、德、日对盗窃犯采取劳动处理的办法,于光绪三十一年(1905)六月上奏

————————

① 以上参见丁贤俊等编:《伍廷芳集》上册,中华书局1993年版,第256—260页。
② 同上,第261—262页。
③ 同上,第277页。

《变通盗窃条款折》："以后对盗窃犯应判责打,改为工作一个月。判打60杖,改工作两个月。打70至100杖,递加两个月。此外通令各省从速开办习艺所,让犯人学习谋生技能,有利于减少盗窃案、保地方安宁。"①

对伍廷芳等人发来这个奏请,光绪帝立即批示依照执行。

以上伍廷芳等呈递废除酷刑、严禁刑讯、责打等奏折,要将审讯、定罪、判刑、服刑等全面纳入法治规范,更加精准确定惩罚的标准,防止审判官凭个人主观,随意断案定罪,试图终结2 000多年以来人治高于法治、权大于法,导致亿万人民被王权及官僚压制,不能最大化主张自己权利的悲剧。

但他们禁止刑讯的变革,很快遭到重刑派的反对。光绪三十一年(1905)四月初五,御史刘彭年上奏:"目前各诉讼法未完备,不具备禁止刑讯的条件。人犯虽狡猾,但畏惧官员用刑。若骤然禁止刑讯,人犯无所畏惧,不肯如实供认。办案的官员穷于追问,必然导致案件积压,多年不能结案,拖延超期关押。我以为禁止刑讯,必须等各诉讼法出台后才能实行。"②

经半路冲出来的刘彭年乱搅和,光绪帝有些不放心,发出旨意要伍廷芳、沈家本,再论证禁止刑讯对办案是否有阻碍。

决不能让变法果实流产,同年五月,伍廷芳与沈家本以坚持停止刑讯上奏反驳刘彭年:"西方各国无论各法是否完备,无论刑事、民事大小案件,一律不用刑讯。此次我们奉旨修订法律,包含收回治外法权的愿望,必须取长补短,以证人、证物等证据确定是否有罪,不得用刑逼供。

"刘彭年说骤然禁止刑讯,人犯无所畏惧等。我们觉得他的说法很荒唐,岂能只用刑讯以避免案件积压、连累他人?过去各省积压案,长达几年甚至几十年不结,而且拖累许多无辜的人毙命,怎么解释这个恶性循环?"

伍廷芳等在奏折中发出质问:"刘彭年说,要等裁判、诉讼各法完备后,才能禁止刑讯。这是明知用刑的危害性,却不愿迅速改变的表现,这怎能不受到各国耻笑?刘彭年还认为有刑讯,人犯才能畏刑供认等。这是单纯指责涉案人动机不良,却不看办案官何等残酷、违背公平。引发的恶果是:那

---

① 丁贤俊等编:《伍廷芳集》上册,中华书局1993年版,第267页。
② 同上,第268页。

些怯懦胆小无过错的人,往往畏刑不得不违心承认或诬陷他人;那些凶暴胆大的人,即使受刑也不招认,酿成冤案。我们奏请禁止刑讯,引起各国关注能否实行,请皇上应否决刘彭年保留刑讯的提议,命令各衙门务必不打折扣执行禁止刑讯。"①

光绪帝看了伍廷芳等人的回复,没有被刘彭年误导,命令刑部通告各省仍禁止刑讯。

有些地方官员不执行皇上废除刑讯等命令,漠视公民的生命。上海对外通商以来,中外人士杂居,同治年间,设立会审公堂,专门审理租界内发生的诉讼。参审的官员熟悉中外法律,应当率先远离刑讯、讲究文明法治。

但伍廷芳等发现:上海会审公堂审理案件时,审判官将皇上禁止刑讯的旨意当作一纸空文,像难治的旧毛病发作,仍重蹈从前的恶习,用杖责打人犯,让公众感到惊讶。

必须以证据确凿定罪取代体罚,光绪三十一年(1905)九月,伍廷芳等给光绪帝呈上奏折:"恳请皇上命令各总督、巡抚、省司法,严令所属州县,以后审理案件,判流放以下罪的犯人,不准刑讯,将过去的责打改为罚金。倘若有人阳奉阴违,仍用刑或责打人犯,要上司指名严参,不得徇私。"②

这起事件提醒伍廷芳:要改变官员的重刑思维,必须构建保护公众权益的法律体系,适应国际惯例,这需要办法律学校,培养一批警察、法官、律师等人才,让他们能够运用法律知识,去解决铁路、开矿、工商、税务等引发的纠纷。

为何张之洞捍卫礼教

因历代王朝一直没有制定民事与刑事诉讼法,老百姓之间发生借债、房产、耕地、婚姻、赔偿等民事纠纷时,无相关民法解决,地方官府惯用重刑威胁,直至连累无辜的人,成为历来不改的恶习。

---

① 以上参见丁贤俊等编:《伍廷芳集》上册,中华书局 1993 年版,第 269—271 页。
② 同上,第 278—279 页。

随着清朝由农耕转向工业强国,对外开放引发各国人来华,跨国界、省界的人口流动,带来如暴风雨涌现的谋杀、抢劫、盗窃、欺诈、伪造货币等刑事案件,还有中外诉讼。而巡抚、知府、知县仍掌握行政、司法权,却不是合格的审判官,还未设立警察局、法院、检察等司法机关应对诉讼。

这促使伍廷芳等认识到,必须改变刑事与民事混淆不分的做法,修订刑法时,要赶紧先出台民事、刑事诉讼法,以符合法定程序的审判带来实际公平。否则,会因各级官府审判不公,引发各种突发暴乱事件。

作为应急的探索,光绪三十二年(1906)四月初二,伍廷芳等给光绪帝呈上先出台刑事与民事诉讼法的奏折:"引入各国通例,设陪审员。审判官的知识有限,不可能全知案情,应依赖众人的观察辨别真伪。若审判官违法乱纪,接受贿赂任意判断引发诬陷等,可由陪审员纠正。准许律师在法庭质问、复问,为当事人辩护。"

同一天,光绪帝看了伍廷芳等的奏折,不知刑事与民事诉讼法是什么概念,涉及哪些内容,无法作出立即实行的决定,只好怀着本能的谨慎发出旨意:"法律关系重要,这些诉讼法能否适应现在的民情风俗,由各将军、督抚、都统等体察情况,悉心研究与现时是否有抵触,立即据实上奏。"[①]

曾推荐伍廷芳等人立法的张之洞,能接受他们起草的诉讼法吗?他与皇上相似,不知刑事与民事诉讼有什么区别?有什么功能?需要遵守哪些法定程序,才能证明审判公平。

原先张之洞出于遵守仁义忠孝,有条件禁用刑讯,对强盗、地痞、恶棍、伤人、诈骗等人犯,应责打后监禁,以压制他们的凶暴,昭示守法的良民。若一概不准用刑,盗贼犯狡辩回避,不如实招认,重案不能了结,如何行得通?

为此,张之洞细心审阅刑事民事诉讼法草案,发现共有 260 条,大部分采用西方法律,与中国传承千百年的礼教、风俗习惯存在冲突。如历来注重男女之别,突出子女遵从父亲的命令,不能随便分财产。妻子要服从丈夫,不能主动提出离婚,这是天经地义、万古不变的教导。

但诉讼法吸收西方保护人权的理念,允许父子、兄弟、夫妇可分配相应

① 以上参见丁贤俊等编:《伍廷芳集》上册,中华书局 1993 年版,第 280—281 页。

的财产,甚至审判官可责令妇女、女子到堂作证。在张之洞看来,这会败坏具有中国特色的礼教,开启男女平等的风气,违背圣贤提倡修身治家的训示,会导致纲法沦丧,带来很大的隐患。

强调伦理后,张之洞要互相兼顾:对照西方以变法实现强盛,中国不能不审时度势更改旧法,吸引各国有益的成分取长补短。但必须结合中国民情、风俗、法令源流酌情变通,才能避免官员与民众感到惶惑、无所适从。

他理解伍廷芳、沈家本等变通诉讼制度,期望收回治外法权的良好用意,只是各国侨民不愿遵守中国法律,一半在于中国审判官的判决不足以让人信服,另一半由于中国制度不能保护他们的财产。

因各省土匪出没、盗贼横行,虽有许多官员靠纳税人的钱粮供养,却不能保护民众的生命及财产。虽设有警察,而数量极为有限,不能顾及其他地区,遭到外国人耻笑。

对此,张之洞发出疑问:变通诉讼法后,外国人能遵守中国法规吗？他观察近年以来,中国与英、美、日本订立商约,对方虽允许将来放弃治外法权,但要看中国立法、审判、执行等是否完善。因而仅靠实施诉讼法,不足以收回法权。

发现中西立法差异,光绪三十三年(1907)七月二十六日,张之洞给光绪帝呈上奏折,提出对新编刑事民事诉讼法的意见:"目前为适应审判,只能暂时制定诉讼法试办章程,再命令修律大臣伍廷芳、沈家本会同参与修订法律的官员,分别起草各项法律,颁布实施,然后再议刑事民事诉讼法,可起到变法而不废除法的效果。"①

光绪帝看了张之洞的奏折,因不具有法律知识无法判断他的建议是否合理,只能将折子交给法部的官员讨论。

虽然张之洞对诉讼法的取向,与沈家本存在认知差异,但对修建现代化的监狱、教诲罪犯改邪归正、给予谋生出路等,有相同的认识。

光绪三十三年四月十一日,沈家本上奏改良监狱四条建议:"一、改建新式监狱,要通令在省会城市及通商口岸城市,选建一所模范监狱。二、设监

---

① 以上参见苑书义编:《张之洞全集》第 3 册,河北人民出版社 1998 年版,第 1772—1775 页。

狱官,由接受刑法、刑事诉讼法教育、熟悉监狱规则的人员担任。三、颁布监狱规章,先由法部博采各国最新规则,编辑监狱章程。四、编辑监狱统计,便于掌握犯罪分子犯法的原因、住址、年龄、身份、职业、教育等。"①

沈家本构建与司法文明相适应的监狱制度,经张之洞几年以来毫不动摇的推进,从描绘在图纸上的样式,变成了看得见、带动其他省效仿的成果。

"我委派湖北试用道员邹履和,在武昌江夏县以东购买土地,并令补用知县、从日本学习监狱管理的廷启监督施工,于三十一年(1905)十月动工,至三十三年(1907)五月竣工,依照日本东京及巢鸭两处监狱的模式,结合中国现时情况,详定章程管理。"同年五月二十九日,张之洞给光绪帝呈上建成模范监狱的奏折②。

从他的奏报来看,监狱宽敞明亮可容纳 300 人,分男女监房,设有食堂、浴室、防传染病室,安有电灯、锅炉、自来水、消防、制造车间等,选派学习法律的人任狱官治理。

管理这个设施齐全的监狱,张之洞预算每年各项经费约需 35 000 两,不动用正规税收,将原购监狱的土地、房屋出租,每年可得 5 000 两,寻求捐资 1 万两、铸造铜元盈余 1 万两、摊派彩票获利 1 万两。

与诉讼法相辅相成的是,修律大臣、法部右侍郎沈家本,与日本法学博士冈田朝太郎,讨论各国刑法的优劣,起草《新刑律草案》。他考察 19 世纪西方进入法典革新时代,以法国带头倡议保护人权,吸收希腊、奥地利、比利时、德国、意大利革新司法体制的经验。

开动维新车轮的日本,折中法国与德国的立法特点,吸收后制定适合本国的法律,激发国民像高速运行的蒸汽机,释放出爆发式的能量,创造一个称雄亚洲、俯视欧洲的强国。

当西方各国元首接受一定法律教育,将法治当作提高国际竞争力的事业时,沈家本以法治构建强国,遇到了王权体制引发的悲哀:从太后、皇上、军机大臣,到各总督、巡抚,成为没有上一天法律课的法盲,不知立法能给国

---

① 故宫博物院明清档案部编:《清末筹备立宪档案史料》下册,中华书局 1979 年版,第 831—833 页。

② 苑书义等编:《张之洞全集》第 3 册,河北人民出版社 1998 年版,,第 1767 页。

家带来什么作用。

即使如此,沈家本以道义激发的责任感,起草奏折给光绪帝充当法律老师详细讲解:参照唐、宋、明刑法变迁,比较外国刑法处罚的轻重,审视当今民俗,应对将来大局,认为要从五个方面变通:

一、更定刑名。自隋朝开皇年间确定刑律以来,以笞、杖、徒、流、死为五刑,如今应将五刑改为死刑、徒刑、拘留、罚金四种。

二、酌减死罪。中国死刑条目繁多,从实际看,历年处决犯人以命盗最多。每年作为缓刑等秋后决定是否处死,10 人中只有 1 人,有死罪之名却没有被终结生命,应按各国通例酌减死罪。

三、用唯一的方式执行死刑。死刑仅用绞刑一种代替充满野蛮的砍头,在特定的行刑场秘密实行。如谋反大逆及谋杀祖父母、父母等罪大恶极,仍用斩处理。

四、删除附加条款。因法律无正条而任意附加,轻重不一,导致审判官不能统一量刑。应删除这个规定,各刑酌定上下期限,凭审判官临时审定,并另设酌量减轻、有恕减轻各例,以补充缺处。

五、惩治与教育。罪犯有无承担刑事责任的能力,以年龄为凭据。各国以 14 岁至 22 岁不等,少年犯应以教育为主,不是应承担刑罚的主体。应采用德、英的强迫教育法,通令各省设立惩治场,凡幼年犯罪改用惩治处分,视情节轻重,定年限长短,期望取得感化他们改正的效果。

以上述构想,沈家本吸收英、法、德、日本刑法主体平等、罪刑相适应、废除酷刑、保护人权、惩治与教育结合的优点,几次修改完成 387 条刑法稿后,于光绪三十三年(1907)八月二十六日,给光绪帝呈上《新刑律草案》奏折,指出:"推行新编的法律,必须先培养人才。近年各省遵旨设立法政学堂,只见多次发来奏报。请皇上严令各总督、巡抚认真考核,切实推广,务必让官员、绅士等吸收法律知识,有利于推行一切新政与预备立宪。"①

当天光绪帝准许他的奏请,命令沈家本、俞廉三、英瑞担任修订法律大

---

① 故宫博物院明清档案部编:《清末筹备立宪档案史料》下册,中华书局 1979 年版,第 845—849 页。

臣,要参考各国责成的法律,体察中国礼教与民情,会通妥慎修订。

利用皇上给予的权力,沈家本起草刑法时,要与时局紧密联系,适应当今公民主张权利的诉求,抛弃几千年以来压迫人性的礼教。但各总督、巡抚从未接受专业的法律教育,缺乏相关知识,看了他起草的稿子,难以接受以代表公民权利平等的法律取代礼教。

各督抚对《大清新刑律》反馈意见需要一段时间,又不知何日能正式施行。沈家本主动出击,要改《大清律例》不适宜保护人权的条目,避免与将来实行的新刑法发生抵触。

光绪三十四年(1908)正月二十九日,他给光绪帝呈上改旧律例、推行新法律的奏折:"颁布新刑法还要等待,但万难延缓删改旧律,我们商议后,要提前完成这个任务。清朝继承明朝的官职,划分了六个部,如今官制或已改名,或经合并,与过去迥然不同,不可能按原来的旧制运行。应将吏、户、礼、兵、刑、工部名称一律删除,便于统一。旧刑律责打、流放、充军等罪名,应重新确定受到何种惩罚,避免审判官凭个人意志滥用刑及定罪等。"①

光绪帝赞同沈家本先改大清律例,统一罪名,删除原来不适合现时的名称。但张之洞以军机大臣兼学部尚书的名义,审阅新刑法稿,不能容忍违背维系中国几千年的君臣、父子、夫妇、男女有别的条款。

学部侍郎宝熙、严修等接受西学教育,看到日本、欧美刑法平等保护每个主体,清朝不可能孤立存在,不能再突出身份等级。各方商议妥协,觉得应修改有些条款。

为代表自己的意志,同年四月,张之洞推荐吏部主事、维护专政的卫道士劳乃宣,以四品官候补,到宪政编查馆与资政院,以捍卫礼教修改刑法。

对沈家本等起草的《新刑律草案》,张之洞仿佛用放大镜,一字不漏地挑出违反礼教的20多条,并指出,古代圣贤以礼制代替刑法,划分罪行轻重差别,这合乎天理人情。西方各国宣扬平等,不以父子关系区别对待惩处。政教习俗存在差异,不能强求统一。

---

① 故宫博物院明清档案部编:《清末筹备立宪档案史料》下册,中华书局 1979 年版,第 851—853 页。

　　以君臣等级为依据,张之洞觉得旧律对谋反、大逆不道的人,不问首犯
与胁从,一律凌迟处死。新刑法颠覆了君为臣纲的教导,对魁首不处死刑。
旧律对殴打祖父母、父母的人处死刑,殴打子孙以杖责打。新刑法对伤害亲
属致死或残疾的人,都不处死刑,视父母如同陌生的过路人,违背了子女应
服从父亲的伦理。

　　旧律对妻子殴打丈夫处以杖刑,丈夫殴打妻无伤不论罪。妻子殴杀丈
夫处以斩刑,丈夫杀妻子处以绞刑,符合夫为妻纲的教条。

　　发现新刑法破坏尊卑长幼等级,张之洞极为敏感,认为这会动摇大清王
朝的统治根基,光绪三十四年(1908)五月初七,给光绪帝呈上要改正新刑法
草案的奏折。

　　同年五月初七,光绪帝看了他的奏折发出旨意:“修律大臣要会同法部
参照学部张之洞等指出的各情节,再详细斟酌、修改删除,并奏请办理。”①

　　为以求通过,沈家本再核查每条,修改《新刑法草案》,争取既适应时势,
又不违背礼教,会同法部尚书戴鸿慈,将修改的草案提交宪政编查馆发给各
部讨论,盼望达成统一,早日通过审核实施。

　　接到各地督抚反馈后,宣统元年(1909)正月二十七日,军机处奉皇上旨
意宣布:“据学部及直隶、两广、安徽各督抚先后奏请,将中国旧律与新刑法
详对互校,再行妥订,以维护伦理保治安。以适应立宪,希望新刑法今年核
定,明年颁布。

　　“但刑法源于礼教,中外各国礼教不同,影响各自的刑法偏重不一。中
国素来重等级,对犯上作乱的人予以特别重的惩罚。自唐朝以来,历代帝王
遵守三纲五常,成为相传千年的国粹、立国的根本。如今对各国交涉,不宜
墨守成规,但可取长补短。对旧律有关伦理教条,不可草率变更,以维系天
理民心。”②

　　这等于告诉沈家本等官员:三纲五常构成立国的礼教,修订法律不能违
背这个宗旨。

────────────────

① 中国第一历史档案馆编:《光绪宣统两朝上谕档》第 34 册,广西师范大学出版社 1996 年版,
　第 107 页。
② 故宫博物院明清档案部编:《清末筹备立宪档案史料》下册,中华书局 1979 年版,第 858 页。

　　各总督、巡抚的背景、教育水平，引发对法律的认知千差万别，难以接受以法律面前人人平等，取代运行几千年的君臣等级。山东巡抚袁树勋、江苏巡抚陈启泰、江西巡抚冯汝骙、湖广总督陈夔龙等，以新刑法不符合伦理、缺乏受过法律教育的法官、民众素养低下等，先后上奏不能取消视为国保的礼教，要维持原有的罪名。

　　各地会党起义及各团体发起立宪运动，促使摄政王载沣等，不得不加快立法速度。宣统二年（1910）四月初七，宪政编查馆大臣奕劻等会奏，呈报修改的刑法各条。载沣阅览后觉得安稳妥当，命令他们立即找书局出版，向各地发行。

　　但资政院的官员讨论修改刑法后，拿不定主意，没有议定何时颁布实施，由宪政编查大臣奕劻上奏并附条文清单，请载沣裁决。载沣觉得光绪帝在位时，为筹备宪政规定了刑法出台的日期，现在设议院的日期已经缩短，新刑法构成了宪政的开端，不能再延缓。

　　四月初七晚，沈家本召集资政院的议员开会，开明派的议员提议省略宣读条文，遭到保守派议员的反对。争论多时，议长宣布投票表决，分青票白票，白为赞成票，青为反对票。保守派知道人数不如对方，以消极抵制纷纷退出会场。

　　议长已命令门卫封锁大门，这些议员无法出去只得回来投票。蒙古、西藏等地议员为政府选派，开明派约他们一起投票，以多数白票通过新刑法①。

　　议员表决后，宣统二年（1910）十二月二十五日，载沣以皇上的名义，决定先将刑法总则、分则及暂行章程对外颁布，等明年资政院开会后，可提请修正。这预示大清新刑法已诞生。

　　但京师大学堂总监督刘廷琛，于宣统三年（1911）二月二十三日上奏，以礼教构成刑法的来源，不可率先废止，以维持天不变、道不变的教条，要删除新刑法不符合忠孝的条文，恳请皇上继续坚持以忠孝治天下的宗旨。

　　以上各方吵吵闹闹，直至大清帝国被武昌等地起义的枪声摧毁，新刑法

---

① 以上参见章宗祥：《新刑律颁布之经过》，载全国人民政治协商会议全国委员会文史资料研究委员会主编：《文史资料存稿选编》上，中国文史出版社 2002 年版，第 36 页。

也未能真正实施,在于王权专政向民主国家转变时,礼教派运用王权力量,阻碍法治派取代运行了2 000多年的君臣等级。

张之洞等官员在小农经济、王权至上的环境中成长,受益于这个体制给予的政治地位,不能接受伍廷芳等以宣扬法律面前人人平等,代替传承千古的君臣、父子、夫妇等级,必然会以礼教的坚硬外壳,抗拒保护人权的刑事、民事诉讼法等。

接受法律教育、有驻美公使经历的伍廷芳,深刻感受到美国以"私有财产权神圣不可侵犯"的司法制度,带动美国人在自由平等环境,充分释放自己的智慧,用100多年创造了一个繁荣富强的国家。

受到震动,伍廷芳幻想将引领美国创造奇迹的法律制度,移植到有深厚专政土壤的大清王朝,推动法律由强化王权地位转向保护公众的权利,取代由悠久的礼治规范各个主体的权益,实现国家法律制度和国家治理的转型。

第九章
立宪能否容纳民权

> 废除野蛮的酷刑,引发连锁反应:慈禧以应对国内外压力立宪,重
> 新设置中央及地方政府的职能。而各界精英不能容忍,以慈禧为代表
> 的权贵,为维护特权拖延颁布宪法,最终形成了维护民权打倒王权的
> 共识。

五大臣出国考察

废除野蛮的酷刑、制定维护公民权益的法律,需要宪法规范国家与各级
政府运行,必然要触及代表王权的官僚体系,那么慈禧、军机大臣及张之洞
总督等,能接受立宪制约王权、实现救国吗?

光绪三十年(1904)三月,张之洞奉旨与两江总督魏光焘,商议移建江南
制造局新厂,在南京停留一个多月。三月二十三日,张謇拜访他,商议奏请
朝廷立宪。张之洞不知宪法要涉及哪些内容,委托张謇与蒯光典先起草上
奏稿。

仿照日本宪法,张謇与蒯光典等人对稿子修改 10 多次。张之洞想以立
宪挽救清朝,但不清楚慈禧对立宪的态度,会产生哪些不利后果,又因袁世
凯要等待一段时间,没有呈递这个奏折。

其他总督对立宪有什么反应？同年五月十七日，驻天津的巢凤岗致电张之洞："对会同奏请立宪法，有些军机大臣以冷漠对待。袁世凯密电山东、广东等省，先勿要联名上奏。"[①]

张之洞要知道：何人提议奏请立宪法？何人主持起草奏折？有哪些人联名？袁世凯是否探知慈禧的意向后，再密告其他督抚？请巢凤岗再密探确实回复。

"江苏道台张鹤龄发出倡议，想联名各督抚上奏立宪，但尚未发出，军机处已经知道这个动向。"五月十八日，巢凤岗来电[②]。

为争夺在华利益，俄日竟然翻脸不认人，同年十二月二十四日，俄国对日本宣战。只顾保权力的慈禧及亲王不可能阻止这两个强国在中国开战，十二月二十七日只能宣布中立。

看到立宪的日本打败以专政维持农奴制的俄国，国内有忧患意识的绅士、商人、知识精英、留学生等有一个相似的认知：既然日本以宪政激发的体制优势，战胜落后的专政国家，那么中国也可以立宪取代封建专政。因而他们以开会演讲、发表文章、报纸宣传等，掀起了立宪浪潮。

出于应对外国入侵及会党发动起义，慈禧以实用主义回应，要采择各国政治体制，为立宪做准备，以永保王权。

光绪三十一年(1905)六月十四日，军机处奉旨发布："当今时局艰难，百废待兴，朝廷多次发出通令力图变法、锐意振兴，数年以来，有些行动而成效不明显。与承办人员向来不采取有效措施、未能知晓原委有关，以因循敷衍应付，怎能改变国家的衰弱？现特派载泽、戴鸿慈、徐世昌、端方等带领人员，分赴东西各国考察政治、法律、工商等，期望吸取有用的体制。"[③]

对考察团各项开支，慈禧要外务部、户部提出解决办法。两部明知这是朝廷派遣大臣出国办公事，应由国库支付费用，却以支出巨大、经费紧缺为由，要各省支援一部分。

"此次五大臣一行出国费用高昂，急需筹措。只是国库支出紧张，没有

---

① 虞和平主编：《张之洞档》第98册，大象出版社2014年版，第358页。

② 同上，第389页。

③ 故宫博物院明清档案部编：《清末筹备立宪档案史料》上册，中华书局1979年版，第1页。

储存这个出差费,需要各省合力接济。你们素来顾全大局,勇于承担责任克服困难,盼望先筹集这个巨款,便于提取。"六月二十一日,外务部等致电湖广总督张之洞、两江总督周馥、直隶总督袁世凯。

周馥不知应出多少路费才合适,六月二十二日致电张之洞询问:"你准备先筹多少资金? 每年上缴多少?"

"直隶想按年给 10 万两。"同一天袁世凯致电张之洞。

张之洞不便于拒绝外务部、户部伸手要钱,六月二十三日回电:"湖北对五大臣等出国考察的费用,想按年出 10 万两,请袁世凯等电告其他省。"①

三位总督通电达成共识,作为榜样每省出 10 万两,带动其他省奉献一部分,争取凑足这笔出国费。

口头许诺后,张之洞要应对练兵、办学、留学等多项支出,不能如期落实分摊五大臣等出国经费,七月二十一日,致电外务部、户部:"原来承诺的 10 万两,还没有着落。我命令相关官员商议,想从江汉关税项下设法腾挪拨付。本年从秋季算起,七月内必交 25 000 两,十月内再交 25 000 两共 5 万两,汇给上海道府存储拨给。"②

对他们出国考察,安徽桐城有志向的青年人,曾就读保定高等学堂的吴樾投来仇恨的目光:立宪的呼声传遍天下,这是保皇会的人误导国民的倡议,手段极其卑劣,不能为祖国洗清耻辱,反而加重了人民的负担,以巩固万世不变的皇权,宁可牺牲自己,也要消灭名义上探求宪政的五大臣。

实施暗杀前,吴樾向留日学生秘书处发来讨伐慈禧等权贵及采取爆炸手段的理由:"建立汉族主导的国家,在异族主权下苟且偷生,已失世界的名誉、历史的光荣,怎能跟随腐朽的异族王朝一起消亡?

"扶持清王朝不足以拯救处于危亡的国家,他们统治中国,以专制把握立宪,决不能有突破性的改革,而且会阻碍。即使立宪也必巧立名目,仍用老一套愚弄汉人,以文明的名义掩盖野蛮。

"清朝皇室无立宪资格,以祖宗遗留的政策奴役汉人,不肯拱手放弃权

---

① 以上参见苑书义等编:《张之洞全集》第 11 册,河北人民出版社 1998 年版,第 9352 页。
② 同上,第 9364—9365 页。

力,呆若木鸡、昏弱无能,自己的生死被慈禧等权贵掌握,自顾不暇,哪能立宪。慈禧不断剥削民众获取果实,在宫室纵情享乐,让她成为中国元首,岂不让全球人嘲笑?

"我国以圣贤相传几千年,但清朝乘机夺取政权,残杀无辜民众,以'文字狱'制造祸害。以多收税对外赔款,贪求无厌,怎能顾商人的利益? 对农民重征税多收费,而且每年征收漕米,供养满族旗兵,哪会对国民尽义务? 对平民滥用刑讯逼供,不许越级上诉。而满人不受汉官惩治,怎能平等? 对将士招之立来,任其鞭打,不用立即驱散,把那些饱受饥寒的游勇当作罪人处死。

"清朝以立宪巩固专制滋生罪恶,不会让人民享受自由幸福。慈禧、奕劻、铁良、荣庆为原始动物,怎能甘心以宪法赋予人民集会、出版、言论、迁移、财产等权利,谁相信他们的谎言?"①

找到这些理由,吴樾为 4 亿人民争取自由平等,以舍生忘死的悲壮气概携带炸弹,于光绪三十一年(1905)八月二十六日,来到北京正阳门火车站,看到载泽等大臣携带行李上车去天津,向他们扔出炸弹。随着弹药发出剧烈爆炸声,只见烟气弥漫,窗户被震碎,载泽的额角受微伤,绍英耳后及臂上受伤略重,随员、仆人也受伤,车站旁边有 3 人身亡②。

第二天,慈禧太后以发生这起意外事件,要求更换人员,确定载泽、尚其亨、李盛铎、戴鸿慈、端方 5 位考察大臣。他们奏请共调 16 人随行。

考察分两个团队,载泽、尚其亨、李盛铎等人访问日、英、法、比,同年十二月二十日在上海乘法国公司的轮船,二十二日到达日本神户。十一月十二日,戴鸿慈与端方等去美、德、意、俄、奥考察,经天津坐船于十一月二十日到达上海,二十三日乘美国"西比利亚"号轮船,二十五日到达日本,去长崎、神户、横滨参观后,十二月初二转船去美国。

同年十二月二十八日,载泽一行人到东京新桥火车站,受到日本海军大将东乡平八郎、外务省次长珍田舍己、东京市长尾崎行雄等官员热烈欢迎后,乘车去芝离宫入住。

---

① 以上参见曹亚伯:《革命真史:辛亥风云现场实录》上,中国长安出版社 2011 年版,第 21—24 页。

② 故宫博物院明清档案部编:《清末筹备立宪档案史料》上册,中华书局 1979 年版,第 2—3 页。

伴随迎接春节的喜庆，光绪三十二年(1906)正月初一，载泽等人由驻日公使杨枢陪同到皇宫，拜见日本天皇并呈递国书，互致问候后，天皇设宴款待。

满足贵客出访的心愿，正月初三，日本政府请法学博士穗积八束，在芝离宫给载泽等讲宪法对日本天皇权力的确定，由唐宝锷翻译："日本天皇掌握国家最高统治权，而且千年相传，不因宪法修改更换这种政体。至于治国办法，天皇享有宪法赋予的最高统治权，下面依宪法设行政机构，由首相等处理国务。设议会表决立法、预算等，设司法负责独立审判。"①

正月初四，日本前首相伊藤博文到芝离宫，载泽向他询问："此次我们考察各国政治，要锐意图强，以什么为纲领？"

"中国要变法自强，必须先立宪。"伊藤博文回答。

"我国立宪应效仿何国？"载泽问。

"各国宪政有两种，有君主立宪国，有民主立宪国。中国千年以来以君主统治，主权在君王而不在民众，与日本相同，似应参考日本政体。"伊藤博文说。

"立宪后对于君主国的政体有无妨碍？"载泽问。

"并无妨碍。中国现为君主国，主权必集中君主，不可旁落于官员、平民。日本宪法第三、第四条确定，天皇神圣不可侵犯，天皇为国家元首，总揽统治权。"伊藤博文回答。

"君主立宪与专制有何区别？"载泽问。

"君主立宪与专制不同之处也是最紧要的在于，立宪国的法律，必须经议会讨论表决。日本宪法第五、第六条规定，制定、修改或废除法律，必经议会议决，呈请天皇批准公布。不同于专制国家，由皇帝一人裁定。颁布法律后，全国人民必须遵守，无一人不受法律制约等。"伊藤博文回答②。

听了他们的介绍，载泽认识到：日本形成了以天皇主导，行政、议会、司法制约的政体。而日本的富强除了改良法律、精练海陆军、奖励农工商以外，根本在于教育普及。自明治维新开始，实行强迫教育，男女都要进入学

---

① 载泽：《考察政治日记》，载钟叔河主编：《走向世界丛书》，岳麓书社1986年版，第575页。
② 以上会谈同上，第579页。

校,人人知道纳税、当兵的义务,人人有尚武爱国的精神,每个人在相关的行业,以求学提高职业素养为准则。

带着对日本人取得成就的敬仰,正月二十日,载泽、李盛铎等联名给太后及皇上呈上在日本考察的奏折①。

结束对日本访问,载泽等于正月二十日,经横滨乘坐美国大北公司"达柯达"号轮船,途经美国参观华盛顿等城市后,二月二十日乘英国白垦公司"波罗的克"号轮船前往英国。

经过一个多星期的航行,二月二十八日,载泽等人抵达利物浦,登陆后转火车去伦敦。载泽重点关注英国议会起源、宪法形成、君王的权限等。三月初三,请法学教师埃喜来到驻英使馆,讲解英国宪政、司法、财政、自治、警备的特点。

"英国宪法实施几百年以来,经过不同时期的政治等变化逐渐完善,今日依然发挥维系国家的作用。探求背后连续不中断的原因,与融合了过去的习惯风俗有关。英国法律体系繁密,应从往日公布的各种法律,探寻奠定宪法运行、维护宪政的原因,不能只偏重一部法律。"埃喜来对他们说②。

至于三权鼎立与君主的关系,埃喜来说,君王在国家享有至高地位,法律必须经他批准后才能颁布,各部长官必须听从他的命令。而君王对自己的行为不负责任,由处理国务的首相承担。

对司法权,埃喜来告诉载泽等:最高法院大法官提请任各审判官,不经上下议院弹劾不能罢免。君王、首相及各部长官无权干涉司法,法官不受外界压力秉公审判,得到国民的信服。

随后,载泽带领成员参观英国地方自治局、议院、教育部、农业部、海军部、警察局、监狱、有关大学及机器、钢铁厂等,向负责人询问如何维持高效运行,看到英国人发明的蒸汽机、火车、汽车、电力等,释放超过千百人的力量,节省劳动提高了生产效率,带动国民由原始农耕跨进工业,积累了令人称奇的物质财富。

——————————

① 故宫博物院明清档案部编:《清末筹备立宪档案史料》上册,中华书局 1979 年版,第 6 页。
② 载泽:《考察政治日记》,载钟叔河主编:《走向世界丛书》,岳麓书社 1986 年版,第 596 页。

惊叹后,载泽认识到这得益于有效的制度:英国上下议院议妥国家要推行的政策后,经首相报请君王批准实施,不担心事权不统一、不能执行政令。而地方自治极为完善,由居民选举市、县、乡政府长官治理。

"地方政府以严密的条规办理各项公务,民众不觉得苛刻。地方官设置多项征税,取之于民用之于民,民众没有抱怨。他们注重民生、尊重风土人情的做法,与中国周朝树立礼制相似。只是英国各级政府设置复杂,各官员分工负责,受到许多制约,不适合中国政治体制,应弃短用长。"光绪三十二年(1906)三月二十四日,载泽等给光绪帝呈上考察英国情况的奏折①。

也许是要扩大影响,相互增进了解,剑桥大学请中国驻英公使汪大燮转告载泽大臣,想授予他荣誉博士学位。四月十一日,汪大燮致电在法国考察的载泽转达此事。

接到这个消息,当天载泽在日记里以欣喜又自愧的语气说:"剑桥为英国最高古老的大学,若不是品学兼优,出版有独创性的著作,得到学界推崇,不会轻易授予。我在英国得到这个学位,感到特别荣耀。只是我的学识达不到,深感惭愧。"②

牛津大学不甘落后,四月二十二日,向载泽表达相同的意愿。四月二十五日,载泽先到牛津大学接受授予名誉法学博士学位。闰四月初二,他去剑桥大学参加相似的仪式。

回头看戴鸿慈与端方的考察团,光绪三十一年(1905)十二月十八日到达美国旧金山,受到清驻旧金山领事、候选道员钟宝僖,美总统特派大学财政教师精琦等人的接待。三十日,他们由驻美公使梁诚陪同,乘马车去白宫拜见美国总统西奥多·罗斯福。

"我们游历美国一个多月,感叹工商、农业、教育、制造等取得的成就,简直看不完。我专注考究财政、商务,蔡琦向枪炮厂的经理询问制造工艺等,已做笔记。现定本月二十二日离开美国随同赴德国,时间仓促事多,很难详细观看,只拿了一些章程,回湖北再翻译。"光绪三十二年正月十九日,金鼎、

① 故宫博物院明清档案部编:《清末筹备立宪档案史料》上册,中华书局 1979 年版,第 10—11 页。
② 载泽:《考察政治日记》,载钟叔河主编:《走向世界丛书》,岳麓书社 1986 年版,第 654 页。

蔡琦从美国纽约致电张之洞①。

考察一个多月,正月二十三日,戴鸿慈等上奏汇报考察美国情况:"我们参观华盛顿、纽约、费城、波士顿等地政府、议院、学校、商业、工厂等,感觉美国以工商立国,公民享有自由平等权,与中国政体不相同,但各项机制比较完备,维护良好的公共秩序,城市公共设施齐全,有利于带动人民致富,值得我们借鉴。"②

同年二月十三日,戴鸿慈等到达德国柏林,得到德首相、外长等迎接。他们重点与政府、议院、军事等部门的有关官员交流,探寻德国为何成为欧洲强国,并参观电气、机器厂、克虏伯厂、造船、煤矿等及柏林大学、莱比锡大学、军校等。

三月初四,戴鸿慈来到有 7 万多人的克虏伯厂,与有关人员交谈得知,工厂发行股票募集资金改进技术,不断扩大产量,形成熔铁、炼钢、生产枪炮等名震世界的大型集团。

走访一个多月,戴鸿慈等感慨万千,三月十六日,给太后及皇上呈上考察德国的奏折:"德国不到 100 年,以练兵办实业强国,威震欧洲。国民有尚武精神,无不以服从为主。人民勤俭质朴,不断追求进步,与中国人相近。日本维新以来,几乎全面效仿德国改体制,只用 30 年出现繁荣富强。中国赞叹日本取得的成就,却不知背后的根源。我们要刻不容缓,吸取德国走向强盛的有益机制。"③

这次到外国考察的戴鸿慈等高级官员虽走马观花,但从西方创造的物质文明成果,看到法治保护私有财产权,激发资本家优化配置人力、资金、技术,生产优质商品、提高竞争力,对造就一个民主富强国家的作用。

为立宪争论不休

结束考察,光绪三十二年(1906)闰四月十九日,载泽率领考察团乘法国

---

① 虞和平主编:《张之洞档》第 105 册,大象出版社 2014 年版,第 137—138 页。
② 故宫博物院明清档案部编:《清末筹备立宪档案史料》上册,中华书局 1979 年版,第 7 页。
③ 同上,第 9—10 页。

邮轮回国，五月二十一日抵达上海，于六月初三经天津返回北京。

闰四月三十日，戴鸿慈、端方等带领考察团离开意大利，六月初一回到上海。六月初十，他们致电张之洞、四川锡良、陕甘升允等总督："此次调查欧美各国政治，无不以宪法为治国根本，施政纲领可因时制宜，惟有宪法一成不变，上下维系，虽有内忧外患，而国家巩固不动摇。当今国内外乡绅、商人等怀着深切的爱国情怀，盼朝廷早日制定宪法。我们准备奏请先宣布立宪，以十年或十五年为期，颁布实行。我们要规划地方自治、中央行政，带动民众转变认识，便于立宪。你公忠体国、深谋远虑，必能观古今中外，为保国家昌盛与人民利益，请你指示。"①

"立宪关系重大，如将来皇上命令各省议奏时，我必定提出自己的看法，详细上奏，以备采用。此时我不敢妄加议论，请你们见谅。"六月十三日，张之洞回电上海戴鸿慈、直隶总督袁世凯、沈阳赵将军、两广总督岑春煊、两江总督周馥、四川总督锡良、陕甘总督升允、云贵总督丁振铎②。

与张之洞看慈禧的眼色行事相似，陕甘总督升允、云贵总督丁振铎，在载泽等亲王与地方巡抚为立宪制约王权争论时，要等待朝廷有明确的旨意，才表明对立宪的态度。

"我不知立宪是否有害，不敢随意附和，又不知立宪是否必无益，不敢阻挠，要等皇上发来旨意询问再上奏。"六月十四日，升允致电张之洞。

"戴鸿慈来电商谈立宪，我觉得应等接到皇上旨意后，再提出看法。到时你回复时，先将电文发给我参考下。"六月十五日，丁振铎致电张之洞③。

五位大臣到日、英、美、法、德等国考察，强烈感受到这些国家以议会、行政、司法形成互相制约，带动各级政府高效廉洁运行，保障公民人身及财产权不受侵犯，激发了民众的爱国热情，而且有效阻止官员贪污受贿。

回国后，慈禧召见载泽2次、戴鸿慈2次、端方3次，详细询问这些国家立宪后，如何规范君王及行政、司法、议会等权力。他们如实指出中国不立宪与立宪的利害。

① 虞和平主编：《张之洞档》第107册，大象出版社2014年版，第74—77页。
② 苑书义等编：《张之洞全集》第11册，河北人民出版社1998年版，第9509页。
③ 以上参见虞和平主编：《张之洞档》第107册，大象出版社2014年版，第113—114、151页。

　　六月二十三日,戴鸿慈第二次受慈禧召见时,直接点明主题:"立宪利国利民,可保王权长久,无损君王的权力,预备立宪必须以改定中央及地方官制为入手。"①

　　看到慈禧对立宪将信将疑,载泽以此次考察看到日、英、法等国立宪造就的一切奇迹,要起草一个博采各国立宪特点的奏折,消除她对立宪可能丧失王权的恐慌。

　　首先,载泽在奏折向她传递一个正面作用:立宪能安国家、抵御外敌、巩固政权、保人民安居乐业。英国率先以宪章治国,法、美跟进,出现了一些立宪君王主导的国家,如瑞典、葡萄牙、西班牙、荷兰等以立宪激发追赶走向强大。俄国被日本击败后,如同发生大地震受到极大震动,萌发要以立宪增强国力。

　　列出以上立宪国的差异,载泽告诉慈禧:立宪政体有利于君王掌权,有利于民众,可制约各级官员滥用职权。各君主立宪国,王位万世不改,君权神圣不可侵犯,享受安乐尊荣却不负责任。对民众来说,有宪法维护人身及财产权,有权向地方政府提供建议。对各级官员来说,形成上下监督,贪污受贿要受到撤职等处分。

　　载泽再向慈禧分析中国为何要立宪:紧靠中国东边的日本虎视眈眈,北边有像北极熊凶猛的俄国,东南面临英、法、德包围,造成中国岌岌可危的局面。对外,国内民气低落;对内,各级官员治理能力很差;谈练兵,缺少同仇敌忾的志向;论财政,犹如剜肉补疮应付。因而他反复衡量、百忧交集,觉得立宪为大势所趋万不能迟缓。

　　指出立宪的优点,光绪三十二年(1906)七月,载泽等联名给太后及皇上发来请五年为期改立宪政体的奏折:"立宪之前要先办三件事,一、宣布立宪宗旨。效仿当年日本实施宪政时,将朝廷立宪大纲广为传播,带动全国官员、民众奉公办事,一切以宪法为最高准则,不得违背。二、颁布地方自治法规。州县之间相距几百公里,仅有一个知县不能应对民众的诉求,要选举乡长赋予职责,定期开会议事表达民意。三、制定公民集会、言论、出版的法

①　戴鸿慈:《出使九国日记》,载钟叔河主编:《走向世界丛书》,岳麓书社 1986 年版,第 530 页。

律。各国允许公民行使这种自由,而民众以享有这种自由感到幸福。

"我们恳请太后及皇上,果断发出旨意,以五年时间改立宪政体。一面命令考察政治的大臣,向日、英、德研究宪政的专家请教,编成立宪的稿子呈递御览,并令通达时务、公忠体国的大臣,开馆起草宪法稿子通告公众。一面将我们提议要办的三件事,预先实施,为转向宪政国家打下基础。"①

呈报筹备五年依宪法改政体后,载泽意识到军机大臣、各督抚的权力不如往日大,会找各种理由阻挠立宪,必须让慈禧认识到立宪有助于巩固王权,不要为各部门、外界各种无根据的偏见担忧,及时启动预备立宪。

他单独给慈禧呈上《奏请宣布立宪密折》:"我认为君主立宪有三大利:一、皇位永固,君王神圣不可侵犯,君位万世不改。二、渐渐减轻外患,今日外国侮辱我国,除国家实力极为虚弱以外,在于维持专政,不以平等对待我国。改宪政,他们会尊敬我们,改变侵略政策为和平邦交。三、可消除内乱,流亡外国的乱党成员,煽动各方以武力推翻清朝,改宪政,其他国认为我国平等、文明,可化解各种势力叛乱。"②

慈禧看了载泽奏请立宪的折子,有所领悟:立宪保君王享有最高权力,有限度给予民众自由,明确各级政府行使权力的范围,便于有向心力挽救大清王朝。如清朝不改专政、不以宪法立国,亿万人民不可能将丰富的资源转为强国能量。

怀着尝试的心情,慈禧派载泽与其他出洋大臣,查看各地呈上来的奏折,提出如何立宪的建议。

一场反对与赞成立宪的辩论展开,光绪三十二年(1906)七月初八,镇国公载泽、端方、戴鸿慈等分别阅看各奏折后,初九在外务部开会,庆王奕劻首先发言:"我认为似应决定立宪,从速宣布,以顺民心而不负太后及皇上的期望。"

"以我观察,现在国力虚弱,立宪对政体变动太大、太骤然,恐怕有不可

---

① 故宫博物院明清档案部编:《清末筹备立宪档案史料》上册,中华书局 1979 年版,第 110—112 页。
② 同上,第 173—176 页。

预测的动乱。应该革除现有的各种弊端，等政治清明，渐趋变更，也不算太迟。"孙家鼐接过话说。

"逐渐变更的方式，已经运行了多年，证明无成效。国民的观念不变，精神面貌不可能发生根本转变。惟有大变，才能激发全国人民精神焕发。"徐世昌驳斥他。

"照你所说，国民达到一定的认识程度才变，当今能认识宪法作用的人，不过千分之一，能知为什么立宪又必须推进的人，不过万分之一。皇上虽要颁布宪法，而民众浑然不知，仍应慎之又慎。逐渐变更有几年，无特别的成效。而国民的观念不变未带动精神发生变化，所以你认为只有大变，才能激起国人转变精神。"孙家鼐希望缓变。

"要等待国民的认识达到一定程度才能立宪，这件事可能永远不能办成。我认为，与其等国民认知度很高再制定宪法，不如先预备立宪而给予指导，使国民逐步接受依宪法治国。"张百熙说。

"我并非不知立宪政体的美好，考虑到我国政体宽大，现在应整顿法纪，综核实际情况，能掌控局势，定维系上下的制度，运行数年，使官员尽知奉公守法，然后再商议立宪。若不观察中外政治差异，只图立宪的美名，势必导致执政者无权，而危害分子得以隐藏，日久天长带来的祸害不小。"荣庆对立宪有顾虑。

"既然如此，我觉得应预备立宪，而不能立即立宪。"瞿鸿禨说。

"如今未经国民要求立宪，而朝廷授权行动，民众不知宪政会给自己带来利益，反而以为要承担义务感到痛苦，有什么意义？"铁良认为国民不知宪法的作用。

"天下发生一个推动国家变革的大事，哪能经常出现？过去欧洲的民众，饱受压迫，后来萌发爱国意识，以暴力推翻专制寻求权利。我国不同，朝廷既然崇尚宽大，又无外力逼迫，民众相处在不识不知的环境，绝不知有当兵纳税的义务，而各国立宪，民众读书吸收知识又享有权利。我国只有让公民拥有权利才能知尽义务，事情进展顺利或阻碍不同，预备立宪也有不同，要让民众不断吸收知识，不迷失方向，成为我们莫大的责任，我们要为立宪共同勉励。"袁世凯向他们解释立宪的意义。

"如此,应该在宣布立宪后,设立内阁修订官制,明确各部门的权限,设置各机关,而且必须全力增强国民吸收知识的能力,普及义务教育,派人分别到各地演讲,使各地乡绅、商人、居民的认识水平达到相等,才有利于立宪。"铁良说。

"要以大变革建立数千年未有的政体,一旦要大变原有的体制,各种问题会相继发生。比如老屋,未商议修复时任其飘摇,也能支撑一段时间。决定维修拆除构件时,原来被掩盖已经腐朽的大梁、柱子、裂开的墙壁,被纷纷发现,要多消耗时间与财力修复。改变原有政体的途径,与修复老屋的方法相似。"袁世凯以形象的比喻说。

"现在地方政府要严惩土豪劣绅、恶棍,各县几乎被他们盘踞,老百姓难以与他们抗争。倘若预备立宪,先要推行地方自治。而这些豪强,公然把持地方各项事务,会阻碍宪法实施。"铁良指出立宪的障碍。

"这需要选择公正、品质超群的人任地方官员,专心做有益于民众的善事,使正直的人得以施展才能,弄虚作假的人无法搞诡计,如此地方才能建立自治基地。"袁世凯提出解决办法。

"按你这个表述,仍应将提高官员的道德、学识、治理能力,当作立宪前要办的第一件大事。旧法与新法,固然无二致。"瞿鸿禨说。

"既然立宪涉及多个领域的变革,事务非常繁重,国民的认识程度未达到,会出现各种各样的阻力,那么不能不多延长出台宪法的时间,先进行预备立宪。"载泽总结各位的意见要为立宪做准备①。

从以上讨论看,奕劻、袁世凯、徐世昌、张百熙、端方为一派,主张以迅速立宪,增强国民对大清王朝的认同感,有助于消除国家面临的危机;孙家鼐、瞿鸿禨、荣庆、铁良,以国民受教育水平低、不知宪法有什么作用,立即以立宪改变政体会有风险,应暂缓。

会后,七月初十,载泽拜见慈禧,汇报各位高官对立宪提出的不同意见,请求先以预备立宪,改官制、推动地方自治、提高民众对宪法的认识等。

① 以上会谈参见《立宪纪闻》,载《中国近代史丛书》编写组编:《辛亥革命》第4册,上海人民出版社1957年版,第14—17页。

重新构建中央政府职能

立宪像一个强力融化剂,要融解围绕农耕文明运行了几千年的王权体制,改为适应工业文明要求的现代国家,必然要重新设置中央政府的权力、推选国家最高领导人,以及设内政、财政、司法、工商、外交、交通等部,明确各自不同的职能。

改官制涉及重新分配中央及地方的权力,如何让慈禧及庞大的官僚集团接受? 端方表现得异常活跃,与一同出国考察的大臣戴鸿慈等商议:仿效西方设立责任内阁,首相或总理与各部长组成合议制的政府,代君王制定国务决策并实施。

由内阁全体成员承担得失过错,对君王负责任,必须忠于职守,不敢推诿或不作为而误国,那么民众不敢抱怨君王。君王能保有神圣的地位不受损害,又便于中央行政统一。

端方等人再看清朝军机处,虽与各国的内阁相似,像一国行政长官,但只是作为皇上的顾问,或起草公文的高级秘书,毫无实际决策权,平时与各部之间交往少,不知各自应制定政策的范围和界限。

遇到公务时,军机处与各部互相推脱,发生争论不过是提出不同的意见。稍有实权的部,或遇应办的事、应拨的款,不是互相协助、通力合筹,反而为争权夺利设置障碍,造成皇上发出的旨意,不能有效执行。

这些司空见惯的弊端,如同废渣腐烂长期得不到清理,消耗了大清王朝的养分却制造病毒。端方等人觉得,若不设内阁以总理召集各部长官合议,共谋国家兴盛大局,虽有开诚布公的意念,恐怕不会同心协力办事,不足以取得实效。

讨论后,端方与戴鸿慈等以这些设想,于光绪三十二年(1906)七月初六,给光绪帝呈上改定全国官制为立宪预备的奏折:"恳请皇太后、皇上发布旨意,以15年或20年为立宪预备期。参考日本天皇主导的首相责任制,军机处归并内阁,设总理一名处理内外政务,设副总理两名,协助总理办理公事,各部长官为总理内阁成员,一起开会议定国务。明定中央与地方的权限。各部门与各总督、巡抚职权不清,有时互相干扰、推诿制造阻力,降低了行政效率,要划分各自责任,不能随意越权,便于中央政令得到有效执行。

"内外各重要部门要设辅佐副职,协助部长处理公务。各部门的官员应酌量增加,裁减合并不必要的衙门,增设法、农、工、商等部①。

这个涉及朝廷行使权力的奏折摆到慈禧的桌上,引起她反思:清朝不是缺乏人才、资金、机器等,而是与小农经济联系在一起的王权,经常发生体制运行不灵敏的故障,不能应对西方文明的挑战,造成与外国的差距越来越大。应以前车之鉴,将日本变法取得的成就当作一面镜子,改变不适应现时要求的官僚体系,建立适应工业文明的中央机构。

因此,端方等人呈递的奏折只过了一个星期,慈禧顺应时势作出改官制的重大决定。光绪三十二年(1906)七月十三日,军机处奉她的命令发布《宣示预备立宪先行厘定官制谕》的通令:"现在各国交通、政治、司法等互相影响。我国政治体制长久沿用未改动,现在每天要防各种风险,感到忧思迫切,如不吸取有益的机制,更订法制,不可能继承祖宗缔造的江山,也不能回应官员、民众的期望。

"载泽等回国上奏,指出国力不振在于上下观望,内外隔阂,官员不知如何保民,民不知为何卫国。而各国之所以富强,因实行宪法听取民意,君民一体,互相联系、博采众长、明定权限。

"时值今日,惟有及时仿效宪政,朝廷掌握大权,政务公开,才能立国万年。但目前机制不完备,民众未转变认识,若操之过急,以空文应对,何以取信于民?应清除积弊,明定各自的权责,必须先从改官制入手。"②

只过了一天,七月十四日,军机处奉旨发布《派载泽等编纂官制、奕劻等总司核定谕》的名单:"委派载泽、大学士世续、外交部大臣那桐、荣庆、载振、内务部大臣奎俊、铁良,户部尚书张百熙、戴鸿慈、葛宝华,政务大臣徐世昌、陆润庠、寿耆、直隶总督袁世凯会同编纂,务当共同尽忠,摒除成见,悉心妥订,再派闽浙总督端方、湖广总督张之洞、陕甘总督升允、四川总督锡良、两

---

① 以上奏折参见故宫博物院明清档案部编:《清末筹备立宪档案史料》上册,中华书局1979年版,第367—383页。
② 同上,第43—44页。

江总督周馥、两广总督岑春煊,选派相关人员进京随同参议,并派庆王奕劻、军机大臣孙家鼐、瞿鸿禨为总核定大臣。"①

接到旨意,张之洞选派荆州道台陈夔麟,岑春煊派于式枚等人员参加,形成有不同背景、信仰、政治动机的人参与改官制。同年七月十六日,他们在颐和园召开第一次会议,十八日在恭王府朗润园设编馆。

善于应变的袁世凯,担心慈禧太后去世后,光绪皇帝执政,会对自己采取制裁,利用立宪带动改官制的时机,要取消军机处设总理,以奕劻任总理,搭载他的跳板自己为副总理,不动声色扩大权力。

为此,袁世凯在北京西郊朗润园设改官制馆,派遣幕僚孙宝琦、杨士琦、金邦平、曹汝霖、张一麟、汪荣宝为起草委员;陆宗舆、邓邦述、熙彦为评议员;章宗祥、王士珍参与讨论,便于按自己的意图推进。

参与改官制的军机大臣、总理大臣瞿鸿禨,保持中立不流露自己的倾向;军机大臣鹿传霖装聋作哑,不表示自己的偏好;巡警部尚书徐世昌八面玲珑,善于与各个帮派周旋;大学士孙家鼐守旧沉稳,能听从袁世凯的号召。

他们效仿日本君主立宪,设置总理一名、副总理两名,形成行政、司法、立法三权分立,合并重新组成11部7院,做到职责分明、各尽其能,将撤销部门的官员,分流到无实权的资政院养老。

"我因公去北京,看到官制局开会讨论改官制,派杨士琦、孙宝琦为提调。但阻力极大,没有宣布何时改,袁世凯与铁良互相排斥。"光绪三十二年(1906)七月二十日,在天津探听情报的张委员致电张之洞②。

袁世凯以为拉拢瞿鸿禨、孙家鼐、端方随声附和,以及载泽协助,可以多数赞成排除反对派,改定官制设总理负责制,改变几千年王权不受制约的局面。然而对手在暗处向他发动攻击。

时任军机大臣兼户部尚书、练兵处协办大臣铁良,虽练兵不如直隶总督袁世凯,甘拜下风,但严格审核北洋军费开支,让袁世凯不能大手大脚花钱,处处受到限制,要东拼西凑应对开支,对铁良积下了很深的怨恨。

① 以上参见故宫博物院明清档案部编:《清末筹备立宪档案史料》上,中华书局1979年版,第385页。
② 虞和平主编:《张之洞档》第107册,大象出版社2014年版,第280页。

集政权、财政、兵权于一身的铁良，意识到一旦废军机处设总理内阁制，练兵处合并到陆军部，自己会丧失一些特权，与学部尚书荣庆以不同形式，向慈禧反映袁世凯借改官制，培植自己的势力，应防止他野心膨胀设总理危及王权。

发誓要立宪的袁世凯受慈禧召见时说："若不免除铁良的职务，新政必会受到阻挠，而且倚仗权力欺骗太后及皇上。"

慈禧听了没有表态，光绪帝在旁边显露笑容，却一言不发。

袁世凯退出后，奕劻进去附和他向慈禧指责铁良有许多过错。

"我觉得铁良没有什么大过。"慈禧不同意他的说法。

"铁良利用职务之便，到处谋取私利。"奕劻说[①]。

对袁世凯与奕劻联合弹劾，要将自己赶出中央政府，铁良不是等闲之辈，不可能容忍袁世凯大权独揽，巧妙驱动那些担心改官制会撤销监察院、砸破铁饭碗的御史声讨袁世凯。

大脑没有储存宪法知识的御史赵炳麟，完全不知立宪政体的运作，起草很长的奏折时，凭直觉判断设内阁总理制，代皇上行使国务大权，不符合大臣服从君王的礼教，况且几个政务大臣操纵议政，会排斥其他各部尚书单独向皇上呈递奏折的权力。

他觉得，只听从总理或副总理等少数几个人决议国务，为历代王朝前所未有，恐怕其他国家也无这种政体。将各部的事务归内阁，破坏祖宗制定皇上召见各部尚书议事的规定。而议院未设、地方自治没有实行，怎能先成立内阁？

找到这些不利因素，赵炳麟在奏折中建议，仍保留六部分别行使立法、财政等权力，内阁、军机处无论是否归并、取何种名称，应暂时维持旧制，不更改中央机构运行方式。

对袁世凯邀请数十名留日学生主持起草官制，赵炳麟在奏折以轻视的口气，不点名批评他们无学问根底：既对清朝政体、人情及数千年官制历史，

---

① 以上参见陈旭麓等编：《辛亥革命前后——盛宣怀档案资料选辑之一》，上海人民出版社1979年版，第26页。

茫然不知，又墨守东西各国官制一家之言，不了解体制运行的关键。将日本学者编写的资料，日本陆军学校的教规当作金科玉律，怎能制定适应中国大变革的官制？

怀着对他们的极度不信任，八月二十五日，赵炳麟上奏反对设总理："我皇太后及皇上心怀忠孝，必定不忍心看到祖宗治理完善的天下，断送于数十个乳臭未干的小儿之手。应命令载泽、袁世凯等大臣编定官制呈奏后，由朝廷决定大纲。"①

参与改官制的大臣孙家鼐，再三思考，认为治民、亲民的官职最为紧要。州县官员远离皇上、总督，懒散不尽责、贪得无厌，以残酷无情对待民众的申诉，导致民不聊生，各种邪说迷信盛行，严重败坏地方风气，不同意先改中央官制。

"要改官制以治天下，应当从州县改起，而中央各部官职应延缓改。比如建筑房子应先修墙基，逐渐加高才能稳固。州县为天下的根基，乡村为州县的根基，两者互补结合，才能更好地治理国家。"九月十六日，孙家鼐给皇上发来先改州县的奏折②。

受到外国民主政治的影响，端方提议解散太监，终结这个传承2 000多年的恶习，载泽、袁世凯等觉得可行。太监听说要丢掉饭碗惊慌失色，终日在慈禧面前说三道四，发出许多不相干的议论，吵得她心神不安，不能正常吃饭休息。

有一天她说："我如此为难，真不如跳湖而死。"③

袁世凯等人听到后，作出一些退让，将内务府、内三院、宗人府等与政治无关的部门暂时保留，消除了太监们为失业引发的恐惧，不再让慈禧心烦。

但有些官员仍接连不断上奏，弹劾袁世凯揽权误国。慈禧召集军机大臣时，将奏折发给他们查看。有人提出发政务处议论如何处分。慈禧不能

---

① 以上奏折参见故宫博物院明清档案部编：《清末筹备立宪档案史料》上册，中华书局1979年版，第438—439、443页。

② 同上，第461页。

③ 陈旭麓等编：《辛亥革命前后——盛宣怀档案资料选辑之一》，上海人民出版社1979年版，第29页。

让他们搞窝里斗,收回折子不对外张扬。

袁世凯觉得,既然慈禧决意立宪,应当依照日、英等立宪国,改为总理负责制,一些不适用的官府应合并或废除,有利于推行新政。岂知军机大臣瞿鸿禨及荣庆、铁良等权贵,以为他要当总理,大权独揽。

参会的大臣,讨论袁世凯提交的草案时,对新设各部及合并一些部顺利通过,对撤销军机处设总理负责制横生阻力,再三修改稿子,仍不同意。他们不知军机处的功能,不适应立宪政府的运转。

几经争论,成立了四不像的内阁,设一名总理、两名副总理,由皇上委任,每日召见开会讨论国务,下设十多名辅助官。另设组织局、公报局、印铸局等,等于换汤不换药①。

虽然瞿鸿禨不配合,各巡抚、御史等连续上奏反对改官制,但奕劻受到袁世凯的拉拢与金钱诱惑,以总核定大臣的权力,审核官制草案时允许设总理。

经过两个月的讨论、修改,光绪三十二年(1906)九月十六日,奕劻等给光绪帝呈上改各衙门官制奏折:"我们认为造成权责不明,有三个原因:一是权限不分。以行政官兼立法,必会借行政的名义,制定不公平的法律。以行政官兼司法,必以平时的爱憎,变更一些法律。以司法官兼立法,必会谋求审判的便利,制定苛刻的法律,导致法律失去惩罚与教育的本意,剥夺人民享有的权利。

"二是职权不明。一个部被多数人主导,一人兼任数个职务,必无专长办事。数人占有一个职位,如同筑室合谋,会玩忽职守。一人兼数职,每日应接不暇,无精力处理公务。这个现象造成互相牵制,职责不明。

"三是有名无实。名为分管人事的吏部,但抽签选派人员时,并无制衡礼教权。名义为户部,但并无统计权。名为分管礼仪的礼部,但举行典礼仪式,并无礼教权。名为兵部,但只管理绿营兵籍,武职升转之事,并无统御之权。"

列出这些原因,他们在奏折中提出建议:"设总理大臣,各部长官为内阁

---

① 曹汝霖:《曹汝霖一生之回忆》,中国大百科全书出版社 2009 年版,第 59 页。

政务大臣,参与中央政府决策无隔阂,便于中央集权、政策统一。司法权专属法部,以大理院负责审判,而法部监督,与行政形成互相制约。合并原有的衙门共设外务、吏部、民政、度支、礼部、学部、陆军、法部、农工商、邮传、理藩 11 个部及最高法院。"①

这个奏折的设计,体现以三权分立舍弃军机处,设总理一名、副总理两名,形成总理主导、部长分工协作的中央政府权力体系。

慈禧经历咸丰、同治与光绪年间,从未放松或失去对最高权的控制,怎能在改官制时答应奕劻、袁世凯,提议设总理负责制,一夜之间取代服从王权的军机处?

于是,慈禧怀疑袁世凯借改官制设总理制,包藏夺权的野心,必须修改草案不留下漏洞。

不顾反对,袁世凯请端方、载泽坚持原来设总理负责制的议定。但端方发现慈禧不赞成内阁制,害怕对抗丧失官位,不敢与他联名奏请。袁世凯处于进退两难,仍幻想成为一名副总理。

反对设总理制及弹劾袁世凯独断专行的奏折,经军机处转给慈禧。她怀着猜疑召见袁世凯:"近来,我接到许多参劾你的奏折,未发给军机处及相关部处理。"

"这些都是闲话,完全不必要听。"袁世凯直率回答。

慈禧觉得他不领会自己的意图,脸上流露出不愉快,命他退出去。等孙家鼐进来,她问:"袁世凯如此妄为,将来他会有什么举动?"②

瞿鸿禨"脚踏两只船":一方面不公开反对袁世凯改中央官制,有选择性地改一些部门。另一方面,他知道慈禧顾虑设总理限制皇上的权力,以放弃对构建民主国家的追求,迎合她保王权的需求。

为此,瞿鸿禨不给袁世凯打招呼,搞过河拆桥,单独起草一个给慈禧的密折,说明不能照搬外国设总理负责制的原因:"雍正年间,皇帝创设军机处

① 故宫博物院明清档案部编:《清末筹备立宪档案史料》上册,中华书局 1979 年版,第 462—465 页。
② 以上参见陈旭麓等编:《辛亥革命前后——盛宣怀档案资料选辑之一》,上海人民出版社 1979 年版,第 34 页。

以来,传承至今不改,每日值班大臣奉旨办事,没有拖拉延误的现象,一洗从前内阁的旧习。可见历任皇帝以勤勉处理政务,谋划深远、立法精密,创前无古人的功绩。"

称赞军机处的优点后,瞿鸿禨在奏折中以穿凿附会迷惑慈禧:"日本选举首相、欧洲各国设总理,与我国以军机处行使中央权力相似。如要改军机处为总理负责制,不如改为政务处设政务大臣,各部长官为参与政务大臣,组成行政班子,仍以各部轮流班值,听候皇上召对议办国务,按旧制运行无须更改。"①

另外,瞿鸿禨以各省风俗习惯存在很大差异、人民教育水平低,要同时改地方官职,各地缺乏人才与经费应对,应从东三省先入手,等有成效,再命令各省仿照实施。

看了他呈递的密折,慈禧感到由衷高兴:这仿佛是按我的心愿制定的方案,不以总理制限制王权,又以局部改官制对外掩人耳目。

光绪三十二年(1906)九月二十日,军机处发布了经她采纳瞿鸿禨奏请裁定的中央官制方案:"雍正年间设军机处办理行政事务,每天派大臣值班,传达皇上发出的旨意,以高度机密与高效运行,传承至今没有发生舞弊,因而无须设总理取代,军机处一切规制照旧。"

保留代表巩固王权的军机处时,慈禧赞同撤销及合并一些部门,重新构建中央政府职能,适应立宪治国的需要:将巡警部并入民政部,户部改为度支部。礼部合并一些职能相似的部门,兵部及练兵处划归陆军部。刑部改为法部,专管司法,大理寺改为大理院相当于最高法院。工部并入商部,改为农工商部。设邮传部,管理航运、铁路、电线、邮政。为广泛吸取民众的呼声设资政院,以核查各级政府公费开支设审计院②。

同一天,军机处奉慈禧的命令更换军机处大臣:免除鹿传霖、荣庆、徐世昌、铁良军机大臣职务,庆王奕劻、外务部尚书瞿鸿禨仍为军机大臣,补授大

① 《瞿鸿禨奏稿选录》,载中国社会科学院近代史研究所近代史资料编辑组编:《近代史资料》总83号,中国社会科学院出版社1993年版,第35页。
② 以上参见故宫博物院明清档案部编:《清末筹备立宪档案史料》上册,中华书局1979年版,第471—472页。

学士世续任军机大臣,奕劻的学生、广西巡抚林绍年进入军机处。

九月二十一日,光绪帝以慈禧的意志发布旨意:戴鸿慈任法部部长,沈家本担任大理院院长,仍负责修法。

得到慈禧信任的荣庆任学部尚书、鹿传霖任吏部尚书、溥颋任度支部尚书、载振任农工商部尚书、铁良任陆军部尚书、张百熙为邮传部尚书。受袁世凯提携的徐世昌任民政部尚书。而提议立宪的载泽被慈禧排斥,只得到管理武备院的闲职。

对慈禧不设总理制仍保留军机处,张之洞知道军机大臣瞿鸿機,发挥了功不可没的作用,阻止了袁世凯等变相减弱王权,内心暗自惊喜。

有所实质突破的是:透过漫长专政黑夜投来一缕曙光,法部脱离行政独立制定法律,以大理院第一次树立国家最高法院的招牌,可与行政官抗衡,并在各省、市、县设立审判庭,独立行使审判权。

对袁世凯来说,原先以立宪设总理负责制,与皇上实行分工治国,但有些大臣以耸人听闻呈递会危及王权的奏折,载泽、奕劻、端方在王权体制能保障自己的特权时,没有动力利用自己的政治地位,说服慈禧设总理制。

迷恋权力的慈禧,顺势将立宪当作维护王权的合法工具,以改中央官制收回财权、兵权,强化以皇帝为核心维持集权统治,偏离以总理制构建现代民主国家的方向。

各督抚不想放弃权力

确定中央各部职能后,相应要改省、府、县的设置,便于行政与司法、立法分开。

受张之洞委托参与改官制的陈夔麟得知:袁世凯为分权与铁良要保持中央集权争持不下。袁世凯对改地方官制提出两个设想:一是将总督、巡抚衙门合并设省级政府,保留各司、局部门,一切公事在省府议定。巡视道府改为知府,若知府衙门与知县同在一个城市,撤销知县由知府处理公务,不统管其他县。

二是督抚、各司、局照旧,由布政使管民政、财政、巡警,另设农工商司,知府仍统管州县,将知县升为五品官,知县设辅助官,分管审判、财政、警察、监狱、农工商。光绪三十二年(1906)九月十七日,陈夔麟将此事电告张之洞①。

九月二十日,军机处奉慈禧的命令发布,由奕劻等续订各省官制并会商督抚筹议地方自治:"如今老百姓生活困难,与地方官不能提供完善的公共服务有关。州、县官员本应亲近民众,实际相隔很远,不尽力办公事,对群众的生存漠不关心。官员的亲属、幕僚任意妄为、侵吞公款,衙门的门卫、差役敢于鱼肉百姓,官员的作风怎能不败坏? 民众何以伸张正义?

"想到这些深感痛恨,决意改定地方官制。现在国民对立宪认识低,地方自治一时难以迅速推进,究竟如何酌情办理,先以预备或为政府增加协助人员,并审定办事权限,严防不正之风,务必能知民众的诉求。"②

遵照慈禧的命令,奕劻召集其他改官制的大臣,开会讨论如何改地方官制。他们知道清朝承袭明朝的体制,皇帝给州县有正式编制的官员比较少,知县要应对各项公务,却无助理协助,只好让幕僚参与办公事,给没有纳入财政预算发工资的差役、文员等,提供了收受钱财的便利,导致官场的腐败经久不息、难以根治。

奕劻等人反思后,起草改地方官制草案时,大脑没有闪出创新的火花,依然沿着传统的路径,仿照汉、唐的州县分级体制,将地方分为府、州、县三级。知府统管所属州县,享受从四品官待遇。直隶州不管县,为正五品官,知县为从五品。

每府、州、县各设六品至九品官,分管财税、巡警、教育、监狱、农、工、商等,大家一起办公。另设地方审判厅受理上诉案件,并在州县划分数区,每区设一所地方审判局,当事人不服可到地方审判厅上诉。

每府、州、县各设议事会,由人民选举议员,表决地方官府提交的公事是否应办。另由人民选举董事会员,协助地方官办理议事会议定的事。议事会与董事会受地方官监督。

① 虞和平主编:《张之洞档》第 108 册,大象出版社 2014 年版,第 66—69 页。
② 故宫博物院明清档案部编:《清末筹备立宪档案史料》上册,中华书局 1979 年版,第 472—473 页。

至于总督府、巡抚衙门的职能设置,奕劻等人参考英、美等国及我国唐、元、明的官制,提出改地方官制两个办法。

第一,督抚衙门向省政府转变,参照中央官制,合并设财政、民政、教育、军事、司法等司。每天总督、巡抚率领各司官员,定时进入办公楼,对紧要的事可立即决议实施,并接收州、县发来的公文。每省各设高等审判厅,受理上诉案件。如此行政、司法分工明确,各有专职,运转灵敏高效,与西方立宪国家的官制比较相近。

第二,督抚直接管外务、军政,兼监督一切行政、司法。布政司专管民政,兼管农工商。按察司专管涉及司法的行政,监督高等审判厅。另设财政司,专管财政、交通。

作了上述设想,光绪三十二年(1906)九月二十一日,奕劻等将改地方官制的内容电告张之洞:"你长期在地方任总督,熟知地方政府存在的利弊。此次改定官制,关系极为重要,究竟采取何种方式比较适合,务必请你迅速电复。"①

各总督、巡抚等接到奕劻等征求改地方官制意见的电文,没有做好这种心理准备,以无专业人才与资金,不便于设置不同的局,先看声望大振的张之洞,有什么对策再附和回复。

"对改定官制如何答复,敬请你指出。"九月二十四日,陕甘总督升允来电。

"昨天,我接到改定官制大臣来电,询问我对改省官制有何看法。我不知你有什么想法,如何拟订,先告诉我大意。"九月二十四日,河南巡抚张人骏致电张之洞。

"改地方官制,事关重大,你学识渊博、综览古今,探究中西学、视野宏大,得到我们的敬重。现在我如何回复?乞求你赐示概旨,便于遵循,无比期盼!"同一天,四川总督锡良来电②。

"改中央官职后,载泽没有得到一个部长职务,感到不得志。对地方官

① 以上参见苑书义等编:《张之洞全集》第 11 册,河北人民出版社 1998 年版,第 9563—9565 页。
② 以上参见虞和平主编:《张之洞档》第 108 册,大象出版社 2014 年版,第 150、158、160 页。

制,县分区设审判局、议事会及董事会,我在编制处会上郑重表明,这会产生很大的麻烦、阻碍,未得到他们采纳。现在中外人士仰望你,提出建议纠正,以维持大局。"九月二十五日,参与讨论官制的陈夔麟致电张之洞①。

"第一个办法地方仿中央官制办事,不如设省更有效。第二个办法,未明确地方政府权限。你有广博的学识、宏大的谋略,大家会听从你的建议。如你上奏,能否约其他督抚? 我愿联名。"九月二十六日,浙江巡抚张曾敭致电张之洞②。

"从江西实际情况看,不宜立即改官制应缓办。为什么? 州县应先筹集供养新增官员的经费,改制才有实效。现在州县官员及协助的杂职人员,教育水平极低,应先选拔合格的人才,改制才能发挥作用。至于议事会与董事会可筹备,等改官制达到要求后再启动。"十月初六,江西巡抚吴重熹致电张之洞③。

各督抚思考一段时间后,以不同的理由相继回复官制大臣奕劻等。九月二十七日,吉林将军达桂回电:"各局将来归并,分部门办事,应当无隔阂。只是边远地区,国民教育程度不高,缺乏对自治的认识,骤然设乡镇自治机关,恐怕难以发挥作用。而很难找到合格的乡官,惟有多设学堂,让每个人具有国民资格,推行才有效果。"

"新疆有多个民族杂居,民众教育程度太低,没有能力实施自治。我想等新官制颁布后,再详察地方情况,将民众选举、地方自治各节略请变通,方可推行。"九月二十八日,新疆巡抚吴引荪回电④。

"我悉心推究,似仍以第二个办法改地方官制,总督、巡抚统管,各司、局分工协作,由渐进容易实行,再逐渐推进宪政而不改变地方职权。"九月二十八日,陕西巡抚曹鸿勋回电。

"我觉得第一个办法,有利于实施宪政。但此时初改地方官制,裁并增

---

① 以上参见虞和平主编:《张之洞档》第108册,大象出版社2014年版,第165页。

② 同上,第176—177页。

③ 同上,第231—234页。

④ 以上参见中国社会科学院近代史研究所近代史资料编辑组:《近代史资料》总76号,知识产权出版社2006年版,第53—54页。

设,要费很多曲折,头绪繁多,不以磋商很难立办。可先从第二个办法入手,等行政、司法各机关初步建成,民众提高认识后,仍以第一个办法达到完善。"九月二十九日,贵州巡抚庞鸿书回电①。

广西巡抚林绍年觉得改地方官制,广西府厅、州县需要补充 80 名官员,却苦于缺乏受过专业教育的人才。如今地方多设部门增官不止十倍,人才更不够用。全省每年支出廉俸等银近 14 万两,增官要政府出钱供养,会导致财政更紧缺,要民间摊派会造成民众更贫穷。

十月初七,林绍年回电:"除经费无力筹措以外,难以供养州县多余的官员,若不培养人才,更换不适宜的规章,改变选用官员的机制,无论新制旧制,恐怕都不足以治理地方。似应先改一省官制,或每省先改一府,或立即改一县,照新官制试办。"②

河南巡抚张人骏有相似的担忧:改设部门每县添财税、巡警、教育、监狱,农工商辅助官 5 名,审判厅官 1 名,区审判局官约 4 名,共 10 人。以河南为例共有 170 个州县,应增加官员 1 700 人。各个官员办的事轻重不一,给工资也不相同,按每人每年 2 000 两计算,每年共增费用 340 万两。

核算这个支出,十月初八,张人骏回电:"河南州县财政略有剩余的只占十分之一,勉强维持支出仅占十分之五,不足的县占十分之四。改地方官制要新增巨额费用,以公家供给会引发各县财政更空虚。向民众索取,宪法未实施,民众没有转变认识。若官府强行征收,会引起暴乱。"③

"四川位于西南边陲,一直严重缺乏人才,民众受教育的机会稀少。州县尚能勉强召集人员议事,地方官不管审判会失去司法权,即使有专人任司法官,地方长官无实权监督审判。万一用不合适的人为审判官,会造成很大的危害。"十月初八,四川总督回电④。

"州、府、县骤然添多名官员,又设各部门,从浙江看要增近 500 人,每区

---

① 以上参见中国社会科学院近代史研究所近代史资料编辑组编:《近代史资料》总 76 号,知识产权出版社 2006 年版,第 54—55 页。

② 同上,第 59 页。

③ 同上,第 61—62 页。

④ 同上,第 63—64 页。

议员、董事不在内。浙江教育未普及，法政学校刚开办，要设警察局，没有可用的人才，委任无专业知识的人，有害无益。"光绪三十二年（1906）十月十六日，浙江巡抚张曾敭回电①。

"今日变法急迫，尤应得民心、衡量财力，不可骤然大改地方官制。应先增辅助官立基础，限定办事专权并责成尽责。目前最要急的事莫过如财政，似略仿外国办法，分别国家与地方财政收入，人人共知，有利于筹集经费。否则，立即增加数倍治民的官员，而无资金供养，会带来新的祸害。"十月二十七日，两江总督周馥回电②。

作为内陆一个停滞于原始农耕的省，江西巡抚吴重熹忧虑的是，哪有资金维持新增的部门？他列举几起因收费发生的群体事件：本年吉安县委员赵夑果到乡村催征税费，引发众人聚集罢市反抗。瑞金县委员马冀抽收屠宰猪费，导致居民怀着愤怒拆毁警局，波及习艺所学堂。萍乡县学堂监督汪凤营私舞弊，引发学生罢学。他觉得辅助官的学识及专业素养太低，偶尔放松会酿成冲突。改定地方官制，先要提高官员的品德，多筹经费。

他还摆出一堆困难：江西14府州、79个州县，增官要多支出几百万两。全省历年提取盈余抵赔款、学堂、练兵等经费，官府对农民、商人等不遗余力地搜刮各项税费。省财政支出已到极限，缺口超过百万两，正苦于无从筹措，哪能再骤增巨款供养新增的官员。因而州县改官制，应先从培养人才、筹款入手，暂缓设备部门。

十一月初六，江西巡抚吴重熹回电："立宪与改官制要依次推行。直隶靠近北京，率先开风气，应先从直隶改有成效，各省再仿照办理，会带动民众耳闻目睹、潜移默化，避免震动人心，引发不必要的阻力。"③

以上各地方官员认识到：改地方官制设财政、巡警、教育、农工商等局，转变巡抚、知府、知县身兼行政、司法、财税多个职务，忙于应付，却不能为老百姓办实事的状况，有利于构建权限清晰、责任明确的政府。

① 中国社会科学院近代史研究所近代史资料编辑组编：《近代史资料》总76号，知识产权出版社2006年版，第66—67页。
② 同上，第73页。
③ 同上，第77—79页。

　　但他们遇到的共同困惑是：设多个部门增加官员，公费开支势必会成倍增加。各省仍以靠天吃饭的农耕为主，工商业普遍落后，未普及国民义务教育，靠摊派、杂费维持开支。

　　对官制大臣发来改地方官制的草案，张之洞不急于回复，与陈夔麟、鹿传霖，在北京探听的委员吴敬修等人保持联系，了解瞿鸿禨、鹿传霖及各亲王不愿以改官制降低王权。袁世凯、端方、徐世昌要以改官制，扩大地方权力。慈禧要看各总督、巡抚对此事有什么意见，作最后决断。

　　"九月，我们来电与你商议改地方官制，各省回电即将到齐，为何没有看到你来电？希望你速回电。"光绪三十二年（1906）十一月初二，官制大臣来电催促张之洞①。

　　张之洞结合各督抚以缺乏人才与经费、不想放弃权力，在起草回复电文时提出修正：在州、县设议事会、董事会，挑选乡绅担任议员、会员，若给予他们官员身份，不免会徇私作威、包揽利权、欺诈乡民、抗挠政令等，只可挂名乡长或团长。

　　为什么？张之洞有一种本能的警觉。咸丰、同治年间，安徽、河南、山东、河北等地，乡绅、地主听从官府号召招募农民组建民团，协助官军围剿捻军等，却转为有势力的匪帮，乘机抗拒交纳钱粮、抗议官府办案、擅自寻仇报复等，岂能再以设议员、会员发生类似的动乱？

　　为此，张之洞要给议事会、董事会正名，限定权限：只能设局不能以会的名义出现，如广东的安良局、沙田局，四川夫马局，陕西、河南车马局等。议事员有议事的职责，不给予决断权，由官方议决是否可行。董事会员只供地方官调度，不宜直接辅助地方官办事。

　　对中央改省府官制第一个办法，张之洞在回复电文中以否定说明：总督、巡抚与分管财政、司法、民政、军事等官员，定时进入一个楼办公，会出现各自不尽职责，以马马虎虎对待公务，而且没有宽阔的办公楼容纳许多官员、存放各种公文。总督、巡抚与其他官员共同议事，会受到牵制降低决策效率。

---

① 虞和平主编：《张之洞档》第 108 册，大象出版社 2014 年版，第 513 页。

至于每省设高等审判厅,行政、司法各负其责,张之洞难以接受:原来每省设有按察使分管司法,相当于高等审判厅,为何要另设厅? 若以按察使为行政人员,要另设司法官,那么审理定罪时仍需督抚核批,何必效仿日本设审判厅? 若总督、巡抚、知府、州县长官不主持审判,如何体现爱民、治民的政绩? 如何命令下属官员?

因有办铁厂、兴学、练兵等经历,张之洞深感地方付出精力征税,大部分上交中央,地方缺乏财力投入公共设施建设,应划分国家税与地方税,不致对地方竭泽而渔,有助于立宪,体现爱民。他请奕劻应将此事,变成改官制的一个重要政策。

具有政治敏锐意识的张之洞,将改官制与防备叛乱联系:一些绅士、学者或商人,借改地方官制的名义,宣扬官民权利平等、改变现行的王权体制;一些动机不良的人乘机鼓动众人,不缴钱粮、税费,甚至隐匿官府通缉的盗匪,传唤不到堂、断案不执行,导致原有的法纪丧失制约力,为各地点燃动荡不安的火焰增加了燃料。

深思上述改官制引发的利害,光绪三十二年(1906)十一月十八日,张之洞致电军机处:“我看了你们发来改官制各条,觉得与立宪没有太多的关联,要认真考核现有各衙门,从容整治,原有地方政府旧制暂且勿要多改。目前先设审判局,为议事会、董事会挑选合适的人员入手,为将来立宪打下根基。”①

这个回复表明,张之洞仍想维持传统的地方官府体系,可以发挥管治民众、救国的生命力,不愿削弱总督、巡抚掌握的行政、司法、财政等权力。未认识到政府分不同的职能,改革官制是适应工业化、城市化的必然要求。

各总督及巡抚看了张之洞论述改官制的电文,觉得文采飞扬,一同钦佩,先后致电他连声叫好。十一月二十一日,四川总督锡良来电:“我拜读了你回复改官制的电文,感觉你探究中外古今行政设置的原因,权衡损益沿革,并将现行官制,作精深详细的陈述。今日人心世变,发生各种弊端,你忠

---

① 以上电文参见苑书义等编:《张之洞全集》第 11 册,河北人民出版社 1998 年版,第 9557—9563 页。

心耿耿心系天下安危,可开金石,足以折服各军机大臣、总督等而改变朝廷的决策。大局能安,民众感到幸运,我由衷敬佩,难以表述!"①

"你对改官制发出的高见,注重联系实际,为他人不能表述,也为他人不敢说,我不胜钦佩。当今时局艰难,波动不安,应统筹兼顾,定国家大政安人心,岂能自为纷扰?你老成谋国,只言片语如大鼎厚重,可上安江山,下定民生!"十一月二十二日,江苏巡抚陈夔龙来电②。

"拜读你改地方官制的论述,钦服很深,无愧于老成为国,更进一步,尤为匡时救弊的良策,敢于说他人不能说的话,让人不禁佩服得五体投地。我前次接官制大臣来电回复后,强调江西实际情况,不可立即改原有的行政,却未敢阻止,只请从缓仍保持旧制,避免引发纠纷。看了你的长篇大论,真是小巫见大巫,敬重!"十一月二十三日,江西巡抚吴重熹来电③。

"你对改地方官制得失的分析,说出了其他督抚想说却不敢说的话。惟有你德高望重,对国家无比忠诚,有凛然的浩气,深受太后信任、中外人士景仰。你深切说明改官制与立宪存在的弊端,必会得到皇上采纳。你作为国内第一贤臣,文章如同万古江河,让天下人受益!"十一月二十四日,陕西巡抚曹鸿勋来电夸赞他④。

"我看了你改官制的回复,具有筹划宏伟、尽忠为国、老成忧国的衷心,溢于词表。你谋划内政、遏制叛乱之意,尤为深切明白,让人感到你深怀忧患之志。只有你才能如此清晰、完整地表达改官制的建议。我对省、府、州、县行政、司法、财政等设置与权限划分,与你的提议相似,读了你的电文深感欣慰!"十一月二十六日,山东巡抚杨士骧来电⑤。

"拜读了你改官制的稿子,比较切合时势,符合立宪的精神,不只停留在形式的改革,显得老谋深算,能有几人,我钦佩无法形容。如你继续陈述,再向你请教!"十一月二十七日,闽浙总督崇善来电⑥。

──────────

① 虞和平主编:《张之洞档》第109册,大象出版社2014年版,第136—137页。
② 同上,第143页。
③ 同上,第159—160页。
④ 同上,第178—179页。
⑤ 同上,第207—209页。
⑥ 同上,第225页。

"你顺民意改官制,老成谋国、举大持正、虑远深思,如不是以治体优于治表,断然不会有如此深刻的见解,不只是将你回复的电文看作论述官制,应当作古代名臣论治国的书读。探寻今日的弊端,不在于法而在于人,一切更改很容易,而每个人有私心如何变更?我认为自私自利为今日最大的病痛,而这个病的根源在于乡绅、官员空谈大道理,却不明民众生存艰难的真相,无以超越利禄而根治病原。必须考核各官员的政绩、学生的成绩,明确树立崇高的风尚,讲求实效。"十二月初四,湖南巡抚岑春蓂来电①。

"你直截了当,引古论今,我复诵再三,佩服得五体投地。正要电复时,阅读报纸,听说官制大臣,要向各省发通电再修改地方官制草案。可见你大力斡旋,功在天下,不独我一人崇仰!"十二月初八,安徽巡抚恩铭来电②。

十二月十三日,驻天津委员张寿龄致电张之洞:"载泽对改地方官制,想按第一个办法设省级政府,将督抚合为一体办公。有些大臣赞同你保留督抚权力及各局不变,争论不休,意见不统一。"③

以上各总督、抚巡来电,与张之洞有相同的心理:长期享受王权体制赋予的特权,未能从管治民众向提供公众服务转变,不愿受到各司、各局分工协作,明确职权的约束,降低自己统管地方的政治地位,却不知自己以科举谋官储存的知识,根本不能适应由农耕进入工业化后政府治理的需求。

慈禧准许行政与司法分立

官制大臣奕劻、载泽等接到张之洞的回复后,觉得他发出的声音有一言九鼎的分量,不能等闲视之,召集参与讨论的官员多次在北洋公所,讨论如何再改。

讨论时,留日毕业回来的曹汝霖、陆宗舆、孙宝琦等人,赞成袁世凯与载泽,改地方官制,要实行司法与行政分离,有利于审判官不受总督、巡抚等官员干扰,独立行使审判权。

---

① 虞和平主编:《张之洞档》第 109 册,大象出版社 2014 年版,第 262—266 页。
② 同上,第 303 页。
③ 同上,第 370 页。

会上,陈夔麟代表张之洞反驳:行政与司法分开后,法官擅自决断,或长久不判决,会发生更多纠纷,又无法政学堂培养大批毕业生,输送到各级法院提高办案水平,怎能保障公平审理?

"除载泽坚持司法独立以外,其他大臣表示不同意。袁世凯认为国民教育水平低,没有形成遵纪守法的意识,恐怕会引发不利影响。大家赞同你提议限制议事会与董事会的权力,按这个办法先实施。"光绪三十二年(1906)十二月十七日,驻天津委员张寿龄致电张之洞①。

张之洞要知道各部对司法独立的看法,十二月二十二日,致电陈夔麟询问:"审判官是否独立审判? 要直接归法部吗? 务望你立即回复,切盼。"②

"编制局议论设高等审判、地方审判,便于司法独立,一切案件直接归法部、大理院管,不由按察使及督抚核转。按察使管理涉及司法的行政事务,如设厅专人负责。但行政官不受理诉讼,督抚监督司法,编制处的草案尚无详细说明。"当天,陈夔麟回电③。

看了他来电,张之洞感到很惊骇,陷入一种对立思维:司法独立会减弱王权,各会党到处活动,凡内地抓获一名乱党分子,必有留学生联名干预、多方开脱,甚至外国人出面保护。各省学生辱骂官员、驱逐教师、士兵与平民殴打官员的事件不断发生。

假如审判官享有独立审判权,督抚、按察使、州县官员一概不能过问,虽督抚名义上监督,却不享有核转权。而不学无术、思想不纯正的人当审判官,审理官府抓获的会党分子时,必将援引西方保护不同政见人士的法律,宽大处理放纵,导致匪党逃避惩办。

沿着这种不祥的预感,张之洞觉得不过数年,乱党分子会布满天下、羽翼丰满,危及大清王朝,却无从补救。本想以立宪构建为民执政的政府,反而暗助会党打开谋反的方便之门。

如万不得已要依照西方实行独立审判,张之洞提出试行办法:采取直隶试办章程,准许府、州、县官员监督地方审判,按察使统辖高等裁判。等10

---

① 虞和平主编:《张之洞档》第109册,大象出版社2014年版,第408—409页。

② 苑书义等编:《张之洞全集》第11册,河北人民出版社1998年版,第9573页。

③ 虞和平主编:《张之洞档》第109册,大象出版社2014年版,第556—560页。

年以后推行全国，发现确是有利无弊，再改为独立审判较为妥善。

如担心行政官执法不公、府县官员误断，张之洞认为可允许当事人向上级控告，对违法的人加重处分。按察使、督抚误驳审判，准许向皇上揭发他们，似能杜绝偏断的弊病。

作了上述对司法独立利弊的思考，十二月二十四日，张之洞致电军机处及官制大臣、袁世凯："我苦口婆心分析司法独立有太多的弊端，并非阻止立宪，深切盼望立宪早日完成。我为官 30 年，岂能不知州县难得公正执法的官员？又岂不知一些差役、幕僚危害人民？我披沥剖析现时审判不能独立的原因，请你们明察。"①

发电后，张之洞要陈夔麟劝说法部、官制局，司法独立不利于总督、巡抚等打击谋反的人，并请吏部尚书鹿传霖与军机大臣瞿鸿禨，联合反对司法独立。

十二月二十七日，张之洞致电在北京探听情报的吴菊农："昨日有消息，官制局议论地方官制草案，提出司法独立，省审判官直接归法部，不归总督、巡抚、财政、按察使等核转，州县不过问。望你速探询各位有什么议论，希望尽快回电。"②

在张之洞看来：今日中国要以安良防乱为根本，兴学、垦荒、劝工、保商等新政，需要选用合适的官员办理。但求专业人才极为艰难，培养廉洁有为的官员更难。缺乏大批接受法律教育的人才，审判官独立办案怎能保障公平？

他认同行政、司法互相维系，又不必制约，在于今日局势危急，不能不让督抚掌握大权，统一调动各个部门的官员，办理征税、练兵、学校、工商、捕盗等事务。而预备立宪，要以防民众暴乱、开拓地方财政、办地方公事、推荐有专业的人担任相关职务为主。

以探听太后对设各级审判机关的态度，光绪三十三年（1907）正月二十四日，张之洞致电鹿传霖："我去年腊月已经去电，详细陈述司法独立的危

① 以上参见苑书义等编：《张之洞全集》第 11 册，河北人民出版社 1998 年版，第 9577—9578 页。
② 同上，第 9581 页。

害,此事必须慎重,不知太后看了我的电稿,有什么意见,请找有关人询问回复。"①

但奕劻、载泽、袁世凯不理会他的劝说,支持法官独立审判,各省必须服从执行,不能另搞一套,要与朝廷保持一致,并让太后及皇上认识司法与行政分开的意义。

同年四月初三,法部戴鸿慈等上奏:"司法与审判分立,大理院作为最高审判机关,各级法院独立行使审判权,便于依法公正办案,不屈从、不迎合权势,实现层层监督,防止各级官员以自我偏好专断。"②

趁大好势头,五月二十七日,奕劻等上奏续订地方官制:"此次改官制有两个重要变革:一、分设审判厅作为司法独立的基础。现在法部、大理院已经分设,各省应当划分审判权限,在省、府、县设审判机构,便于独立行使审判权。二、增设各辅助官,构成地方自治基础。近年以来,省、府、县办学堂、设巡警、工商等事务不断增多,出现不认真负责、虚假应付的现象,只靠总督、巡抚、知府、知县,会应接不暇,累得苦不堪言,必须增加职员给予相应的职权,协助处理各项公务,并组成代表地方自治的议事会与董事会,便于听取老百姓的呼声。"③

因各省地理环境、风土人情、人民的教育水平、收入状况存在短期难以缩小的差距,奕劻等酝酿再三,决定先以代表清朝发源地的东三省,推行转变政府职能,其他省总督、巡抚量力而行,分年、分地区逐渐实施,只是必须在 15 年内完成。

五月二十七日,军机处奉旨发布经慈禧核准改地方官制的决定:"据总核定官制大臣奕劻等上奏,各省按察司准备改为提法司,并增设巡警,裁撤分守、分巡各道员,酌情留兵备道,分别设审判厅,增加辅助官员。按先后顺序,在东北三省先试行。此外,直隶、江苏两省,风气转向开放,应选择试办,

① 以上参见苑书义等编:《张之洞全集》第 11 册,河北人民出版社 1998 年版,第 9586 页。
② 故宫博物院明清档案部编:《清末筹备立宪档案史料》下册,中华书局 1979 年版,第 824—825 页。
③ 故宫博物院明清档案部编:《清末筹备立宪档案史料》上册,中华书局 1979 年版,第 503—506 页。

等取得成效,再向其他省逐渐推广。其余各省由督抚体察情况,分年分地奏请皇上批准办理,限期 15 年内。"①

这个旨意表明:慈禧听从奕劻、载泽、戴鸿慈、袁世凯等大臣的建议,重新设置地方政府各部门,允许司法脱离行政,设各级审判机构,总督不再涉及办案、审理,又顾及张之洞等督抚,以地方缺乏财力与人才,难以骤然实施改地方行政体系,先批准在东三省试行。

从张之洞波浪式的变化来看,提议废除科举、立法,始终走在其他督抚前列,对推动历史进程发挥了重要作用,但他受制于特定时代各种因素的阻碍,包括受小农经济、宗法与王权的影响,形成了体制性的对立排他思维:民权与君臣等级相抵触,不能与神圣的王权平等,担心司法独立督抚不掌握审判权,难以发出政令。而宣扬公民权利平等无一益有百害,会带动会党、暴民乘机叛乱。

预备立宪,为何清朝一再拖延

讨论如何改中央及地方权限时,张之洞能否带动大清王朝完成立宪?

光绪三十三年(1907)五月二十八日,慈禧太后发出命令:"立宪需要上下同心、内外一致、去私秉公,共同治理国家。从今以后,应如何不说空话切实预备立宪、逐渐实行确有成效,急需博采多方意见、集思广益。准许对预备立宪,提出符合实际的建议。"②

袁世凯觉得皇上宣布立宪以来,国内外人士无不欣欣鼓舞、拭目以待,但事后未设立总理,资政院没有成立,各衙门有其表而无实效,中外人士怀疑立宪是一纸空文。继续拖延不决,会导致国家丧失威信。

同年六月十九日,袁世凯上奏提出预备立宪 10 条建议:"树立国家信义、善用人才、振兴国力、融合满汉、赏罚分明、划清党派、建立总理负责制的

① 故宫博物院明清档案部编:《清末筹备立宪档案史料》上册,中华书局 1979 年版,第 510—511 页。
② 故宫博物院明清档案部编:《清末筹备立宪档案史料》上册,中华书局 1979 年版,第 44 页。

政府、设立资政院、推进地方自治、普及教育提高国民文化素养。"①

　　为朝着自己期望的方向立宪,同一天袁世凯还上奏:"应委派明智的大臣,分别前往德国、日本考察宪法,走访政府、议会、司法等官员,详细询问宪法实施对国家富强带来那些效果,分轻重缓急呈报政府审核交资政院议定,再请示太后、皇上批准实行。"②

　　听到袁世凯有立宪的行动,同年六月二十七日,张之洞致电北京法部齐耀珊:"速到政治馆找湖北孝廉傅岳芬。委托他抄袁世凯提出的立宪十条,抄到后先摘要急电我。里面融化满汉、设总理两条最为紧要。"③

　　张之洞要探听岑春煊与端方对立宪的取向,便于向慈禧提出立宪应建立何种体制。从政治舞台跌落的岑春煊,七月初五致电他:"我得知慈禧太后召你到军机处,必有大政大议依赖你完成。近日朝廷如同被黑幕遮盖,你提出转变时局的对策,带动朝野发生耳目一新的变化。中国前途仰望你,如你有救国策略,我愿阅览一二。"④

　　"时局多艰,你虽身处江湖,仍难以逍遥自在,你现在何处?我这次奉召到北京,不知太后、皇上要向我咨询何事,特别感到惶恐不安。如你有高明的治国谋略,请你赐教数条,以补我的愚鲁。"七月初七,张之洞回电⑤。

　　岑春煊支持立宪法、设总理、开国会,七月初十,致电张之洞:"立宪为今日救亡最重要的对策,我主张设议会表决各项国务,不宜迟缓。尤其要用有才干的人,明辨是非,赏罚分明。我的意见是否恰当,请你指教。你忠诚为国,必能主持全国大局。"⑥

　　慈禧批准改中央官制后,必须以宪法确认中央政府及各部门组成的合法性。而各亲王、军机处、各总督、巡抚等官员对立宪认识不统一,导致宪法像难产的婴儿,一直不能顺利降生。

---

① 骆宝善等编:《袁世凯全集》第 16 册,河南大学出版社 2013 年版,第 334—342 页。

② 同上,第 342—343 页。

③ 苑书义等编:《张之洞全集》第 11 册,河北人民出版社 1998 年版,第 9659 页。

④ 虞和平主编:《张之洞档》第 110 册,大象出版社 2014 年版,第 455 页。

⑤ 虞和平主编:《张之洞档》第 52 册,大象出版社 2014 年版,第 673 页。

⑥ 虞和平主编:《张之洞档》第 110 册,大象出版社 2014 年版,第 492—493 页。

慈禧不知袁世凯奏请设总理负责制,会产生什么后果,又渴望以立宪带动中央与地方官员同心同德,抛弃以权谋私,共同维护大清王朝的统治地位,但讨厌有些官员信口开河。

庆王奕劻知道慈禧对立宪的矛盾心理,不能任由各省官员、绅士等,以各自的认识、感受、风俗习惯,对立宪发出凭空设想的议论,必须以军机处主导缩小差异、力求统一。

"我们请求将考察政治馆改为宪政编查馆,以便切实推进立宪,所有军机大臣、大学士、参与政务大臣开会,应请军机处负责办理,并由军机处酌定有关立宪章程。如蒙皇太后、皇上允许,宪政编查馆请示后,由军机处首席大臣总办立宪,并设两名提调,专办编制涉及立宪的法规、统筹各政务。"光绪三十三年(1907)七月初五,奕劻等呈递改设宪政编查馆奏折①。

他的用意非常明显,以兼任军机处首席大臣身份,代表慈禧垄断立宪权,审核各总督、巡抚发来有关立宪的奏折,便于按照维护王权的方向立宪,排除那些受西方民主影响,要以民权至上制约王权的观点。

当天,慈禧看了他呈递的奏折,认同军机处掌握立宪权、起草宪法草案、转交有关立宪奏折、文件,便于把宪法变成巩固王权的工具。因而批准改宪政编查馆,资政院未设以前,由奕劻等亲王负责立宪。

作为军机大臣,张之洞遇到只顾贪财的庆王奕劻、一心一意要夺权的袁世凯,与自己忠君爱国、勤奋敬业的风格发生冲突。但他保持君子之交,表面对袁世凯十分客气且夸奖他,以缓和暗自对立带来的矛盾。

"我认为下议院应先设,不宜迟缓。"张之洞对袁世凯说。

"我觉得似乎太早。"袁世凯回答。

张之洞听了没有急于反驳,装作要等时机,探测袁世凯有什么动作。袁世凯看到他不骄不躁,反而更加骄横②。

因清朝受到内外势力逼迫,张之洞倾向设议院、开国会,吸收不同人士参加,既保王权不变,又有限度地实行地方自治,缓解各个阶层对清朝丧失

① 故宫博物院明清档案部编:《清末筹备立宪档案史料》上册,中华书局1979年版,第45页。
② 以上参见陈旭麓等编:《辛亥革命前后——盛宜怀档案资料选之一》,上海人民出版社2001年版,第69页。

信心,要以武力推翻的危险。

　　奕劻、袁世凯各怀鬼胎,对设立民选议院不热心,主张先设谘议局,带动各省巡抚、绅士等围绕立宪展开大讨论,与慈禧延缓观望,不急于出台宪法的意图相合。

　　经奕劻操纵,光绪三十三年(1907)八月十三日,军机处发布慈禧的命令:"立宪政体取决于公论,上下议院实为行政的本源。中国上下议院一时未能成立,急需设资政院为立议院打下基础。现派溥伦、孙家鼐担任该院总裁,会同军机大臣妥慎制定详细院章,请旨批准施行。"①

　　张之洞似乎清楚:慈禧、奕劻难以接受开议院制约王权。而孙中山鼓动各地武装起义,引发留学生遥相呼应,日本与俄国加紧吞并中国,只有迅速设议院,投票出台宪法,向外界表明清朝愿容纳各个团体参政,才有可能化解一触即发的政治危机。

　　怀着不如意,同年八月二十日,张之洞致电代理湖北布政使梁鼎芬、监督学务的黄绍箕:"我到北京有10多天,刚喘息一口气。国家运行越来越艰难,各种积习依然如故,毫无补救办法,惟有等冬春时节退休。你们如有熟悉的贤才,推荐十数人等待皇上召见任用,不论官位大小。"②

　　为证明朝廷听取民意,同年九月十三日,军机处奉慈禧的命令发布:"各总督、巡抚在省会城市迅速设立谘议局,审慎聘请公正明达的官员、绅士参与,由正直的乡绅、居民公开推举贤能的人为议员,断不可让品行低劣、营私武断的人冒充当选。"③

　　设谘议局有利于省、州、县各方人士对政务提出建议,开辟朝廷了解民众意愿的通道,缓解不同阶层积压的矛盾,打破千年以来防民之口胜过防川的思想,也是想同化有心推翻清朝的会党组织。

　　立宪带动民众权利觉醒后,光绪三十四年(1908)二月初九,宪政编查馆奏请集会结社时,指出除禁止各省会党秘密活动,仍照刑法严厉惩办以外,

① 中国第一历史档案馆编:《光绪宣统两朝上谕档》第33册,广西师范大学出版社1996年版,第192页。
② 苑书义等编:《张之洞全集》第11册,河北人民出版社1998年版,第9672页。
③ 故宫博物院明清档案部编:《清末筹备立宪档案史料》下册,中华书局1979年版,第667页。

其余各种与政治无关的集会、结社,可照常设立,无须呈报。

虽然礼部侍郎于式枚曾经慈禧批准,到德国考察立宪、行政、议会等,但他的大脑仍没有宪法意识,以吸取法国等立宪发生内乱,以暴力推翻皇帝的教训。同年三月十七日,以危言耸听的口气呈上立宪不能仿照外国的奏折:"我觉得 10 年立宪预备期,关系国家安危,要暂缓推进宪政、开国会,让公众知道上下等级,明确宪法赋予王权的地位后,才能依次实施。"①

对于式枚继续维护王权至上,对立宪的作用视而不见,政闻社社员、法部主事陈景仁等不能容忍愤然上奏,要求 3 年以内开国会,并开除于式枚的职务以告天下人。

慈禧看了不接纳反而生气:朝廷预备立宪,将来设议院为必办的事,但讨论预备涉及各项事务,头绪纷繁,需要时间详细权衡,确定出台宪法的年限,主事陈景仁等凭什么妄加指责?

六月二十七日,军机处慈禧的命令发布:"于式枚为二品大官,主事陈景仁等,怎能擅自奏请撤销他的职务? 政闻社的人好坏不分,而且有犯重案的人。陈景仁身为官员,竟敢附和率先倡议生事,特别狂妄,若不量加严惩他,恐怕更加猖狂,势必扰乱大局危害治安,立即开除他的职务,交地方官管治。"②

端掉陈景仁吃皇粮的饭碗,慈禧仍不解恨,要查禁政闻社。七月十七日,军机处奉旨宣布:"近年以来,沿海、沿江各省设有政闻社,名目繁多,与要犯广敛钱财、纠结同党,借口研究时务实为煽乱、扰害治安,若不严行查禁,恐怕以后败坏大局。由民政部、各督抚、步军统领、顺天府严密查访,认真禁止,严拿惩办团伙,勿要稍微放纵酿成巨患。"③

与慈禧的打压相反,张之洞与袁世凯能够理解立宪派的呼声,在宪政编查馆会上向奕劻提出:要迅速确定开议院、立宪的时间,不要再拖延。否则,

① 故宫博物院明清档案部编:《清末筹备立宪档案史料》上册,中华书局 1979 年版,第 337—338 页。

② 中国第一历史档案馆编:《光绪宣统两朝上谕档》第 34 册,广西师范大学出版社 1996 年版,第 149—150 页。

③ 同上,第 162 页。

会引发更大的请愿活动。

庆王奕劻不怀好意,将各省立宪团体要求军机处宣布何时开国会,诬蔑为有乱党勾结,要削弱神圣的王权,组成类似西方的多党执政,决不能预定开议会的年限。

奕劻要太后推迟设议院的理由是:倘若未制定与预备立宪相关的法规,立即开议院,预算、决算尚无依据,议院凭什么监察? 各地尚未查清户口、财产,从何选举议员? 没有出台规范政府运行的法律,何以考核公职人员? 人民的教育水平未达到一定程度,怎能享有选举与被选举的资格? 地方自治尚未大范围推广,民众如何享有权利与承担义务?

用这些先入为主的假设,奕劻妄图欺骗立宪派,并确定开国会限期与立宪纲领,于光绪三十四年(1908)八月初一上奏:"从光绪三十四年至四十二年,限定9年内办完立宪一切事项。"①

他附带向慈禧提交宪法大纲,确定君王至高无上的立宪政体:大清皇帝享有统治国家大权,万世传承,永远被拥戴。君王的神圣尊严不可侵犯,总揽立法、行政、司法权。议院与政府只起辅助作用,未经皇上批准,不得自行实施议决的法律。

当天,奕劻还呈递了《议院法选举法要领》《议院未开以前逐年筹备事宜清单》,宣布预备立宪期为9年,期满后开国会。

同一天,慈禧看了他呈递的奏折,感到无比欢喜:大纲排除议院以选举或罢免更换皇上,以宪法保障大清王室成员世袭王权。因而她同意9年预备立宪,并命令军机处发布:"奕劻等亲王拟定的宪法、议院、选举各纲要,条理详密,权限分明,采纳各国有益的制宪条规,不违背中国的礼教,符合以前多次下达的旨意,大权统归于朝廷、公务公开的宗旨。将来编纂宪法、议院、选举各法以此为准则,固守已经确定的权限,不得稍有超越。"②

这意味着奕劻与慈禧等权贵,闭门秘密操纵立宪定下基调:无论中央各部门长官,还是地方总督、巡抚以及绅士、商人等,必须围绕大纲提出立宪建

---

① 故宫博物院明清档案部编:《清末筹备立宪档案史料》上册,中华书局1979年版,第54—57页。

② 同上,第67页。

议,否则,视为无用的废话。

　　他们要求在未颁布宪法、未开议院以前,必须遵守现行制度,静候朝廷依次筹办如期施行。希望自本年起,在第 9 年内将各项筹备事宜一律办完,到时立即颁布皇上钦定的宪法,并发布召集议员开会的通知。

　　受奕劻以欺骗拖延立宪,光绪三十四年(1908)十月二十一、二十二日,光绪皇帝与慈禧太后,没有等到颁布宪法而相继去世。

第十章
廉政无私，守护衰落的王朝

张之洞以颠覆性的军事、教育等变革，幻想挽救危机四伏的大清帝国，而他不知不觉为终结王权创造了条件：他呕心沥血培养的新军与学生群体，如同借用专政的母胎植入民主种子，一旦降生长大，即为清王朝敲响了丧钟！

张之洞出任军机大臣

险恶的时局不容张之洞静心休息：围绕预备立宪、改官制斗争，形成了袁世凯、奕劻、端方与瞿鸿禨、岑春煊等多方博弈，各自利用慈禧掌权的心理以及自身地位攻击对方。

瞿鸿禨反对袁世凯设总理负责制，得到慈禧支持暂时取得胜利后，与岑春煊结成同盟。光绪三十三年(1907)正月十九日，邮传部尚书张百熙去世，瞿鸿禨暗示岑春煊利用慈禧的信任进京谋求这个职务。御史赵启霖、赵炳麟、江春霖上疏弹劾奕劻。

对岑春煊怀有好感的慈禧，召见他询问后，同年三月二十一日，任命他接任邮传部尚书。岑春煊高估自己的实力，做出一个搬起石头砸自己脚的错误举动：上奏弹劾奕劻贪财误国等。

同样，瞿鸿禨自以为地位稳固，却犯了"政治幼稚病"，指使老乡、御史赵启霖，于三月二十五日，弹劾袁世凯的亲信段芝贵及奕劻的儿子载振结党营私等。

他们低估了政治对手的反扑：作为皇家成员，庆王奕劻在朝廷有不可动摇的权力根基；袁世凯权高位重，已形成一个亲密的幕僚团队。一阵密谋后，四月十六日，奕劻当面向慈禧建议，调岑春煊接任两广总督，慈禧批准。

将岑春煊赶出京城后，袁世凯想出一个更恶毒的手段，花费重金收买翰林院侍读学士、御史恽毓鼎，恽毓鼎五月初六上奏，指责瞿鸿禨、岑春煊等曾支持康有为维新变法，想取代太后并培植同党。

慈禧最痛恨康有为等与皇上谋划要取代自己，看了这个奏折，又唤起储存在心中不愉快的记忆，不分真假，五月初七，免除瞿鸿禨军机大臣职务，打发他回老家休息。

袁世凯与奕劻仍不善罢甘休，再次用金钱驱动恽毓鼎。七月初二，上奏弹劾岑春煊与康有为等会党有来往。慈禧偏好感情用事，从个人恩怨出发，七月初四发出命令，免除岑春煊两广总督职务。

高层人事发生变动后，慈禧以年老体弱、南方相继发生会党起义，以保大清王朝，更换军机处人员，选派奕劻、世续、载沣、袁世凯、张之洞、鹿传霖组成军机处。

"现命令张之洞迅速来京，接受慈禧太后召见，有重要的事当面咨询。由李岷琛代理湖广总督。"七月初二，军机处奉旨电告张之洞①。

重组军机处，慈禧要防止袁世凯以直隶总督身份，继续扩大兵权，必须对他予以制约。七月十六日，军机处奉她的命令电告袁世凯来京受召见，二十日，免去他的职务，调任军机大臣。二十二日，袁世凯到北京。二十六日受慈禧召见。

君王的命令不可违背，张之洞想于七月二十日起程，光绪三十三年（1907）七月初八，致电袁纪云："我此次到北京，仍住先哲祠堂，随行的人很多。倘若房子少不够住，在北学堂东面新园大空院，建造的北厅五间早已完

① 虞和平主编：《张之洞档》第110册，大象出版社2014年版，第438页。

工，请叫看护的人迅速腾出，略加清扫可居住。"①

鹿传霖看到袁世凯已经到北京，而张之洞未按预定的时间到达，有些疑惑，七月二十二日致电催促他："你拟订何时出发，请来电告知。庆王奕劻多次向我询问，为你没有动身感到很诧异，你应将行程电告军机处。"

七月二十三日，张之洞致电军机处："我原本七月二十日出发，因武昌异常炎热，我身体患病，难以适应潮湿闷热，感到腹痛，头晕目眩，至今未恢复正常，焦急万分。现在我赶紧吃药调治，又要处理许多政务，从早晨一直忙到夜晚，几乎没有空闲时间。昨天高温稍微减退，本月内必定支撑病体坐火车来京，万不敢稍有延误。"②

七月二十三日，张之洞致电袁世凯以谦虚的口气说："我抱病未能立即启程，感到惶惑焦急，无论如何，病情稍微好转后，三日内可勉强收拾行李上路。我已迂庸衰弱、老朽不堪，岂能接受你的咨询。到北京后，仍就各公事向你求教。"③

表面上，袁世凯对张之洞十分敬重，其实是要掩盖其夺权的企图，七月二十四日回电："我于七月二十二日到北京，因患病依然发生气喘，想休息数日，再向太后、皇上请安。"④

作为对张之洞政绩的肯定，七月二十七日，军机处奉旨宣布：大学士张之洞补授军机大臣。

去北京前，张之洞看到梁鼎芬跟随自己多年、高效处理各项公务，应该给他创造升迁的机会，七月二十八日，向光绪帝请示："湖北按察使梁鼎芬，曾主讲两湖书院，后任武昌知府，当时未设提学司，他细心办理湖北所有学务。他治学纯正，待人热诚，以勤奋务实的态度，精心筹划湖北教育。要体现他的功劳，我恳请太后及皇上开天恩，准许给他赏加二品官衔，以示奖励。"⑤

① 虞和平主编：《张之洞档》第52册，大象出版社2014年版，第676页。
② 以上参见苑书义等编：《张之洞全集》第11册，河北人民出版社1998年版，第9670—9671页。
③ 虞和平主编：《张之洞档》第52册，大象出版社2014年版，第726页。
④ 骆宝善等编：《袁世凯全集》第16册，河南大学出版社2013年版，第481页。
⑤ 苑书义等编：《张之洞全集》第3册，河北人民出版社1998年版，第1816页。

忍受病痛,张之洞加紧处理积压的公事后,同年八月初二,向李岷琛移交官印、公文等,当天抱病渡江去汉口,来到大智门火车站上车。

站在列车上,张之洞流露出依依不舍的神情,想起任湖广总督近20年,先后筹建汉阳铁厂、枪炮厂、练兵、办各类学堂及铁路,引领这个省由农耕转向工业,以实现实业救国的梦想。

如今,张之洞踏上自己筹划几年修建的京汉铁路,坐上开往北京的火车,不禁心潮澎湃,只用三天走完过去需要一个多月的旅程,于八月初五到达北京。

曾经得到张之洞提拔的将官、官员、学者等,对他心怀仰慕之情,军界出资在武昌宾阳门附近山上建抱冰堂,学界集资在黄鹤楼旁边建风度楼,向公众展示他作出的贡献。

动工未成时,张之洞致电湖北官方:"我阅读汉口各报,得知各学堂师生、各营将士建造房屋,准备摆设我的石像、铜像等,感到不胜惊异。我在湖北执政多年,无功德及有益于民众,而且办事受到很多阻碍,往往心有余而力不足,能办成的事不过十分之二三,留下的遗憾与抱歉难以诉说。等将来我被罢官以后,毁誉已定,一切听从绅士、民众是否建纪念堂。若此时由官员操办,不符合君子的期望,千万不可建造!"①

官员及学界人士,知道张之洞喜欢讲面子,以谦虚表述,建成这个纪念堂,能成为一个风景名胜,让游人登楼远眺奔流不息的长江。

楼建成后,光绪三十四年(1908)九月十六日,张之洞致电湖广总督陈夔龙:"在黄鹤楼附近建成的风度楼,应取名'奥略楼',取自晋《刘弘传》'恢弘奥略,镇绥南海'之意。此楼关系全省风气,不可只宣扬一人的事迹,务改换匾额,我立即将题写的名称寄来。"②

出于感激张之洞多年以来的提携,梁鼎芬在武昌洪山卓刀泉关帝庙遗址,为他建祠堂供后人祭拜。张之洞听说后大怒急电他:"明朝有人在卓刀泉为魏忠贤修祠堂,后来他被皇上撤职,随即拆去他的生祠改建关帝庙。如

① 刘成禺:《世载堂杂忆》,辽宁教育出版社1997年版,第50页。
② 苑书义等编:《张之洞全集》第11册,河北人民出版社1998年版,第9679页。

今你在此为我建生祠，等于公众将我当作魏忠贤。你在湖北办教育 10 多年，怎么不明白这个道理？请立即停止，勿为天下人耻笑！"①

到北京后，光绪三十三年（1907）八月初七，慈禧召见张之洞说："叫你从很远的武昌跑来，我真是没有办法。今日朝廷大臣你轧我，明日我轧你，今天你出一个主意，明天他抛出一个主意，把我闹昏了。叫你来问一问，我好打定主意办事。"

"自古以来，大臣不和，成为对国家最大的危害。近日互相攻击，多是自私自利。我此次到京，愿极力调和，使内外大臣消除意见。"张之洞回答。

"出国留学生，排满闹得很凶，如何了得？"慈禧问。

"只需迅速立宪，自然可平息这个风潮。留学生有许多可用之才，应破格录用。至于孙中山在海外，并无多大的影响力，平日虚张声势，全是大臣自相惊扰，务请发出旨意大赦党人，不准任意株连。以后地方闹事，必须分清民变与匪乱，不得一概以会党起义奏报。"张之洞强调以立宪消除各反清势力。

"我赞成要立宪，现在已派汪大燮、达寿、于式枚三人出国考察，目前正在预备，必定要实行。"慈禧说。

"对立宪要越快越好，预备实在误国。派人出国考察各国政治，我觉得毫无效果。前年派五大臣出国，不知考察何事？试问语言不通，匆匆一过，能考察什么？我实在不敢相信。此次三侍郎出国，不过是抄许多宪法书回来应付，无谓浪费经费，有何用处？现在每天说要预备立宪，却遥遥无期，我觉得会党为患尚小。现在各国看中国能否实行立宪定政策，我以为，千万不能拖延，应迅速立宪。"张之洞说。

"现在用人很难，你看究竟有几个人能担当大任？"慈禧问。

"仓促间，我不敢随意确定。"张之洞回答。

"你觉得徐世昌怎样？近来弹劾他的人很多。"慈禧问。

"徐世昌未必不可用，只是他太得意忘形，资历太浅。"张之洞回答。

"岑春煊如何？"慈禧问。

---

① 刘成禺：《世载堂杂忆》，辽宁教育出版社 1997 年版，第 51 页。

"岑春煊极有血性,办事勇敢,但显得有些急躁。当今人才难得,将他闲置不用,特别可惜。"张之洞回答。

"林绍年为人怎样?"慈禧问。

"林绍年富有才干,而且品德极好。"张之洞回答。

"你觉得庆王奕劻有什么能力?"慈禧问。

"奕劻阅历很深,能力有余。"张之洞不指出他的缺点。

"赵尔巽能否胜任湖广总督?"慈禧问。

"赵尔巽有应变才能,担任这个职务的能力绰绰有余。我的想法是,鹿传霖年老体弱,上朝拜跪艰难,不如调他任湖广总督,令赵尔巽担任度支部尚书,大力整顿财政。载泽比较开明,可调他任农工商部尚书。"张之洞回答。

"能否再派亲王出国考察?"慈禧问。

"派他们出国匆匆游历,决不会有什么收获,而且随从太多,招致外国人非议。不如减少随从,在国外留学几年,会提高个人的学识,还能节省经费。"张之洞回答。

"你说得很对,他们习惯于享福,如何能办成大事?"慈禧认同他的说法①。

对慈禧来说,奕劻、袁世凯与瞿鸿禨、岑春煊为争夺权力,不惜用最卑劣的手段互相攻击,会造成大清帝国分裂,调不搞派系斗争的张之洞任军机大臣,寄托他改变内外交困的局势。

掌管学部,普及教育

"现委派大学士张之洞,管理学部事务。"光绪三十三年(1907)八月十四日,军机处奉旨发布。

接到这个任命,张之洞觉得这是慈禧对自己的信任,深感执掌学部,管

---

① 以上会谈参见《八月初七张之洞入京奏对大略》,载《时务汇录》,引自孔祥吉:《张之洞与清末立宪别论》,《历史研究》1993 年第 1 期。

理全国各类学校，要顺应时势培养人才，带动国家实现富强。

荣庆任执掌学部时，虽靠何燏时、曹汝霖、严复、程树德等协助，但他一味附和讨好慈禧欢喜，保权力享受特殊待遇，却不能争取中央财政，在北京办几所有不同学科的大学，也无力带动各总督、巡抚、知县等，同心协力办小学、中学、高等学堂，反而坐等观望。

年过七十的张之洞，不顾体力衰弱，像夕阳西下仍要放射人生最后的光彩，以高效简捷、果敢的办事风格，任用湖北黄陂人、参与修订学制的陈毅，曾协助创办湖北农学堂的罗振玉等为参事，湖北蕲水人陈曾寿等到专门司任职。

充满巧合，张之洞曾主导制定《奏定初等小学堂章程》，要让 7 岁学龄儿童入学，掌握为人处世的知识，便于知晓礼仪廉耻、热爱国家。未料想到自己任学部尚书时，前几年制定的宏伟目标，借助有效的教育制度供给，结出了丰硕的果实。

到光绪三十三年(1907)十二月，张之洞审定学部奏报的教育统计，发现全国各省共有学堂 37 888 所，学生有 1 024 988 人，一举突破了百万①。

看到这个数据，张之洞喜忧参半，喜的是自从光绪二十九年(1903)，各学堂章程出台后，推动州县政府告别书院、私塾，筹资设立小学堂，并效仿日本、欧美等国，以分科高等学堂培养人才，取得了带动更多青少年入学、蔚为壮观的成就。

忧虑的是，一晃过去了 5 年，前任学部尚书荣庆守旧排外，只顾保自己的位子，没有抓住大好机遇，推动朝廷与地方编制兴建小学、中学、师范至大学的财政预算。

因朝廷缺乏强制力，一些巡抚、知县等官员放弃应尽的义务，没有动力筹资修建各学堂，看到大批儿童变成文盲，丝毫不感到羞耻，依然过着花天酒地的生活。

然而，学校稀缺仍不能满足庞大人口接受教育的需求，只有少数学龄儿童能进入学堂，且大半为富家子弟，更多人被排除在学堂大门之外。

---

① 严修自订、高凌雯补、严仁曾增编：《严修年谱》，齐鲁书社 1990 年版，第 208—209 页。

贫寒农户终年以面朝黄土谋生,随时会遇到自然灾害袭击,一夜之间倾家荡产,要与难以驱散的贫困作漫长的搏斗,不可能有钱送孩子到学堂。

到张之洞任学部尚书,以超前的战略眼光提出:只有普及国民教育、消除愚昧无知、培养合格的国民,才能适应立宪、增强对国家的认同感。

先扫除文盲,张之洞与荣庆讨论:"现在推广学堂,尤其要以普及小学教育为基础,必须实行强迫教育。无论官民子弟,凡 7 岁以上不入学堂,要惩罚家长。"①

两个月后,张之洞为敦促家长强迫学龄儿童到学堂提出:"东西各国法律规定,不送儿童入学,要处罚父母或负有法定保护职责的亲族。此时中国的困难在于,一切执法无准则,而地方官绅及各乡村绅士,务必实力维护办学,家劝户勉,期望民众知道,入学才能自存、保国家、消除外国的侮辱。"②

如此紧迫在于张之洞深刻认识到,大清王朝的危机一天比一天严重,只有唤起民众自立自强的精神,万众一心才能抵御外敌。而最紧要的举措是,普及义务教育,提高民众文化素养。

慈禧等召见张之洞,询问普及义务教育的办法时,他指出:"由学部起草简章,通令提学司查明每个乡村有多少农户,每个村如有 100 住户,要筹建一所简易小学,宣讲所一处。如一个村庄不足 100 户,命令两三个村合办一处,以认真筹划期望普及教育。"③

为兑现对慈禧的承诺,张之洞督促各总督、巡抚、知县广泛动员各乡村急公好义的乡绅、商人等,以各种形式筹资办小学堂,也可设立半日学堂,专收贫寒子弟,不收学费、不限年龄。

忽如一夜春风来,催生万树千花开,各县知县与乡绅,把私塾、蒙童馆或寺庙等改为简易小学,并设劝学所劝告家长,让孩子识字读书,会比一字不识只会种地带来更大的前途,多一个读书人,就多一个通情达理的人。

半日学堂把学生分成两个班,上午给一班学生讲课,下午给另一班学生上课,教师不更换,减少经费又能节省教员,一堂可收二堂的效果,有利于更

---

① 《议拟实行强迫教育的专律》,载《大公报》1908 年 1 月 1 日。
② 《学部对于施行强迫教育的意见》,载《大公报》1908 年 3 月 4 日。
③ 《张之洞面奏普及教育的计划》,载《直隶教育杂志》1908 年第 7 期,第 104 页。

多贫穷家庭的孩子读书谋生。

各地因地制宜，以全日制小学，一年或两年或半日普及教育，带动更多学龄儿童上学，取得令人刮目相看的成果后，张之洞及时总结得失，给予鼓励，并将其推广成为朝廷政策。

光绪三十四年(1908)，经张之洞审核后，学部给光绪帝呈上北京试办私塾改良办法奏折："筹备立宪，需要责成各地方官设完全小学，有助于国民吸收知识、提高道德。而地方刚推行自治，就地设学难以筹款，而且政府与民间财力有限，推广小学缺乏经费，不得不设法改良私塾，以补充学校教育不足。"①

因预备立宪将提高国民教育水平，作为强国对策之一，光绪三十四年十二月二十七日，宪政编查馆上奏《城镇乡地方自治章程》，提出在地方自治内，首先将学务列入首位，明确各城镇乡的学务，涉及中小学堂、蒙养院、教育会、劝学所等，要求遵照旨意逐年筹备办理，由督抚酌定具体实施细则。

受到这个促动，张之洞加紧筹划各类学堂招生、编写课本等，以忠君爱国作为处世价值，要求小学课本纯正通达，简单却不落俗套，让儿童知晓做人的基本道德。

他先后派职员到街坊、集市、小学堂，收集各种版本的课本，详加核阅，综合大概，发现有 5 个弊端：多数内容存在假设，不能证实真伪；掺杂很多新名词，不知确切的含义；以地方语言表述并有误传，不便于各地通行；文章用词深奥难懂，不容易理解原意；随意评说、荒诞不经，极易惑乱人心。

发现这几个问题，张之洞派学部图书局审定科各官员，以他确定的教学宗旨，酌拟办法，先编凡例，各抒所见，以备采择。不久，各科员先后向他呈报稿子。

他与学部有关官员再三讨论达成共识后，呈递奏折："我们针对长期失学、家庭缺乏收入来源、不能进入初等小学堂的儿童，配备简易的识字课本，以短小的文章为主，文字浅显易懂，教导他们掌握日常生活知识、认识一般事物。即使他们无力进一步深造，也可凭识字的能力谋生，不致误入歧途。

---

① 陈学恂主编：《中国近代教育史教学参考资料》上册，人民教育出版社 1988 年版，第 755 页。

因而准备编写并发行国民必读课本、简易识字课本。"①

当天,摄政王载沣看了这个奏折,觉得先在北京各小学堂试行,能简易实用后,可命令各省遵照通用,因而以皇上的名义批示可以办理。

普及义务教育的美好蓝图,如雨后天空闪现的一道彩虹,让人可望而不可即。各县财政收入短缺、无多余的资金创办更多官办小学。广大农民以种田为生,不具有渠道获取收入,一时难以建成众多宽敞明亮的学校。

学部核查北京城内外居民有 148 000 户,每户以一名学生入学,每所小学堂容纳百名学生计算,需要创办 1 000 多所。政府有什么神奇的手法,调动资金建成众多小学?

宣统元年(1909)三月,南通商人张謇等以江苏教育总会的名义,给学部呈递"变通初等小学堂"的呈文:"我们经办学务,深悉地方财政紧缺,又目击教员授课及儿童受教状况,考究目前推广教育的方法,一致认为初等小学的年限愈短、科目愈简,愈容易普及义务教育。请你们酌情缩短学年及科目。"②

张之洞意识到:小学构成开启国民智力、培养个人道德的基础,必须先易后难,才有可能完成前无古人普及义务教育的大事。原先他主持制定并请皇上批准的《奏定初等小学堂章程》,设有五年制小学,分修身、读经、中国文学、历史、地理、格致、算术、体操八门课。后来发现,许多农民在土地贫瘠、交通闭塞、电报不通,与外界几乎没有来往的山区生活,受过师范教育的教师,如同荒原上难得一见的绿草。只能因陋就简,不求外观多么华丽,多设简易初等小学,招收村子 30 多名儿童就近上课,与此同时,张之洞接到各省发来的办学报告说,省会城市、县城、集镇,设立初等小学堂比较多,偏远乡村难以开办像样的学堂,即使简易的识字班也很少。

原因是州、县尽心尽力办教育的官员极为少见,只会搞徒有其表的形式主义,暂且设一两所学堂应付上级检查,搪塞上司发来公文追问,却不详细讲解规章,分别劝导家长送孩子上学。绅士任意动用现有的办学经费,不讲

---

① 陈元晖主编:《中国近代教育史资料汇编——普通教育》,上海教育出版社 2007 年版,第45 页。
② 陈元晖主编:《中国近代教育史资料汇编——学制演变》,上海教育出版社 2007 年版,第557 页。

求节约办学,以致私塾、义学、蒙童馆等日益稀少,造成大量学龄儿童无处求学。

张之洞与学部各官员多方考察发现:小学数量少,在于地方官员、乡绅不竭力办学,总是借口设学堂需要很多经费,难以筹集;课程繁多,不容易请到合适的教师;学生读太多无用的经书,不能熟读背诵;学习国文的时间太少,不能勤习。

既然各地办学条件千差万别,短期不可能建成设施齐全的小学,张之洞没有被堂而皇之的理由延误时机,也不搞"一刀切",强行达到一个标准,他决定变通初级小学年限:

一是设五年制小学,将课程缩减为修身、读经、中国文学、算术、体操五门,其他课由学生随意选修。减少课程降低学习难度后,一所小学招收50人,一名教师可以给学生上所有的课,不必多聘请教员,自然节省了经费,比较容易兴办更多类似的学堂。

二是办三年或四年制简易小学,针对有些贫穷落后的地区,官方无力出资办五年制小学,张之洞把简易小学的课程减为修身、中国文学、算术三门,更加减少教师及各项开支。

三是利用寺庙、民房、公房等办简易小学,无论秀才、举人、私塾先生,都可以给学生讲课,不至于地方官员再以财力不足、师资难寻等推诿,阻碍儿童求知。如此,在公立小学堂之外,私塾增多,识字的人急剧增加,有朝一日可实现普及教育。

作了上述普及小学教育的充分论证,宣统元年(1909)三月二十六日,张之洞以学部的名义呈递《奏请变通初等小学堂章程折》:"恳请皇上明发旨意,通令各督抚督促学官,按照我们奏定的章程,酌量地方情况,无论官办小学、私塾,应遵照此次规章切实举办,并随时派人认真考核。"[1]

按张之洞的奏请,以后地方官、绅士,如再因循欺骗,不遵守学部的章程办学,由学部查明后严厉弹劾,此举必能推进学校日益兴旺、开启民智,不负

---

[1] 陈元晖主编:《中国近代教育史资料汇编——学制演变》,上海教育出版社2007年版,第554页。

朝廷育才的用意。

同一天,摄政王载沣看了这个奏折,觉得张之洞用灵活的办法办小学,把分散在村子里的私塾改为简易小学堂、识字班,有利于更多儿童低成本、高效识字,更快普及教育,因而以皇上的名义批准实行。

相对应的是,张之洞采纳德国成熟的教学法,将中学划分文、工两科,仍依照原来奏定的十二门课讲解,读完五年毕业,为有志于升入大学深造的学生扩宽知识,也为无力升学的学生提供谋生技能。

作出变通后,宣统元年(1909)三月二十六日,张之洞呈递《变通中学堂课程分为文科实科折》,分文、工两科进行教学。当天摄政王载沣以皇上的名义欣然批准,命令各省一律遵照执行。

变更后,时任江苏巡抚端方响应老领导张之洞的号召,动员南京及各县、村子热心公益的绅士、商人,捐资开设识字班,无论年纪长幼、无论贫富,都可以进来读书识字。先由官方发挥带头作用出资请各位先生,于宣统元年八月,在南京开办 10 所模范识字班。

河南巡抚吴重熹认识到:一个地区有多少人识字,可以衡量当地人教育水平高低,贫困家庭的子弟及长年失学急于谋生的人,不具有条件读完五年小学。而简易识字班不受课程、学年限制,与半日半夜等学堂相辅而行,较为容易举办。

有了这个认知,吴重熹落实张之洞的指示,由官方率先提倡,明确给予奖励,与省分管财政的官员商议,酌量拨常年经费,先在开封暂设 20 处,并通告各州县主要官员,劝说各乡绅等就地筹款,于宣统元年在城乡创办 20 处,发挥了示范鼓舞作用①。

其他巡抚也认同张之洞设识字班普及教育的策略,按照本地情况在小学堂,或租借祠堂、寺庙等开班,招收贫民的子弟识字,由官方拨付一部分资金补贴。多一个人识字,就多一个明白道理的人,有利于更多人认识宪法对保护公民权益、构建现代国家的意义。

---

① 陈元晖主编:《中国近代教育史资料汇编——普通教育》,上海教育出版社 2007 年版,第 164—165 页。

　　然而，一些知县、乡绅等没有正确理解张之洞普及义务教育的意图，为完成上级官府下达的任务，以办学的名义巧立名目，向百姓强行摊派、征收各种费用，引起民众奋起反抗。

　　宣统元年（1909）八月初三，江西宜春北乡 1 000 多人，为反对官方威逼勒索捐款办学，包围县城捣毁学堂发泄心中的怒火。巡防营管带张国梁会同知府带兵驱赶，遭到乡民还击，包括他在内有 4 人受伤。知府见此情景命令士兵开枪，击退围攻的乡民关闭城门。

　　此后，江苏宜兴、无锡、江都，浙江上虞、慈溪、嘉善，福建泉州及广东等地，民众不满官方以办学压榨盘剥，加上平时不堪背负的沉重杂费，已忍耐到了极点，不得不敲锣打鼓纠集众人毁坏学堂。

　　普及义务教育必然要冲破"男尊女卑""女子无才便是德"这类几千年以来形成的习惯性无知与偏见。皇上要立宪救国，不可能排除女子接受教育，要各省效仿日本、欧美各国办女校。

　　之前，学部有关人员悉心商酌，吸收东西各国办法，又合乎中国礼俗，曾于光绪三十三年（1907）正月二十四日，向光绪帝呈上《奏定女学堂章程折》，要求"北京以外各地方，如一时难以请到女教师，不能开办女校，务必遵照前次的规章，在家庭教导女子读书。开办女学堂，务必遵照此次奏定的章程教学"[①]。

　　当天，皇上看了奏折批准，通告各省遵照办理。

　　张之洞任学部尚书，从提高女子地位的角度，提出应该向她们打开学堂大门，但顾及中国还有几亿文盲，没有破除男女有别的思维，不能过于激进，要制定章程，渐进推动女子进入学堂。

兴办高等教育学堂

　　对心怀实业救国的张之洞来说，办大学不是突发奇想、一时心血来潮。他曾与刘坤一在江楚会奏变法第一折中，提出各省设农、工、商、矿等高等学

---

① 陈元晖主编：《中国近代教育史资料汇编——学制演变》，上海教育出版社 2007 年版，第 582—583 页。

堂,为企业输送急需的技术员,有利于国计民生。得到慈禧、光绪帝采纳,上升为朝廷的决定。

得到有效制度供给,各地冒出了一批高等学堂后,官方为缩小各地学生进入高等学堂的数量差距,采取变通办法:酌情挑选品行端正,接受过一定经史教育的人,先补习一年中学课程,再升入高等学堂。18 岁以下,略读初级中学课程也可入学。

张之洞认识到变通招生带来了负面效应:一些没有经过小学、中学阶段学习,以及品质低劣、缺乏学识的人到高等学堂,导致学生素质低下,达不到应有的水平。

地主、乡绅、商人、官员等,利用变通方式钻空子,有钱支持子弟进入高等学堂,造成极少数人享受高等教育资源,导致教育资源分配更大的不公。

为此,张之洞与学部官员多次讨论后,光绪三十四年(1908)三月初十,代表学部上奏:从今年六月开始,各高等学堂要停止变通招考,一律不得招收未经中学堂毕业的学生,限定入学资格。数年以后,中学毕业生增多,通过考试被高等学堂录取,有望造就一批治学精深的人才①。

同一天,皇上看了这个奏折,毫不犹豫地批准张之洞的奏请,命令各省高等学堂务必执行,开启了大学走向规范化招生的时代。

有了严密的规定,张之洞以适应工业强国推出刺激办大学的重大对策:分别筹建法政、工程、医科、农科、商科等大学,除省会城市设高等工业学堂以外,每个县争取设一所初等工业学堂,培养专心治学、精通某一专业的人才到相应的行业发挥才能。

"现在许多学生没有接受大学教育,而且缺乏经费,怎能办大学?"学部侍郎严修在商讨办大学的会上发出难以筹办的疑问。

"没有经费,我想办法筹集。有高等学堂毕业的学生升入大学,不担忧他们的文化程度低,达不到要求。"张之洞回答。

对是否将大学校长、院长、监督等授予官职,罗振玉在会上提议,可不必定为实官,得到有些参会科员的赞同。张之洞有办学经验,决定将总监督定

---

① 严修自订、高凌雯补、严仁曾增编:《严修年谱》,齐鲁书社 1990 年版,第 211 页。

为正三品，分科监督为正四品①。

因国内没有师资强大、设施先进的大学，张之洞受军机处委托，审议闽浙总督松寿上奏《筹款兴办实业学堂折》后，于光绪三十四年（1908）三月初五，以学部名义奏请皇上："现在各省已经筹建实业学堂，向学部报告进展的不多，应明定期限，两年之内，每州府应设一所中等实业学堂，招收 100 名学生。由我们催促各总督、巡抚，命令各州县认真办理，不得拖延，才能有望逐渐振兴实业。"②

只办中等学校不能适应各地对专业人才的需求。张之洞明知有些地方发生了不同的灾害，大批灾民急需拨款救济，财政支出异常困难，但现在皇上大力整顿官场贪污腐化、效率低下的风气，树立廉洁奉公的作风，振兴实业，若朝廷不率先筹资办大学，不培养各项人才，变法图强很难取得成效。

"我与度支部尚书载泽等再三商酌，对内顾及物力的艰难，以培养人才为大计，筹建分科大学，决不能缓办。虽西方各国大学规模宏大，开支千万两以上，而中国现有财力与国库储备不足，只能节俭动用资金推广。恳请皇上开天恩，准允度支部拨给各大学开办经费 200 万两，分 4 年拨付，每年给 50 万两，便于投资建校。"同年七月二十日，张之洞代表学部为筹建分科大学上奏③。

这个奏折显示，张之洞要以朝廷财政拨款，为中国造就第一批现代大学，减少派遣学生留学、依靠外国大学培养人才。

事不宜迟，张之洞不允许办事拖拖拉拉，讲究雷厉风行，派掌握技术的人到经皇上批准的德胜门外的一块空地，详细勘查，绘制图纸，围筑地基，想利用这块远离城区、面积比较大的地盘，建成工、商、法等七科大学，争取明年学生能到建成的大学上课。

① 以上参见罗振玉著，文明国编：《罗振玉自述》，安徽文艺出版社 2013 年版，第 35 页。
② 陈元晖主编：《中国近代教育史资料汇编——实业教育》，上海教育出版社 2007 年版，第 14—16 页。
③ 陈元晖主编：《中国近代教育史资料汇编——高等教育》，上海教育出版社 2007 年版，第 38—39 页。

至于农科大学,张之洞要找有绿树成荫、小河清澈、充满鸟语花香的地方建校,与步军统领衙门协商,发现阜成门外钓鱼台、玉渊潭长满了芦苇,有十六七公顷,南北非常狭窄,东西却很长。利用现有的地势开挖沟渠,作为农场试验用地,也可设法购买附近居民的房子、地皮,扩大面积。他与管理这块官地收租的大臣商议后,将其划归学部办大学。

同日,光绪帝看了张之洞呈交办大学的奏折,被他周密筹划、高瞻远瞩、坚定不移办大学的精神感动,毫无疑问地批准他提出的办学规划。

各省创办工业学堂,很快引发一个疑问:师资从哪里来? 即使有人看了一些相关的书,也只是了解一点皮毛,许多人没有系统学习制造机器、军械、轮船、采矿、电气等技术。

一些学生未经中学毕业,掌握算术、物理、化学、绘图等基本知识,到日本留学后,对需要精密计算、反复试验的理工科望而生畏,只好改读靠背诵课本就能过关的法政专业,以致工科毕业生愈来愈少。

看到文、工科不平衡的弱点,张之洞起草一个稿子,于光绪三十四年(1908)九月二十一日代表学部会同农工商部、邮传部上奏:"以后各省应从中学堂毕业生,选择教育经历完备、领悟力高、能直接听讲外语的人,出国攻读工科。凡是官费留学生,必须学习农、工、商各科,不得改学他科。以前自费留学生,如不进入高等学堂学习以上三科,不得给予官费资助。"①

采取限制准入,张之洞淘汰那些夸夸其谈、不能干实事的人,以官费为导向,支持学生进入外国工科大学,造就一批掌握实用技术的人才,转为实业强国的能量。

皇上批准筹建分科大学后,度支部先给学部拨付 25 万两。张之洞派人聘请工程师绘图、预算各大学造价、工程发包,并挑选各大学监督即校长,负责处理学校各项公务。

除江西德化人刘廷琛任大学堂总监督以外,张之洞反复对比人选优劣,聘请人品学识俱佳的山东胶州人、前翰林院侍读、贵州学政、学部参事柯劭

---

① 陈元晖主编:《中国近代教育史资料汇编——实业教育》,上海教育出版社 2007 年版,第 16—17 页。

忞任经济科监督；福建闽侯人、毕业于早稻田大学政经科、学部参事林棨任法政科监督；江苏常熟人、吏部主事孙雄任文科监督；广东番禺人、毕业于天津北洋医学馆、曾任天津医学堂监督等职的屈永秋任医科监督；江苏苏州人、毕业于同文馆英文专业、翰林院侍读汪凤藻任格致科监督；江苏淮安人、学部参事罗振玉任农科监督；浙江诸暨人、毕业于东京帝国大学采矿专业、学部主事何燏时任工科监督；湖北江夏人、毕业于东京高等商业学校、学部主事权量任商科监督。

选定这些有专长的学者任各科监督后，宣统元年（1909）闰二月二十五日，张之洞代表学部上奏："如蒙皇上允许，我立即通知这些人迅速上任，分别筹办，由总监督主持一切事务。我们仍随时督促，期盼早日建成各科大学，以不辜负朝廷兴学育才的愿望。"①

当天，摄政王载沣以皇上的名义，大笔一挥批准他确定的各科监督人选。

后来，除屈永秋仍在天津管理医院未能到任以外，其他被聘请的各科监督陆续走马上任，与总监督刘廷琛一起，为开创现代大学展开了大会战。

利用学部这个大舞台，张之洞奏请朝廷，将创办各类工科学堂，上升为中央政府的强国对策后，各省、县掀起了一轮兴办农、工、商学堂的热潮。

扩大理工科招生数，缓解技术人才短缺

采取多元化培养理工科人才，张之洞从把学生送到日本，转向欧美发达国家，与外务部、美驻北京公使几次讨论后商定，利用美国退还光绪二十七年（1901）超过应得的赔款，前4年每年派遣100名学生赴美留学，第5年起，每年至少派50人。

对各学科入读人数，张之洞大幅提高留美学生攻读物理、化工、土木、采矿、冶金、电机、造船、铁道、农林等理工科的比例，弥补中国从小农经济转向

---

① 陈元晖主编：《中国近代教育史资料汇编——高等教育》，上海教育出版社2007年版，第39—41页。

工业，急需各类技术员、工程师的缺口，并与外务部商议，在北京设立留美学务处，由两个部分别派职员考选学生、派送出国。

"我们选择学习成绩优良、领悟力高、纯朴塌实的学生，随时送往美国留学，以十分之八习农、工、商、矿等科，以十分之二习法政、理财、师范等。因在美收支学费、稽查功课、约束学生，照料他们起居极其繁重，准备派专员监督办理。"宣统元年（1909）五月二十三日，张之洞会同外务部呈递以美国赔款派遣留美学生的奏折①。

至于分配学生名额，张之洞依照各省对外赔款数额，均衡划分，包括蒙古、西藏、东三省等边疆地区的生源，以示公平。

当天，摄政王载沣看了这个奏折，觉得留美可收到一举多得的效果，以皇上的名义批准他们拟订的留美办法。

按张之洞等设计的招生大纲，同年六月初三，留美学务处发布了六月十一日起至十六日，各学生在本处报名的通告，陆续有 630 人报名。六月二十日学部在史家胡同设考棚，第一场考国文，二十一日第二场，考英文。六月二十五日第三场，考代数、平面几何、法文、德文、拉丁文。二十六日第四场，考立体几何、物理、美史、英史。二十七日第五场，考三角、化学、罗马史、希腊史②。

但留美学务处违背张之洞等确定前四年每年要招 100 名学生的要求，八月二十三日发榜时，只录取程义法、金涛、梅贻琦、胡刚复、王士杰、金邦正、何杰、秉志、张子高等 47 人，浪费了非常宝贵的留美名额，导致许多学生满怀信心而来失望而归。

更不能接受的是，留美学务处没有一碗水端平，严重偏离了公平合理招录各省考生的原则，录取名额排在前三位的省为江苏 21 人、浙江 8 人、广东 6 人。有各类学校，形成学生群体的湖北，只有湖北枝江人，毕业于武昌文普通中学、曾任枝江高等小学教员的张子高，被录取到麻省理工学院读化学（毕业后到清华任教、兼任教务长等）。

---

① 陈元晖主编：《中国近代教育史资料汇编——留学教育》，上海教育出版社 2007 年版，第179—180 页。
② 同上，第 195 页。

对 2 000 多万人的河南，留美学务处只选取开封人翟秉志，派往康奈尔大专攻生物学(回国后到南京高等师范学校任教，于 1948 年当选中研院院士)。

湖南只得到了 3 个名额：湘乡人李进隆，进入哥伦比亚大学读冶金(回国后任广西大学教授)。湘乡人曾昭权读电机。常德人戴修驹到麻省工学院读造船(回来进入造船厂任职)。农耕人口大省安徽，只有黟县人金邦正，人康奈尔大学读农科(毕业回国曾任安徽农校及北京农校校长)。

留美学务处竟然没有给东三省、山西、陕西、四川、江西、贵州、广西、云南等省，分配一个留美名额，导致这些省的考生花费代价参加考试，却品尝榜上无名的悲哀，感到招录极不公平。

江苏几乎占留美名额的半壁江山，与当地考生习惯死记硬背、按标准答题容易获得高分有关。他们毕业回国后，大部分到高校当教师传业授道、普及基本知识，或在铁路、矿务等任技术员、工程师，没有一人在某个行业深入钻研取得开创性的成果。

到宣统二年(1910)七月，举行第二次留美考试时，留美学务处仍然没有改变不公平的现象，招录人数未达到 100 人只有 70 名，江苏以 28 人再次名列第一。而东三省、河南、湖北、山西、陕西、江西等省，没有得到一个留美名额。湖南只有醴陵县人易鼎新被录取读电机，安徽只录取合肥人殷源之读机械、绩溪人胡适读哲学。

宣统三年(1911)闰六月，举行第三次留美考试，留美学务处录取人数比上两次不升反降只有 63 人，江苏被录取 16 人依然占第一位，浙江以 11 人占据第二位。而湖北只有 2 名考生被录取：枣阳人卫挺生到哈佛大学读经济、汉川人蔡翔进入科罗拉多大学读采矿。

安徽被录取 2 名：黄宗发到哥伦比亚大学读法律、梅光迪进入哈佛大学读文学。东三省仍留下无考生被录取的空白，河南与湖南等省榜上无名[1]。

前后三次，留美学务处严重失职、一错再错，故意压缩人数，每次招生没

---

[1] 以上三次招录参见陈元晖主编：《中国近代教育史资料汇编——留学教育》，上海教育出版社 2007 年版，第 196—210 页。

有达到 100 名,降低了留学资源的配置效率,又背离兼顾招录各省考生的公平原则,过分向江苏、浙江、广东倾斜。

号称科举大省的江西,宋、明以来创造了中进士的奇迹。但到了晚清似乎时运不济,考生三次参加留美考试,因留美学务处不公平分配名额,没有一名考生被选取为留美生,留下了无限的悲愤。

但千年以来江苏、浙江背负着小农与宗族哺育的礼教规则,形成道不变、天不变的格式化思维,容易墨守成规,缺乏力排众议打破旧体系创新的勇气与智谋。思维跳跃的广东人像商人追求利润,飘忽不定,不能以坚忍不拔的毅力,在某个学科取得超越前人的成果。

所以这三省三次占有相当多的留美名额,而三次留学回来的学生,大部分填补某个工矿缺乏技术员的空白,在政界、学界未能涌现一批声誉卓著的人物,不如民国留学回来的湖北崇阳人、法学家王世杰,黄冈人、地质学家李四光,红安人、经济学家张培刚等,既博学多才又心怀远大理想,以持之以恒的决心,在某一领域开创了自成一体、震古烁金、引领时代的成就。

各地办高等学校的进度展示:各巡抚虽没有接受专业的法政、经济等教育,但以当地资源禀赋与人力,兴办农、工、医等学堂,光绪三十三年(1907),全国共有实业学堂 137 所,学生 8 693 人,其中湖北有 9 所,共有学生 699 人。宣统元年(1909),有 254 所,共有学生 16 649 人,其中湖北有 16 所,共有 1 507 人①。

光绪三十四年(1908)十二月,学部奏报教育统计年表,全年各省学校47 995 所,共有学生 1 300 739 人②。

得益于有效的制度激励,到宣统元年,各地学校数量猛然增至 59 117 所,共有学生 1 639 641 人,毕业生 23 361 人,教师 90 095 人③。

数据显示,张之洞以工业强国为发动力,从光绪二十九年(1903)主持制定各学堂章程到兼管学部,带动各省巡抚、知府、知县转变过去看守衙门、管

---

① 陈元晖主编:《中国近代教育史资料汇编——实业教育》,上海教育出版社 2007 年版,第 55、61—63 页。

② 严修自订、高凌雯补、严仁曾增编:《严修年谱》,齐鲁书社 1990 年版,第 224 页。

③ 清学部总务司编:《第三次教育统计图表》(1909)。

治老百姓、征收钱粮、重农轻商的思维，以政府投入与各方筹资结合，掀起了中国第一次创办高等学校的浪潮。

与此同时，大量理工科毕业生为商人、资本家创办企业提供了最宝贵的人力要素，有利于催生机械、铁路、造船、采矿、纺织、陶瓷、食品、丝绸等产业，推动一个沿着原始农耕道路行走了几千年的农业大国，拥抱工业文明。

大力整顿涣散的学风

原先张之洞主持制定学制，对学堂及留学毕业生按成绩分别给予举人、进士等政治身份，以示奖励，便于在新旧体制交替之际，冲破阻力取代古老的书院普及新式学堂。

但日本设立许多私立大学，不看中国学生是否读完小学、中学，以及是否达到毕业要求，敞开大门几乎来者不拒接收，如同开一个宾馆，只要给钱可以进来居住。

宽松的入学条件，造成一些中国留学生不珍惜来之不易的机会，以远离父母的严厉管教，经常旷课，晚上回到宿舍也不复习功课。甚至有些学生入学一两年，大部分时间在外面游荡。

留日学生的规模不断扩大，有人认为，他们沾染了不良习气，背离修身、忠君爱国的教导，要将留学生一概撤回，阻止他们参与会党危及大清王朝。

用开放育才的眼光审视，张之洞觉得与其关闭留学大门，不如在学生出国前，仔细考核他们的品质优劣、政治表现、家庭背景、教育程度等，再决定是否允许出国留学。

为考核留学生是否掌握了各科知识，光绪三十一年（1905）六月初一，学务处在皇宫保和殿举行第一次回国留学生考试，共有 14 人参加。

阅卷官员孙家鼐、陆润庠、张亨嘉评阅答卷划分成绩后，将安徽黟县人、毕业于早稻田大学的金邦平，广东珠海人，就学于早稻田大学政法专业的唐宝锷列入最优等，给予进士待遇，分配到翰林院编修国史。

名列优等的张锁绪、曹汝霖、钱承瑛、胡宗瀛等 6 人赐予进士，按各人学的专业,安排到相关部门任职;位列中等名次的王守善、陆世芬等6人,给予举人身份,分别派到有关省任知县①。

"张榜公布各考生名次授予官职时,吏部主要官员带领我们到颐和园仁寿殿站在大门外,各自依次高声自报自己的履历。慈禧坐在大厅中间,旁边为光绪皇帝,观察各考生的言行举止。"曹汝霖后来回忆②。

听从张之洞审核出国学生的建议,光绪三十二年(1906)二月十九日,学部发出《通行各省选送游学限制办法电》:"赴日本留学的人,除读工艺要懂日语,对学科无特别要求外,进入高等专门学校,必须达到中学毕业程度、通所在国语言,有一项不足,应先在本国补习。无论官费、私费生,必须品行端正无劣迹、身体强健无疾病,否则不能保送。"③

学部的理由是:已经有12000名学生到日本留学,不能再以粗放式输送教育水平低下的学生,停止派遣速成官费、私费及师范生,必须在国内受过完整的中学教育。

同年八月十五日,学部与外务部共同奏请光绪帝批准《奏定考验出洋毕业生章程》,以考察留学生的成绩,考试分两场,第一场按照各毕业生学科择要命题,第二场试中国文、外国文,按成绩分最优等、优等、中等三个等级,分别给予考生进士和举人出身。

得到光绪帝批准后,同年九月,学部举行第二次留学毕业生考试,请外务部侍郎唐绍仪任主试官,严复与詹天佑为副官,以及法政、医学、工程等领域的官员参与,有32人参加。

发榜后,最优等的9名学生全部毕业于美国高校,前三名为广东南海人陈锦涛、江苏上海人颜惠庆、福建闽侯人谢天保,分别毕业于耶鲁大学政治、弗吉尼亚大学文学、典化专门医科。

评选5名优等生,前三名毕业于美国各大学,后两名为留日学生王季点、廖世纶,各毕业于东京高等工业学校。其他18名学生获得中等名次,有

① 以上参见陈元晖主编:《中国近代教育史资料汇编——留学教育》,上海教育出版社2007年版,第63—64页。
② 同上,第72—73页。
③ 同上,第75页。

15 人毕业于日本各大学①。

留日学生成绩大滑坡，在于许多学生出国前，没有接受完整的小学至中学教育，到日本各高校后，没有动力进行更高层次、更精深的研究，能进入大学完成理、工科学习直至毕业的学生极为稀少。

从光绪三十三年(1907)六月二十日驻日公使杨枢起草的《游学计划书》可以看到留日学生素质为何低下："以现有留日学生统计，大概有 1 万人，官费生占十分之三，自费生占十分之七。综计官费、自费生毕业人数，读速成班占百分之六十，普通占百分之三十，中途退学等约占百分之七，入高等学校仅占百分之四，进入大学不过百分之一。"②

背后的原因在于：各省选派官费生指定读师范、工艺、军事等，一般一至两年，期满后学费无着落不能继续深造；至于自费生，大部分来自贫寒家庭，缺乏求知的志向，想以留学获得文凭，回国到学堂谋求教员职位，或到官府当幕僚。来自官员或豪富家庭的学生，迫于父亲的命令或基于自身好奇来日本，花费资金后无久留求学的志愿。

张之洞也看到留日学生成绩低下，同年七月二十八日，给光绪帝呈上《筹办陆军小学变通部章折》："学生回国以后，有学问又不染恶习的人不到一半，他们长久在外国，有眼高气盛、期望过奢华生活的欲望，若无地位优越、高工资的官位则不想干，也不想受约束。他们朝秦暮楚、来去随意，有学问却无阅历，能否办实事不得而知。"③

担任学部尚书后，张之洞不能容忍留学生放任自流，损害留学声誉，必须考核淘汰。光绪三十三年八月二十二日，宝熙、严修等官员在学部举行留日法政专业毕业生招录考试，89 人到场参加考试。上午翻译一篇日文，下午考地理、历史、算学、博物、理化，结果只有 43 人及格④。

半数以上留日学生没有达到及格标准，慈禧感到惊讶，痛恨他们花费大

---

① 以上参见陈元晖主编：《中国近代教育史资料汇编——留学教育》，上海教育出版社 2007 年版，第 64—66 页。

② 同上，第 385 页。

③ 苑书义等编：《张之洞全集》第 3 册，河北人民出版社 1998 年版，第 1806—1807 页。

④ 严修自订、高凌雯补、严仁曾增编：《严修年谱》，齐鲁书社 1990 年版，第 219 页。

量钱财留学,不专心求学,以当作儿戏混日子、放荡轻浮应付,并集合众人参加会党活动,发表干预朝廷政务的议论,怎能找到博学的人才救国? 要张之洞毫不手软整治。

同年十一月二十一日,军机处奉慈禧的命令整顿学风:"学部要通告学务衙门,将学堂管理禁令广为发布,并将考核劝诫办法未完备的规章增补,责令切实执行。如负责学务的官员不惩罚荒废学业、品行不端、不安本分的学生,要受到重惩,决不宽恕。"①

为落实慈禧的旨意,同年十二月初六,张之洞以学部的名义,给京师大学堂发出公文,不允许学生开会结社,各学堂要抄录慈禧发出的旨意,悬挂在学堂供学生阅览。

以明定公平竞争规则,张之洞与学部官员商讨后,拟订录用留学生章程:"凡在外国高等以上学校毕业,经学部考核合格奉旨赏给进士或举人后,每年在皇宫保和殿参加一次考试。根据各学生读的专业出题,阅卷官员以学生答题评定成绩高低,分三个等级,分别授予不同的职务。"

确定考核规章,同年十二月二十日,张之洞代表学部与宪政编查馆联合上奏:"我们商议后,起草了以考试录用留学生 11 条章程,送交宪政编查馆核定,开列了详细清单供皇上御览。如蒙皇上批准,我们立即奏请确定考试日期,对外发布公告,便于各留学生遵守。"②

当天,光绪帝看了这个奏折,觉得择优录用留学生为政府官员,有助于建立高效廉洁的中央机构,批示依照张之洞等奏请执行。

为提高留学生声誉,张之洞与学部有关官员多次开会商议后,化繁琐为简洁,撤销原来设立的留学总监督,设留学监督处,由驻日公使统一监管,于光绪三十四年(1908)九月二十一日,呈上管理留日学生及准入资格奏折。

其中,凡是留学日本的学生,无论是公费还是自费,不到日本文部省选定的学校及驻日公使指定的学校,监督处一概不准入学,将来毕业不发证书。毕业生必须持有监督处发的证书,否则回国后,不得担任各省官立学堂

---

① 吴剑杰编著:《张之洞年谱长编》下卷,上海交通大学出版社 2009 年版,第 993 页。
② 陈元晖主编:《中国近代教育史资料汇编——留学教育》,上海教育出版社 2007 年版,第 69—70 页。

教员①。

当天,光绪帝批准按这个章程实施。

宣统元年(1909)八月十四日,宪政编查馆考核学部的成绩时说:"世界文明的进程,以多少人读书为判断。中国作为一个文明古国,拥有超过其他国的几亿人口。现在预备立宪,必须让多数人识字及普及教育,否则不可能有实效。考核学部历年奏请及筹备的公事,由粗到精、探求根源、发现要领,达到条理清晰,向公众灌输科学知识时,仍传承中国仁义忠孝的礼教。希望学部随时督促各省提学司,奉令切实施行,勿要空谈良法美意而无实效。"②

从上可见,张之洞听从实业救国与制度变革的指引,兼管学部后,以有效履行统管全国学务的职责,用强制力带动各省创办高等学校,适应各行业分工需要,培养不同专业的人才,完成了从书院到大学的跨越。

力劝摄政王宽恕袁世凯

按慈禧临终遗嘱,光绪皇帝的弟弟、时年 25 岁的军机大臣醇亲王载沣,为摄政王辅助皇上也是自己的儿子执政,裁决所有国务。十一月初九,只有 3 岁的溥仪,在皇宫太和殿举行继位皇帝仪式,改为宣统,各级官员依次朝拜。

受慈禧嘱托,张之洞有幸成为溥仪皇帝继承王位见证人之一。载沣以表面的尊重,换取他协助自己维系大清帝国运转。

作为一种表示,光绪三十四年(1908)十一月二十六日,军机处奉载沣的命令发布:"现奉皇上的旨意,赏加张之洞太子太保衔。"

接到载沣的赏赐,张之洞涌起一种敬畏:要付出毕生精力,与摄政王同心共济效力,以报答皇上比天高的恩情。

溥仪接皇位后,摄政王载沣想起维新变法时,袁世凯违背忠义告密,引发慈禧剥夺光绪皇帝的权力。现在载沣将袁世凯当作东汉末年要夺汉献帝

---

① 陈元晖主编:《中国近代教育史资料汇编——留学教育》,上海教育出版社 2007 年版,第 407—411 页。

② 故宫博物院明清档案部编:《清末筹备立宪档案史料》上册,中华书局 1979 年版,第 75 页。

王位的曹操,必须撤除他的一切官职。

另外,袁世凯以推荐亲信任巡抚或部队军官,将势力扩展到东三省、河北、山东、江苏、广东等地,引起载沣、载涛、载洵、载泽等权贵的担忧,必须对他采取制裁收回兵权。

据载泽的弟弟载涛回忆:肃亲王善耆、镇国公载泽秘密劝说载沣,此时若不迅速处理,袁世凯的同党会分布到外交、军事、行政领域。从前袁世凯只畏惧慈禧太后,太后去世后,他以为无人可以钳制自己,形成势力后,不容易清除他,会发生叛逆的祸害,必须严办他。载沣也觉得袁世凯成为自己掌权的最大障碍,同意撤销他的职务交法部治罪。

载沣将惩处袁世凯的稿子交给奕劻看。奕劻模棱两可地说:"此事关系重大,请王爷再加审视。"军机大臣张之洞也表示:"不可轻易诛灭大臣。"①

载沣派载泽晚上走访张之洞,询问能否惩办袁世凯。张之洞说:"现在国家面临各种危机,务必保持镇静宽大对待。朝廷要实行仁政、依法办事,不能从自己的恩怨出发,愿摄政王深思,可免除袁世凯的职务。"②

过了几天,载沣召见张之洞询问:"朝廷不能再用袁世凯,你看如何处理他?"

"我觉得袁世凯是一个可用的人才,若弃之不用很可惜。"张之洞正面评价袁世凯。

"我也知道袁世凯是一个人才,但我不愿再用他。如用他,我无颜见皇太后。"载沣不满地说。

"袁世凯有辞职的意向,能否让他回老家休息?"张之洞想保袁世凯免遭他的毒手。

载沣看在他的面子上勉强答应,仍不高兴地对他说:"以后你勿要喋喋不休,要奉皇上的旨意办事。"③

---

① 以上参见载涛:《载沣与袁世凯的矛盾》,载中国人民政治协商会议全国委员会文史资料研究委员会编:《晚清宫廷生活见闻》,文史资料出版社 1982 年版,第 80 页。
② 刘成禹:《世载堂杂忆》,辽宁教育出版社 1997 年版,第 111 页。
③ 以上参见《端方密信》,载中国社会科学院近代史研究所近代史资料编辑组:《近代史资料》总 43 号,知识产权出版社 2006 年版,第 212—213 页。

看到奕劻与张之洞两位军机大臣，不同意处决袁世凯，载沣不好直接下令，感到无可奈何，只将旨意稿一再修改，措辞转为前紧后松，改为免除袁世凯的职务，让他回家养病。

袁世凯不知大祸降临，仍像平时去军机处办公。值班的太监曾接受他的贿赂，以惊慌的神色对他说："你今天不必进去办公，摄政王载沣准备发布旨意要严惩你，请你早作防备。"

听了太监的提醒，袁世凯急忙转身返回锡拉胡同住宅，显得张皇失措，召集幕僚商定逃到何处，想进入东交民巷求外国公使保护。

一亲信对他说："军机大臣并非政治犯，恐怕外国人没有这种保护先例。"

正当他们举棋不定时，张怀芝对袁世凯说："由我陪同你乘三等车，迅速赶往天津，到直隶总督杨士骧的住宅躲避，再作打算。"

按这个办法，袁世凯与他在北京前门坐火车，列车距离天津租界第二站时，张怀芝给杨士骧打电话："北京情况危急，袁大臣乘三等车到天津，请你密派人接到总督府。"

"你们先在车上等待，千万不要下来与我见面。我已与北京电联，对袁大臣的处理不会那么严重。我急派心腹来车上，料理你们回北京。如你们来总督府，反而会引发大变。"杨士骧说。

听了张怀芝的转告，袁世凯感到很不痛快，以为杨士骧不顾往日的交情，看见自己处境危险有意回避。

过了一会儿，杨士骧派亲信到火车上对袁世凯说："杨总督已经得到北京传来的确信，载沣只免除你的职务，让你回老家休养。请你乘原车回京，预备明天早晨入朝谢恩。请你上车后紧闭房门，千万不可让他人看见。如你来总督府，此事张扬出去，对彼此不利，这是杨总督暗中保护你。"

听到袁世凯逃到天津的消息，张之洞发出嘲笑："有人说袁世凯不学有权术，我觉得他擅长许多权术。但此次他仓皇出走，何处可藏身？真不知何人有术。"①

———————————————
① 以上参见刘成禺：《世载堂杂忆》，辽宁教育出版社 1997 年版，第 111—112 页。

密谋后，光绪三十四年（1908）十二月十一日，载沣发出清除袁世凯的旨意："军机大臣、外务部尚书袁世凯，素来承蒙前任皇上多次提拔重用，赏赐恩重，正要发挥他的才能继续为朝廷效力，不料他患足疾，行动艰难，不能正常履行职责。现免除他的职务回老家养病，以体现对他特别关切。"①

驱逐袁世凯后，张之洞失去一位共同推动立宪的盟友。军机处的官员开会时，七嘴八舌议论立宪，却不知如何起草相关的规则，只好以拖延应付。

"宪政编查馆为立法机关，关系中国能否阻止混乱保安宁。若如此对待，会有无穷的后患。今后必须派专员办理立宪，切实整顿，才能不延误时机。"张之洞在会上说②。

参会的载泽觉得张之洞对立宪高度负责，想请摄政王载沣委派他主持宪政编查馆，负责一切立法事务。

但载泽缺乏胆量，像一个气球喜欢吹气，却害怕吹足气后破裂，空想多于实际行动。看到袁世凯被免职回家，担心遭到其他亲王的指责，没有动力游说载沣放弃迟疑，立即开国会制定宪法。

作为一种安抚姿态，宣统元年（1909）二月十五日，军机处奉旨发布，重申实行预备立宪："我们多次奉前任皇上的命令，分年预备，切实施行。我继任王位后，再次申明，依照9年限期筹办，不得延缓，并特地将朝廷一定要实行预备立宪的宗旨，再次明白宣告。"③

在关系清朝存亡时，奕劻、载沣等仍故弄玄虚，不听张之洞的忠告，以宪法还要修改、审议，要筹备9年才能出台，企图唤起各省官员与朝廷休戚与共，维护大清王朝的统治。而接受西方宪法治国影响的留学生、新式军官，没有耐心与他们和平共存。

虽然张之洞想尽最后的努力，争取开议会、出台宪法等挽救大清王朝，但摄政王载沣与他的观念存在差异。宣统元年（1909）二月十二日，盛文颐致信盛宣怀披露：张之洞保荐梁鼎芬时，载沣发出疑问，"梁鼎芬有什么

① 严修自订、高凌雯补、严仁曾增编：《严修年谱》，齐鲁书社1990年版，第222页。
② 《端方密信》，载中国社会科学院近代史研究所近代史资料编辑组编：《近代史资料》总43号，知识产权出版社2006年版，第214页。
③ 故宫博物院明清档案部编：《清末筹备立宪档案史料》上册，中华书局1979年版，第71页。

才能?"

"他学问很好。"张之洞回答。

"现在国家处于突发事件多发时期,必须有实干的人才能办实事,不是百年前,可以凭借学问治天下。"载沣说①。

张之洞看到民政部以维护王权专制,制定严密监管报刊的法律,觉得限制太多,不利于媒体发挥正常监督,几次请求肃亲王善耆修改。而立宪国给予国民言论自由权,不应过于压制。

肃亲王采纳他的建议,指示宪政编查馆会同民政部,重新制定报刊出版法律,以适应立宪的要求,也是向外国人显示,清朝尊重新闻自由。

宣统元年(1909)端午节,载沣派人给张之洞送来四道菜,表明给予他高于其他大臣不同一般的待遇。

但礼仪相待的背后,不能掩盖载沣的盛气凌人。他虽被慈禧任命为摄政王,但个性懦弱无能,不具有深厚的政治资历与胆略,无远大的政治眼光。为巩固自己的权力,于宣统元年五月二十八日,宣布代表皇上行使海陆大元帅大权,提拔弟弟载洵为海军大臣、载涛管理军谘府事务、载泽任度支部尚书、载振任农工商部尚书、肃亲王善耆掌管民政部。

作为军机大臣,张之洞看到载沣重用各亲王,试图垄断一切权力、决定一切国务,却不能为人民带来利益,感到孤掌难鸣,只能默默叹息:这些玩世不恭、无才无德的权贵,只会加速清朝灭亡。

有件事让张之洞对载沣丧失了信心:吕海寰任津浦铁路督办,李德顺任津浦铁路总办,修筑各段铁路、沿线路基、车站,要向农民购地。李德顺凭借官方力量,强行低价收购土地,被人弹劾后与吕海寰一起被撤职。

引发这个风波,摄政王载沣召见军机大臣开会,提出由唐绍仪接任津浦铁路督办。张之洞不同意说:"唐绍仪不知地方乡土民情,不适合继任。"

"你重视以享有威望的乡绅治理地方,如你觉得可以,谁还能说不行?"载沣说。

---

① 以上参见陈旭麓等编:《辛亥革命前后——盛宣怀档案资料选辑之一》,上海人民出版社 1979年版,第 72 页。

"朝廷用人,如不顾民众的意愿,恐怕会激起他们的反抗。"张之洞提醒他。

"国家养了这么多兵,还怕什么民众叛乱?"载沣以狂妄的口气说。

"国家养兵,不是为了打老百姓。"张之洞驳斥他①。

张之洞留下的悲叹

目空一切的载沣没有听取张之洞的建议,与他不欢而散。张之洞怀着气愤退出,回家后连续吐了几口血,请病假不再到军机处出席任何会议,服中药不见效果,但也没有加剧病情。

其实,张之洞没有什么大病,只不过是用不办公的行动,发出无声的抗议,促使载沣反省如何为民执政,不要自以为是。载沣觉得他不到军机处,减少一个阻力,便于自己一意孤行。

张之洞的侄孙女婿李焜瀛,听说他生病前来探视,询问他病况如何。他说:"我没有什么大病。你听见外面有什么消息吗?"

"各省会党、团体等反对清朝专政的气氛极为浓厚。"李焜瀛回答。

"据我看来,不是汉人排满,简直是满人在排汉呀!"张之洞沉思说。

说完,他在桌子上找到一张纸给李焜瀛,上面写了一首诗,题为《读白乐天以心感人人心归乐府句》:"诚感人心心乃归,君民末世自乖离。须知人感天方感,泪洒香山讽喻诗。"②

这首诗让我们体会到张之洞内心充满了悲怨与矛盾:接任军机大臣以来,看似拥有显赫的官位,但他没有实现带动清政府完成立宪,向民主转变的愿望,觉得载沣等权贵倒行逆施,朝着背离人民利益的方向前进,用这首诗与他效忠的清朝作最后的告别。

到宣统元年(1909)七月,张之洞一病不起,而且病情加重。数日以来,他肝胃疼痛加剧,导致饮食日益减少,还有呕吐泄泻,服用中外各药,未能稍

① 以上参见张达骧:《张之洞轶事》,载《武汉文史资料》1986年第23辑,第29页。
② 同上。

有效果，自知病入膏肓，已经请假两个多月，不能再占位子不办事。

"我承蒙皇上给予的高恩厚德，感激不尽。只是近来病症反复发作。各项公务极为重要，恳请准许我辞去军机大臣、大学士、管理学部、督办粤汉兼鄂境川汉铁路等职务，便于暂时消除重负，安心疗养。"八月二十一日，张之洞给皇上呈上免除各项公职的奏折①。

"大学士张之洞公忠体国，执着勤劳，因久病未痊愈，皇上时常挂念。现再给你赏假不定日期，安心疗养，病痊后立即销假办公，并赏给人参二两，便于调养。无须免除职务。"当天，摄政王载沣以皇上名义发出旨意②。

同一天，载沣来到张之洞住宅慰问说："你享有很高的名望，而且公忠体国，好好为国保养、珍重。"

"公忠体国我不敢当，廉正无私，我怎敢不自勉。"张之洞回答③。

当天，张之洞自知病情愈重，吃药不见好转，而且全身出汗、气喘不断、体力极为虚弱，仿佛生命走到了终点，不可能再为大清帝国奉献自己的精力，应该对自己的人生作一个简略的回顾。

宣统元年(1909)八月二十一日，张之洞在临终前写下遗折："我秉性愚庸，毫无学术，有幸在同治年间，到宫廷参加进士考试，提出改变时政的对策，承蒙慈禧太后等赏识，将我中进士的名次提到第三名，让我进入翰林院任职，之后还采纳我提出的治国建议。

"经太后及皇上恩赐，先后委派我任山西巡抚、两广及湖广总督、两次代理两江总督，在地方为官30多年，深感内忧外患，想尽最大的努力办一些利国利民的事，却受到许多阻力。有时事与愿违、劳而无功，感到愧疚不安！"④

写完这个奏折，同一天下午5时多，张之洞忽然起床，更换衣服后对孩子们说："你们千万勿负国恩、败坏家学，必须明辨君子追求正义、小人贪图小利的区别，勿要争财产，勿成为下流人。"

说完，张之洞命令几个孩子反复背诵，发现有失误立即改正，并令他们

---

① 吴剑杰编著：《张之洞年谱长编》下卷，上海交通大学出版社2009年版，第1026—1027页。
② 苑书义等编：《张之洞全集》第3册，河北人民出版社1998年版，第1824页。
③ 以上参见张达骧：《张之洞轶事》，载《武汉文史资料》1986年第23辑，第29页。
④ 以上参见苑书义等编：《张之洞全集》第3册，河北人民出版社1998年版，第1824页。

读自己写的遗折并抄写几张,孩子们哽咽说出不话。

"我无特别的痛苦,我生平学术、政术达到十分之四五,心术接近至正。"张之洞讲完,将"政术"改为"治术"①。

同一天晚上9时多,张之洞怀着未能挽救大清的无限悲叹、遗憾,合上双眼停止呼吸,走完72年的人生旅程!

得知张之洞去世,载沣委派贝勒载涛率领10名侍卫前往祭奠,并赏赐一口祭坛,封他为"文襄",依照大学士的待遇,将他的遗像放进贤良祠供人祭拜,并赏银3000两治丧。

历史人物的地位,取决于推动历史进程发挥的作用。追寻张之洞成长的时代背景:鸦片战争的炮声,惊醒了在小农经济怀抱沉睡了几千年的中国人,西方资本家以通商条约开路,将机器生产的商品源源不断输送到中国市场,取代了作坊的手工艺品,将中国卷进了产业扩张时代。

生活在这个时代的张之洞,经过严酷的科举层层选拔,有幸进入知识精英云集的翰林院,成为一名吃皇粮、接触朝廷中枢的高级官员。

他觉得自己的性格粗俗旷达,喜欢直来直去,不适合到外省应对复杂的政务,愿在北京当一个轻闲自在的小官,每天下班后有业余时间,静心读书、著述直到终身。

不料,掌握大清最高权力的慈禧,从他发来的几份奏折中,发现他以无比真挚的忠君爱国情怀、超前的变革意识,提出了与众不同的救国建议,是一个有理想、值得信赖的忠臣,因而给他提供了任山西巡抚的机会。

凭借良好的政治素养,张之洞从翰林院一名文员,成为适应执政一省的长官,将理想的种子播在贫瘠干旱的黄土高原,为老百姓摆脱无知与贫困,配置政治资源。

两年后,光绪帝突然调张之洞担任两广总督,充当应对中法战争的救火队长。他请军机大臣代奏力辞,慈禧听了很不高兴,严词责备他。他只好急忙赶到广州上任,激励冯子材等各军将士团结一致,在越南打败了法国军队,一举奠定了在政坛声名显赫的地位。

---

① 以上参见吴剑杰编著:《张之洞年谱长编》下卷,上海交通大学出版社2009年版,第1028页。

　　中法战争打开了张之洞遥望西方文明的大门，引领他的思维向实业救国转变：清军将士的素质、装备与法军相差很远，要摆脱进口军械受制于人的被动局面，在中央政府没有给予财政预算时，创造性地筹资办军校、训练海军、造船，武装一支有战斗力的军队。

　　其间，张之洞没有居功自傲，以身体患病、不能履行公务，三次发来奏折，请求免除两广总督职务，希望像老庄一样过读书、养生的悠闲生活。但慈禧没有让他回到宁静的书房，陶醉于优美的诗词、书画，或恭读圣贤的教导。

　　超出张之洞的预想，慈禧调他接任湖广总督。他服从调动，将订购的钢铁等设备运到武昌，亲自勘查厂址在汉阳山下建厂，并派监督指挥工人日夜奋战，建成中国第一家钢铁厂，用重工业唤醒了沉睡在原始农耕的中华民族。

　　一场国际战争再次震动张之洞：日本以勇敢善战的陆军、先进军舰武装的海军、有杰出军事才能的将领统一指挥，打败了军纪涣散、贪污腐化的清军，索取巨额赔款并侵占台湾。

　　反思中日军队不是将士与枪炮的差距后，张之洞从实业救国转向制度救国，以军事变革为发动机，聘请德国军官训练将士，组建多兵种部队；创办武备学堂，培养能适应现代战争的将官。

　　军事变革不可能孤立完成，要建立完善的军工生产体系，配备人员研发枪炮、弹药、军舰、雷达、通信等技术，引发了对各类人才的需求。只靠私塾先生在书院，指导几十个学生熟读经书，写千篇一律的八股文，不能适应这种变革。

　　张之洞助推中国有史以来从未有过的教育变革：带头办新式学堂，设法律、经济、物理、化学、地理、电气等学科，高价聘请日本、德国、美国等国的教师，实行分班教学。

　　适应行军及商品流动，张之洞筹建举世闻名、连接中国南北交通中轴线的京汉铁路，带动慈禧、光绪帝、军机大臣认识到，应从农耕立国转向工业强国。

　　经历义和团事件与八国联军攻占北京后，饱受流亡痛苦的慈禧，重新启动中断的变法。张之洞以制度救国思维，在变法三折中设计引导大清王朝走向富强的新政，并几次上奏终于得到慈禧批准，废除了固化中国人思维与认知的科举。

由教育变革，张之洞转向触动关系大清王朝政权合法运行的司法变革，涉及王朝最高领导人的权限、中央政府的组成、各部职能、地方政府设置、权力行使范围。要从原来对百姓过多的管治，转向提供公共服务。

由于皇上推行集权统治，以科举考试录用文官，知识分子既要获取官位，找到施展才能的政治舞台，又要反抗皇上滥用王权引发的暴力，时常面临道义与专政的冲突，精神变得高度紧张。

对张之洞来说，寄托以修订法律推动国家法制转型，有限度地制约王权，带动中国告别野蛮的酷刑，构建一个融合忠孝与法治的文明国家。但他对制定法律、改官制立宪，却不是那么坚决果断，反而显得顾虑重重、小心谨慎。

这与法律受礼教支配、指导，承认皇上、王侯、贵族、官员的地位高于平民有关，划定了不同的身份、待遇，变成一种制度维护王权专政及国家运行，不允许随意打破这种特权。而张之洞成长于小农经济与宗法礼教环境之下，不可能立即完成从王权向民权转变。

这导致张之洞推进中国由小农经济转向工业文明时，陷入一个思维误区：以为西方只是以改进技术、运用机器生产精良的商品，实现了由贫穷向富强的跳跃，那么中国也可以引进设备，生产同等质量的产品与他们竞争，却没有深刻认识到西方是以有效的法律、经济等制度，激励各个主体最大化释放聪明才智、优化配置资源创造了最大效益，造就了一个个民主文明国家。

于是，张之洞由实业救国向制度救国转变时，呈现矛盾性与多变性：一方面他受亡国危机的驱动，义无反顾地主张废除科举带来制度供给，带动朝廷出台各项办学政策，激励各级政府官员创办新式小学、中学、高等学校，出现了一个不同于读经书获取功名的秀才、举人的庞大学生群体，新知识带动他们更换了忠于君王的观念。

另一方面，张之洞为自己设计的制度，转为朝廷的决策，推动新式学堂在各县遍地开花,为朝廷培养有知识的有用之才感到自豪时,有一种本能的担忧与矛盾:如果学生普遍不读经书,去探索自然、科技、法政等学科,以后无人认识中国文化,原先支撑王权的四书五经会丧失传播市场,会动摇传承了千年的君臣、父子、夫妇等级。

想到自己推出的制度会像炸药摧毁王权专政时,张之洞站在通向制度变革的大道上,显得有些徘徊犹豫,由矛盾性转为多变性:不能以单个器物竞争,而要以更优越的制度与西方国家竞争。这样反而在各学堂增加读经书的课程,甚至要专门设存古学堂,以唤起学生修身、治家、爱国,便于维护宗法等级、王权专政。

但历史进程不以张之洞的意志转移:经他选派的留日学生,呼吸到自由民主的空气更新了思维,接受了西方法治保护公民人身与财产权的观念,变成一个具有独立人格的精英群体,不再对王权保持毕恭毕敬。

他们借助日本政治体制给予的自由,找到了一个免费哺育会党的温床,联络各省留学生集会、组建团体、发表演讲、办报刊、翻译外国书、宣扬人权至上,以摧毁王权专政构建民主国家为奋斗目标。

因此,历史发生了与张之洞预期相反的变化:花钱练兵、培养将官、废除科举设学堂、派学生到日本留学等,想以这些举措挽救大清王朝,但他做梦也未想到,这为武昌起义创造了条件——造就了一个反抗专政的军官与知识精英群体。

他如同在专政的母胎植入了民主的种子,一旦这个婴儿降生长大,反过来成为推翻清王朝的力量。

从体制运行看清朝的衰亡,没有构建一个紧密团结、高效运行的中央政府。军机处代表中央行使权力,实际成为传达皇上旨意的秘书处,没有随着国内外各种挑战及时更换职能。

更不利的是,军机大臣之间拉帮结派、互相拆台、争权夺利,无法独立决策并有效执行,闹得不可开交时,只能请示慈禧裁决。慈禧利用他们对自己的依赖,从有利于维护特权出发,偏离了国家与人民的利益。

引发的恶果是,慈禧凭借高度封闭垄断的王权体制,在中法战争、中日战争、维新变法、义和团事件引发八国联军攻进北京、俄占领东北、日俄战争、立宪法等关系国家兴亡及民众命运的大事,以自我为中心不受制约、不顾后果及听信他人不恰当的建议,一次又一次作出错误的决定。

所以,慈禧不受监督行使权力的成本非常高昂,超过同期其他国家任何一个最高领导人,并将这种成本转嫁给亿万人民。而公众无法罢免她,更无法在有效的制度下摆脱极度贫困。

每当发生重大事件时,慈禧只知更换军机处人员,挑选自己喜欢且服从自己命令的人任军机大臣,造成军机处的人员平庸无能、品质低劣、保守排外。

慈禧不能从只顾混饭吃的军机大臣得到有效的治国对策,转向张之洞提出改变时局的建议。张之洞为应对国内外局势的变化,先后提出造军械、编练新军、开办学堂、废除科举、制定学制、修改法律、开国会等。

可惜,军机大臣的知识结构、创新精神、政治素养等远不及张之洞,未能有效吸收他提出的战略,成功制定一个增强国力、提高人民生活水平的决策,直至各种危机爆发为清王朝敲响丧钟。

纵观中国历史演变,秦朝商鞅、汉代张良、三国诸葛亮、唐朝魏徵、宋朝王安石、明代张居正等,凭借自己的智慧有幸登上政治舞台,帮助君王扫除对手奠定江山、维持统治,却不能说服帝王对王权体制进行根本性的变革。反而有些人受到排斥、打击,得不到帝王重用感叹怀才不遇。

与他们相比,张之洞在清朝内外交困的时代,抓住千载难逢的机遇:自始至终得到慈禧的信任,积极实施实业救国与制度变革,拉动中国由小农经济走向工业文明,成为千年以来引领国家发生深远制度变革的改革家之一。

后　记

　　小时候,我家有一台收音机,成为唯一的文化传播工具,每天中午或晚上收听单田芳、袁阔成或刘兰芳的评书《封神演义》《三国演义》《隋唐演义》《岳飞传》《杨家将》《水浒传》等。

　　每次听到他们绘声绘色、声情并茂的评书,就像吃一道可口的菜,感到津津有味,常被跌宕起伏、扣人心弦、充满传奇的精彩故事吸引,沉浸于主人公经历的悲欢离合,敬佩那些英雄经历磨难后,开创了惊天动地的伟业!

　　读小学时,每到周末,我从家乡同幸村张湾步行两公里,去三汊镇街道看连环画图书。店主用几块木板摆上多种连环画书,身边放几条小板凳。想看的可以坐在小板凳上,看一本1分、2分钱不等。

　　坐在小木凳上,我主要看《三国演义》等历史题材的连环画书,仰慕那些路见不平、伸张正义、除暴安良、铲除贪官污吏的英雄,仿佛将我带回到那个远古时代。

　　到中午,我只买一个馒头充饥,然后继续看到太阳即将落山时回家。如此周而复始,我度过了充满梦幻的童年和少年时光。这也成为我了解春秋战国、秦、汉、唐、宋等朝代,一些历史事件、重要人物的一个重要来源。

　　我在家里经常搜集废旧塑料、废铁、电线、铜、酒瓶子等,背到三汊镇废品收购站,换几元钱到镇新华书店,购买以历史题材为主的图画书看。日久天长,积累了近百本,开阔了我的视野,增长了见识,对英雄人物推动历史进步的崇敬之感油然而生。

然而,当我怀着浓厚的兴趣转向历史写作时,发现与中国有 5 000 多年历史相比,除了通俗历史演义书在市场流行以外,能独树一帜、揭示历代王朝兴衰、历史演变规律,得到国内外读者喜爱的历史著作少之又少。

近 40 多年以来,国内有些出版社引进版权,翻译出版了许多外国历史著作。进入中国市场后,因写作方法与中国不同,人物与事件对中国人来说很陌生,有些甚至不适合中国读者阅读。

这期间,一个人物引起我的关注。他就是出身于江苏淮阴一个教育世家的李崇淮(1916—2008)。1938 年他在成都华西大学经济系学习,毕业后到重庆交通银行工作。1943 年 10 月,银行资助他去美国耶鲁大学研究生院从事研究工作。在那里,他发表了《中国工业化为什么来得慢?》等论文。1945 年获经济学硕士学位后,应邀到武汉大学经济系任教。

1983 年 5 月,李崇淮以武汉的区位优势、工业现状,吸收国外经验,率先提出优先推动交通与流通,带动武汉及湖北经济腾飞,也就是"两通"起飞战略,受到武汉与国务院领导的高度重视。

我采访李崇淮教授,写他的出身、读书、留学、任教、提出修改宪法建议等,在湖北侨办《良友》杂志,发表《巨变时代的呼唤》,成为我写人物传记的第一篇文章。

1998 年 3 月,我到北京当记者,采访涉及金融、通信、电子、石油、汽车、财政、文化等领域,以深度报道揭示企业家如何筹集资本、扩大产业规模、打破垄断的过程。

到 2003 年 6 月,我出版《资本时代的征服》一书,提出经过资产重组产生的大财团,引领中国进入资本扩张时代,资本征服将是中华民族在和平时代,以改变贫穷落后最伟大、最激动人心的征服,将一个充满财富、法治的中国形象展现给世界,改变中国与西方发达国家的差距。

出版人生第一部作品,积累了写经济史的经验后,我萌发了揭示大河文明与中华兴衰关系的写作愿望。2003 年 9 月,我与曾在一家报纸工作时相识、时任中央财经大学财政研究所研究员的王健,合作调查黄河流域。经黄河源头青海,向甘肃、宁夏、陕西、山西、河南、山东等地行程 1 万多公里,沿途采访了农业、林业、环保、经委、计委、民政、水利、财政及有关企业。

2006年出版《中国黄河调查》一书,提出黄河文明衰落,在于文明能量供给不足。文明能量指一个地区的气候、地理环境及制度,是否有利于带动人才、技术、资本等要素供给,适应人们配置资源创造物质财富的需求。

2004年12月,我经南京到苏州参观周庄、盛泽,浙江桐乡乌镇、南浔古镇后,经湖州坐长途汽车去安徽广德县。先后到了绩溪、歙县、太平、休宁、祁门、黟县、婺源的一些古村落。

我在当地参观了老宅院、祠堂、牌坊、石桥等古建筑,走访了一些家族的后人,了解他们先辈经商、做官、回报家乡的往事。第一次认识了宗族的形成、徽州建筑和乡土文明的传承,感到特别兴奋激动。

2005年6月,我返回北京修改在徽州调查徽商兴起的稿子。我以徽州乡村的个案分析:虽然2000多年以来皇帝掌握了中国最高统治权力,并以官僚维持帝国运行,但实际上乡村的宗族精英,以修祠堂、牌坊、宗谱、学堂,制定家规及祭祖,提供公共产品和道德资源,长期维持乡村秩序,保持相对稳定的运转。

为此,我深受启发:明清两代,中国形成了家族经济共同体。以互相帮助带动族人经商、读书、做官,提高了政治与经济地位,又以修祠堂祭祖等形成道德制度化,维系了中华文明。2008年1月,我出版了《拯救乡土文明》一书。

我也继续探索大河文明的兴衰。2008年3月,我从汉口坐火车到汉江上游的陕西汉中,沿勉县、南郑、城固、洋县,至安康石泉、汉阴、紫阳、旬阳、白河,再至下游湖北丹江口、襄阳、谷城、枣阳、宜城、钟祥、潜江、仙桃、天门、汉川、孝感等县市走访县环保、林业、农业、水利、经委、财政及有些企业、乡村的农民等。

农民依赖汉江平原肥沃的耕地种植,获取粮食维持温饱,不可避免地要遭受洪灾、血吸虫等威胁,以及这些灾害带来的严重的人员伤亡与财产损失。许多家庭变得一贫如洗,难以积累财富,不可能让子弟读书,通过举人、进士考试获得阶层晋升。

由于江汉平原只靠分散的家族不能排除洪灾,改变恶劣的生存环境,所以大部分平民以耕种糊口。因此,自楚国灭亡后,秦、汉、唐、宋、元、明、清,湖北没有形成官员、文化或商人的世家、名门望族。

2010年我出版了《让汉江告诉中国》一书。我认为：湖北分布众多湖泊、不断有洪灾暴发，以无产的农民阶层为主，只能长期维持内向、原始的生产方式。难以从外界获得经济、政治等资源，不利于积累财富并吸收知识，也难以带动一个地区发生突破性的经济、文化等变革。

反复思考后，我决定凭借积累的理论、当记者培养的敏锐观察力等优势，从大河文明的兴衰，转向鸦片战争至民国，以"现代中国的诞生"为主题，进行深度的近代史写作，揭示中国如何从小农经济走向工业、从王权专制转向现代国家。

因为从清朝晚期进入民国，不同于以往任何一个朝代，只是一个武装力量推翻一个王朝，依然如故建立王权专政，这次革命发生了翻天覆地的变化，包括军事、行政、法治、财政、工商、教育等方面的制度变革。

确定以"现代中国的诞生"为题材后，我选择推动近代中国发生重大变革、具有独特影响的历史人物，如张之洞、李鸿章、袁世凯、孙中山、王世杰、蒋介石等。

历史以人为活动中心展开，那些推动了历史进程的人物，也集中了那个时代的冲突与矛盾，渗透到各个方面，具有鲜明的特征。揭示人物与历史事件发生的背景、前后因果关系、心理动机、发挥的作用，可以发现历史演变的真相。

历史人物是特定时代的产物，他们冒着危险奋斗，掌握了一个地区或国家最高权力，能否心怀大志、发挥聪明才智、抓住机遇，推动国家进步、帮助人民摆脱苦难提高生活水平，决定他们在历史上的高度与功绩。不能凭主观想象、偏好，给他们贴上模式化、单一化的标签。

但政治充满了你死我活、互不相让、流血的斗争。历史人物为防止不同的势力、团体等争夺权力，有时不得不放弃原先的政治理想，采取各种手段包括暴力排除其他政治势力或个人，并借鉴前一个王朝的统治经验，消化吸收进行升级换代，形成更为强大、稳固的专政力量。

于是，中国近代以前的历史没有摆脱继承性的王权专政悲剧：一个武装集团推翻一个王朝后，仍以暴力维护政权，并对政治、法律、经济、文化等实施垄断,强化对亿万人民的控制,便于迅速排除反对派巩固自己的权力,形成制度性的专政。

这种专政像一个坚固的堤防,排斥了中国引进民主、科学,滋养了一个又一个残暴凶恶的皇帝、卑劣无耻的官僚,对人民进行敲骨吸髓的压榨,引发了无数的仇恨与反抗,不断重演相似的悲剧,没有找到有效的制度改变。

出于家乡情感,我先写王世杰探索近代中国变革。他曾在张之洞创办的武昌南路小学堂、优级师范读书,得到了一个至关重要的成才跳板。参与武昌起义后,他有幸得到公费资助,去伦敦、巴黎留学获法学博士学位。

民国政府定都南京后,王世杰担任法制局长,主持制定了政府、工会、劳工、刑事、民事等法律。

任武汉大学校长时,王世杰筹资修建中国第一所综合性现代化大学。任教育部长时,他实施教育强国战略,扶持一批大学扩建校园,增设农学、医科、航空、工程等专业。

完成《王世杰与民国变革》书稿后,我发现张之洞虽与他生活在不同的时代,但有相似的优点与经历。

对我们这一代人说,值得庆幸的是,能看到张之洞留下的大量奏折、电文、公文、书信,内容涉及他在清朝晚期推动中国变革的艰难历程。

我阅读了1998年河北人民出版社出版的《张之洞全集》、2008年武汉出版社出版的《张之洞全集》、2014年大象出版社出版的《张之洞档》等近千万字的文献。尤其是《张之洞档》,披露了前两书未能收集的文献,内容丰富多彩,很少有人利用。《张之洞档》让我们看到张之洞如何应对中法战争、中日战争、军事变革、兴办实业、新式学堂、废除科举、修订法律、立宪等重大事件,有极为重要的资料参考价值。

我将追寻真实性、故事性、连贯性与具有美感的阅读,当作衡量一本历史著作有无生命力的标准之一,力求写出一部无愧于时代的历史著作。

但张之洞的奏折、电文、公文、批示、书信等为文言文,与现在阅读习惯有很大的差异,直接照搬引用,显得生硬、不通顺,一般读者读起来比较困难,就像没有加工的食材一样不能直接食用。

为适应今天中国人的阅读习惯,对语句顺序、表述方式,我便作必要的调整与修改,将之转换为易懂的白话文,便于读者迅速理解历史事件发生的脉络。

一本历史著作的价值除了真实性与可读性的统一,还在于能否发现历史变化的规律并提升为理论。那么,张之洞为什么能在清朝晚期作出一系列重要变革?

探寻张之洞追赶自强的动力,发现他受到中法战争、中日战争的冲击,有一种强烈的亡国危机感,凭借自己办实业等积累的政治威望,成功说服慈禧、光绪帝支持,先以军事变革为发动力,筹资练兵培训一支适应现代战争的军队,抵挡西方强国入侵。

军事变革引发了对各类人才的需求,张之洞不能指望私塾先生,指导学生背诵经书、写背离科技发明的八股文实现变革,故排除万难兴办各类学堂取代书院,废除科举录用学堂毕业生完成教育变革。

教育变革带动国民进行知识更新时,张之洞以适应工业强国、对外开放、激励商人兴办企业、维护国家主权等,提出修订法律带动司法变革,幻想将一个习惯行使集权的帝国,引入法治轨道运行。

至此,我们看到张之洞以军事、教育、司法等变革举动,带动中央政府一起输送有效制度,试图挽救危机四伏的大清王朝,无论是变革的广度还是深度,超过他以前很多个朝代的努力。

但张之洞发起变革,受到历代王权体制积累的惯性力阻挠:分散在乡村成千上万的宗族,以祠堂祭祖、牌坊树立忠孝、族谱记载家族的分支、家规约束族人的行为,形成家族经济共同体。

家族经济共同体用仁义忠孝为礼教,长期维系小农经济、支撑王权,导致中国王权政治具有延续性、独占性、集权性,不具有自我裂变的能量,未能哺育出工业文明。

每一个王朝灭亡后,掌握政权的后一朝皇帝没有对前朝进行深刻的反思:如何制定有利于保障公民权利的法律、刺激工商业、创办学校培养人才、发明技术等,只用国家力量强制老百姓交税,维持帝王的豪华生活。

因此,中国历史向前延伸时,与西方发达国家有一个根本的不同:知识分子以科举获取皇帝给予的官职,不得不服从集权保官位,形成了奴才性格,不能进行科技发明与推动生产力,公众与国家不是以制度联结。工业化与城市化落后,不能形成大批市民而带动商品经济。

　　亿万人民终年在黄土地耕作,只能勉强糊口,积累资本的速度异常缓慢。用辛勤劳动与汗水收获的果实,向帝王缴纳钱粮,却不享有监督官僚、参加集会、结社、选举等权利。以上体制性障碍,造成以慈禧、光绪帝、军机大臣为代表的权贵,不能果断持续实施张之洞设计的新政纲领。

　　虽然我们不能亲自参与张之洞那个力挽狂澜的历史时代,但我们有责任呈现张之洞一代人主动利用自己的政治地位,引领清朝由实业救国到制度救国,推动历史性转变的历史脉络。